BJOERN

Waldemar Martens

Wo Adler noch und Stürme jagen…

Drei Jahrzehnte Forstmann und Jäger auf dem Darß

NEUMANN-NEUDAMM

Fünfte Auflage 2005
ISBN 3-7888-1012-2
© 2004 Verlag J. Neumann-Neudamm AG
Schwalbenweg 1, 34212 Melsungen
Tel. 05661-52222, Fax 05661-6008, www.neumann-neudamm.de

Printed in Germany
Herausgegeben von Franz Janssen
Einbandgestaltung: Margret Janssen
Computersatz: Typodienst Krefeld
Druck: Bercker Graphischer Betrieb, Kevelaer
Abbildungen: Verfasser (28); Hansjörg Maintz (5); Helga Mayer (3);
          Rudolf Tschentscher (1); Dieter Schaar (1)

Für Heino, Klaus, Uwe, Jörg

Vorwort

Wenn von Deutschlands malerischsten und urwüchsigsten Landschaften die Rede ist, darf der Darß nicht fehlen. Ein Menschenalter lag er für drei von vier Deutschen unerreichbar fern an der vorpommerschen Ostseeküste. Es ist nun an der Zeit, ihn wiederzuentdecken. Behutsam und tunlichst ohne jene endlosen Touristenströme, die sommertags wie die biblischen Plagen einfallen und eine Spur der Verwüstung hinterlassen.

Das gilt umso mehr, als der Darß eines der wertvollsten Naturgebiete im Herzen Europas ist. Hier liegt der längste unbebaute Abschnitt an der Ostseeküste. Die vom Meer und vom Bodden geprägte Landschaft bietet mit ihren abwechslungsreichen Wäldern, mit breiten Stränden, Salzwiesen und Windwatten einer vielfältigen Fauna Platz und Heimstatt. Hoch- und Niederwild, eine bunte Vogelwelt und reiche Fischbestände haben hier ihren Lebensraum. Zugleich ist diese Kulturlandschaft seit vielen Jahrhunderten Heimat und Arbeitsplatz der hier lebenden Menschen und beliebter Anziehungspunkt für Erholungssuchende von weither.

Mitten im aktuellen Ringen um neue verträgliche Formen des Umgangs des Menschen mit seiner Umwelt meldet sich nun Landforstmeister i. R. Waldemar Martens mit diesem Buch zu Wort. Als Sohn dieser Landschaft – er wurde am 19. 2. 1926 im Ostseebad Prerow geboren – trug er mehr als drei Jahrzehnte für Forst und Jagd auf dem Darß Verantwortung. Mit der Sensibilität des Fachmanns und der Beharrlichkeit des Pommers trotzte er manch unsinniger Anweisung des DDR-Regimes und steuerte gedankenloser Ausbeutung und Zerstörung von Fauna und Flora seiner Heimat entgegen. Die Spuren seiner verantwortungsbewußten Tätigkeit sind in den herrlichen Wäldern des Darß bis heute nachzuverfolgen.

Mit der literarischen Behandlung der Hege des Wildes und der Pflege des Waldes steht Waldemar Martens auf dem Darß in guter Tradition. Ferdinand Frhr. v. Raesfeld, der Nestor des deutschen Waidwerkes, wirkte hier von 1891 bis 1913 und schrieb im romantischen Forsthaus Born seine bis heute gültigen Standardwerke, die jeder Waidmann kennt: „Die Hege in der freien Wildbahn", „Das deutsche Weidwerk", „Das Rehwild" und „Das Rotwild".

Zwischen den Weltkriegen trat Franz Mueller-Darß in seine Fußstapfen. Seine Chronik „Verklungen Horn und Geläut" aus der Feder von Wolfgang Frank hat bei Jägern und anderen Naturfreunden weite Verbreitung gefunden, wie mittlerweile vierzehn Auflagen beweisen.

Wo dieses Werk endet, knüpft Waldemar Martens mit „Wo Adler noch und Stürme jagen" an. Mit dem Wissen des „Insiders" beschreibt er die dritte geschichtsträchtige Epoche des Darß: die Ära der früheren „Deutschen Demokratischen Republik". Wie in einem bunten Kaleidoskop mischen sich kritische und nachsichtige Einblicke in die Strukturen des Systems mit aufschlußreichen Porträtskizzen ihrer Protagonisten. Zugleich wird wie in einem Zeitspiegel die Tragik einer ganzen Generation sichtbar, die von Kindesbeinen an niemals die Chance bekam, in einer demokratischen Gesellschaft zu leben.

Aber dieses Buch ist mehr als nur ein Blick hinter die Kulissen einer problembeladenen Zeit: es ist auch ein Dokument der Liebe zur Heimat, ein Hochgesang auf Waidwerk, Hege, Forstwirtschaft und Landschaftsschutz und ein Bekenntnis zur Verantwortung des Menschen für die Natur, deren Teil er ist.

Wenn Waldemar Martens seine Heimat beschreibt, spürt man ihre Einmaligkeit heraus. Das Meer ist der Motor für den unablässigen Wandel des Landschaftsbildes. Alte Karten zeigen geradezu dramatische Veränderungen der Küstenlinie. Die Urgewalten von Wind und Meer ringen der Westküste unablässig Meter um Meter ab, Wellen und Stömung tragen den Sand nordwärts und lagern ihn an der Spitze wieder ab. Neue Inseln tauchen auf, eine Lagune schnürt sich ab, ein Kap wächst ins Meer hinaus. Aus Sandbänken werden Inseln, aus Inseln Nehrungen, Haffs trocknen aus.

So entsteht neues, abwechslungsreiches Land: feuchte Senken und trockene Wälle wechseln einander ab, dazwischen liegen verlandende Seen. Versumpfte Erlenmoore und übermannshohe Adlerfarndickichte grenzen an uralte Kiefern auf schmalen Dünenwällen, die an der Westküste als „Windflüchter" zu besonderem Ruhm gelangten. Hier läßt sich in einem für uns Menschen überschaubaren Zeitraum das Sterben des Altdarß und die Geburt des Neudarß augenfällig nachvollziehen.

Wenn es noch eines Beweises bedarf, daß eine reichhaltige Landschaft durch die Tätigkeit des Menschen naturnah geschaffen und erhalten werden kann, erbringt ihn der Darß. Dazu gehören weitblickende forstwirtschaftliche Maßnahmen: das Fällen überalterter Gehölze und die Aufforstung mit landschaftstypischen Bäumen wie Moorbirken, Kiefern, Erlen, Eichen und Buchen, um von den problematischen Monokulturen wegzukommen.

Der Verfasser übergeht in diesem Buch auch nicht die aktuelle Fragestellung, ob der „Schnellschuß" der letzten DDR-Regierung, den Darß zum „Nationalpark" zu erklären, ein Danaergeschenk an die Bewohner sein könnte, und ob die heute modisch gewordene Form des Naturschutzes sinnvoll sein kann, die einen Teil der Natur, nämlich den Menschen, aussperrt.

Aus profunder Kenntnis stellt er die doktrinäre These in Frage, das Wirken der Natur sei automatisch segensreich, wenn man sie nur sich selber überlasse. Solcher radikalökologischer Naturromantik stellt er seine Lebenserfahrung entgegen, daß die behutsam ordnende und regulierende Hand des Menschen überall da unverzichtbar ist, wo es die zerstörerischen Kräfte der Natur zum Nutzen der gesamten Flora und Fauna zu bändigen gilt.

Als Fazit aus drei Jahrzehnten gelebten Naturschutzes kann nach der Überzeugung des Autors nur ein Miteinander statt eines Gegeneinanders die Probleme lösen. Es gelte, die berechtigten Interessen aller gegeneinander abzuwägen: darunter insbesondere die Arbeit und das Auskommen der Bevölkerung sowie die Gesundheit der Erholungssuchenden. Die bittere Lehre aus den vergangenen Jahrzehnten hat nicht nur in der Politik Geltung, sondern auch auf dem Gebiet des Naturschutzes: ideologisierte Träume geraten in der rauhen Wirklichkeit allzuleicht zu Alpträumen.

Dr. Franz Janssen

7

Inhalt

Anhang

Jockey auf Jolanthe

Meine Wiege stand in einem von den Eltern ersparten Häuschen in Prerow auf dem Darß, dicht am Waldrand. Daß ich auf dieser Halbinsel, die so malerisch von der Ostsee und vom Bodden umgeben ist, meine Kindheit und meine Jugendzeit verbrachte und später als Forstmann drei lange Jahrzehnte den Darßer Wald bewirtschaften durfte, ist ein Glück, das ich dankbar zu schätzen weiß.

Zum Elternhaus gehörte ein kleiner Hofplatz, groß genug für uns Jungen zum Bolzen und für viele andere Kinderspiele. Mit von der Partie war ein kleines Mädchen, das durch schlanken Wuchs, flinke Beine und ein kesses Mundwerk auffiel. Dieses „Wiesel" war meine jüngere Schwester Jenny. An ihr war „ein Junge verloren gegangen", wie man bei uns zu sagen pflegt: Jenny turnte mit uns am Reck, spielte Indianer, schoß hervorragend mit dem Luftgewehr, lief Schlittschuh, schwamm mit uns um die Wette und beteiligte sich an unseren Jungenstreichen. Wir Kinder hatten mit großen Nägeln eine Reckstange zwischen zwei Kiefern angebracht, was den Ärger unseres Vaters hervorrief. Er hatte als junger Mann vor vielen Jahren am Hofrand eine Kiefernreihe zum Schutz vor den starken Westwinden angepflanzt. Nun sah er die großen Nägel in seinen geliebten Bäumen. Als er aber Jenny und mich beobachtete, wie wir ihm die Sitz-, Bauch- und Kreuzwelle vorturnten, war er besänftigt, nachdem er die Sicherheit der Reckstangenbefestigung genauer in Augenschein genommen hatte. „Seid mir nur ja vorsichtig und fallt nicht von oben herunter!" mahnte er. Im Fortgehen schaute er noch einmal besorgt hinauf, wo die Wipfel der Bäume im Takt meiner Turnübung mitschaukelten. Im Laufe der Zeit wurden wir immer waghalsiger. Jenny und ich probierten fortwährend neue Übungen aus; besonders schwungvolle Reckabgänge, die viel Mut und Geschicklichkeit verlangten. Nur gut, daß die Eltern so manchen Sturz vom Reck nicht sahen, sonst hätten sie sicher das Turnen an diesem primitiven Gerät untersagt. An manchen Tagen trainierten wir auch Weitsprung, Hochsprung und Speerwerfen.

Während Jenny und ich vieles gemeinsam unternahmen, weil unsere Interessen weitgehend übereinstimmten, war unsere ältere Schwester anders veranlagt. Gisela, die schon aufgrund ihrer pummeligen Figur wenig Ambitionen für den Sport hatte, war im Unterschied zu Jenny eher eine ängstliche Natur. Dafür zeichnete sie sich durch großes Geschick in allen häuslichen Arbeiten aus, die Jenny und mir gar nicht lagen.Wir liebten mehr die Natur und erfreuten uns an Pflanzen, Tieren und an vielen Dingen, die es draußen zu beobachten gab. Überall blühten die herrlichsten Blumen. Wenn ich sie als kleiner Junge noch nicht mit Namen kannte, stöberte ich so lange in Büchern herum, bis ich ihre Abbildungen und Bezeichnungen fand. Auf diese Weise lernte ich auch vielerlei Raupen, Schmetterlinge, Käfer, Frösche und Schlangen kennen – eine unendliche Vielfalt der Natur, die mich immer wieder in Staunen versetzte.

Besonders hatten es mir die Vögel angetan. Unzählige Arten, kleine, große, einfarbige und bunte, zeigten sich beim Umherstreifen im Wald und auf den Wiesen und erfreuten mich mit ihren Gesängen. Stundenlang konnte ich dem Geflatter im Geäst der Bäume zuschauen oder mich an einen dieser munteren Gesellen heranpirschen, wenn ich sein Lied zwar hören, den Sänger selbst aber noch nicht sehen konnte. Fand ich ihn endlich, merkte ich mir Farbe, Größe und besondere Merkmale, um ihn in meinem Vogelbuch bestimmen zu können. Das hatte mir Revierförster Dall aus Prerow geschenkt, mit dessen Söhnen ich oft spielte. Er war auf mein Interesse aufmerksam geworden, weil ich ihn immer wieder mit Fragen nach Vögeln traktiert hatte. Dieses Vogelbestimmungsbuch gehört bis heute zu meinen kostbarsten Jugenderinnerungen. Damals ahnte ich noch nicht, daß Förster Dall später mein Lehrchef werden sollte.

Die Försterei lag idyllisch zwischen sandigen Hügeln am Wald, nur vierhundert Meter vom Elternhaus entfernt. Auf mich wirkte dieses Gebäude höchst beeindruckend, vor allem kam es mir im Vergleich zu unserem Häuschen riesengroß vor. Mit den beiden Förstersöhnen Jochen und Klaus verstand ich mich so gut, daß sich bald eine feste Jungenfreundschaft anbahnte. Nahe der Försterei stand eine große Scheune mit einem geräumigen Stall. Neugierig lugte ich durch den Spalt der halb geöffneten Tür und entdeckte drei Kühe. Im Hof liefen Gänse, Puten und Hühner umher. Auf dem Gartenzaun saßen Perlhühner, die aufgeregt „Klock acht, Klock acht" krähten. Aber meine ganze Aufmerksamkeit galt einer festen Umzäunung aus Fichtenstangen – bei uns „Schleten" genannt –, die den Garten abgrenzte. Hier liefen vier große Hausschweine herum. Sie hatten sich ausgiebig im aufgeweichten Grund gewälzt und waren über und über mit einer schwarzen Schlammkruste bedeckt. Jochen, Klaus und ich kletterten auf den oberen Schletenrand. Es war ein heißer Sommertag, wir hatten nur unsere Badehosen an. Von oben schauten wir eine Weile den Schweinen zu, bis Jochen, der ältere der Förstersöhne, eine Idee hatte: „Was haltet ihr davon, wenn wir auf den Schweinen reiten? Weglaufen können sie ja nicht!" Klaus, ein auffallend hübscher blonder Junge, gab zu bedenken, die Mutter könne mit dem Stock erscheinen, um unser Reiterspiel abrupt zu beenden. Ich witterte ein neues Abenteuer und stimmte Jochens Vorschlag sofort zu. Der legte gleich die Spielregeln fest: „Wer am längsten auf seinem Schwein oben bleibt, hat gewonnen." Klaus schaute immer noch etwas ängstlich drein, aber Jochen zählte bis drei, und dann gings los wie beim Rodeo. Jeder sprang breitbeinig auf das ihm am nächsten stehende Schwein. Ich streckte instinktiv die Arme vor, um mich an den großen Schlappohren des Borstenviehs festzuhalten.

Meine „Jolanthe" stieß ein schweinisches Grunzen aus, ruckte erschrocken an und galoppierte dann in einem Tempo los, daß der Modder nur so spritzte. Ich hockte weit vorgebeugt auf meinem Reittier und hielt krampfhaft seine Ohren fest. Als die Sau zur zweiten Runde ansetzte und sich scharf in die Kurve legte, verlor ich das Gleichgewicht und landete kopfüber im stinkenden Morast. Dort lagen bereits Jochen und Klaus und rappelten sich aus der schlammigen Masse hoch. Wir mußten zusehen, herauszukommen, denn die Schweine kamen bedrohlich grunzend näher. Nachdem wir über den Zaun gehechtet waren, sahen wir uns von unten bis oben an. Wir sahen zum Lachen aus, denn wir waren überall mit Dreck beschmiert. Im Gesicht waren Mund und Augen nur schemenhaft zu erkennen. Bei jeder Kopfbewegung kleckerte die schwarze Brühe herunter. Wir sahen jetzt nicht nur selbst „wie die Schweine" aus, uns entströmte auch der gleiche Geruch wie dem Borstenvieh. „Kommt schnell, wir müssen uns den Dreck abspülen; wenn uns jemand so sieht, gibt es Ärger!" meinte Klaus. Wir spurteten über den Hof, bogen um die Hausecke und waren im Nu in der Waschküche verschwunden. Abwechselnd stellten wir uns ein paar Minuten unter den eiskalten Strahl der Wasserpumpe, während einer von uns den flügelartigen Holzschwengel bediente. Danach waren die Spuren des waghalsigen Schweinerennens einigermaßen beseitigt. Nur die Badehosen widerstanden hartnäckig allen Säuberungsversuchen, so daß unser Jolanthe-Ritt am Ende doch nicht unentdeckt blieb.

Ich will Förster werden

Am nächsten Morgen waren Jochen und ich die ersten in der Schule. Seine Mutter hatte die „Schweinerei" zwar herausbekommen, aber nicht geschimpft. „Du kommst doch heute nachmittag mit, wir wollen eine Farnkrauthöhle bauen", fragte er. Das wollte ich mir nicht entgehen lassen: „Wenn ich mit den Schularbeiten fertig bin, komme ich." In der Klasse saß Jochen neben mir. Als Primus durfte er den Platz Nummer eins ganz hinten einnehmen, während ich meist auf den Plätzen zwei oder drei anzutreffen war. Die guten Schüler saßen nämlich hinten in der Klasse, die schwächeren weiter vorne. Als „Lümmel von der letzten Bank" konnten wir uns, ungestört von den Lehrern, im Flüsterton unterhalten. Spontan beschlossen wir, Margot zu ärgern, die vor uns saß. Vorsichtig zog Jochen ihre langen, von einer Spange zusammengehaltenen Zöpfe nach hinten, und ich heftete sie mit einer Reißzwecke an der Bank fest. Dann lehnten wir uns mit verschränkten Armen zurück und blickten wie die Unschuldslämmer drein.

Als die Lehrerin gerade den Satz: „Quäle nie ein Tier zum Scherz" an die Tafel schrieb, schrie Margot auf. Frau Griesbach fuhr ruckartig herum und sah, wie unser Opfer sich abmühte, seinen Zopf zu befreien. „Was machst du denn da?", fragte die Lehrerin unwirsch. „Mein Zopf ist festgeklemmt", erwiderte Margot mit weinerlicher Stimme. Als sie mich dabei ansah, war es für die Lehrerin sonnenklar, daß ich der Übeltäter war. Sie brummte mir als Strafe auf, zehnmal den Satz: „Ich darf niemanden quälen" zu schreiben. Das hatte ich nun davon. Margot drehte sich um, streckte mir die Zunge heraus und griente schadenfroh. Am liebsten hätte ich zugepackt, um ihr die Zunge noch etwas zu verlängern, unterließ es dann aber. Ich wollte ihr keine Gelegenheit geben, noch mehr Theater zu machen; die Lehrerin hatte den Rohrstock schon in der Hand. Also blieb ich brav sitzen. Aber es half nichts, schon nach wenigen Minuten rief mich Frau Griesbach auf. Ich sollte den inzwischen an der Tafel vervollständigten Satz: „Quäle nie ein Tier zum Scherz, denn es fühlt wie du den Schmerz" laut vorlesen.

Mir schoß durch den Kopf: will sie sich jetzt rächen oder nimmt sie dich ran, weil du neulich drei Frösche gefangen und ihnen die Beine gefesselt hast?" Ich wollte die Tiere nicht quälen, sondern nur ihre glänzend grüngelbe Haut aus der Nähe betrachten. Und das ging natürlich nur, wenn sie nicht wegsprangen! Außerdem hatte ich doch auch versucht, die Frösche zu füttern, indem ich Fliegen vom Fliegenfänger im Wohnzimmer abzupfte und ihnen vors Maul hielt. Sie verschmähten jedoch trotzig diese klebrige Kost. Als Vater die Gefangenen sah, schnitt er die Schnur gleich durch und ließ sie in die Freiheit hüpfen. Abends, als ich vom Spielen kam, suchte ich sie vergeblich. Vater erklärte mir, Frösche wollten im Wasser schwimmen und fühlten sich in der Gefangenschaft nicht wohl. Ich solle so etwas nur ja nicht wieder tun. Ich versprach es ihm.

Die Lehrerin riß mich aus meinen Gedanken: „Hast du nicht gehört, Waldemar, was ich gesagt habe?" Ich sprang auf und las den Satz fließend herunter. Im Lesen konnte sie mir schon mal keine schlechten Noten geben. Ich hatte bereits etliche Bücher, besonders Abenteuer- und Indianerbücher, verschlungen. Außerdem gab ich Gisela, meiner älteren Schwester, Nachhilfe im Lesen. „Sehr gut", lobte die Lehrerin. Ob ich etwa schon einmal Tiere gequält hatte, wollte sie noch wissen. Ich sah zu Boden, verdrängte die Erinnerung an die Frösche und antwortete „Nein". „Ich will es dir glauben", meinte Frau Griesbach. „Willst du nicht sogar Förster werden?" „Ja, das möchte ich", sagte ich im Brustton der Überzeugung.

Den Förstertraum hatte ich schon geträumt, bevor ich zur Schule ging. Vater zog jeden Tag zur Arbeit in den Wald. Als Haumeister bestand seine Aufgabe darin, mit seiner Arbeitskolonne Bäume zu fällen und Kahlflächen wieder aufzuforsten. Als „Rechte Hand" des Försters unterstützte er ihn beim Aufmessen und Numerieren der Stämme und zahlte den Arbeitern ihre Löhne aus. Ich durfte ihn oft bei Spaziergängen in den Wald begleiten. Die ersten Rehe und Hirsche erblickte ich an der Hand des Vaters. Ich weiß noch genau, daß er mir damals das Schrecken eines Rehbockes deutete. Ich hatte es für Hundegebell gehalten. Der Wunsch, Förster zu werden, wurde dann noch durch meine Erlebnisse auf der Försterei bei Jochen und Klaus bestärkt.

„Aber er hat einen Buchfinken und eine Krähe gefangen", petzte Margot dazwischen. Das war nun der Dank dafür, daß ich ihr gestern von meinen Vögeln erzählt hatte. Anscheinend sah sie jetzt ihre Stunde gekommen, um mir wegen der Haarzieperei eins auszuwischen. „Stimmt das?" fragte Frau Griesbach erstaunt. „Die Vögel haben es gut bei mir", rief ich schnell. „Und meine Eltern haben es erlaubt", fügte ich noch hinzu. Sie gab sich damit zufrieden. Schon als Junge wollte ich immer Tiere um mich haben. Ich suchte Maikäfer, Regenwürmer, Schnecken und sogar Schlangen. Aber der Vater entließ sie meistens wieder in die Freiheit, weil er nicht gerne Tiere in Gefangenschaft sah. Nur den Buchfinken und die Krähe ließ er mir. Sie hatten auch die Zustimmung der Mutter gefunden, zumal die Krähe sich im Drahtzaun verfangen hatte und mit einem angebrochenen Flügel nicht mehr fliegen konnte. Dafür hüpfte sie munter auf dem Hof umher. Weil ich beide regelmäßig mit Regenwürmern und anderem Getier fütterte, waren sie bald handzahm.

Wenn ich „Jakob" rief, kam die Krähe zu mir und pickte nach den Happen, die ich ihr hinhielt. Eines Tages verdächtigte Mutter mich, eine kleine Schere verträdelt zu haben. Wir suchten draußen auf dem Hof danach und trauten unseren Augen nicht: Jakob hockte auf dem Komposthaufen und buddelte die Schere so eilig ein, daß der Dreck spritzte. Mit Jakob erlebte ich später noch viel Spaß, zumal er sich zum „Hofhund" entwickelte. Besucher pickte er mit Vorliebe in die Waden, so daß man sie bereits schimpfen hörte, bevor sie über unsere Schwelle traten. Leider nahm es mit Jakob ein böses Ende. Mutter hatte große Wäsche; der Waschbottich mit der heißen Lauge stand vor der Küchentür. Jakob hüpfte neugierig auf den wackligen Kochtopfdeckel, rutschte darauf aus und fiel in das kochendheiße Wasser. Jede Hilfe kam zu spät. Unter bitteren Tränen begrub ich meinen schwarzgefiederten Freund dicht beim Komposthaufen, an derselben Stelle, an der er sich so gern aufgehalten hatte, um nach Würmern zu suchen und sein Diebesgut zu verstecken.

Die Lehrerin meinte mit einem nachdenklichen Blick auf die Uhr: „Wir müssen leider im Unterricht fortfahren, sonst hätte Waldemar noch mehr von seinen Tieren berichten können. Er wird es nächstes Mal nachholen, sobald wir mehr Zeit haben." Ich willigte ein, denn ich konnte noch viel mehr erzählen: etwa daß ich einen Wellensittich von der Mutter zum Geburtstag geschenkt bekommen und ihm Kunststücke beigebracht hatte.

Rührei mit Fahrrad

Zum geplanten Höhlenbau kam es nicht, denn ich schloß mich einer Gruppe von Dorfjungen an, die ihre Prüfung als „Reifenfahrer" ablegen wollten. Dabei mußte man sich in einen Autoreifen hineinkauern und ihn dann hoch vom Deich in Richtung Wasser rollen lassen, ohne umzukippen. Wir waren zu sechst und trafen uns am Deich des Prerower Stroms, nahe dem Hauptübergang in Richtung Strand. Hier sollte die Prüfung stattfinden.

Erfinder dieser „Sportart" war ein stämmiger Bursche von verwegenem Aussehen, mit Dreizehn der Älteste von uns. Er hatte den Reifen „organisiert" und ihn auf einem Handwagen mitgebracht. Mit seinem Trainingsvorsprung konnte er sich „Meister" im Reifenfahren nennen.

Wir alle bestanden die erste Stufe, die „Gesellenprüfung." Ich bat den „Meister", der mit unseren Leistungen zufrieden war und schon Schluß machen wollte, mich noch einmal fahren zu lassen. Vom Erfolg angespornt, wollte ich versuchen, die für die Meisterschaft notwendige Distanz zu schaffen. Er willigte zögernd ein. Bevor er es sich anders überlegen konnte, kletterte ich in den Autoreifen hinein, schmiegte den Rücken eng an die innere Rundung, winkelte die Beine an, legte die Hände auf die Knie und konzentrierte mich auf das Gleichgewicht. Auf das Kommando: „Los!" setzte sich der Reifen in Bewegung, wurde schneller und schneller. Das Blut stieg mir in den Kopf. Bei jeder überquerten Marke sprang der Reifen in die Höhe und bekam dadurch einen zusätzlichen Schwung nach vorn. Damit mich die Fliehkraft nicht aus dem Reifen schleuderte, mußte ich, eingerollt wie ein Igel, jede seitliche Bewegung vermeiden.

In wilder Fahrt jagte ich den Deich hinunter. Ich kam jetzt in den markierten Meisterbereich und stob gleich darauf in den Schilfgürtel hinein. Ich hörte das Rauschen, Knistern und Knacken des Schilfs und wußte: du hast es geschafft! Instinktiv warf ich mich zur Seite, um nicht im Prerower Strom zu versinken. Der Autoreifen klatschte ins schmutzige Uferwasser. Schnell krabbelte ich aus dem Reifen, klopfte den nassen Dreck von Hose und Hemd und ging erwartungsvoll dem „Prüfer" entgegen: es war doch wohl klar, daß ich die Meisterprüfung bestanden hatte! Als die Jungen mich von unten bis oben verdreckt den Deich heraufkommen sahen, brachen sie in schallendes Gelächter aus. Der „Meister" streckte mir die Hand entgegen und gratulierte: „So schnell hat es noch niemand geschafft!"

Zu Hause erwartete mich schon meine Mutter. Daß ich mir wegen meiner schmutzigen Klamotten eine Ohrfeige einhandelte, nahm ich gern in Kauf, immerhin durfte ich mich jetzt „Meister" nennen! Nachdem sich Mutter wieder beruhigt hatte, sagte sie: „Kleiner Meister, jetzt wirst du mit dem Fahrrad zur Försterei fahren und einen Korb Eier holen". Ich fragte freudig: „Fahren? Ist das Fahrrad wieder heil?" Sie nickte: „Der Nachbar hat es repariert. Aber fahr' bitte nicht wieder so wild!" Ich schob das Fahrrad aus dem Holzstall. Tatsächlich, die Beulen waren raus und die Speichen wieder festgezogen.

Das Rad hatten mir die Eltern zu meinem Geburtstag geschenkt. Stolz wie ein Spanier fuhr ich damals gleich durch die Straßen von Prerow und drehte auf dem frisch mit Kohlenschlacke befestigten Bahnhofs-vorplatz meine Runden. Als mir das langweilig wurde, probierte ich das Rückwärtsfahren, den Blick zum Sattel gewandt. Am Anfang schaffte ich gerade zwei bis drei Meter, bis ich wieder schnell herunterspringen mußte, um nicht umzukippen. Aber ich ließ nicht locker. Und siehe da, es klappte immer besser, ich blieb zuerst fünf, dann zehn und bald zwanzig Meter oben. Bald konnte ich beliebig lange gerade Strecken in flotter Rückwärtsfahrt bewältigen. Dann wurden Kurven trainiert, zunächst vorsichtig, dann schon mutiger. Nach einer Stunde fühlte ich mich sicher, setzte mich sogar auf den Lenker und ließ das Rad ausrollen. Allmählich mußte ich an die Heimfahrt denken. Schnell noch eine Runde! Schon saß ich wieder rückwärts auf dem Lenker, nahm eine Spur zu rasant die letzte Kurve – und dann war es passiert: ich knallte auf die schwarze Aschenbahn. Blitzschnell sprang ich wieder hoch, zum Glück war weit und breit keine Menschenseele zu sehen. Als ich das Fahrrad vom Erdboden aufsammelte, sah ich die Bescherung: das vordere und hintere Schutzblech total verbogen, im Vorderrad eine mächtige „Acht" und mehrere Speichen lose. Dann entdeckte ich noch zu allem Unglück mein kohlenschwarzes, blutverschmiertes Knie. Ach herrjeh, dachte ich, was werden die Eltern sagen? Ich hoffte inständig, daß Vater zu Hause war, dann gäbe es nur Schimpfe von der Mutter. War er nicht da, würde sie mir eine Tracht Prügel verpassen. Um zu retten, was zu retten war, versuchte ich, mit einem Stock die Schutzbleche von den Rädern wegzubiegen. Das gelang wenigstens so weit, daß ich mit meinem schmerzenden Knie nach Hause „eiern" konnte; an Fahren war mit dieser „Acht" nicht zu denken. Ich hatte Glück, Vater und Mutter empfingen mich. Er sagte nur: „Na, das hast du Bengel mal wieder fein hinbekommen!" Mutters Urteil fiel härter aus. Ohne sich erst mit dem Vater abzustimmen, sagte sie barsch: „Fahrradfahrverbot bis auf weiteres!" Am liebsten hätte sie wohl zum Stock gegriffen, um ihrem Urteil mehr Nachdruck zu verleihen. Plötzlich sah sie mein blutverschmiertes Knie. Wenn Mutter Blut sah, lief sie meist kreidebleich hinaus, um bald mit einer Flasche Essigsaurer Tonerde wiederzukommen. So auch jetzt. Sie rieb kräftig das von Blut und Schlacke verschmierte Knie ab; ich hörte die Engel im Himmel singen, so brannte die Wunde. Ich biß die Zähne aufeinander, denn mir war klar: wenn ich jetzt jammerte, wäre eine neue Strafpredigt fällig. Also lieber keine Miene verziehen und nur ja keinen Klagelaut über die Lippen kommen lassen. Ein großes Pflaster hatte noch tagelang Zeugnis von meinem Sturz abgelegt. Heute durfte ich also endlich wieder radfahren. Ich nahm den Korb, steckte das Geld in die Hosentasche, schwang mich aufs Fahrrad und fuhr vom Hof. Mutter rief nochmals hinterher: „Denk' daran, fahr' vorsichtig!" Auf der Försterei angekommen, sah ich Jochen, der einem schwarzen Rauhaarteckel ein Wurststück in eine für ihn unerreichbare Höhe hinhielt. „Murfi" sprang immer wieder vergeblich in die Höhe, um den leckeren Brocken zu erhaschen. Erst nach mehreren mißlungenen Sprüngen zeigte Jochen Mitleid und verringerte die Höhe, so daß Murfi blitzschnell zuschnappte. Während der Dackel die Wurst verschlang und verschwand, sah ich Jochen herumhüpfen und eine Hand schütteln. Beim Zupacken hatte der Hund nicht nur die Wurst, sondern auch Jochens Daumen erwischt. Ich riet ihm, die Wunde mit Essigsaurer Tonerde auszuwaschen oder andernfalls mit Seifenwasser. Das hatte Mutter oft genug bei mir praktiziert, weil ich alle Augenblicke mit Verletzungen nach Hause kam. Im selben Moment trat Jochens Mutter aus der Tür, eine resolute, gutaussehende Frau. „Guten Tag", sagte ich schnell, um Jochen die Gelegenheit zu geben, um die Hausecke zu verschwinden. „Meine Mutter schickt mich, ob wir zwanzig Eier kaufen könnten." „Komm mit in die Küche, Waldemar, so viele Eier sind wohl noch da", erwiderte sie. Sie packte zwanzig Eier ein. Ich bezahlte, hängte den Korb an den Lenker und schob das Rad, nachdem ich mich noch einmal bei ihr bedankt hatte, über den Hof bis zur Anhöhe außerhalb des Gartenzaunes.

Hier schwang ich mich ungeachtet meiner empfindlichen Fracht in den Sattel. Prompt bekam ich auf der Gefällestrecke so viel Schwung, so daß ich es nicht schaffte, die scharfe Kurve an ihrem Ende richtig anzusteuern. Ich bremste zu spät und zu forsch, kam ins Schleudern und stieg kopfüber vom Fahrrad ab, der Eierkorb flog hinter mir her. Wie es der Zufall wollte, zerplatzten einige Eier an meinem Kopf, so daß sich die gelbe Brühe über mich ergoß. Der erste Blick galt meinem Fahrrad. Wie durch ein Wunder hatte der Sturz keine nennenswerten Spuren hinterlassen. Dafür war ich um so mehr ramponiert: von Kopf und Anzug, ja sogar an der Innenseite meiner Schenkel entlang triefte die klebrige Masse. Ich entfernte zunächst das Gröbste, riß dann Gras vom Wegrand und versuchte damit die noch überall haftenden Eierschalenreste wegzuwischen. Das bewirkte eine unerwartete Farbänderung, denn die Farbe ging jetzt mehr ins Gelbgrüne über. Ich schaute in den umgestülpten Korb hinein und mußte feststellen, daß ganze vier Eier den Sturz heil überstanden hatten. Mir blieb nichts anderes übrig, als nach Hause zu gehen und Farbe zu bekennen, was im wahrsten Sinne des Wortes angesichts meiner Flecken kein Kunststück war.

Mutter schlug wieder einmal die Hände über dem Kopf zusammen. Ich erwartete einen Zornausbruch mit anschließender Tracht Prügel. Aber nein, sie fing an zu lachen, zeigte mit dem Finger auf mich und rief den Vater. Nicht nur er, auch meine beiden Schwestern Gisela und Jenny kamen herausgerannt, und alle schüttelten sich vor Lachen aus. Gisela meinte prustend: „Du siehst wie ein vollgemachter Kater aus", und fand, was mir ganz und gar nicht paßte, auch noch Eierschalenreste hinter meinen Ohren.

Ärgerlich über den Spott, aber auch froh, keine Schläge bekommen zu haben, begab ich mich in die Küche und säuberte mich zum zweiten Mal. Zur Strafe durfte ich allerdings nicht länger aufbleiben. Das empfand ich diesmal nicht als disziplinarische Maßnahme, denn im Bett konnte ich das Glücksgefühl, allerhand erlebt zu haben, nochmal in aller Ruhe auskosten und anschließend ein Indianerbuch lesen. Was ich damals nicht ahnen konnte: die Kurve, an der ich wider Willen Rührei hergestellt hatte, sollte mir im übernächsten Jahr erneut Pech bringen. Und das kam so:

Jenny und ich kamen vom winterlichen Schlittschuhlaufen, das wir den ganzen Tag lang auf den Gräben in der Nähe der Försterei genossen hatten. Jenny saß auf der Querstange meines Fahrrades und hielt unsere Schlittschuhe in der einen Hand, während sie sich mit der anderen am Lenker festhielt. Wir sausten vom Berg hinunter in Richtung meiner Unglückskurve, als sie unachtsam ihre Schlittschuhe in die Speichen baumeln ließ. Das löste eine abrupte Bremsung aus, so daß wir beide im hohen Bogen über den Lenker flogen. Jenny hatte sich sportlich auf dem Boden abgerollt, was mir nur unvollkommen gelang. Die Folge: mein Hals war verrenkt. Noch Tage danach hielt ich vor Schmerzen den Kopf schief und zog mir damit den Ärger der Mutter zu, die wohl glaubte, ich wolle sie zum Narren halten.

Uns fuhr der Schreck in die Glieder, als wir sahen, daß sich das Fahrrad durch den Sturz in zwei Hälften geteilt hatte. Rahmenbruch! Wir einigten uns, gerecht zu teilen: Jenny schulterte die Gabel mit dem völlig verbogenen Vorderrad, und ich schleppte das Hinterteil heim mitsamt unserer Unglücksursache, den Schlittschuhen. So bepackt, schlichen wir kleinlaut ins Haus. Doch dieses Mal kamen wir mit einem blauen Auge davon. Die Eltern freuten sich, daß uns nichts Ernstes passiert war und schimpften über das schlechte Material des Fahrrades. Über die wahre Ursache des Sturzes ließen wir sie wohlweislich im Unklaren.

Mit dem Zug zur Penne

Die Eltern schickten mich, als ich zehn Jahre alt war, auf die Realschule in Barth. Jochen Dall, der Förstersohn, hatte auch die Volksschule in Prerow verlassen und ging nun mit mir in dieselbe Klasse. Er saß allerdings nicht neben mir, sondern war Banknachbar des Rechtsanwaltssohns Hans-Werner Partenscky, der später unser Klassenprimus wurde. Ich saß mitten im Raum mit Jörg Graf von Lüttichau, dem Sohn eines Kaufmannes aus Zingst. Jörg, einen Kopf größer als ich, hatte eine drahtige Figur, die er auch beim Sport erfolgreich einzusetzen wußte. Er schielte allerdings, was mich in die Verlegenheit brachte, herauszufinden, mit welchem Auge er mich jeweils ansah. Er ließ später die Augenstellung mit Erfolg operieren und entwickelte sich zu einem gutaussehenden jungen Mann.

Wir beide wurden bald bei schriftlichen Prüfungsarbeiten ein gutes Team. Er glänzte in Mathematik, während mir besonders die Fächer Französisch und Latein lagen. Eines Tages blieb Jörg für einige Wochen der Schule fern. Er hatte eine Waffe, einen alten Vorderlader, auf dem elterlichen Hausboden gefunden. Beim Hantieren mit dieser Waffe schoß er sich durch die Hand.

Jeden Morgen um 6.50 Uhr klingelte Jochen vor unserem Haus, um dann gemeinsam mit mir zur Bahn zu radeln. Unser Zug fuhr um 7.05 Uhr in Richtung Barth. Die Fahrräder stellten wir im Holzstall von Pastor Pleß ab. Von hier liefen wir noch drei Minuten quer über eine Wiese zum Bahnhof. Wurde die Zeit einmal knapp, fuhren wir bis ans Bahnhofsgebäude, warfen das Fahrrad gegen den Zaun, setzten mit einer Flanke darüber und sprangen in letzter Minute in den Zug. Ich hatte viel Glück, daß ich in all den Jahren kein einziges Mal den Schlußlichtern des abfahrenden Zuges nachsehen mußte. Mutter erzog mich zu einer pedantischen Pünktlichkeit, die mir bis heute geblieben ist. Es war nicht gefährlich, wenn wir die Fahrräder am Bahnhofszaun stehen ließen. Die meisten Fahrschüler taten das, ohne befürchten zu müssen, sie nach der Schule beschädigt oder womöglich gar nicht mehr vorzufinden.

Wir Schüler des ersten Schuljahres, der „Sexta", wie man damals sagte, hatten uns gleich am ersten Tag einer Neulingstaufe zu unterziehen. Nach dem Unterricht zerrten uns ältere Schüler hinter der Schule unter eine Pumpe und amüsierten sich königlich über unsere wassertriefenden Haare. Den Kopf unter eine Pumpe zu halten, war für mich zum Glück nichts Neues, doch dieses hier faßte ich als eine böse Schikane auf, die Rachegefühle auslösen mußte. Nachdem wir uns mit unseren Taschentüchern notdürftig abgetrocknet hatten, wurden wir dazu verurteilt, die Schulmappen der älteren Fahrschüler zum Bahnhof zu tragen, und zwar wochenlang. Da wir den größeren Burschen körperlich nicht gewachsen waren, blieb uns nichts anderes übrig, als uns widerwillig zu fügen und trotteten, mit Taschen voll bepackt, tagtäglich in Richtung Bahnsteig. Mir wurde der Spaß schließlich über: Ich verpaßte meinem Drangsalierer, dem Sohn des Sägewerkers von Prerow, als er es nicht erwartete, ein paar saftige Ohrfeigen. Damit standen keine Verbindlichkeiten mehr zu Buche, und wir hatten von Stund an Ruhe. Im übrigen hielten wir Sextaner uns gesittet und fielen in der Klasse nach Möglichkeit nicht unangenehm auf.

Der Französischlehrer, Oberstudienrat Lüdemann, lehrte uns die ersten Vokabeln. Er versuchte, uns die Fremdsprache mit „Eselsbrücken" einprägsam näher zu bringen. So lehrte er uns die Vokabeln für Ochse, Kuh und Tür schließen, indem er gestikulierte: „Le bœuf – der Ochs, la vache – die Kuh, fermer la porte – die Türe zu!" In der Quarta kam Latein als zweite Fremdsprache hinzu. Der erste Satz, den wir lernten, lautete: „Nauta navigat", was soviel heißt wie: „Der Seemann schifft sich ein." Als ich am nächsten Tag aufgefordert wurde, diesen Satz zu lesen und zu übersetzen, setzte ich an: „Nauta navigat – der Seemann schifft"! Als die Mitschüler losprusteten, setzte ich schnell hinterher: „sich ein"! Der Lehrer, Studienrat Dr. Gülzow, für unsere Begriffe ein Pfundskerl, der uns später auch Deutschunterricht gab, schmunzelte nur und meinte, ich solle derartige Scherze lieber nach dem Unterricht zum besten geben.

In der nächsten Klasse wechselte der Französischlehrer. Es kam Studienrat Gadow, ein kleines, dürres Männchen. Er trug nicht zu Unrecht den abschätzigen Spitznamen „Schieter". Meist erschien er mit einem lauten Räuspern in der Klasse, spuckte in den seitlich neben der Tür stehenden Spucknapf und fing unvermittelt an, französisch zu reden, um dann einen von uns aufzufordern, ihm auf französisch zu antworten. Schrieben wir eine Klassenarbeit, saß er nägelkauend auf dem Lehrerpult, las die Zeitung oder kratzte sich seine Aknepickel auf. Hatte er üble Laune, was nicht selten der Fall war, holte er einen der schlechteren Schüler nach vorne, um ihm beim ersten falschen Wort ein paar Takte mit dem großen Zeigestock überzuziehen. Weil er

Linkshänder war, sah das so komisch aus, daß wir uns das Lachen verkneifen mußten, um nicht Gefahr zu laufen, ebenfalls Opfer seiner Prügellust zu werden. Obgleich meine Französischzensuren sonst keinen Anlaß zu Beanstandungen gaben, ließ er nach der Durchsicht meiner Hausaufgaben auch einmal seinen Unmut an mir aus. Weil ich meine Schularbeiten oft schon während der Heimfahrt im ratternden Zug erledigte, glich meine Handschrift zwangsläufig einer „Sauklaue", die „Schieter" Gadow in Wut versetzte.

Er schwang drohend mein Heft: „Schaut Euch dieses Krickelkrackel an, das kommt vom vielen Rauchen, sonst ist es unmöglich, so eine Schrift am Leib zu haben." Ich schaute in der Aufregung auf Schieters linke Hand mit den vom Kettenrauchen braun gefärbten Fingern, da ich seine Schläge von dort erwartete. Er steigerte sich immer mehr in seine Wut hinein und brüllte, eine übelriechende „Tabakfahne" im Klassenraum verbreitend: „Diese Schmiererei stinkt zum Himmel!" Und zugleich knallte seine Hand überraschend von oben herunter auf meine rechte Backe. Bevor ich über die Wirkung nachdenken konnte, verspürte ich auch auf der anderen Seite einen zuckenden Schmerz. Wie er das als Linkshänder so schnell fertigbrachte, ist mir heute noch ein Rätsel. Dann ließ er von mir ab und befahl auf Französisch: „le devoir encore une fois fabriquer!" was im Klartext heißen sollte: die Hausaufgabe noch einmal neu schreiben. „Compris"? fragte er. „J'ai compris", antwortete ich kleinlaut.

Ganz anders unser Biologielehrer, Studienrat Horney. Wenn er in der Klasse erschien, musterte er uns so lange, bis wir seiner Aufforderung, uns wie preußische Soldaten auf Vordermann auszurichten, nachgekommen waren. Mit schneidigem, zu seinem Offizierstyp passenden Ton brachte er uns auf eine interessante Art und Weise Biologie bei. Dieses Fach faszinierte mich, zumal ich mir die ersten Grundkenntnisse für meinen späteren Beruf aneignen konnte.

Mein Lieblingslehrer war Studienrat Mertens, unser Sportlehrer, denn meine außerschulischen Lieblingsbeschäftigungen waren Schießen und Sport. Ich konnte bald meine zu Hause erlernten Übungen in der großen Turnhalle am Bleicherwall trainieren, so daß ich schließlich Kippen und Grätschen am Hochreck perfekt beherrschte. Auch Barrenturnen machte mir große Freude. Meine Vorbilder im Turnen waren außer Studienrat Mertens einige Schüler der älteren Klassen wie Ernst Erdmann aus Born, Otto Körber aus Prerow und Gerhard Behrens aus Barth, die allesamt Asse im Geräteturnen waren. Auch die Leichtathletik wurde an unserer Schule großgeschrieben. Während mein Schulkamerad Jörg Graf von Lüttichau mit Spikes die hundert Meter in 11,4 Sekunden lief, schaffte ich die Distanz mit gewöhnlichen Turnschuhen in 12 Sekunden. Meine Stärke lag im Keulenweitwurf. Als frischgebackener Kreismeister durfte ich an einem für Vor- und Hinterpommern organisierten Sportfest in Stettin teilnehmen und brachte es hier zum dritten Platz. An unserer Schule wurde weniger Fußball, dafür mehr Feldhandball gespielt. Da ich vom Training im Keulenwerfen her über eine beachtliche Wurfkraft verfügte, war ich ein von den gegnerischen Mannschaften gefürchteter Halbrechtsstürmer. Besonders deshalb, weil ich die Bälle „antäuschte", indem ich die rechte Torecke anvisierte und blitzschnell den Ball in die linke setzte oder umgekehrt.

Zu Hause trainierte ich Stabhochsprung mit einer leichten, ausgetrockneten Fichtenstange. Ich ließ nicht locker und wollte eine immer größere Höhe erreichen, bis eines Tages die Stange genau in dem Moment brach, als ich den Körper über die Latte streckte. Ich schlug mit der linken Seite auf die Erde, was eine schmerzhafte Rippenprellung zur Folge hatte.

Es wurde interessant auf dem Darß, als sich „Reichsjägermeister" Hermann Göring am Weststrand, in der Abteilung 95, aus dicken, behauenen Baumstämmen ein repräsentatives Jagdschloß bauen ließ. Für die Förstersöhne und mich war das Baugelände ein idealer Tummelplatz. An den Wochenenden, wenn uns kein Arbeiter verjagen konnte, tobten wir hier nach Herzenslust umher. Am besten gefielen uns die Loren auf den Schienen, die dem Transport der großen Baumstämme dienten. Einer von uns schob die Lore, die anderen saßen drauf. Das Anschieben, Aufspringen, Fahren und wieder Abspringen wurde immer waghalsiger, so daß ich mir zu guter Letzt beim Absprung das Bein einklemmte und einen Bluterguß als Souvenir mit nach Hause brachte.

Das Gelände wurde nach der Fertigstellung des Jagdschlosses mit einem hohen Drahtzaun umgeben, sodaß wir über dieses Hindernis klettern mußten, um unsere Neugier zu befriedigen. Das war nicht ungefährlich, denn Göring hielt während seiner Jagdaufenthalte, die sich meistens über die Zeit der Hirschbrunft erstreckten, einen Löwen auf dem Gelände. Den entdeckte ich später als Soldat im Berliner Zoo wieder. Am Käfig stand: „Ein Geschenk von Reichsmarschall Hermann Göring aus der Zwingerhaltung auf dem Darß." Der Löwe schaute mich interessiert an, als wolle er sagen: „Findest du nicht auch, das Leben auf dem Darß war angenehmer!"

Auf der Realschule in Barth bekannte man sich zu den Ideen des Nationalsozialismus. Wir Schüler mußten im Schulatlas die Kämpfe des späteren Diktators Franco auf der Spanienkarte verfolgen und darüber in der Schule berichten. Die Unterstützung der Kampfhandlungen durch Einheiten der deutschen Luftwaffe – die für den Spanienkrieg aufgestellte „Legion Condor" stand unter dem Befehl von Oberst v. Richthofen –, wurden von den meisten Lehrern gutgeheißen. Jeder Schüler sollte seinen Dienst im „Jungvolk" und später, mit vierzehn, in der „Hitlerjugend" leisten. Wir Kinder begeisterten uns besonders für die vom Jungvolk organisierten „Geländespiele". Systematisch wurden dabei Eigenschaften wie Mut, Ausdauer und Tapferkeit gefördert. Alles an diesen vormilitärischen Übungen zielte darauf ab, die Jugend spielerisch für die Ziele des Nationalsozialismus zu gewinnen. Unsere Mutter schimpfte jedes Mal, wenn ich zum Jungvolkdienst ging. Der Vater, obgleich Sozialdemokrat, ließ mir freien Lauf, denn er merkte, daß mir die körperliche Betätigung Spaß machte. Gisela und Jenny standen auf der Seite der Mutter und meinten: „Solchen Quatsch machen wir nicht mit." Ich sah die Übungen als Sport an und ahnte damals noch nicht, wozu wir später mißbraucht werden sollten. Hitler verstand es, uns schon im Kindesalter zu begeistern, damit wir nachher bereit waren, in den Krieg zu ziehen – angeblich, um das Vaterland zu verteidigen und für die Losung „Volk ohne Raum" zu kämpfen.

Eines Tages, als ich wieder zum Jungvolkdienst ging, stand ein „Geländespiel" mit Maschinengewehr auf dem Dienstplan. Das war natürlich für uns Jungen verlockend. Die Übung fand auf einer Wiese in der Nähe der Schule statt. Der Ausbilder, ein „Jungzugführer", hatte ein aus Holz gebasteltes Maschinengewehr mitgebracht. Es gab verblüffend echt klingende Knattergeräusche von sich, wenn man eine an der Seite angebrachte Kurbel drehte. Es wurden zwei Mannschaften gebildet, eine blaue, die Guten, und eine rote, die Bösen darstellend. Ich gehörte zur blauen Mannschaft. Sie hatte die Aufgabe, die Roten mit MG-Einsatz anzugreifen und in die Flucht zu schlagen. Zu meiner Freude bekam ich das Maschinengewehr in die Hand gedrückt und hatte am rechten Flügel in Deckung zu gehen. Von dort aus sollte ich dem vorstürmenden linken Flügel Feuerschutz geben, indem ich aus Leibeskräften mit dem Maschinengewehr ratterte. Allerdings kam ich, als ich einen Stellungswechsel vornehmen wollte, vom Kurs ab und geriet unbemerkt in den Aktionsradius eines angepflockten Schafbockes. Der Widder, mich eräugend, senkte angriffslustig sein Haupt, stürmte los und rannte mit voller Wucht gegen mein Hinterteil – ausgerechnet in dem Augenblick, als ich brüllte: „Vorwärts, mir nach!" Ich flog im hohen Bogen durch die Luft, das Maschinengewehr hinterher. Als ich mich verstört aufrappelte, nahm der Bock gerade seinen zweiten Anlauf. Zum Glück hatte er mich aus dem Gefahrenbereich hinausgestoßen, so daß die Kette den Störenfried daran hinderte, meine Kehrseite erneut zu traktieren. Als die „Roten" merkten, daß unser Maschinengewehr durch einen unerwarteten Bundesgenossen außer Gefecht gesetzt war, griffen sie mit „Hurra, Hurra"-Gebrüll an und überrannten uns. Dem Herrn Jungzugführer blieb nichts anderes übrig, als zähneknirschend die „Roten" zum Sieger zu erklären. Als ich Mutter von der enttäuschenden Niederlage berichtete, antwortete sie nur: „Ich habe dir schon ein paarmal gesagt, du solltest zu diesem Hammelverein nicht mehr hingehen!"

Mein erster Lehrtag

Eines Tages erschien Revierförster Dall bei meinen Eltern. Er brachte eine gute Nachricht: er habe mit Forstmeister Mueller, dem Leiter des Forstamtes Born, eine Vereinbarung getroffen. Ich könne am 1. August 1942 in Prerow meinen Dienst als Forstlehrling antreten, und zwar im Revier Laspeyreshagen, das den Namen eines verdienten Landforstmeisters trug. Ich tat einen Freudensprung. Mein Kindertraum, Förster zu werden, wurde Wirklichkeit. Ohne an die vor mir liegenden Strapazen zu denken, sah ich mich schon in Gedanken auf der Jagd. Nach Erledigung aller Formalitäten bekam ich die Aufforderung, mich beim Forstmeister in Born vorzustellen. Mit dem Fahrrad fuhr ich durch den Wald zum sechs Kilometer entfernten Forstamt. Mit Herzklopfen kam ich an. Forstmeister Mueller war in den Augen der Bevölkerung und besonders für seine Untergebenen ein strenger Gebieter. Er verstand es, fast geräuschlos durchs Revier zu reiten und so faulenzende Forstarbeiter oder Beerenpflücker ohne Blaubeerschein zu überraschen. Disziplin und preußische Ordnung waren sein Lebensinhalt. Einen besonderen Namen hatte er sich im ersten Weltkrieg durch seine mit großer Leidenschaft und Fachkenntnis betriebene Dressur von Meldehunden gemacht, die er später, während des zweiten Weltkrieges, fortsetzte.

Ich stieg vom Fahrrad und sah rechts ein kleines Blockhäuschen. Wie ich später erfuhr, war es eine Sauna, die Mueller nach finnischem Vorbild hatte bauen lassen. Vor mir lag das Hauptgebäude, die Residenz des Forstmeisters, ein Forsthaus, das schon Sitz des von 1891 bis 1913 amtierenden Altmeisters des Deutschen Waidwerkes, Ferdinand Freiherr von Raesfeld gewesen war. Am Giebel hingen Trophäen starker Hirsche. Hinter der mit Rundbögen versehenen Doppeltür vermutete ich große Jagdräume und Wohnungen. Im Anbau zur rechten Hand befand sich das Büro des Forstmeisters, das ich bald kennenlernen sollte. Vor dem Forstamt stand eine herrliche Eibe mit mächtigem Kronenumfang. Ihre dichtbenadelten Zweige reichten bis zum Boden hinab. Links neben der Eibe ragte ein großer Granitstein aus der Erde, den, wie ich später erfuhr, der beleibte Hermann Göring zum Besteigen seines Pferdes brauchte. Im Hintergrund des Hofplatzes entdeckte ich ein langgestrecktes Stallgebäude, daneben ein kleines Häuschen, die Kutscherwohnung. Dem Stall gegenüber saß in einem mit Rohr gedecktem Haus der Forstamtsekretär Mett mit einem weiteren Angestellten. Hier sollte ich mich auf Anweisung meines künftigen Chefs melden. Ich klopfte zaghaft an die Tür und trat auf „Herein!" ins Zimmer. „Ich habe den Auftrag von Herrn Revierförster Dall, mich hier zu melden, um dem Herrn Forstmeister vorgestellt zu werden", sagte ich schüchtern. „Ja, ich weiß", erwiderte der Angestellte und bot mir einen in der Ecke stehenden Stuhl an. „Setzen Sie sich hierhin und warten den Bescheid ab!" Ich setzte mich auf die vorderste Stuhlkante und sah mich vorsichtig im Zimmer um. Eine Tür führte in den Raum des Forstamtsekretärs. Der Büroangestellte saß am Schreibtisch und kurbelte an einer kleinen Rechenmaschine. Wie ich später erfuhr, wurde jedes von den einzelnen Förstern aufgemessene Stück Holz auf dem Forstamt nachkubiziert und Seite für Seite in den Büchern überprüft. Mir machte es Spaß zuzuschauen, wie der kleingewachsene Mann mit behender Schnelligkeit die Kurbel der Rechenmaschine drehte und die nachgerechneten Posten entweder mit einem grünen Stift abhakte oder in Rot Korrekturen daran vornahm.

Mit solcher preußischen Genauigkeit sollte ich schon bald konfrontiert werden, als mein Lehrherr das von mir angefertigte und vom Forstamt nachgerechnete Nummernbuch auf den Tisch legte. Ich mußte zugeben, daß ich von rund 500 Stück Grubenholz vier Stämme falsch kubiziert hatte, so daß eine Plus-Minus-Differenz von 0,18 Kubikmeter zu Buche standen. Die Kritik nahm ich mir so zu Herzen, daß ich später niemals wieder Anlaß gegeben habe, mich wegen Ungenauigkeit oder Flüchtigkeit rügen zu lassen.

Ich schaute aus dem Fenster des Büros. Drei herrliche alte Linden zierten den Hofplatz. Dahinter die Hundezwinger mit den vielen Teckeln und Wachtelhunden, die mich schon vorher beim Betreten des Forsthofes laut bellend begrüßt hatten. Jetzt schlugen sie erneut an, wahrscheinlich, um einen weiteren Besucher anzukündigen. Ich irrte mich nicht. Es klopfte, in der Tür stand ein Revierförster, der den Angestellten und auch mich mit Handschlag begrüßte. „Sie sind wohl der neue Lehrling"? fragte mich der Forstbeamte. „Ja, ich heiße Waldemar Martens und bin von Prerow", antwortete ich und nahm wieder Platz. Interessiert richtete der Revierförster weitere Fragen an mich. Plötzlich verstummte das monotone Geräusch der Rechenmaschine. Der Forstamtsangestellte hatte mit dem Kurbeln innegehalten, starrte mich wütend an und schrie: „Wissen Sie nicht, wen Sie vor sich haben? Das ist der preußische Forstbeamte und Revierförster, Herr Westphal von Wieck. Und Sie wagen es, sitzen zu bleiben, wenn er mit Ihnen spricht?" Ich sprang wie von der Tarantel gestochen auf, meine Knie zitterten. Revierförster Westphal winkte ab, deutete auf den Stuhl, ich möge mich wieder hinsetzen. War es Angst oder Trotz? Ich wagte nicht, wieder Platz zu nehmen und blieb trotz erneuter Aufforderung stehen. Zu meiner Erlösung kam der Anruf vom Hauptgebäude, ich solle zum Forstmeister kommen. Schnell verabschiedete ich mich, den ungehobelten Kritiker mißtrauisch musternd, und verließ den Raum, in dem ich gleich am ersten Lehrtag einen „Anpfiff" hatte einstecken müssen.

Mit Herzklopfen betrat ich den Raum der Sekretärin, die mich freundlich begrüßte und in das Arbeitszimmer des großen Chefs dirigierte. Da stand ich nun mit klopfendem Herzen vor Forstmeister Mueller. Er war ein großer schlanker Mann, dem man noch in seiner schmucken grünen Uniform den ehemals preußischen Offizier ansah; er hatte es bis zum Rang eines Generals gebracht. Er trat auf mich zu und sagte freundlich: „Sie haben die Absicht, die Forstlaufbahn einzuschlagen? Das freut mich. Ihren Vater kenne ich sehr gut. Wenn Sie seine Charaktereigenschaften geerbt haben und so wie er Verständnis und Fleiß für den Wald aufbringen, dann habe ich keine Angst um Sie. Ich wünsche Ihnen alles Gute und viel Glück. Wenn Sie besondere Wünsche haben, lassen Sie mich davon wissen", streckte mir kurz und bündig die Hand entgegen und entließ mich wieder. Draußen angekommen, fiel mir ein Stein vom Herzen. Das wäre schon einmal geschafft, dachte ich, alles halb so schlimm. Wenn nur nicht dieser Anpfiff von vorhin gewesen wäre. Aber ich würde schon noch beweisen, daß ich daraus gelernt hatte. Unter Begleitung des sofort einsetzenden Hundegekläffs überquerte ich den Hof des Forstamtes, schwang mich auf mein Fahrrad und radelte erleichtert quer durch den Darßer Wald nach Hause.

Begegnung mit Wisenten

Am nächsten Morgen fand ich mich auf Anweisung meines Lehrherrn pünktlich mit einer Sense am Arbeitsplatz in der Abteilung 164 ein. Der Vorarbeiter Hugo Nietschmann, ein schlanker, sehniger Forstarbeiter mit rötlichem Haar und leichtem Kropfansatz, erklärte mir die Handhabung der Sense. Nachdem er schwungvoll einige Meter zwischen den angepflanzten Lärchen gemäht hatte, durfte ich meine Geschicklichkeit unter Beweis stellen. Nach Korrekturen meiner Armhaltung war der Vorarbeiter mit meiner Arbeit zufrieden. Ich sollte keine Lärchenpflanzen beschädigen, wenn ich die Lärchenkultur von Gras und Farnkraut befreite. Wir mähten zu viert. Schnell lernte ich die Gepflogenheiten der Forstarbeiter kennen. Der Vorarbeiter bestimmte das Arbeitstempo, den Beginn und das Ende der Pausen. Er konnte es nicht leiden, wenn er beim Arbeiten überholt wurde oder von ihm nicht genehmigte Pausen eingelegt wurden. Der erste Tag kam mir endlos lang vor. Meine Muskeln waren zwar gut trainiert, aber die ungewohnt einseitige Arbeit ermüdete mich doch sehr.

Am Wochenende machte ich bei einem Turnerball im Saal des „Kaffee Wien" in Prerow mit. Die vielen Gäste warteten gespannt auf unsere sportlichen Darbietungen an Reck, Barren und Pferd. Begleitet von Klaviermusik, turnten wir unsere Kürübungen. Unsere Schau endete mit Sprüngen über das Langpferd. Nach meinem Sprung, Grätsche rückwärts, war ich heilfroh, die Vorführungen überstanden zu haben. Beim Reckturnen waren die vom Mähen herrührenden Blasen an der rechten Hand aufgescheuert und schmerzten arg. Als ich am Wochenanfang von der Arbeit heimkam, mußte ich wohl oder übel den Arzt aufsuchen. Meine Hand war stark angeschwollen und begann zu eitern. Der Dorfarzt, Dr. Heinrich, schickte mich nach Hause, ich solle mich sofort ins Bett legen und auf ihn warten. Zwei Stunden später erschien er mit seiner Frau als Assistentin, holte das chirurgische Besteck aus seiner Tasche und begann mit der Operation. Als erstes stülpte er mir eine widerliche Gummimaske über das Gesicht und träufelte Äther darauf. Ich mußte von Zwanzig an rückwärts zählen. Bei „Zehn" schwanden mir die Sinne, ich wachte erst auf, als die Arztfrau mir einen großen Verband anlegte. Über den anschließenden zehntägigen Arbeitsausfall war ich gar nicht erfreut; er war mir peinlich. Ende August begannen interessante Arbeitswochen. Die Pirschsteige mußten rechtzeitig vor der Hirschbrunft gemäht, geharkt oder ganz neu angelegt werden. Farnkraut und Gras hatten zu verschwinden. Anschließendes Harken sorgte für einen von allen Zweigen und Wurzeln gesäuberten schmalen Steig, der ein geräuschloses Pirschen ermöglichte. Der Pirschsteig führte an der Buchhorster Maase, einer großen Wiese im Darßer Wald entlang nach Heidensee, einer Wiese kurz vor dem Weststrand. Alle zweihundert bis dreihundert Meter bauten wir Schirme aus Schleten oder mit Farnkraut behängten Spanndrähten, damit die Jäger bei der Pirsch nicht vom Wild eräugt werden konnten.

Mittags kam Forstmeister Mueller auf seinem dunkelbraunen Pferd angeritten und gab uns den Auftrag, einen Hochsitz mit Blickfeld in die Erlenlichtung zu bauen. Er gab uns noch ein paar Hinweise zu Größe, Höhe und Aussehen des Hochsitzes und zum anzulegenden Pirschsteig. Einer der Forstarbeiter fragte: „Herr Forstmeister, soll der Anstand direkt ins Erlenbruch schauen oder sollen wir ihn etwas nach rechts zeigend bauen?" Der Forstmeister verbesserte ihn: „Das heißt nicht Anstand. Anständig müssen Sie Ihre Frau behandeln, es heißt Hochstand oder Hochsitz. – Ja, baut ihn etwas seitlich, damit man die linke Lücke beim Schießen noch ausnutzen kann." Dann ritt er davon. Am Abend betrachteten wir zufrieden den fertigen Hochsitz, den wir acht Meter hoch in eine Buche mit dicken, ausladenden Ästen gezimmert hatten. Auf dem Sitz hatten drei Jäger bequem Platz.

In den nächsten Tagen bekam ich vom Chef einen interessanten Auftrag, nämlich die Wisentherde ausfindig zu machen, um sie dann in das Wildgatter der Abteilung 112 am k-Gestell zu treiben. Göring hatte Ende der Dreißiger Jahre Wisente, Elche, Muffel- und Damwild aussetzen lassen. Reinrassige Bisons und Wisente bildeten eine Herde von fünfzehn bis zwanzig Tieren. Durch Rückkreuzungsversuche wollte man den vom Aussterben bedrohten Wisent wieder vermehren. Die nicht zur Zucht tauglichen Tiere wurden eingefangen, an Zoos gegeben oder durch hohe Jagdgäste zur Strecke gebracht. Ich radelte bis ans k-Gestell, denn ich vermutete die Herde hier. Das bestätigte sich auch; in einem Altholzbestand der Abeilung 121 erspähte ich sie. Die Tiere nahmen von mir kaum Notiz. Auf der Stelle drehte ich um, fuhr zur Försterei zurück und berichtete dem Chef von meiner Entdeckung. Am Nachmittag fuhren wir mit mehreren Forstarbeitern zu der von mir gemeldeten Stelle. Die Wisente hatten sich nur 200 Meter von dort entfernt. Mit großen Stöcken gingen wir langsam auf sie zu.

Sie ließen uns auf 40 Meter herankommen, drehten dann um und liefen in Richtung des Gatters fort. Wir hatten Glück. Nach einer Stunde vorsichtigen Treibens und Dirigierens gelang es uns, die ganze Herde dieses urigen Wildes ins Gatter zu jagen. Das große Tor wurde dabei allerdings von den mächtigen Tieren erheblich demoliert.

Inmitten des Gatters lag eine große Wiese, Kiepenbruch genannt. Der Fang war so gebaut, daß man hier die zuchtuntauglichen Tiere aussortieren konnte. In den nächsten Tagen gelang es mir, ein schwaches Wisentkalb einzufangen. Ich hatte stundenlang auf einem in der Nähe stehenden Baum gesessen und im richtigen Moment ein langes, an der Falltür befestigtes Seil losgelassen. Ich holte den für die Fütterung verantwortlichen Futtermeister Zaage aus Born und den Forstarbeiter Schwarz aus Ibenhorst, um gemeinsam das Kalb in die Fangkiste zu treiben. Auch mit vereinten Kräften schafften wir es nicht, den Wisent in die gewünschte Richtung zu dirigieren. „Ich klettere hinein", sagte daraufhin der Forstarbeiter Schwarz, ein gelenkiger kleiner Mann, „ich habe die Faxen satt." Futtermeister Zaage warnte ihn, aber der Kleine sagte nur: „Laßt mich man machen!" Behende kletterte er über das aus starken Kiefernschleten gebaute Fanggatter hinüber und ging vorsichtig auf den jungen Wisent zu. Der stürmte gesenkten Hauptes unverzüglich auf Schwarz zu und versetzte ihm, ehe der ihn mit dem Knüppel abwehren konnte, einen solchen Stoß gegen die Beine, daß er lang hinschlug. Zum Glück ließ der Wisent einen Augenblick von ihm ab und flüchtete in die Ecke. Unser Kleiner sprang wieder auf und schaffte es gerade noch, auf den Zaun zu klimmen. Schon raste das Urviech wieder auf ihn los und krachte mit solcher Wucht gegen das Gatter, daß der sich oben festklammernde Forstarbeiter von den schwankenden Schleten durchgeschüttelt wurde. Dann kletterte er auf unserer Seite herunter und wischte sich das Blut aus dem Gesicht. Das hätte böse ausgehen können! Die Forstarbeiter kescherten schließlich von außen so lange mit Stangen, bis sie den Wisent in die vor der schleusenartigen Gattermündung stehende Fangkiste hineingetrieben hatten. Ich stand oben auf der Kiste und ließ schnell das Schott hinunterfallen. Endlich war das immerhin gut zwei Zentner schwere Wisentkalb gefangen. Am nächsten Tag wurde es mit einem Lastkraftwagen nach Berlin trasportiert, um im dortigen Zoo sein Leben weiterzufristen.

Mit Wisenten hatte ich schon als Schüler Bekanntschaft gemacht. Ich erlebte mehrfach, daß der Zug plötzlich hielt, weil die Wisentherde über die Bahngeleise trottete. Die Tiere hatten wieder mal das rund um den gesamten Darß laufende Außengatter an einer Stelle durchbrochen und waren dann über die Feldmark auf die Schienen gelaufen. Wenn das morgens passierte, freuten wir Kinder uns, weil wir dann später in die Schule kamen; spielte sich dasselbe nachmittags auf der Rückfahrt ab, verfluchten wir natürlich die Viecher. Es kam sogar vor, daß die Wisente an den Strand zogen, Strandkörbe auf die Hörner nahmen und ziemlichen Schaden an den Badeanlagen verursachten. 1945 landeten sie in den Kochtöpfen der einmarschierenden sowjetischen Truppen. Das gleiche Schicksal ereilte die von Göring ausgesetzten Elche und Mufflons.

Ein Elch auf der Flucht

Eines Tages wurde ich mit dem Forstarbeiter Franz Mähl zum Prerower Bahnhof beordert, um einen Elch abzutransportieren. Mähl fuhr den ersten Forsttraktor auf dem Darß, einen schweren „Lanz Bulldog". Das Tier sollte zunächst in ein Eingewöhnungsgatter, später dann in die freie Wildbahn ausgesetzt werden. Schon als Kind hatte ich Bekanntschaft mit einem Elch gemacht. Ich erinnerte mich, daß Vater beim Abendbrot zu mir sagte: „Junge, sieh mal nach, was auf dem Hof los ist. Ich höre da komische Geräusche!" Ich lief hinaus und sah einen großen Elchschaufler damit beschäftigt, unseren einzigen, auf dem Hinterhof stehenden Pflaumenbaum zugrunde zu richten. Er ließ bereits traurig die Ohren hängen, sämtliche Äste waren abgebrochen. Wütend nahm ich einen langen Stock und warf ihn nach dem Elch. Der drehte sich behäbig um, musterte mich von oben bis unten und trottete vom Hof, um dann beim Nachbarn, dem Bauern Haß, von der Heumiete zu äsen. Am nächsten Tag sägte ich den demolierten Pflaumenbaum auf einen Meter Höhe ab, nagelte ein Brett darauf und ließ hier beim Fußballspielen die Schiedsrichter Platz nehmen. So erfüllte der Baum wenigstens noch einen für uns Kinder nützlichen Zweck.

Während der Quarantänezeit der Elche waren viele neugierige Besucher zum Gatter gekommen; so gewöhnten die Tiere sich schnell an Menschen und verloren jegliche Scheu vor ihnen. Man traf sie später wiederholt in den Dörfern des Darß an. Ein mächtiger Elchschaufler flößte allerdings manchen Bürgern Angst und Schrecken ein. Man kürzte gerne die Strecke von Prerow nach Barth ab, indem man den Waldweg durchs Freesenbruch nahm. Hier kam es wiederholt vor, daß Prerower sich auf einem Baum in Sicherheit bringen mußten, wenn der Koloß auf sie zukam und keine Anstalten machte, den Weg zu verlassen. Erst nachdem die „Opfer" längere Zeit in luftiger Höhe ausgeharrt hatten, trollte sich der Störenfried gemächlich. Als dieser Schaufler eines Tages allerdings einen Wildfuttermeister aus Zingst anfiel, war sein Schicksal besiegelt, und er wurde erlegt.

Damals wurden die ersten Stimmen laut, das Gebiet sei für Elchwild zu klein. Wenn die Tiere zu ihren langen Läufen ansetzten, hatten sie im Nu den Darß durchquert. Hinzu kam der große Nahrungsbedarf an Rinde und Zweigen, der in den benötigten Mengen hier nicht gedeckt

werden konnte. Die von Elchen verursachten Schälschäden an Laubbäumen waren nicht unerheblich, aber einige Nazigrößen hatten sich
nun einmal in den Kopf gesetzt, Elche auf dem Darß zu halten. So
mußte der Befehl wohl oder übel ausgeführt werden. Aus diesem
Grunde fuhren Mähl und ich jetzt zum Prerower Bahnhof, um einen
weiteren Langbeinigen abzuholen.

Ein Bahnbeamter öffnete den Güterwaggon und half uns, gemeinsam
mit einigen Arbeitern die große Transportkiste von der Rampe auf
unseren Hänger zu schieben. Franz Mähl sagte zu mir: „Du hakst die
Kiste fest, bleibst auf dem Hänger neben ihr stehen und achtest darauf,
daß sie auf den holprigen Wegen nicht umkippt." Dann fuhr er mit
seinem Lanz, der wie eine Lokomotive dunkel aus dem Schornstein
qualmte und ein laut hämmerndes Motorengeräusch von sich gab, zum
Dorf. Ich lugte durch einen Spalt der Lattenkiste und entdeckte das
lange Haupt des Elches mit seinem darunter hängenden zottigen Bart.
Die langen Läufe des Elches fielen mir besonders auf.

So ratterten wir mit schaukelndem Hänger durch die unbefestigte Lange Straße in Prerow Richtung Försterei. Die Passanten sahen uns neugierig hinterher. Ein Junge rief begeistert: „Mutti, sieh mal, da ist ein
großer Esel in der Kiste." Wir näherten uns meiner Unglückskurve vor
der Försterei, eben jener Stelle, an der ich als Junge die Hühnereier
beim Fahrradsturz ins Genick bekommmen hatte und Jenny die
Schlittschuhe in die Speichen baumeln ließ. Es ging den letzten Berg
hinauf, um dann nach rechts, Richtung Eingewöhnungsgatter, abzu-
biegen. Franz Mähl trat das Gaspedal durch, worauf der Schornstein
des Bulldog eine gewaltige schwarze Qualmwolke ausstieß, und lenkte das Gespann, herunterhängenden Ästen ausweichend, im Zickzack-
kurs die Anhöhe hinauf. Da passierte es: Ein Ast streifte die Kiste, der
Elch erschrak, schlug mit den Läufen nach hinten aus und traf die
Rückwand der Kiste mit solcher Wucht, daß die Bretter aus den
Nägeln rissen und hochklappten. Der Elch zwängte sich rückwärts aus
der Kiste und stand plötzlich neben mir auf dem Hänger. Ehe ich
erschrocken die Arme hochreißen und um Hilfe rufen konnte, war er
bereits mit einem Riesensatz über die Hängerbordwand gesprungen
und in den angrenzenden Kiefernbestand gelaufen. Ich schrie aus Leibeskräften, um den Motorenlärm zu übertönen: „Herr Mähl, halten Sie
an, der Elch ist weg!" Franz Mähl trat ruckartig auf die Bremse. Ich
flog kopfüber in die offene Transportkiste, als ob ich den geflohenen
Elch ersetzen müßte. Mähl sprang vom Traktor, stieg auf die Zuggabel

des Hängers und sah mich aus dem Elchkäfig kriechen. „Was machst denn du in der Kiste?" fragte er entsetzt. Ich sagte mit zitternder Stimme: „In die Richtung ist er gelaufen!" „Oh, das gibt Ärger", meinte Mähl darauf, wir müssen sofort Förster Dall Bescheid sagen."

Der Chef tröstete uns und meinte, daß so etwas schon einmal passieren könne. Er informierte telefonisch Forstmeister Mueller, der eine sofortige Suchaktion anordnete, um den Flüchtling in das für ihn bestimmte Eingewöhnungsgatter zu treiben. Bald darauf erschien eine Gruppe Forstarbeiter, mit deren Hilfe wir den entsprungenen Elch wieder einfangen konnten; zu unserem Glück war er noch nicht weit gekommen.

Mein erster Schuß auf Tauben

Die Forstlehre füllte mich mit Arbeit aus. Inzwischen hatte ich mit dem alten Forstarbeiter Schmidt aus Prerow die am k-Gestell in der Abteilung 132 gepflanzten Rotdornsträucher vor dem Fegen der Hirsche geschützt. Hierzu schlugen wir „Protzen", das sind schlecht gewachsene Bäumchen, aus einer Kieferndickung heraus, entasteten sie so, daß die Aststummel stehen blieben und schlugen sie mit der Spitze in den Boden, so daß jeweils drei dieser Protzen den Rotdorn schützend ummantelten. Die Sträucher sind inzwischen zu herrlichen Bäumen herangewachsen und können heute noch im Juni in voller Blütenpracht bewundert werden.

Die Tage darauf verbrachte ich mit dem Heuen der von einigen Forstarbeitern abgemähten Feuchtwiesen, die im Sommer abgetrocknet waren. Die zum Müllergraben führenden Stichgräben wiesen jetzt nur noch wenig Wasser auf. Forstarbeiter Schmidt erzählte mir vom gut funktionierenden System der Be- und Entwässerung dieses Gebietes und erklärte mir, daß der Müllergraben einen Freiauslauf in die Ostsee besäße. Eine vor der Düne eingebaute automatische Stauklappe schließe sich, wenn das Hochwasser der Ostsee in den Wald einzudringen drohe und öffne sich bei flachem Wasserstand. Auf diese Weise könne das Wasser des Grabens durch die Leitung ins Meer abfließen. Die Rohre mit einem Durchmesser von 60 Zentimetern waren im Dünengelände unterirdisch verlegt und liefen draußen in der Ostsee auf hohen Pfählen weiter, so daß Wasser allenfalls bei Hochwasser zurückfluten konnte. Das einwandfrei funktionierende System wurde nach 1945 vernachlässigt. Die Stauklappe verrostete immer mehr und versagte schließlich ihren Dienst. Die über die Ostsee führenden Rohre brachen ab, vom Salzwasser zerfressen. Die Reste der Leitung konnte man noch lange im Meer liegen sehen. Als Folge vernäßten die Wiesen und die Grünflächen verschilften so, wie wir sie in dieser Gegend jetzt vorfinden. Ich bemühte mich Anfang der siebziger Jahre, eine neue Stauklappe einbauen zu lassen. Das mißlang, weil angeblich kein Betrieb in der Lage war, sie nachzubauen. Das starre DDR-Wirtschaftssystem ließ außerhalb der langfristigen Planung die Finanzierung eines solchen Vorhabens nicht zu. Da die Ostsee jährlich ein bis drei Meter Land von der „Darßer Westküste" wegspült und diese Sandmassen an die Nordspitze der Halbinsel anlandet, liegt die Stauklappe inzwischen unmittelbar am Strand vor dem Müllergraben.

Während meiner Lehrzeit war sie noch rund hundert Meter landeinwärts; der dazwischenliegende Dünenabschnitt ist dem Meer zum
Opfer gefallen. In den fünfziger Jahren ließ die Küstenschutzbehörde
einen Schutzdeich bauen, beginnend von Ahrenshoop bis hin zu den
Rehbergen am Vordarß. Damit sollten Sturmflutschäden für den nur
verhältnismäßig schmalen Landstreifen zwischen Ostsee und Bodden
verhindert werden. Das Hochwasser Anfang der fünfziger Jahre hatte
eine Überschwemmung bis zum Parkplatz „Drei Eichen" zur Folge.
Durch das tagelange Stehen im salzigen Ostseewasser starb eine Reihe
von Kiefern, Eichen und Fichten ab.

Das ständige Wirken der Ostsee formt seit tausenden von Jahren eine
bizarre Küstenlandschaft auf dem Darß. Urlauber, Besucher und Ein-
heimische erfreuen sich an dieser kaum von Menschenhand berührten
Schönheit der Natur. Die Windflüchter mit ihren zum Festland geneig-
ten, eigenartig geformten Kronen ziehen immer wieder Kunstmaler in
ihren Bann. Alte Gemälde, wie die des bekannten Heimatkunstmalers
und Grafikers Schultze-Jasmer, zeugen vom Aussehen der früheren
Westküstenlandschaft. So sind die von ihm mit Vorliebe gemalten
berühmten Esper Ort-Buchen schon längst durch das Meer der Küste
entrissen.

Im Juli 1977 rief mich der Prerower Naturschutzhelfer Gerhard Wolf
an und fragte mich, ob ich als Kreisnaturschutzbeauftragter die
Genehmigung dazu gegeben habe, daß die Düne mit der Raupe glatt
geschoben werde. Beginnend vom Darßer Ort bis nach Ahrenshoop
sei ein promenadenartiges Dünengebilde geplant. Ich verneinte und
versprach ihm, mich sofort darum zu kümmern und diesem Unsinn
Einhalt zu gebieten. Unverzüglich setzte ich mich in den Wagen und
fuhr zum Leuchtturm Darßer Ort. Ich traute meinen Augen nicht: Eine
große Planierraupe schob die Düne zu einem gleichmäßigen Plateau
zusammen. Der Fahrer sagte mir, daß er die Westküste bis Ahrenshoop hin in der angefangenen Form zu gestalten habe. Irgend jemand
wollte also eine uniformierte, gleichförmige Düne haben. Mit dem
Raupenfahrer über diesen Landschaftsfrevel zu debattieren, hatte keinen Zweck; man bezahlte ihn wahrscheinlich gut dafür. Wieder zu
Hause, bat ich die verantwortlichen Dienststellen zu einem kurzfristi-
gen Treffen an den Weststrand, um einen gemeinsamen Standpunkt zu
finden.

Ein paar Tage später traf sich ein Kreis kompetenter Fachleute. Ich
legte als erster meine Ansicht dar: „Wer von Ihnen will verantworten,

daß diese einmalige, unter Naturschutz stehende Küstenlandschaft auf diese Art und Weise vernichtet wird? Kein Urlauber, kein Einheimischer kann diese Unvernunft gutheißen. Es sollen hier Millionen Mark für eine sinnlose Arbeit aus dem Fenster geworfen werden. Das nächste Hochwasser wird die künstliche Düne zum größten Teil wieder wegspülen. Meiner Meinung nach muß lediglich der Dünenabschnitt am Müllergraben neugestaltet werden. Hier wäre es angebracht, anstelle der vom Meer weggespülten Düne eine neue einhundertfünfzig bis zweihundert Meter landeinwärts aufzuschütten, neue Entwässerungsrohre bis in die Ostsee zu verlegen und sie mit einer Stauklappe zu versehen. So könnte der angrenzende Waldteil vor Hochwasser geschützt und die ursprüngliche Landschaft von Heidensee wieder hergestellt werden."

Den Vertreter der für die Planierung verantwortlichen Wasserwirtschaftsbehörde – nennen wir ihn B. – kannte ich zur Genüge. Wir hatten vor Jahren die gleiche Funktion innegehabt, er als Chefplaner für Forstwirtschaft im Bezirk Rostock und ich für den Bezirk Schwerin. Als er merkte, daß ich hartnäckig auf meinem Standpunkt beharrte und daß mir von den übrigen Beteiligten recht gegeben wurde, empörte er sich: „Wenn die nächste Sturmflut aufgrund einer nicht fachgerecht angelegten Düne den Darß überschwemmt, in die Orte vordringt und dadurch Menschenleben in Gefahr gebracht werden, sperrt man dich ein, weil du unser Vorhaben hintertrieben hast." Ich wurde grob: „Bei dir piept es wohl", sagte ich, „wenn eine solche Sturmflut kommen sollte, die deiner Meinung nach sogar die Darßgemeinden überspülen würde, wäre es auch um deine gleichmäßig geschobene Düne schlecht bestellt. Solche Wassermassen würden alles wegreißen; ja nicht einmal eine massive Betonwand könnte standhalten, weil sie vom tobenden Wasser unterspült würde." Als er merkte, daß er die schlechteren Karten hatte, sagte er mir zum Abschluß wütend ins Gesicht: „Dann ist eben der Freiauslauf Müllergraben eine rein forstliche Angelegenheit. Wenn unser Projekt nicht zustandekommt, sind wir auch für Forstschäden nicht zuständig. Sieh zu, wie du klar kommst!" Er setzte sich in seinen Wagen und verschwand. Ich hatte es geschafft: Die Planierraupe wurde am nächsten Tag abgezogen und damit das unsinnige Vorhaben abgebrochen.

Ende der achtziger Jahre ließ ich das m-Gestell mit Sand aufschütten, der aus der Sandgrube in der Abteilung 108 entnommen wurde. So entstand eine ansehnliche neue Düne in zweihundert Meter Entfernung von der Ostsee. Es gelang mir allerdings bis zu meinem Dienstende nicht, die Erneuerung der Rohre und den Einbau einer Stauklappe durchzusetzen.

Beenden wir den Ausflug in die Neuzeit und kehren zu meinen Lehrjahren zurück. Anfang Oktober 1943 erfüllte sich mein langgehegter Wunsch, einmal die Waffen meines Lehrherrn in die Hand nehmen zu dürfen. Etliche von Revierförster Dall abgehaltene Lehrstunden in Waldbau und Forstschutz hatte ich inzwischen schon hinter mich gebracht. Ich hörte von Aufforstungsmethoden, Samengewinnung, Wirtschaftsholzarten und gefährlichen Forstschädlingen wie Nonne, Kiefernspinner, Forleule und Rüsselkäfer. Wenn auch noch einiges bunt in meinem Kopf durcheinanderschwirrte, so regte es doch dazu an, selber in der Literatur nachzulesen und das Wissen Zug um Zug zu festigen.

Endlich stand Waffenkunde auf dem Lehrplan. Revierförster Dall nahm die verschiedenen Gewehre aus dem Waffenschrank und erklärte mir die Unterschiede zwischen Karabiner, Drilling und Schrotflinte. Er sprach von gezogenen und glatten Läufen, von Zügen und Feldern, von den verschiedenen Kalibern und von der Handhabung der einzelnen Waffen. Meine Augen gingen über ob der vielen Munitionssorten von Kugeln, Schroten und Kleinkaliber, die er mir zum Betrachten hinhielt. Zum Schluß holte er noch eine uralte Hahndoppelflinte hervor und meinte: „Damit wirst du in den nächsten Tagen deinen ersten Schuß auf Wildenten abgeben." Meine Augen müssen die Freude über diesen überraschenden Vorschlag widergespiegelt haben, denn er setzte hinzu: „und jetzt werden wir zum Schießstand fahren und mit dem Kleinkalibergewehr auf eine Scheibe schießen." Der Schießstand lag in der Nähe der Försterei zwischen zwei Dünenhügeln. Mein Lehrmeister erklärte mir noch einmal das Laden, Sichern und Entsichern der Waffe. Ich ließ mir nicht anmerken, daß ich mit diesem Kleinkalibergewehr bereits geschossen hatte. Jochen, sein Sohn, hatte es nämlich eines Tages zum Indianerspielen mitgebracht – sicher ohne seine Erlaubnis.

Das Dünengelände zwischen meinem Elternhaus und der Försterei nannte man die Schmideberge. Es eignete sich nicht nur zu Indianer- und Geländespielen, sondern auch zum Schießen. Die natürlichen Dünenwälle boten Schutz und dienten als Kugelfang. Wir hatten damals eine Blechdose auf einen Pfahl gestellt und schossen mit dem Tesching, einem Kleinkalibergewehr, so lange darauf, bis der Sieger ermittelt war. Doch dann waren wir auf den Gedanken gekommen, unsere Schießkünste mal richtig unter Beweis zu stellen. In einer Zirkusvorstellung hatten wir einen Indianer bewundert. Er schoß auf eine Axt, die von einer Frau über den Kopf gehalten wurde, die Schneide nach vorne gerichtet. Das von der Axtschneide geteilte Bleigeschoß brachte die Flammen zweier links und rechts stehender Lichter zum Erlöschen. Wäre doch gelacht, wenn wir das nicht auch schafften! Das Ende vom Lied war, daß einige Geschosse von der Axt abgelenkt wurden und in Richtung des Hauses von Forstarbeiter Schmidt flogen. Als ihm die Kugeln um die Ohren pfiffen, kam er sofort angelaufen und schrie: „Was macht ihr Bengels da, wollt ihr mein Dach kaputtschießen? Macht, daß ihr fortkommt!" Wir packten blitzschnell alles zusammen und verschwanden, jeder in seine Heimatrichtung und mit dem mulmigen Gefühl, das Spiel zu weit getrieben zu haben.

Heute durfte ich nun endlich ganz legal schießen, sogar vor den Augen meines Chefs. Er war mit meiner Schußleistung, zweimal die 12 und eine 11, sehr zufrieden: „Du darfst nach diesem guten Schießergebnis morgen nachmittag mit diesem Gewehr auf Taubenjagd gehen." Ich machte in Gedanken einen Luftsprung vor Freude. „Das ist der Anfang des Jagens", sagte ich mir. Ich durfte die KK-Büchse sogar mit nach Hause nehmen, allerdings unter der Bedingung, daß ich sie einschloß, damit kein Unbefugter in den Besitz der Waffe gelangen könnte. Zu Hause reinigte ich den Lauf und stellte das Gewehr in den Kleiderschrank, schloß ihn mit Mutters Genehmigung ab und versteckte den Schlüssel.

Am nächsten Tag schnappte ich mir gleich nach der Arbeit – auf Heidensee war eine Brücke zu reparieren gewesen – das Kleinkalibergewehr und radelte in das vom Chef angewiesene Jagdgebiet. Kaum vom Rad gestiegen, sah ich Tauben in eine nahe Buche einfallen. Die reichlich Bucheckern tragenden Bäume lockten große Scharen von Ringeltauben an. In der Deckung einzelner Stämme pirschte ich mich bis an die Buche mit den Tauben heran. Aber kurz bevor ich ans Ziel gelangte, eräugten sie mich und strichen mit klatschenden Flügelschlägen ab. Dasselbe Manöver wiederholte sich mehrmals – immer mit dem gleichen Mißerfolg. Die Tauben hatten mich mir ihren scharfen Augen jedesmal rechtzeitig erkannt und strichen ab, bevor ich die Waffe hochnehmen konnte. Des erfolglosen Heranpirschens müde, stellte ich mich unter eine Buche, in der Hoffnung, wenigstens auf eine einzelne einfallende Taube zum Schuß zu kommen. Es dauerte nicht lange, bis die ersten Vögel die Baumkrone umkreisten, einfielen und sich dann an den Bucheckern gütlich taten. Ich zielte auf die Brust einer im Geäst sitzenden Ringeltaube und ließ die Kugel fliegen. Die Schar strich mit Rauschen und Flügelgeklatsche ab, als wolle ein Windstoß der Buche die Blätter entreißen. Im selben Moment fiel eine Taube vor meine Füße. Die blutrote Stelle an der Brust wies auf einen guten Schuß hin. Stolz auf meine erste Jagdbeute und den gut angetragenen Schuß drehte ich sie in der Hand hin und her. Meine Jagd setzte ich fort, indem ich unter mehreren Buchen ruhig wartete, bis Tauben einflogen und mir Gelegenheit gaben, meinen Schuß anzubringen. Am Ende meines ersten Jagdtages zählte ich acht erlegte Tauben. Mit meiner Beute zu Hause angekommen, freuten sich die Eltern mit mir über meinen ersten Jagderfolg. Mutter rupfte die Tauben, säuberte sie und briet sie in der Pfanne. Die Familie ließ es sich beim Abendbrot munden und knabberte hingebungsvoll an den Knochen, bis auch wirklich kein Stückchen Wildbret übriggeblieben war. Gisela leckte sich die Finger ab und meinte nüchtern: „Es hätte etwas mehr sein können, aber für den Anfang war es schon ganz gut. Wir hoffen ja, daß du auch einmal ein Wildschwein schießt, da ist mehr Fleisch dran."

Auf Entenjagd

An den nächsten Tagen wartete ich voller Ungeduld darauf, daß mein Lehrmeister mich zur Entenjagd mitnahm. Er hatte inzwischen einen schlecht veranlagten Vierzehnender auf der Buchhorster Maase geschossen. Wir brachten den Hirsch mit dem Pferdegespann von Erich Niemann, unserem Forstarbeiter aus Prerow, zur Försterei und legten ihn in die Wildkammer. Diesen Raum kannte ich bereits. Hier hatten wir, Jochen, Klaus und ich, mit Karbid und Wasser gefüllte Flaschen hineingeworfen und uns gefreut, wenn sie krachend und splitternd detonierten, nachdem wir schnell die Tür zugeworfen hatten.

Der Chef zeigte mir, wie man das Geweih des Hirsches abschlägt. Er nahm einen Fuchsschwanz und sägte mit meiner Hilfestellung den Schädel schräg nach unten durch, vor den Lauschern beginnend, so daß das Nasenbein erhalten blieb. Er entnahm den Brägen und meinte: „Das hier, mit Pfeffer, Salz und Zwiebel in der Pfanne gebraten, ist eine Delikatesse." Mir wurde allerdings beim ersten Anblick eines rohen Gehirns etwas komisch im Magen, aber es gab sich bald wieder. Er schärfte nun die Decke vom abgeschlagenen Geweih ab, bis der blanke Schädel zum Vorschein kam. Die Trophäe steckte er anschließend in einen mit Wasser gefüllten Kessel und ließ sie eine gute Stunde kochen. Um die Zeit zu nutzen, gab er mir Botanikunterricht an den auf dem Hof stehenden Sträuchern und Bäumen. Dann nahm er die abgekochte Trophäe aus dem Kessel und tauchte sie in einen mit kaltem Wasser gefüllten Bottich: „Hier muß das Geweih rund eine halbe Stunde abkühlen, damit das Knochenfett aus den geweiteten Poren heraustreten kann", erklärte er. „Unterläßt man dieses Abschrecken, wird man immer eine gelbliche statt einer schneeweißen Trophäe an der Wand hängen haben. Der Schädel muß nach dem Abkühlen gründlich von allen Wildbretresten gesäubert und zum Schluß in die Sonne gelegt werden, damit er vollends ausbleicht." Heutzutage hilft man auch mit Wasserstoffperoxyd nach, um eine schnellere und bessere Bleiche zu erreichen. Ich hatte an diesem Tag wieder vieles gelernt.

Endlich war es soweit: Die Entenjagd sollte stattfinden. Mein Lehrer holte zwei Waffen aus dem Gewehrschrank. Er nahm für sich einen Drilling, gab mir die alte Hahnflinte mit den zugehörigen Schrotpatronen und verstaute die Munition. Dann schwangen wir uns auf die Fahrräder und radelten zum Darßer Ort-See, der an der nördlichsten Spitze der Halbinsel liegt. Dort hat nach 1945 die Marine im Widerspruch zu den Naturschutzbestimmungen einen Hafen bauen lassen und damit eine einmalige Landschaftsidylle zerstört. Wir kletterten in ein bereitliegendes Fischerboot. Er fragte mich, ob ich rudern könne. Natürlich konnte ich das, denn ich hatte seine beiden Söhne schon öfter auf dem Prerower Strom gerudert, während die beiden die am Vortag ausgelegten Aalschnüre kontrollierten. Ich nahm die Riemen, die Waffe lag neben mir, und ruderte am Schilfgürtel entlang. Auf dem See bot sich ein herrliches Bild. Viele Wasservögel demonstrierten ihre Schwimm- und Tauchkünste: Stock-, Löffel- und Krickenten, dazwischen Haubentaucher und Bleßhühner. Vor uns strichen Enten aus dem Schilf ab, bevor der Chef seinen geladenen Drilling heben, geschweige denn schießen konnte. Ich ruderte langsam weiter und hoffte auf die nächsten aufsteigenden Enten. Die Sonne stand noch hoch am strahlend blauen Himmel. Hin und wieder zogen kleine Wölkchen wie gemalt über uns hinweg. Der See mit seiner nur leicht gekräuselten Oberfläche machte mir das Rudern leicht. Ein sanfter Lufthauch blies mir ab und zu ins Gesicht. Die himmlische Ruhe, aber auch die Entenrufe in der Ferne verliehen der Jagd ihren besonderen Reiz. Plötzlich hörten wir vor uns im Schilfgürtel ein lautes „Räb, Räb" und dann auch schon heftiges Plätschern. Vier Stockenten standen auf. Mein Chef schnellte hoch, backte das Gewehr an und schoß zweimal auf die vor uns abstreichenden Enten. Eine stürzte ins Wasser, während die andere ungeschoren davonkam. Begeistert rief ich „Waidmannsheil"; er erwiderte meinen Gruß mit „Waidmannsdank". Ich fischte die Beute aus dem Wasser und übergab sie dem Schützen. Es war ein Erpel. Mein Chef zupfte die Erpelfedern heraus und steckte sie an seinen Jägerhut.

„Jetzt bist du dran", ermunterte er mich. „Du setzt dich an meine Stelle und ich werde rudern." Wir tauschten die Plätze, er nahm die Riemen und trieb das Boot mit einigen kraftvollen Schlägen vorwärts. „Paß auf, vor uns sind eben Enten eingefallen", sagte er mit gedämpfter Stimme. „Spann die Hähne deiner Waffe und schieße, sobald sie aufstehen." Ich stellte mich breitbeinig ins Boot, spannte die Hähne und achtete darauf, daß die Mündung nur ja nicht auf meinen Lehrer zeigte. Langsam hob ich die Flinte in die Richtung, in der jeden Moment die Enten abstreichen konnten. Der Revierförster machte noch ein paar Riemenschläge, und da geschah es: Mit lautem „Quäck,

Quäck" und dem wohlbekannten Flügelgeplatsche versuchten die Enten, aus dem Dickicht aufzustehen und strichen in 20 bis 30 Meter Entfernung dicht über den Schilfrand seitwärts ab. Ich riß die Flinte hoch und drückte in der Aufregung beide Abzüge zugleich ab. Im selben Moment erhielt ich gegen meine rechte Gesichtshälfte und gegen die Schulter einen solchen Schlag, daß ich noch schneller wieder saß, als ich vorher aufgestanden war. Zuerst sah ich Sterne, und dann eine dunkle Pulverwolke entschweben. Enttäuscht blickte ich den davonfliegenden Enten hinterher, während ich meinen schmerzenden Unterkiefer massierte. Lachend tröstete mich der Chef: „Das muß man alles mal mitgemacht haben!"

Leider wollte es an diesem Nachmittag nicht mehr klappen. Durch meinen Doppelschuß hatte ich wohl alles vergrämt. Die Enten suchten schon das Weite, bevor wir uns auf Schußnähe herangearbeitet hatten. Einen herrlichen Anblick genossen wir während des Zurückruderns: acht stolze Schwäne zogen majestätisch mit kräftigem Flügelschlag an uns vorüber. Früher wurden die Schwäne stark bejagt, weil ihre Federn für Betten begehrt waren. Das Jagdgesetz erlaubt heute eine Bejagung nur in besonders genehmigten Ausnahmefällen.

Der geforkelte Hirsch

In den nächsten Tagen wurde ich einer Frauenkolonne zugeteilt, um Fichten in der Abteilung 143 zu pflanzen. Es ging lustig her. In den Pausen sangen die Frauen und erzählten sich Witze. Dabei mußte ich leider passen. Ihre spöttischen Bemerkungen machten mich verlegen, und ich goß mir umständlich einen Schluck Malzkaffee aus meiner Thermosflasche ein. Eine der Frauen meinte: „Na, in ein paar Tagen wirst du auch Witze erzählen können, dann sind deine Hemmungen überwunden. Wir helfen noch ein bißchen nach."

Wenn ich ihre Namen auch vergessen habe, an eine zurückhaltende, bescheidene und fleißige Frau erinnere ich mich noch genau. Mit ihr pflanzte ich später Kiefern in der Abteilung 100. Ich fertigte Löcher mit einem „Huf'schen Klemmspaten". Sie steckte die einjährigen Kiefernpflanzen in den Pflanzspalt und drückte das Loch mit den Füßen kräftig zu, so daß die Pflanzen einen festen Stand erhielten. Meine Pflanzpartnerin, Anni Junge aus Born, schickte mir später ein Paket an die Ostfront, als ich die Lehrzeit wegen meiner Einberufung zur Wehrmacht unterbrechen mußte. Ich freute mich natürlich riesig, daß ich auf diese Art und Weise nicht nur einen lieben Gruß aus der Heimat bekam, sondern auch etwas Eßbares, einen herrlichen Napfkuchen. Neben uns pflanzte Viktor Kegel, ein schlanker, gutaussehender Bursche von siebzehn Jahren. An seinem Dialekt hörte man, daß er kein Darßer war. Er hatte sich als Umsiedler aus dem Osten mit seiner Familie in Born niedergelassen. Viktor war immer gut gelaunt und konnte interessant erzählen.

Ich fuhr morgens schon sehr zeitig mit dem Fahrrad von zu Hause weg, um vor Arbeitsbeginn meine am Weststrand ausgelegten Tellereisen zu kontrollieren. Den Tip, den dort lohnenden Fuchsfang zu betreiben, hatte ich meinem Lehrchef zu verdanken. Er gab mir vier Fallen, zeigte mir, wie man sie fachmännisch aufstellt und erteilte mir noch mehr wertvolle Ratschläge, wie man den Fuchs am besten überlistet. Auf sein Anraten hin nahm ich als Köder das Fleisch getöteter Katzen, die mir die Nachbarn brachten. Die Füchse kontrollierten während der Nacht den Strand, um angeschwemmte Fische und anderes Freßbare zu finden. Besonders lieben die Füchse aber Katzenfleisch, das nach längerer Lagerung eine für sie besonders anziehende Duftnote erhält. In kurzer Zeit fing ich dank seiner Tips über zehn

Füchse. Ich balgte sie an Ort und Stelle ab, auch das hatte ich vom Lehrmeister inzwischen gelernt, ohne allerdings Gummihandschuhe anzuziehen. Das stand im krassen Widerspruch zu den Hygienebestimmungen, aber ich kannte noch keine Angst vor Tollwut, weil mich niemand auf diese gefährliche Krankheit aufmerksam gemacht hatte. Nach anfänglichen Schwierigkeiten konnte ich die Lunte mit einem eingespaltenen Stück Holz abstreifen und die Klauen fachgerecht herausschärfen. Zu Hause spannte ich den Balg auf ein Brett, um ihn zu trocknen. Vorher hatte ich die Läufe und die aufgeschärfte Lunte mit Zeitungspapierstreifen ausgelegt. Für den so getrockneten Balg bekam ich vom Chef fünf Reichsmark, für mich damals viel Geld.

Als die Fichtenpflanzung in Abteilung 143 abgeschlossen war, gab mir der Förster den Auftrag, die Eichenstämme in der Abteilung 141 an der Buchhorster Maase zu asten. Er erklärte mir den Sinn dieser waldbaulichen Maßnahme. „Wir wollen erreichen, daß die Zukunftsstämme, die ich vorher mit blauer Farbe markiert habe, durch das Asten einen glatten, astreinen Stamm bekommen. Das steigert den Wert des Holzes. Die schwachen Äste sägst du glatt am Stamm ab, während du bei den stärkeren einen Aststummel stehen läßt. Sonst würde eine zu große Wunde entstehen, die nur langsam verheilt; währenddessen kann Fäule ins Stamminnere gelangen." Die Arbeit führte ich mit einer Baumsäge durch, die an einer langen Stange befestigt war. Ich hatte auf diese Art und Weise vielleicht fünf bis sechs Eichen bearbeitet, als der Chef, der vor mir mit dem Auszeichnen beschäftigt war, auf eine große Wiese zeigte, die Buchhorster Maase: „Sieh mal, da liegt ein großer Hirsch am Graben. Laß uns hingehen." Ich stellte meine Säge an eine Eiche und folgte dem voranschreitenden Revierförster. Eiligen Schrittes überquerten wir die Wiese.

Wir trauten unseren Augen nicht: Ein Vierzehnender lag verendet unmittelbar an dem großen, die Buchhorster Maase durchquerenden Graben, der sogenannten Kielriege, die dann weiter westlich, Richtung Weststrand, als „Müllergraben" und Freiauslauf in die Ostsee fließt. „Es gibt nur zwei Möglichkeiten", sagte der Chef nachdenklich: „Entweder ist der Hirsch im Nachbargebiet beschossen worden und hier verendet. Das glaube ich allerdings nicht, denn wer schießt schon auf solch einen mittelalten Zukunftshirsch? Außerdem wäre er dann auch nicht hier verendet, sondern hätte schwerkrank Deckung gesucht. Die zweite Möglichkeit ist, daß er geforkelt wurde. Wir werden ihn umdrehen, um zu sehen, ob eine Verletzung von der anderen Seite zu erkennen ist." Er packte einen Vorderlauf, ich einen Hinterlauf, um ihn auf die andere Seite zu drehen. „Schau her", sagte er und zeigte auf eine Wunde, „hinter dem Blatt ist ein Loch, hier drang die Geweihspitze eines Rivalen in den Körper und stach ihm die Lunge durch, so daß er sein Leben aushauchen mußte. Schade drum." „Kommt das öfter vor?", fragte ich. „Bei einem starken Rotwildbestand, so wie wir ihn zur Zeit auf dem Darß haben, ich schätze ihn auf neunhundert bis tausend Stück, kommt es während der Brunft und auch in der Nachbrunft schon hin und wieder vor, daß einer dran glauben muß. Sieger sind bei Zweikämpfen nicht die starken Kronenhirsche, wie der Laie glaubt, sondern die sogenannten Mörderhirsche, die mit ihren langen, dolchartigen Geweihenden ihrem Rivalen einen tödlichen Stich beibringen. können. Aber man muß ihnen zugute halten, daß sie nicht mit der Absicht kämpfen, um zu töten; die Eifersucht treibt sie, ihrem Rivalen das Kahlwild abzujagen und für sich zu erobern. Solche Mörder muß der Jäger möglichst vor der Brunft erlegen, um nicht durch sie seinen besten Hirsch zu verlieren." „Hätte ich bloß schon eine Jagdgenehmigung und eine Waffe", dachte ich. „Ich würde Tag und Nacht versuchen, so einen Mörderhirsch zu erlegen."

„Weißt du was?" riß mich der Revierförster aus meinen Träumen, „du versuchst deinen Nachbarn, den Forstarbeiter Hugo Nietschmann, zu erreichen. Er hat gerade Urlaub. Ihr schnappt euch zwei Rucksäcke und fahrt hierher, um für euch das Wildbret zu retten. Der Hirsch liegt noch nicht lange, das Wildbret ist noch zu gebrauchen." Gesagt, getan. Ich radelte nach Hause, nahm Vaters großen Rucksack und steckte mein Jagdmesser ein. Jenny, die inzwischen auch die Realschule in Barth besuchte, lag mit einer Erkältung im Bett. Als sie mich hörte, rief sie: „Was willst du mit Papas großem Rucksack?" Gisela, die ich schon von meinem Vorhaben informiert hatte, antwortete für mich: „Waldemar holt Fleisch, dann können wir uns richtig satt essen." „Hast wohl wieder Tauben geschossen?" meinte Jenny lachend. „Ihr werdet euch wundern", erwiderte ich und verließ das Haus. Ich fuhr zu Hugo Nietschmann, der schräg gegenüber von uns im sogenannten Armenhaus wohnte. „Er ist ins Dorf einkaufen", sagte die Frau. „Ich werde ihn, wenn er zurückkommt, zu dir 'rüberschicken."

Ich saß wie auf heißen Kohlen zu Hause und wartete auf Nietschmann. Nach geschlagenen zwei Stunden kam er endlich. Als ich ihm von unserem Vorhaben erzählt hatte, meinte er: „Auf solchen Braten habe ich schon lange gewartet. Den ganzen Hirsch dürfen wir uns teilen?" „Ja, der Chef hat es erlaubt", erwiderte ich. „Da können unsere Familien sich richtig satt essen", freute er sich. Gisela mischte sich vorlaut ein: „Endlich mal Fleisch, an deinen Tauben war ja nicht viel dran. Aber so ein Hirsch, der hat was drauf." Du hast ja noch nicht einmal einen richtigen Hirsch gesehen, dachte ich im stillen. „Ich muß nur noch dringend zur Apotheke fahren, um Medikamente für ein krankes Kind zu holen", warf der Forstarbeiter ein. „Die war vorhin noch nicht fertig. Danach komme ich dich abholen."

Es waren wohl über vier Stunden verstrichen, ehe Nietschmann und ich, jeder einen großen Rucksack auf dem Rücken, Richtung Buchhorster Maase fuhren. Hier lehnten wir unsere Räder an eine Eiche und gingen über die Wiese. Wir hatten kaum einige Schritte getan, als wir wie auf Kommando stehenblieben. Vor uns erhoben sich mehrere Seeadler, die in den Fängen große Fleischbrocken hielten. Majestätisch strichen sie an der Waldkante entlang, um dann über den Baumkronen aus unseren Augen zu verschwinden. „Das fehlte gerade noch", rief Hugo Nietschmann erregt, „daß diese Viecher unseren Hirsch gefressen haben." Wir verdoppelten unser Schrittempo. Als wir angekommen waren, machten wir lange Gesichter: da lag nur noch ein Knochenhaufen. Die Seeadler hatten ganze Arbeit geleistet und die Wildbretreste so zerhackt, daß sie ungenießbar waren. Werden die zu Hause enttäuscht sein, schoß es mir durch den Kopf. Das gleiche wird auch der Forstarbeiter gedacht haben. Mir blieb nur noch übrig, die Grandeln auszubrechen und die Trophäe des Vierzehnenders abzuschlagen, um sie anstelle des ersehnten Wildbrets im Rucksack zu verstauen. Stumm schwangen wir uns auf die Räder. Kurz vor der Försterei trennten sich unsere Wege. Nietschmann fuhr nach Hause und ich zur Försterei. Hier lieferte ich Geweih und Grandeln beim Chef ab und erzählte ihm unser Erlebnis. „Schade", sagte er, „ich hätte euch das Fleisch gegönnt, besonders der kinderreichen Familie Nietschmann." Auch ich dachte voller Mitleid an die Nietschmanns, denn die ganze Familie litt an Tuberkulose. Diese höchst ansteckende Lungenkrankheit war zur damaligen Zeit kaum heilbar und raffte in wenigen Jahren Frau und Kinder dahin. Nicht lange nach dem Ende meiner Lehrzeit fiel auch er selber der heimtückischen Krankheit zum Opfer.

Ein General und sein Hirsch

Am Sonntag früh klopfte es an unserer Tür. Mutter öffnete. Vor ihr stand Revierförster Dall und fragte nach mir. „Ist was passiert?" wollte sie wissen. „Nein, er soll einen Hirsch aufbrechen, den ein Gast erlegt hat", erwiderte er. „Er liegt nahe der Kreuzung Langseer Weg / f-Gestell." Mutter weckte mich. Ich machte mich in Windeseile fertig, aß hastig ein Marmeladenbrot und schwang mich aufs Fahrrad. Am f-Gestell stand der Chef mit einem grauhaarigen Herrn; er war groß und schlank und trug eine elegante grüne Jagduniform. Der Revierförster stellte mich vor: „Herr General, das ist Waldemar Martens, unser Forstlehrling. Er wohnt in Ihrer Nähe, Sie kennen ihn vielleicht." „Natürlich", erwiderte der General, streckte mir die Hand entgegen und zog seinen mit einem Bruch geschmückten grünen Hut.

Natürlich kannte ich General von Schütz auch. Er wohnte mit seiner Familie in einem hübschen holzverkleideten Haus am Waldrand, nicht weit vom Elternhaus. Noch hübscher war seine Tochter Roswitha, etwas älter als ich. Uns Dorfbengel würdigte sie allerdings kaum eines Blickes. „Herr General hat heute früh einen Hirsch erlegt, den du jetzt aufbrechen sollst", sagte der Revierförster. Sie marschierten los, ich hinterher. Hundert Meter weiter lag rechts im Bestand der Hirsch. Schon im Herankommen sah ich: ein Eissprossenzehner. Das Geweih wies auf beiden Seiten anstelle der Kronen nur zwei Gabeln auf. Starke Rosen deuteten auf einen älteren Hirsch hin. „Na, wie schätzen Sie den Hirsch ein?", fragte mich der General. Ich streckte ihm die Hand hin und sagte: „Waidmannsheil! Ich verstehe noch nicht viel von Hirschen, aber ich glaube, es ist ein sehr guter Abschußhirsch." Ich hätte da auch nicht lange gefackelt, dachte ich bei mir, hielt aber lieber den Mund, um nicht vorlaut zu erscheinen. Der Chef stützte mein Urteil und meinte, zum General gewandt: „Sie haben ja mehrmals auf diesen Abschußhirsch angesessen. Nun war Ihnen Diana endlich hold. Ich freue mich mit Ihnen."

Nicht ohne Beklemmung erwartete ich die Aufforderung, den Hirsch aufzubrechen. Und da sagte der Chef auch schon: „Na, nun zeig' mal, was du kannst und blamier' mich nicht!" Mir trat der kalte Schweiß auf die Stirn. Was hatte er gesagt? Blamieren sollte ich ihn nicht? Hatte er bedacht, daß es für einen Anfänger ungewöhnlich ist, als erstes

Stück im Leben einen großen Hirsch aufzubrechen, anstatt zuerst mit einem Reh zu beginnen? Wie es der Förster vorgemacht hatte, zog ich den Rock aus, und es setzte auch keine Kritik, als ich die Hemdsärmel hochkrempelte. Ich nahm das Jagdmesser aus der Tasche, prüfte noch einmal, ob der Vater es auch gut geschärft hatte – Äxte und Messer schärfen war nämlich sein Steckenpferd. Diese Arbeit verrichtete er mit viel Sorgfalt an einem großen runden Schleifstein, der durch ein Wasserbad lief, wenn man ihn mit einer Handkurbel drehte. Diese Kurbelei liebten wir Kinder nicht besonders. Meistens mußte Gisela, die fast immer zu Hause war, diese eintönige Arbeit übernehmen. So hatte ich auch den beiden zu verdanken, daß ich heute mit einem scharfen Messer zu Werke gehen konnte. Ich kniete mich vor den Hirsch und hoffte inständig, daß bei meinem ersten Auftritt alles gut ging. Die ersten Griffe saßen: Drossel und Schlund waren freigelegt, das Verknoten des Schlundes klappte ebenfalls einwandfrei. Ich stopfte beides weit in den Wildkörper hinein, um so später ein leichteres Spiel beim Herausreißen des Geräusches zu haben. „Wir werden jetzt den Hirsch gemeinsam auf den Rücken drehen", meinte der Chef, „dann hast du leichteres Arbeiten." Wir zogen kräftig am Geweih, so daß sich die Geweihgabeln in den Boden stemmten. Während er das Haupt weiter festhielt, drehte ich, die Vorderläufe packend, den Hirsch auf den Rücken. Ich stellte mich dann zwischen die Hinterläufe und überlegte krampfhaft, was jetzt zu machen sei.

Der Revierförster bemerkte meine Unsicherheit und sagte beiläufig: „Beim Hirsch ist das Aufbrechen etwas anders als beim Kahlwild. Ich würde erst die Brunftrute abschärfen und vor dem Pansen die Brunftkugeln herauslösen." Erleichtert erfaßte ich also mit der linken Hand die Brunftrute oberhalb des Brunftfleckes und schärfte sie bis nach unten ab. Ein eigenartiges Gefühl überkam mich, als ich die beiden Brunftkugeln herauslöste. Im hohen Bogen warf ich sie von mir ins Farnkraut. Der General kommentierte grienend: „Ich kenne jemanden, der haute sich Brunftkugeln, in Scheiben geschnitten, in die Pfanne, und aus dem getrockneten Hodensack fertigte er sich einen Tabaksbeutel." „Soll ich sie denn wieder aufsammeln?" fragte ich unsicher. „Nein, nein", lachte der General, „den habe ich im ersten Weltkrieg kennengelernt, auch ein Offizier, ganz verrücktes Huhn. Er glaubte allen Ernstes, Kurzwildbretessen verleihe besondere Manneskräfte." Ich brach inzwischen weiter auf. Die Bauchdecke hatte ich bereits aufgeschärft, dann begann die elende Fummelei nach dem Schlund. Mir brach erneut der Angstschweiß aus. Was hatte der Chef gesagt? Ich überlegte noch einmal, während ich den Pansen abtastete: hier müßte er sitzen! Jawohl, da hatte ich ihn, Gott sei Dank. Wovor ich die meiste Angst gehabt hatte, war geschafft. Ich zog den prall gefüllten Schlund vorsichtig heraus und legte ihn beiseite, damit ja kein Geäse in den Wildkörper eindringen konnte, falls er doch im letzten Moment abreißen sollte. Dann kam eine Schwerstarbeit, die ich mir so nicht vorgestellt hatte. Ich zerrte mit beiden Händen am Gescheide, daß mir förmlich die Augen aus dem Kopf traten. Während ich vorher Angstperlen auf der Stirn gehabt hatte, lief mir jetzt vor Anstrengung der Schweiß an Wangen und Genick herunter. Die anderen beiden unterhielten sich lebhaft und taten so, als bemerkten sie nichts.

Der Hirsch kam mir so groß wie ein Elefant vor, als ich den aufgeblähten, prallrunden Pansen mit größter Kraftanstrengung aus dem Wildkörper hervorwürgte. Gleich mußte es geschafft sein. Mit beiden Händen griff ich nochmals hin und riß mit aufgeblähten Backen dermaßen an dem prallen Magen- und Darmwulst, daß die Innereien mit voller Wucht auf mich zuschleuderten. Ich fiel rücklings zu Boden und hatte den gesamten Aufbruch vor mir im Schoß liegen. Das muß wohl urkomisch ausgesehen haben, denn die beiden anderen hielten sich den Bauch vor Lachen. Der General meinte, sich die Tränen abwischend: „Das sieht aus, als wäre eine Bombe eingeschlagen." Mir war gar nicht zum Lachen zumute, denn zu guter Letzt war ich doch noch der Blamierte. Als ich mich langsam aufgerichtet und das Gescheide altem Waidmannsbrauch zufolge nach rechts weggeworfen hatte, mußte ich feststellen, daß meine Stiefelhose von oben bis unten mit Schweiß verschmiert war. Zu Hause würden sie denken, der Hirsch hätte mich geforkelt.

Das weitere Aufbrechen gelang mir danach ohne Komplikationen. Der Chef und der General halfen mir dann, den Hirsch aufzurichten, um ihn gründlich ausschweißen zu lassen. Zum Schluß holte der General ein Stückchen Zeitungspapier aus der Hosentasche. „Nanu", dachte ich, „will er jetzt noch aus den Hosen gehen, das kann er sich wohl verkneifen, er hat es doch nicht weit bis nach Hause." Nein, er legte das Zeitungspapier auf eine Keule des Hirsches und eine Patronenhülse auf die andere. Da fiel mir ein: das Papier galt nicht „hinterlistigen" Zwecken, sondern dem Fuchs, damit ihm der Appetit verging. Dann schnürte der General seinen Rucksack auf, nahm das Geräusch, betrachtete es nochmals von allen Seiten und zeigte auf die durchlöcherte Lunge, um seinen sauber angetragenen Schuß zu demonstrieren.

Und ich war stolz, das Geräusch so säuberlich, wie es mir der Chef gezeigt hatte, aus dem Hirsch hervorgebracht zu haben. „Die Leber packen wir zu Hause in Buttermilch", meinte der General, „dann schmeckt sie einwandfrei." Er verstaute das Geräusch, schnallte den prall gefüllten Rucksack auf den Rücken und trat den Heimweg an, nachdem er sich vom Chef und mir mit ein paar Dankesworten verabschiedet hatte.

Als ich heimradelte, dachte ich, daß sich alle zu Hause über ein kleines Stück Leber gefreut hätten, besonders Gisela. Stattdessen mußte sie nun der Mutter beim Waschen der schweißverschmierten Hose helfen. Trotz all meiner Arbeit hatte ich nichts abbekommen; die Herren waren wohl der Meinung, es sei genug der Ehre, einen leibhaftigen Generalshirsch aufgebrochen zu haben. Aber vielleicht, sinnierte ich weiter, schieße ich auch bald ein Stück Wild, dann kriegt Gisela ein besonders großes Stück Leber.

„Wenn du denkst, du hast' n ..."

Die nächsten Wochen gestalteten sich abwechslungsreich. Nachdem mein Lehrchef mir theoretische Kenntnisse über die verschiedenen Durchforstungsarten wie Hoch- und Niederdurchforstung vermittelt hatte, nahm er mich zum Auszeichnen der Bestände mit. Ich lernte in der Praxis, welche Stämme vorrangig zu entnehmen sind; er lenkte meine Aufmerksamkeit auch auf die Kienzöpfe und Schwammbäume. „Warum heißen sie eigentlich Kienzopfbäume?", fragte ich. „Du siehst oben, unter der Baumkrone, einen dunklen Stammabschnitt", antwortete der Revierförster. „Da hat ein Pilz mit dem lateinischen Namen ‚peridermium pini' die Holzzellen zersetzt. Damit ist der Saftstrom im Baum unterbunden, eine Verkienung setzte ein und der Baumwipfel starb ab. Schneidet man nach dem Fällen den vom Pilz zerstörten Holzabschnitt heraus, bekommt man ein mit viel Harz durchtränktes Holzstück. Mit der Axt zerkleinert, ergibt das Kienspäne, die sich zum Feueranmachen eignen – daher der Name ‚Kienzopf'. Solche Bäume müssen rechtzeitig gefällt werden, damit sie nicht andere durch Sporenflug anstecken. Die Sporen setzen sich in kleine, durch Umwelteinflüsse verursachte Wunden am Baum und fangen im oberen Kronenbereich erneut ihr Zerstörungswerk an. Und dort", sagte er, indem er auf eine starke Kiefer wies, „siehst du einen Schwammbaum. Du kannst an dem ungefähr in drei Meter Höhe sitzenden Pilzkörper, der Konsole, den Baumschwamm erkennen. Dieser Pilz, lateinisch ‚trametes pini', zersetzt das Holz, so daß es nachher nur noch minderwertige Qualität hat. Kannst du dir vorstellen, wozu man solches Holz doch noch gebrauchen kann?" Ich überlegte krampfhaft und meinte: „Na, zu Brennholz wird es doch wohl noch zu gebrauchen sein?" „Das wäre zu schade", antwortete er. „Nein, die Bretter kann man noch dazu verwenden, um Särge zu tischlern." Ein makabrer Verwendungszweck, aber er leuchtete mir ein, denn das Holz sollte ja bald im Erdreich vergehen.

Wir zeichneten täglich zwei bis drei Stunden in den Stammholzbeständen und auch in den Stangenhölzern aus. Die dünnen Hölzer waren für den Kohlenbergbau gedacht. Nach zwei- bis dreistündiger Arbeit pflegte der Chef zu sagen: „Das ist für heute genug, sonst läßt die Konzentration nach und man übersieht manch kranken Baum." In der restlichen Arbeitszeit half ich ihm beim Aufmessen und Numerieren des von den Forstarbeitern eingeschlagenen Holzes. Jeder Stamm, und wenn er noch so dünn war, mußte nach Stärke und Länge vermessen werden. Mit dem Numerierhammer wurde dann eine Ziffer in das Holz geschlagen, die anschließend noch ins Nummernbuch eingetragen wurde. Den aus Länge und Durchmesser resultierenden Festmeterinhalt des jeweiligen Stammes entnahm ich zu Hause einer Tabelle und trug den Wert sorgfältig ins Nummernbuch ein. Wie penibel man auf dem Forstamt alle Berechnungen kontrollierte, hatte ich ja schon am Anfang meiner Lehre erfahren. Tagelang wurde ich auch mit Läuterungshieben beschäftigt. Alle zwischen den Kiefern wachsenden Birken und alle schlecht veranlagten Kiefern, die „Protzen" genannt werden, schlug ich mit der Axt heraus, um so der Kultur einen einwandfreien Aufwuchs zu ermöglichen.

Der Dezember rückte heran. In den Abteilungen 109, 132, und 156 wurden die Rotwildfütterungen verstärkt mit Kastanien, Eicheln, Kohlrüben und Sojaschrot beschickt. Mir bereitete es besonderen Spaß, beim Futterausfahren zu helfen. Das Schwarzwild kannte den Futtermeister Ernst Görs genau und zeigte daher keine Scheu. Wenn er mit dem Futtereimer klapperte und die Eicheln breitwürfig ausstreute, sah man schon, wie die Schwarzkittel ihre Köpfe aus der Dickung herausstreckten. Wir hatten uns kaum hundert Meter entfernt, stürzte sich das Schwarzwild, in erster Linie Bachen und Frischlinge, auf den Fraß. Ab und zu nahmen alle den Kopf hoch und äugten zu uns herüber, um sich dann wieder an den Eicheln gütlich zu tun.

Kurz vor Weihnachten gab es die ersten stärkeren Fröste. Das veranlaßte den Chef, mich mit Ernst Görs zum „Probesuchen" zu schicken – das heißt, Kiefernstreu auf Schadinsekten zu untersuchen. Das Verfahren hatte er mir schon früher erklärt. Als er mein fragendes Gesicht sah, beruhigte er mich: „Ernst Görs hat das jahrelang gemacht, er wird dich draußen einweisen." Mit dem Probesuchen beginnt man gewöhnlich im Dezember nach Eintritt der ersten stärkeren Fröste, da dann anzunehmen ist, daß sich die Kiefernschädlinge zur Überwinterung in den Boden zurückgezogen haben. Das war der Grund, warum ich gerade jetzt diesen Auftrag bekam. Görs wartete schon vor der Försterei auf mich, ich fuhr mit ihm in die Abteilung 100. Dort banden wir unsere Harken vom Fahrrad und begannen mit der Arbeit. Die jeweilige Absuchfläche betrug fünf Quadratmeter. Sie umschloß an ihrem Ende den Fuß eines Stammes. Wir harkten zuerst die oberste Schicht der Bodendecke vorsichtig ab; sämtliche dabei gefundenen Insektenpuppen oder -larven steckten wir in eine mitgebrachte Schachtel. In gleicher Weise durchsuchten wir den Mineralboden bis zu drei Zentimetern Tiefe. Nach einer Stunde waren wir mit der ersten Probefläche fertig. Alle Puppen, Raupen und Kokons hatten in unserem Behältnis Platz gefunden.

Ich schaute mir die Raupen noch einmal näher an. Vom Unterricht beim Chef war mir in Erinnerung, daß der Kiefernspinner als Raupe überwintert. Die Raupen sind ungefähr acht Zentimeter lang und haben rötliche Nackenflecke auf dem zweiten und dritten Brustring. Die Haare stehen beiderseits auf kleinen Warzen. Und da entdeckte ich auch, wie ich es auf Abbildungen gesehen hatte, den hellen Sattelfleck. Als ich mir auch die verschiedenen Puppen genau ansehen wollte, kam der Revierförster. „Na, wie weit seid ihr?" fragte er. „Mit der ersten Probefläche sind wir fertig", sagte Ernst Görs. „Zeig mal her", forderte er mich auf. Er schaute in die Schachtel, holte eine Puppe heraus und meinte: „Das ist eine Kieferneulenpuppe, erkenntlich an dem Aftergriffel mit den zwei geraden Dornen, die seitlich noch kleine Borsten tragen." Er hielt sie hoch, damit ich die Merkmale deutlich erkennen konnte. „Nun paß gut auf", sagte der Chef, indem er eine andere Puppe aus der Schachtel nahm und sie zum Vergleich neben die Kieferneulenpuppe hielt: „Diese hier stammt vom Kiefernspanner. Sie ist etwas kleiner als die der Forleule. Aber das Hauptmerkmal ist der Aftergriffel, der im Gegensatz zur Forleule nur in eine Spitze ausläuft.

Was habt ihr denn noch Schönes gefunden?" Er stocherte mit dem Zeigefinger in den Puppen herum und nahm eine besonders große heraus, während er die beiden anderen wieder in die Schachtel zurücklegte. „Das hier ist eine Puppe vom Kiefernschwärmer", sagte er. „Die ist doppelt so groß wie die von vorhin. Charakteristisch ist, daß sie am Kopf, mit einem Stück der Brust aufliegend, eine sechs Millimeter große Rüsselscheide besitzt, die wie eine Nase aussieht." „Und das ist eine Raupe vom Kiefernspinner", sagte ich und nahm die vorhin untersuchte Raupe aus der Schachtel heraus. Ich mußte ja mal demonstrieren, daß ich aus seinem Unterricht von neulich etwas behalten hatte. „Das stimmt", bestätigte er. „Diese Raupe verpuppt sich erst im Juni nächsten Jahres, nachdem sie ab März/April den gefährlichen Nadelfraß in den Kiefernkronen verursacht hat. Nach dem Schlüpfen im Juli legt der Falter rund 200 Eier ab, aus denen dann im August die Raupen kriechen und sofort wieder mit dem gefährlichen Fraß an den Kiefern beginnen." Zum Schluß holte der Förster aus der Schachtel noch einige Kokons hervor, die hellbraun und etwa einen Zentimeter lang waren und erklärte mir, daß sie von der Kiefernbuschhornblattwespe stammten.

„Ihr könnt jetzt zur zweiten Probefläche in diesem Bestand gehen und dort weitermachen", bestimmte er. „Übermorgen müßt ihr mit allen Flächen fertig sein. Das ist leicht zu schaffen, denn die Frauen machen beim Probesuchen mit. Ich brauche noch etwas Zeit", erläuterte er mir den Fortgang der Arbeiten, „um anschließend die Ergebnisse in ein vorgeschriebenes Formular einzutragen. Das gefundene Material und die ausgefüllten Vordrucke werden schließlich zur Auswertung vom Forstamt an das Institut für Waldschutz in Eberswalde geschickt. Dort werden die Funde probebestandsweise pro Quadratmeter berechnet. Aus diesen Werten kann man schlußfolgern, ob mit einer normalen Vermehrung einer Insektenart oder etwa mit Problemen zu rechnen ist."

Schon wieder allerhand dazugelernt, dachte ich. Ich schnappte meine Harke und folgte dem Forstarbeiter zur nächsten Fläche. Ernst Görs drehte sich zu mir um. „Weißt' was?" sagte er, „wir gehen am Saufang vorbei, der ist ganz hier in der Nähe. Ich habe den gestern auf Anweisung des Chefs fängisch gestellt. Ob sich schon Sauen gefangen haben?" „Das können wir machen", sagte ich erfreut, „Die Puppensucherei schaffen wir trotzdem noch." Er steuerte auf den dreihundert Meter vor uns liegenden Saufang zu. Plötzlich blieb er stehen und streckte den Arm aus: „Das gibt's nicht, da haben sich tatsächlich schon Schweine gefangen." Drei Schwarzkittel liefen im Fang in der Runde. Der Saufang maß etwa zehn mal fünf Meter im Rechteck. In der Nacht waren die Sauen durch die bis ins Gatter ausgestreuten Getreidekörner angelockt worden. Als sie mit ihrem Wurf an eine in der Mitte liegenden Schlete stießen, streifte ein Seil von einem Metallstift herunter. Das Einlaßtor schloß sich, und sie waren gefangen. „Schade, daß der Chef schon weg ist, der müßte jetzt entscheiden, was zu tun ist", meinte Ernst Görs. „Er wird bestimmt erst zu Mittag wieder zurück sein", gab ich zu bedenken. „Das ist möglich", erwiderte er, „dann werden wir die Zeit nutzen, um die zweite Probefläche abzusuchen. Anschließend kannst du zu ihm hinradeln und ihn benachrichtigen." Wir verließen die Sauen, um sie nicht unnötig in Panik zu versetzen.

Die Ausbeute der zweiten Puppensuche steckten wir wieder in Streichholzschachteln und vermerkten darauf den Fundort. „Es lohnt sich nicht", meinte Ernst Görs schließlich, „noch mit einer dritten Fläche anzufangen. Fahr' jetzt los, vielleicht triffst du den Chef schon zu Hause an." Ich radelte zur Försterei; sein Motorrad stand vor der Tür, also war er da. „Ist was passiert?" fragte er, als er mich unprogrammgemäß erscheinen sah. „Es sind drei Wildschweine im Saufang!" „Oh, damit habe ich noch gar nicht gerechnet", sagte er, „die sind für Schweden bestimmt. Hoffentlich klappt es mit dem Transport, denn der war frühestens für die nächste Woche geplant. Ich werde mal beim Forstamt anrufen." Er drehte sich um und ging telefonieren. Ich schaute mich inzwischen auf dem Hof um und erkannte den verwaisten, aus Schleten genagelten Schweineauslauf wieder, in dem ich als Kind mit Jochen und Klaus das Schweinereiten veranstaltet hatte. Nur ungern erinnerte ich mich an den wilden Ritt auf der galoppierenden Sau, die mich dann im hohen Bogen in den Modder befördert hatte. Und da hinten standen noch die Obstbäume, von denen wir genascht hatten – nur daß sie sich zu dieser Jahreszeit kahl und nackt präsentierten.

Der Revierförster riß mich aus meinen Gedanken: „So, Waldemar, sag dem Franz Mähl, er soll mit Traktor, Hänger und drei Transportkisten zum Saufang fahren und euch helfen, die Überläufer abzufahren." Ich radelte sofort los und hatte Glück: der Forstarbeiter hatte Reparaturtag und war deshalb zu Hause. Als ich ihm den Auftrag überbracht hatte, sagte er verschmitzt: „Na, das wird wieder eine Gaudi werden, das kenne ich schon." Ich half ihm, die Kisten auf den Hänger zu schieben und fuhr mit dem Rad vorweg, Richtung Saufang. Die drei Schwarzkittel liefen erregt auf und ab und versuchten, eine Lücke zum Ausbrechen zu finden. Wir luden die Kisten ab und stellten eine von ihnen vor den trichterförmigen, mit einem Schott abgeriegelten Gatterauslauf. Sicherheitshalber überprüften wir, ob auch kein Spalt zwischen Kiste und Auslauf war, dann zogen wir die Türen hoch. Während die beiden Forstarbeiter sich ans hintere Ende des Saufanges begaben, kletterte ich auf die Transportkiste; ich hatte die Aufgabe, das Schott sofort zu schließen, sobald ein Überläufer drin war.

Die Schwarzkittel kamen jetzt immer mehr in Bewegung und griffen die beiden links und rechts am Fang gehenden Männer an, indem sie in voller Flucht gegen die Kiefernschlete stürmten. Sie prallten immer wieder zurück; zum Glück hielt das Holz. Görs und Mähl gingen langsam auf den Auslauf zu, um einen Überläufer in die Kiste zu treiben. Aber jedesmal, wenn wir schon glaubten, ihn in die richtige Richtung getrieben zu haben, flüchtete er im letzten Moment wieder in die hinterste Ecke. Von dort lugten die Schwarzkittel wie zum Spott zu den Männern hinüber. Sie hatten sich offenbar entschlossen, abzuwarten, was weiter geschehen werde. Die beiden Männer mußten von neuem mit der Prozedur beginnen. Die Überläufer griffen jetzt nicht mehr so stürmisch an, sie hatten gelernt und stoppten rechtzeitig vor den Schleten, um den Schmerz beim Aufprall zu vermeiden. Plötzlich mußten sie wohl die Kiste als möglichen Fluchtspalt erspäht haben, denn sie rannten in meine Richtung. Und da passierte es auch schon: als ich einen Ruck in der Kiste verspürte, war für mich der Augenblick gekommen, das Schott fallenzulassen, was ich auch unverzüglich tat.

Das klappte leider nicht ganz, denn es sauste auf den Rücken eines zweiten Überläufers herunter, der ebenfalls die Gelegenheit nutzen wollte, die vermeintliche Freiheit zu erlangen. Er kam jedoch nicht weit, weil sein Vordermann bereits die Kiste ausfüllte. Unter mir rumorte es. Ich wollte den zweiten Überläufer dazu bringen, die Kiste rückwärts zu verlassen, in dem ich das Schott ein paarmal auf seinen Rücken sausen ließ. Erschreckt schob er sich mit so viel Schwung rückwärts heraus, daß die Kiste mit mir obenauf gefährlich hin und her schwankte. Zum Zaun hin wurde ein schmaler Spalt frei, den der Schwarzkittel sofort ausnutzte, um sich hindurchzuzwängen. Damit versetzte er die Kiste in eine solche Schräglage, daß ich das Gleichgewicht verlor und herunterspringen mußte. Bevor ich mich wieder aufrappeln konnte, hatte sich auch der erste Überläufer aus der Kiste befreit und suchte das Weite. Er raste dem im allgemeinen Durcheinander ebenfalls ausgebrochenen dritten hinterher und verabschiedete sich von mir wie zum Hohn mit hochgerichteten Pürzel und einem lautem „Wuff, Wuff". Da rannten sie nun alle drei davon, sicherlich froh darüber, mit heiler Schwarte davongekommen zu sein. Daß ihnen eine Reise nach Schweden entgangen war, konnten sie schließlich nicht wissen. Wir standen wie bedeppert vor dem leeren Saufang, der vor einigen Minuten noch Schauplatz einer wilden Hatz gewesen war. Die Sauen hatten uns überlistet. Franz Mähl tat abschließend einen weisen Spruch, der mir bis heute in Erinnerung geblieben ist: „So ist es nun mal im Leben: Wenn du denkst, du hast'n, springt er aus dem Kasten!"

Flak-Kanonier in Berlin

Wir schrieben mittlerweile das Jahr 1943. Die Vorbereitungen zur Frühjahrsaufforstung liefen auf Hochtouren. Der Chef hatte bereits mehrere Frauen für die Pflanzarbeiten eingestellt. Mich schickte er eines Morgens zusammen mit einem Forstarbeiter in die Abteilung 132, um dort Weidenstecklinge zu werben. Diese mit der Axt auf sechzig Zentimeter Länge geschlagenen Weidenstecklinge brachten wir in die Abteilung 142. Dort packten wir sie in den Wassergraben und steckten sie anschließend auf Rabatten, das sind mit Gräben durchzogene Flächen, im Abstand von einem Meter so aus, daß sie noch etwa fünfzehn Zentimeter aus der Erde schauten. Die Kultur wuchs dann zu einem Weidendickicht heran, das gute Äsungsmöglichkeiten und Deckung für das Wild bot, besonders für das von Göring ausgesetzte Elchwild. Die Weiden in den Abteilungen 121, 132 und 133 entstanden auf die gleiche Art und Weise. Nachdem auch die Kiefernaufforstung in der Abteilung 100 abgeschlossen war, mußte ich im Mai die Fichtenkultur in der Abteilung 165 gegen den braunen Rüsselkäfer (hylobius abietis) mit einer Rückenspritze begiften. Dieser sechs bis vierzehn Millimeter große dunkle Käfer mit seinem auffälligen Rüssel kann, wenn er massenhaft auftritt, ganze Kulturen vernichten. Er benagt großflächig die Rinde und unterbricht damit den Bast auf der gesamten Peripherie. Damit ist das Schicksal des Baumes besiegelt.

Meine Freizeit verbrachte ich nach wie vor am liebsten mit Sport. Ich trainierte zu Hause wie im Turnverein Leichtathletik und Geräteturnen. Bei den Ausscheidungswettkämpfen in Stralsund kam ich in die Auswahl und freute mich schon auf das große Stettiner Sportfest. Nach Stettin kam ich auch, aber ganz anders, als ich gedacht hatte. Noch während ich dem Chef in seiner privaten Landwirtschaft beim Heuen und bei der Getreideernte half, erhielt ich den Einberufungsbefehl für vier Monate Reichsarbeitsdienst. Auf einem abgelegenen Übungsplatz hinter Stettin scheuchte man uns erst mal ein paar Wochen über sandige Flächen, „um uns das Laufen beizubringen." Dann wurde so lange exerziert, bis die Kommandos: „Spaten über! Spaten ab! Präsentiert den Spaten!", so exakt ausgeführt waren, daß der Vorgesetzte dem Ausbilder ein Lob aussprach. In den ersten Wochen drillte man uns weiter jenen unbedingten Gehorsam ein, den wir beim „Jungvolk" und in der „Hitlerjugend" bereits im Ansatz kennengelernt hatten. Die Meinung des Vorgesetzten galt. Seine Befehle mußten genau so ausgeführt werden, wie er es für richtig hielt, auch wenn sie noch so unsinnig waren. Wollte ein Ausbilder beim Stubenappell Staub finden, dann fand er ihn auch.

An diese erniedrigende Kritik mußte ich mich erst mal gewöhnen. Es mochte vielleicht der dritte Stubenappell gewesen sein. Er fand, wie gewohnt, am Wochenende statt. Der Ausbilder erschien zur Abnahme unseres Zimmers, der Stubenälteste brüllte: „Stube zehn mit neun Mann zum Stubenappell angetreten. Ein Mann auf der Krankenstation. Stube gereinigt!" „Danke, rühren", antwortete der Ausbilder im lässigen Ton. Er war ein junger Kerl und ziemlich groß. Seine roten Pausbacken verrieten den Bauernsohn, der dank elterlicher Wurstpakete deutlich besser ernährt war als wir. Er musterte zunächst die Betten. Damit das Kopfkissen eine glatte Vorderkante zeigte, hatten wir Pappstreifen zwischen Kissen und Decke gepackt. Damit war er offenbar zufrieden. Dann kontrollierte er die Spinde, musterte die Trinkbecher und besah sich die ebenfalls Kante auf Kante gestapelte Wäsche. Allmählich wurde er unwirsch, weil er noch keinen Anhaltspunkt für eine gepfefferte Kritik gefunden hatte. Aber als Ausbilder war man erfinderisch; ohne „Anschiß" durfte schließlich kein Stubenappell zu Ende gehen. Er stellte einen Schemel mitten ins Zimmer und kletterte hinauf. Von dort konnte er ohne Schwierigkeiten an dem quer durch die Baracke laufenden Balken entlangwischen. Interessiert besah er eine Weile seinen Zeigefinger, an dem ein paar Staubkörner hafteten, dann bellte er unvermittelt los: „Stubenältester, was ist das denn hier? Ihr Schweine wollt hier sauber gemacht haben? Das ist doch zum Schwanzausreißen!" Nanu, dachte ich, wird man hier womöglich seiner Männlichkeit beraubt? Da ich mir das bildlich vorstellte, muß ich wohl gegrinst haben. Als er meinen Gesichtsausdruck bemerkte, brüllte er mich an: „Finden Sie das noch lächerlich, wenn ich hier haufenweise Dreck finde? Zur Strafe klettern Sie sofort auf diesen Balken und säubern ihn mit der Zahnbürste. Jeden Zentimeter! Ich werde Ihnen helfen, über meine Worte zu lachen. Los, los, Beeilung! Ich will was sehen!"

Nach diesem Befehl kletterte er schwerfällig vom Schemel und sah mich lauernd an. Ich rannte los, meine Zahnbürste aus dem Spind zu holen und hüpfte auf den Schemel. Was er nicht einkalkuliert hatte, war meine turnerische Gewandtheit. Ich sprang wie ein Senkrechtstarter vom Schemel hoch und gab ihm dabei wie unabsichtlich einen

Stoß; er kippte um und knallte dem Ausbilder gegen das Schienbein. „Sie Blödmann!" brüllte er zu mir hinauf, denn ich hing schon am Balken, turnte einen Aufschwung mit einer Seitgrätsche und saß im Nu rittlings darauf. Mit einer solchen zirkusreifen Vorstellung hatte der Ausbilder nicht gerechnet. „Ihr Glück, daß Sie so schnell raufgekommen sind. In einer Stunde bin ich wieder da und kontrolliere, ob der Balken sauber ist!", blaffte er.

Während er unter dem obligaten „Achtung!"-Gebrüll des Stubenältesten das Zimmer verließ, warf er noch einmal einen mißtrauischen Blick zu mir hoch. Zu seinem Ärger fand er keinen Grund, mich erneut „zur Sau zu machen", denn ich ritt in stramm aufgerichteter Haltung auf dem Balken. „Weitermachen!" knurrte er, die rechte Hand lässig nach hinten schwenkend. Der Stubenälteste spähte durch den Türspalt, ob unser Schinder wirklich die Baracke verlassen hatte, und meinte dann zu mir: „Mensch, komm runter, der kommt ja doch nicht wieder." „Nein, nein", antwortete ich, „wirf mal das Scheuertuch hoch, damit der Balken abgewischt ist, falls er doch wieder kontrollieren kommt." Ich hatte es kaum ausgesprochen, da steht der Lagerleiter in der Tür, sieht mich auf dem Balken und schreit herauf: „Was machen Sie da oben? Schaukeln Sie sich die Kugeln wund, Sie Ferkel? Kommen Sie sofort runter!" Ich sprang, eine Bauchwelle vorwärts drehend, mit Affengeschwindigkeit herunter. Das imponierte ihm anscheinend. „Waren Sie beim Zirkus?", fragte er. „Nein, Herr Oberfeldmeister", rief ich, indem ich stramme Haltung annahm. „Hätte ja sein können, weil Sie wie ein Affe turnen. Was haben Sie da oben gemacht?" „Staub gewischt, auf Befehl des Herrn Zugführers, mit der Zahnbürste!" „Sind Sie fertig geworden?" schnarrte er. „Jawohl, fertig geworden" knallte ich besonders zackig die Hacken zusammen. Zum Glück sah er nicht mein Scheuertuch auf dem Balken liegen.

Er schlenderte mit langem Hals weiter durchs Zimmer, mal nach links, mal nach rechts schauend. Kein Zweifel, er wollte über irgend etwas seinen Unmut bekunden. Schon war es passiert: er ertappte Robert Stolz, dem wir wegen seiner Ähnlichkeit mit dem sowjetischen Diktator den Spitznamen „Stalin" verpaßt hatten, wie er die Kinnladen hin und her bewegte. Er versuchte ein Stück Brot herunterzuwürgen, das er eben in den Mund gesteckt hatte. „Sie müssen ja bösen Hunger haben", schnauzte der Lagerleiter ihn an, beide Hände in die Hüften gestemmt. „Ich kontrolliere hier im Schweiße meines Angesichtes diesen Saustall, und Sie frühstücken in aller Ruhe!" Stalin verdrehte die Augen, denn die harte Kruste wollte nicht so schnell hinunter. Mehrmals ließ er seinen Adamsapfel auf- und niederhüpfen, um das Brotstück schneller durch den Schlund zu bringen. „Das kommt davon, wenn man in Anwesenheit eines Vorgesetzten frißt", steigerte sich der Oberfeldmeister in einen neuen Wutausbruch. „Nun ist wohl noch ein Knochen im Hals stecken geblieben?" ‚Stalins' Miene erhellte sich, denn er hatte es endlich geschafft, den Brocken hinunterzuwürgen. „Nein, Herr Oberfeldmeister, nur ein Stück trockenes Brot!" „Lügen Sie mich nicht auch noch an, Mensch, dem Würgen nach muß es ein Fleischknochen gewesen sein! Zur Strafe morgen Sonderexerzieren! Verstanden?" „Jawohl, verstanden!", rief Stalin und riß die Hacken zusammen. Befriedigt, doch noch seinen obligaten Anpfiff losgeworden zu sein, verließ der Oberfeldmeister unser Zimmer, nicht ohne daß der Stubenälteste wieder zackig: „Achtung!" gebrüllt hatte.

Nach der Grundausbildung begann die Spezialausbildung an richtigen Kanonen. In Wirklichkeit war der „Reichsarbeitsdienst" also zur vormilitärischen Ausbildung da und keineswegs nur für Arbeits- und Ernteeinsätze. Auf der bei Stettin liegenden „Silberwiese" lernten wir mit Flakgeschützen vom Kaliber 8,8 cm umzugehen. Mich stellte man bald an das Kommandogerät, an dem eine fünfköpfige Mannschaft die zum Anvisieren feindlicher Bomber benötigten Entfernungs-, Seiten- und Höhenwerte zu ermitteln hatte. Unser erstes Übungsschießen mit scharfer Munition fand in Königswusterhausen bei Berlin statt. Ein alter Doppeldecker schleppte einen Zielsack hinter sich her. Unsere Batterie schoß als erste am frühen Morgen. Das Pech wollte es, daß wir mit der ersten Salve statt des Zielsacks das Schleppseil zerschossen und die ganze Chose herunterkam – was uns natürlich nicht gerade ein Lob einbrachte.

Darauf folgten Monate der bitteren Wahrheit im bereits vier Jahre tobenden Weltkrieg. Wir bezogen unsere Stellung in Berlin-Friedrichsfelde. Es verging kaum eine Nacht, in der wir nicht Alarmbereitschaft oder Einsatz hatten. Die anglo-amerikanischen Luftangriffe auf Berlin nahmen zu. Wir erlebten ohrenbetäubende Nächte. Dem Abschußdonner unserer Geschütze beim Feuern auf die anfliegenden Fliegerpulks folgten wie ein Echo unzählige Detonationen der abgeworfenen Bomben. Während die Flakscheinwerfer die angreifenden Flugzeuge anstrahlten, erhellten sie gleichzeitig für Minuten das gesamte Umfeld; unsere Stellungen lagen wie auf dem Präsentierteller. Berlin brannte an allen Enden. Der Feuerschein am Himmel ließ uns das Ausmaß der todbringenden Bombenteppiche erahnen. Todmüde rissen wir gegen Morgen die Stahlhelme vom Kopf und sanken erschöpft in die Betten unserer Barackenunterkünfte. Zum erstenmal wurde mir bewußt, wie grausam Krieg ist. Das als Kind trainierte Geländespiel war bitterernste Wirklichkeit geworden. Eine schreckliche Nacht folgte der anderen. Die Bombenangriffe auf Berlin steigerten sich mehr und mehr. In allen Himmelsrichtungen sah man Flammenschein. Ab und zu gelang es den Flakbatterien, einen Bomber vom Himmel zu holen, aber dafür kamen hundert neue. Erschöpft von den nächtlichen Kampfeinsätzen, hatten wir kaum noch Lust, tagsüber unsere Stellung zu verlassen. Wir legten uns lieber hin, um wenigstens etwas vom versäumten Schlaf nachzuholen.

Endlich war es soweit: Ich wurde Mitte November nach vier Monaten „Arbeitsdienst", der in Wirklichkeit längst ein Kriegsdienst war, entlassen. Ich hatte einen bitteren Vorgeschmack genossen von dem, was ein Vierteljahr später mein soldatischer Alltag werden sollte.

Marathon mit dem Laufrad

Freudig umarmten mich Eltern, Gisela und Jenny, als sie mich gesund eintreten sahen, denn sie hatten sich Sorgen um mich gemacht. Zu Recht, obwohl ich in meinen Briefen kaum etwas über die gefahrvollen Flakeinsätze geschrieben hatte, um sie nicht unnötig zu beunruhigen. Nach einigen Urlaubstagen meldete ich mich wieder beim Revierförster, um meine Lehre fortzusetzen. Im Dienstzimmer galt mein erster Blick wiederum dem mit Gewehren gefüllten Waffenschrank und der wunderschönen Westminster-Standuhr. Alles noch beim alten, dachte ich.

Nachdem ich dem Lehrchef kurz über unsere Flakeinsätze und auch von den schrecklichen Bombardierungen Berlins erzählt hatte, sagte er: „Laut Ausbildungsplan ist jetzt der Holzeinschlag dran. Du meldest dich beim Vorarbeiter Harry Saß aus Wieck. Der wird dich einweisen." Jetzt begannen für mich Wochen harter Arbeit. Aber diese Arbeit tauschte ich nur allzu gern gegen die Kriegseinsätze in Berlin ein. Stundenlang zog ich an der Schrotsäge und lernte so die schwere körperliche Arbeit eines Holzfällers am eigenen Leibe kennen. Harry Saß sprach mir immer wieder Mut zu. Er vergaß auch nicht, meinen Fleiß vor den anderen Arbeitern zu loben. In den Frühstücks- und Mittagspausen saßen wir im Kreis um das von einem Forstarbeiter fachgerecht aufgestellte Holzfeuer und rösteten auf langen Stockgabeln unsere Brotschnitten.

Harry, ein großer, breitschultiger Mann, wegen seines Fleißes und seiner Ausdauer allseits geschätzt, erzählte gern von der Wiecker Dorfkapelle, in der er mitspielte. Ich mußte von meinem Berlineinsatz berichten. So vergingen die Pausen viel zu schnell. Harry gab das Stichwort: „Jo, wie möten wedder widder moken!", und alle griffen zu ihren Äxten. Harry Saß lehrte mich, die Äste so fein säuberlich am Stamm abzuschlagen, daß man glauben konnte, sie wären mit einer Säge vom Baum getrennt worden. Plötzlich sagte er: „Hast du eben den Vogel gehört?" Ich horchte auf. Jawohl, ich hörte einen Vogel rufen: „Krikrikrikri!" „Da fliegt er", sagte Harry, indem er auf einen großen schwarzen, mit einer roten Kopfplatte geschmückten Vogel zeigte. „Das ist ein Schwarzspecht. Das kannst du dir merken: Wenn der trillert wie eben, gibt es innerhalb von 24 Stunden Regen, spätestens aber am übernächsten Tag. Deswegen heißt er Regenvogel." Er sollte recht behalten: So oft ich in meinem Leben auf diesen markanten Ruf des Schwarzspechtes geachtet habe, regnete es binnen zwei Tagen, wie blau der Himmel auch gewesen sein mochte.

Am nächsten Wochenende fand eine Treibjagd im Zingster Osterwald statt, an der ich als Treiber teilnahm. Der Forstmeister Mueller leitete die Jagd persönlich. Eine Reihe mir unbekannter Jäger und Offiziere nahmen als Jagdgäste teil. Ich traf auch den schmächtigen Forstamtsangestellten wieder, der mich am ersten Tag meiner Lehre angefaucht hatte. Es waren wohl an die zwanzig Schützen und ebensoviele Treiber versammelt. Nachdem einige Jägerlehrlinge vom Forstamt „Begrüßung" geblasen hatten, hielt der Forstmeister eine kurze Rede. Er gab bekannt, was geschossen werden dürfe und wies darauf hin, man möge genau hinsehen, worauf man schieße, da sich auch Jagdhunde im Treiben befänden. Nachdem er dann allen ein kräftiges Waidmannsheil gewünscht hatte, begann das erste Treiben.

An diesem Tag fielen über vierzig Schüsse. Die Strecke bestand aus acht Stück Schwarzwild und einem Stück Rotwild. Nach der Jagd luden wir das Wild auf das Borner Pferdegespann. Der Forstmeister kam zu mir und sagte. „Sie fahren mit nach Born und helfen John Rieck beim Aufbrechen des Wildes." „Jawohl, wird gemacht!" antwortete ich militärisch kurz. Mir blieb auch gar nichts anderes übrig, obwohl mir dieser Auftrag ziemlich ungelegen kam. Es würde wohl ziemlich knapp werden, wenn ich pünktlich zur Abendvorstellung nach Prerow ins Kino kommen wollte. Ich setzte mich neben Kutscher Kegel auf den Pferdewagen, auf dem ich zuvor mein Fahrrad verstaut hatte. In Born erwartete uns der Forstarbeiter Rieck. Kaum lagen die ersten Stücke Wild auf der Erde, begann er auch schon mit dem Aufbrechen, ich machte nach Kräften mit. Wenn ich mit einem Schwarzkittel fertig war, hatte er allerdings schon drei aufgebrochen. Kein Wunder, denn er hatte Schlächter gelernt! Weil ich immer wieder verstohlen auf meine Taschenuhr sah, fragte er mich: „Du guckst soviel auf deine Uhr. Willst du noch irgendwo hin?" „Ja, heute Abend läuft ,Die Feuerzangenbowle' in Prerow." „Dann hau bloß ab, die letzten zwei Sauen und das Stück Rotwild krieg ich auch alleine fertig." Ich hätte ihn umarmen können. Schnell wusch ich mir die Hände, schwang mich auf den Sattel und jagte los, in der Hoffnung, es noch rechtzeitig zu schaffen.

Weil er mindestens zwei Kilometer kürzer war als die Straße über Wieck, benutzte ich den Waldweg über Peters Kreuz. Zur damaligen

Zeit verlief daneben ein schmaler Radfahrweg, der von Born nach Prerow führte. Man mußte gut aufpassen, um nicht über die vielen Baumwurzeln zu stürzen. Ich war mit meinen Gedanken schon bei Hertha Feiler und Heinz Rühmann, jedenfalls übersah ich eine starke Wurzel quer auf dem Weg und flog kopfüber ins Farnkraut, knapp an einem dicken Kiefernstamm vorbei.

Als Kind hatte ich schon genügend Stürze produziert, und zum Glück transportierte ich diesmal auch keine Eier, so daß meine Kleidung verhältnismäßig sauber geblieben war. Was weniger schön war: das Hinterrad war eine einzige „Acht". Etliche Speichen waren gerissen, an Fahren war nicht mehr zu denken. Was nun? Meine Taschenuhr zeigte, daß ich die letzte Wegstrecke im Dauerlauf gerade noch zeitig schaffen könnte. Also setzte ich mich in Trab, indem ich mit der rechten Hand das Hinterrad hochhielt und mit der linken das neben mir herrollende Vehikel steuerte. Wer mich gesehen hätte, mußte annehmen, ich habe ein abgeschlossenes Fahrrad geklaut.

Auf halbem Wege, ich hatte rund zwei Kilometer geschafft, blieb ich stehen, um kurz zu verschnaufen. Ich wischte mir den Schweiß von der Stirn und galoppierte nach wenigen Minuten mit meinem Laufrad weiter; unter erschwerten Bedingungen, denn es dämmerte inzwischen, und ich sah den Waldweg kaum noch. Als „Hans-guck-in-die-Luft" spurtete ich weiter, indem ich den hellen Spalt zwischen den Baumwipfeln als Wegerichtung benutzte. Das war gar nicht so einfach, denn ich landete noch mehrmals im hohen Farnkraut. Fluchend befreite ich jedesmal das verheddertes Vehikel aus den Pflanzen und trabte tapfer weiter. Endlich war ich am Waldrand von Prerow. Hier kannte ich auch im Dunkeln jeden Weg und Steg, mied jedoch das Haus meines Chefs, um peinlichen Fragen aus dem Wege zu gehen. Zu Hause angekommen, warf ich das verbeulte Rad in die Ecke und stürzte ins Haus. Eltern und Schwestern wollten den Grund meiner Eile wissen, aber mir stand nicht der Sinn nach langen Erklärungen: „Ich will noch ins Kino. Alles weitere morgen!" Mutter schmierte mir ein paar Brotstullen, die ich heißhungrig verschlang. Dann stürmte ich auch schon aus dem Haus.

Im Kino lief bereits die Wochenschau. Durch die Sitzreihe tastend, faßte ich unabsichtlich mehreren jungen Frauen ans Knie. Ihr Kichern verriet mir, daß der Platz bereits besetzt war. Zu guter Letzt ergatterte ich doch noch einen freien Sessel. Reichlich geschafft, ließ ich mich hineinfallen und sah Rühmanns Pennälerspäßen zu.

In Heidensee

Endlich war der langersehnte Tag herangerückt. Mein Lehrchef sagte: „Hier hast du meinen Karabiner und die entsprechende Munition. Versuch dein Glück auf Rotwild. Du darfst ein Tier, ein Kalb oder einen Rotspießer schießen." Ich hätte am liebsten einen Luftsprung vor Freude gemacht, unterließ es aber. „Wo darf ich denn jagen?" „Nördlich der Buchhorster Maase, Abteilungen 141 bis 143, und auf Heidensee", gab er zur Antwort. Ich war bereits seit April dieses Jahres im Besitz eines Jagdscheines, hatte aber durch den Flakeinsatz in Berlin noch keine Gelegenheit gehabt, auf Pirsch zu gehen, zumal ich auch keine eigene Waffe besaß.

Am folgenden Wochenende zog ich los. Ich benutzte den Pirschsteig auf der Südseite der Abteilung 122, den ich im vorigen Jahr mitangelegt hatte. Er führte an Heidensee vorbei, wo ich mit dem Forstarbeiter Schmidt zum Heuen war. Schritt für Schritt ging ich vorwärts und blieb immer wieder stehen, um nur ja kein Wild zu vergrämen. Die Dämmerung tauchte Heidensee in rosafarbenes Morgenlicht und enthüllte mehr und mehr seine wildromantische Schönheit. Ich leuchtete mit meinem Fernglas die Wiese ab. Ein auffallender Fleck ließ mich nochmals hinschauen. Ja, da bewegte sich was. Für Rehwild erschien es mir zu groß. Wenn es ein einzelnes Stück Rotwild war, dann sicherlich ein männliches; wäre es ein weibliches, müßte eigentlich ein Kalb dabeisein. Ich nahm das Glas mehrmals hoch, um das Stück sicher ansprechen zu können. Nach einiger Zeit nahm das Wild das Haupt hoch, äugte zu der ihm gegenüberliegenden Waldkante und sicherte. Es stand mehrere Minuten regungslos. Das Haupt zeigte immer in dieselbe Richtung. Es war tatsächlich ein Stück Rotwild.

Mein Chef hatte mich gelehrt, in solchen Fällen könne man damit rechnen, daß das sichernde Stück austretendes Wild eräugt oder zumindest ein verdächtiges Geräusch vernommen habe. Also war Vorsicht geboten. Mit nassem Finger überprüfte ich den kaum wahrnehmbaren Wind. Da er aus Südwesten kam, bestand keine Gefahr, das Wild durch meine Witterung zu vergrämen. Ein leichter Dunstschleier überzog stellenweise die Gräben. Vor mir schnürte plötzlich ein Fuchs auf der Wiese. Aha: das war der Übeltäter, er hatte das Stück Rotwild aufwerfen und sichern lassen. Es äste bereits wieder, als sei nichts geschehen. Ich mußte unbedingt näher heranpirschen, um das Stück sicher ansprechen zu können. Immer zum Fuchs schielend, bewegte ich mich Schritt für Schritt vorwärts. Meister Reinecke machte plötzlich einen Sprung nach vorn, vielleicht hatte er eine Maus eräugt. Seine Jagd war anscheinend nicht von Erfolg gekrönt gewesen, denn er äugte jetzt in sitzender Stellung auf den Boden. Vielleicht hockte er vor einem Mauseloch und wartete auf ein anderes Opfer. Da er mir die Hinterpartie zuwandte, konnte ich es wagen, weiterzupirschen. Meter für Meter kam ich dem äsenden Stück Rotwild näher. Ein weiterer Blick durchs Glas bestätigte, daß es sich um ein weibliches Stück handelte, der Größe und dem Haupt nach um ein Alttier. Aber wo war das Kalb? Ich leuchtete mit meinem Glas die gesamte Waldkante ab. Es blieb dabei: kein Kalb zu sehen. Für mich stand nun fest, schießen zu dürfen, da es sich um ein nichtführendes Alttier handelte.

Ich versuchte die Schußentfernung einzuschätzen. Ich stellte mir eine 100 m-Sprintstrecke vor, die ich in der Leichtathletik so oft gelaufen war, und schloß dann, daß die Entfernung bis zum Tier mindestens hundertachtzig Meter betrüge. Das hieß, mich noch näher heranzupirschen; bei meinem ersten Schalenwild wollte ich schließlich einen sauberen Blattschuß anbringen. Noch einmal schaute ich zu Reinecke, dann schlich ich auf dem Pirschsteig weiter. Der Fuchs bewegte sich bereits mäuselnd zur gegenüberliegenden Wiesenseite hin. Mein Stück äste indes nicht weit der Waldkante. Inzwischen war ich auf hundert Meter herangekommen. Zwischen meinem Pirschsteig und dem Wiesenrand lag ein zehn Meter breiter Waldstreifen.

Um in eine gute Schußposition zu gelangen, mußte ich jetzt wohl oder übel diesen Streifen durchqueren. Einzelne Birken und Eichen als Deckung ausnutzend, arbeitete ich mich Meter für Meter vor. Ich überlegte, ob ich jetzt den Schuß wagen oder lieber noch zwei Schritte riskieren sollte, um nicht den letzten vor mir herunterhängenden Ast an der Wiesenkante mitzuerwischen, der die Kugel ablenken könnte. Ich tat also noch einen Schritt und da passierte es: ein in der Nähe sitzendes Stück Rehwild sprang auf, schreckte und flüchtete. Zu meinem Glück nicht auf die Wiese, sondern nach Süden, in den moorigen Eichenbestand hinein. Verflucht, dachte ich, nun ist alles aus. Ich blickte sofort zum Alttier. Es hatte aufgeworfen und sicherte in meine Richtung. Ich stand wie zur Salzsäule erstarrt, das Tier sollte nicht merken, daß hier auch noch ein Mensch war. So ein Pech: ausgerechnet jetzt drehte es sich in Richtung Waldrand. Ich tat schnell noch einen Schritt vorwärts, um besser sehen zu können, wohin das Stück zog. Plötzlich verhoffte es, drehte sich noch einmal und stand breit. Jetzt galt es, schnell zu handeln. Stehend freihändig also in Anschlag gehen, entsichern, Kimme, Korn und die Stelle handbreit hinter dem Blatt des Alttieres in Übereinstimmung bringen – schon flog die Kugel. Im gleichen Moment sah ich das Stück Rotwild zusammenrucken und hochflüchtig nach Norden im Kiefernbestand verschwinden. Vor Aufregung zitterte ich am ganzen Körper.

Ich hatte ohne Zielfernrohr geschossen; zur damaligen Zeit war verpönt, solche Hilfsmittel zu benutzen. Meine Gedanken überschlugen sich. Sollte ich womöglich doch vorbeigeschossen haben? Nein, ich hatte deutlich das Zeichnen des Stückes beobachtet. Oder war es nur Einbildung gewesen, der Wunsch der Vater des Gedankens? Wie es der Chef mir beigebracht hatte, wartete ich fünf Minuten, bevor ich an den Anschuß herantrat. Ich hatte mir eine dicke Kiefer gemerkt, in deren Nähe ich das flüchtende Stück zuletzt gesehen hatte. Sicherheitshalber lud ich nach, um schußbereit zu sein, falls das Tier noch einmal flüchtig werden würde. Auf dem Weg über die Wiese näherte ich mich langsam dem Anschuß. Zunächst fand ich keinen Anhaltspunkt; im Gras Schweiß zu finden, ist allerdings auch Glückssache. Ich ging auf die Kiefer zu und stellte fest, daß hier ein starker Wechsel in den Bestand führte. Dann entdeckte ich im Farnkraut an mehreren Stengeln hellrote Schweißspritzer. Gott sei's gelobt, nicht vorbeigeschossen!

Vorsichtig schob ich mich auf dem Wechsel vor und folgte den zunehmenden blasigen Schweißspuren, abgestreift am hohen Farnkraut. Das ließ mich hoffen, einen guten Lungen- und damit Blattschuß angebracht zu haben. Sechzig Meter weiter fand ich am Ende der Schweißbahn das beschossene Stück verendet. Meine Freude war unbeschreiblich: ich hatte mein erstes Stück Schalenwild erlegt! Dazu ein sauberer Schuß, eine Handbreit hinter dem Blatt – so, wie ich es gelernt hatte. Meine Freude steigerte sich noch, als ich beim Herausnehmen der Grandeln feststellte, daß ich ein altes Tier erlegt hatte. Seine Grandeln waren stark abgeschliffen, und sie zeigten nicht den erwünschten Braunton. Nach der roten Arbeit zog ich das Stück unter einer Kiefer in Schräglage und verblendete es mit meiner leeren Patrone und einem Stückchen Papier, um ein Anschneiden durch den Fuchs zu verhindern. Die Krönung wäre gewesen, hätte mir jetzt mein Lehrchef einen Schützenbruch überreicht. Da das nicht möglich war, brach ich selbst einen kleinen Kiefernzweig ab und heftete ihn stolz an meinen Jagdhut. Das Geräusch im Rucksack verstaut, fuhr ich zurück.

In der Försterei empfing mich Frau Dall. Der Revierförster war ins Dorf gefahren. Ich berichtete ihr mein Jagderlebnis und holte zum Beweis das Geräusch aus dem Rucksack. Flugs hatte sie ein großes Küchenmesser in der Hand und meinte: „Das kommt wie gerufen, wir erwarten in den nächsten Tagen Besuch, da kann ich die Leber gut gebrauchen." Und schon schnitt sie vor meinen entsetzten Augen zwei Drittel von der Leber ab. „Das hier nimmst du mit nach Hause, die werden sich freuen." Noch mehr würden sie sich freuen, dachte ich grimmig, wenn ich die ganze Leber mitbrächte! Ich packte schnell den Rest in den Rucksack, verabschiedete mich und schwang mich aufs Fahrrad, um auch zu Hause von meinem Jagdglück zu erzählen. Mit dem Karabiner meines Chefs schoß ich in den nächsten Wochen noch ein Wildkalb, einen Rotspießer und eine Ricke; allesamt Erfolge, die mit herrlichen Jagderlebnissen verbunden waren.

Im Februar wurde ich überraschend zum Forstmeister bestellt. Nanu, dachte ich, du hast doch nichts ausgefressen, warum bestellt er dich dann zu sich? Wider Erwarten begrüßte er mich sehr freundlich. „Ich habe mich mehrmals nach Ihnen erkundigt", sagte er. „Herr Revierförster Dall ist mit Ihnen sehr zufrieden. Sie hatten vor einigen Tagen Geburtstag. Ich gratuliere Ihnen nachträglich sehr herzlich." Bevor ich mich von meiner Überraschung erholen konnte, drückte er mir eine nagelneue französische Doppelflinte in die Hand. „Die schenke ich Ihnen zum Geburtstag. Ich hoffe, Ihnen damit eine Freude zu bereiten. Strengen sie sich weiter an, ein guter Forstmann und Jäger zu werden." „Recht herzlichen Dank", stotterte ich. Ich konnte es kaum fassen, Besitzer einer eigenen Waffe zu sein; selbst hätte ich mir zur damaligen Zeit keine leisten können. Eilig radelte ich nach Hause, um mein Geschenk vorzuzeigen. Dort fand ich Mutter am Tisch sitzen, in Tänen aufgelöst. Sie hielt mir meinen Einberufungsbefehl entgegen: „Du mußt Soldat werden. Dieser verdammte Krieg, wann ist er endlich zu Ende? Wieviel Menschen müssen denn noch sterben? Hitler soll endlich mit diesem Wahnsinn Schluß machen!" Vergebens versuchte ich, sie zu beruhigen; ihre Angst um mich war stärker. „Hoffentlich passiert dir nichts an der Front", schluchzte sie, „du bist doch immer vom Pech verfolgt."

Der Autor Waldemar Martens   *Ehefrau Marga Martens*

Die Eheleute Martens mit ihren Söhnen bei der Silberhochzeit

Auf der Forstschule in Raben Steinfeld (Autor: X)

Hochschulabschluß in Tharandt (Autor: dritte Reihe, Mitte)

Abschied von Schwerin (Autor in Zivil)

Der Autor mit seinen Revierförstern beim 40jährigen Dienstjubiläum 1982

An der neuen Jagdhütte mit Revierförstern vom Darß (Autor: 2. v. l.)

Der Autor bei der Erläuterung einer abnormen Rothirsch-Abwurfstange

Forstamt Born, die Wirkungsstätte
Ferdinand Frhr. v. Raesfelds

Grab des Altmeisters des deutschen
Waidwerks am Müllerweg/k-Gestell

Forstmeister Franz Mueller-Darß bei einem Inspektionsritt am Weststrand

Die Jagdhütte des Forstmeisters an ihrem heutigen Standort in Prerow

Franz Mueller-Darß als Ruheständler in Lenggries

Görings Jagdschloß lag Mitte der dreißiger Jahre 200 Meter vom Weststrand

Bereits nach sechs Jahrzehnten holt sich das Meer die Fundamente.

Die von Göring auf dem Darß ausgesetzten Wisente …

… und Elche, die dort nie heimisch wurden.

Schlammbad auf Hollands Äckern

Nachdem ich den Reichsarbeitsdienst hinter mich gebracht hatte, gab mir mein Chef den Rat, bei der Division „Hermann Göring" zu dienen. Göring sei Reichsforstmeister und -jägermeister und wünsche, daß möglichst alle Forstlehrlinge in dem nach ihm benannten Truppenteil kämpften. Ich zögerte nicht lange, diesem Wunsch nachzukommen.

Ich bekam daraufhin eine schriftliche Aufforderung zur Aufnahmeprüfung, ein Zeichen dafür, daß es sich um eine Elitetruppe handelte. Nur wer diese Aufnahmeprüfung bestand, wurde in diese Division aufgenommen. In Berlin prüfte man uns auf Tapferkeit, Ausdauer und Intelligenz. Besonderen Mut mußten wir am Reck beweisen. Die Grätsche vom Hochreck, die ich schon so oft beim Sport geturnt hatte, war eine solche Mutprobe. Es gab nicht wenige, die mit einem Bein am Reck hängenblieben und abstürzten. Die Offiziere, die die Prüfung abnahmen, interessierten sich nicht dafür, wie elegant diese Grätsche geturnt wurde. Es kam nur auf den Mut an. Ausdauer und Draufgängertum waren beim Boxen zu beweisen. Mein Gegner drosch wie wild auf mich ein. Da er mich um Haupteslänge überragte, konnte ich seinen Schlägen nur wie eine Katze ausweichen und dann versuchen, ihn mit Überraschungskontern zu treffen. Nachdem er ein paar gestochene Gerade eingesteckt hatte, wurde er wild und durchbrach einige Male meine Deckung; mit seiner größeren Reichweite war er leicht im Vorteil. Der Schweiß lief mir über das Gesicht, und meine Arme wurden immer schwerer, aber ich wollte auf keinen Fall aufgeben.

Nachdem wir wohl zehn Minuten lang Schläge ausgetauscht hatten, merkte ich, daß seine Konzentration nachließ. Als er seine Deckung offenließ, schlug ich zu und traf ihn voll am Kinn. Er taumelte nach hinten, schüttelte sich wie ein nasser Pudel und fing sich dann wieder. Blind vor Wut schlug er erneut auf mich ein. Als er im Vorstürmen eine gewaltige Rechte abschoß, duckte ich mich seitlich weg, und er flog vom eigenen Schwung vornüber in die Ringseile. Die Zuschauer johlten vor Schadenfreude. Daraufhin brach der Prüfer den Kampf ab. Im Urteilsspruch wurde beiden Kämpfern Mut und Ausdauer bescheinigt. Der anschließende Hindernislauf, der mit Bocksprung, Klettern und Springen verbunden war, löste nochmals Heiterkeit aus. Dem Läufer vor mir riß der Gummibund, und seine Turnhose rutschte während des Spurts immer weiter nach unten. Als er es merkte, war es schon zu spät: mit blankem Hintern mußte er unter Applaus aus dem Rennen steigen. Wie die Jury diesen Striptease bewertet hat, ist leider nicht bekannt geworden. Nach einer abschließenden schriftlichen Prüfung durften wir am nächsten Tag nach Hause fahren.

Mein Einberufungsbefehl war der Beweis, daß ich die Aufnahmeprüfung bestanden hatte. Aus dem Text ging hervor, daß ich von nun ab bei der Flak in der Division Hermann Göring zu dienen habe. Wieder zur Flak zu kommen, die ich ja schon vom Reichsarbeitsdienst her kannte, war mir nicht unsympathisch. Ursprünglich war ich nämlich für die Marine gemustert worden. Aber da laut Volksmund das Wasser keine Balken hat, war mir der Landeinsatz doch lieber. Die Grundausbildung erhielten wir auf einem Truppenübungsplatz bei Amersfoort in Holland. Wir Pommern lagen in einer Kaserne den Mecklenburgern gegenüber. Obgleich ich als Darßer und somit Pommer nicht weit von der mecklenburgischen Grenze bei Ahrenshoop wohnte, war ich bisher kaum mit Mecklenburgern in Berührung gekommen. So ähnlich mag es denen wohl auch ergangen sein, denn wir musterten uns gegenseitig, als sähen wir Ausländer.

Es begann ein sehr harter Dienst. Die Ausbildung beim Arbeitsdienst war im Vergleich dagegen ein Kinderspiel gewesen. Von Tag zu Tag bekamen wir den preußischen Drill mehr zu spüren. Beliebt bei den Ausbildern, aber verhaßt bei uns Soldaten waren die „Pferderennen". Ein frisch umgepflügtes Feld diente als Rennbahn, die Pferde waren wir selber. An beiden Ackerenden stand je ein Ausbilder. Auf das Kommando: „Fertig-los!", stürmten wir, oftmals mit den Stiefeln tief in den Boden einsinkend, über den Sturzacker. Den drei Erstplazierten wurde eine kurze Verschnaufpause gegönnt, bevor sie sich wieder dem Exerzierdienst anschließen mußten. Hier kam mir das Sporttraining seit der Kindheit und das Nichtrauchen zugute. Die schlechteren Läufer mußten acht- bis zehnmal diese mörderische Strecke heruntertraben, bis ihnen die Zunge aus dem Halse hing. Einige brachen zusammen und blieben erschöpft in den Furchen liegen. Noch gemeiner war das „Pferdeziehen". Dazu mußten alle hintereinander über den weichen Acker laufen. Jeder faßte dem anderen ans Seitengewehr, so daß man gezwungen war, weniger schnelle Kameraden mitzuziehen. Das verlangte besondere Kraftanstrengung. Ich hatte mir zum Grundsatz gemacht, die Ausbilder nur ja nicht auf mich aufmerksam zu machen, weder in positiver noch in negativer Hinsicht, um keiner

Extrabehandlung ausgesetzt zu werden. Das schaffte ich allerdings nur in den ersten fünf Wochen.

Von Stund an war ich, wie meine Mutter befürchtet hatte, vom Pech verfolgt. Der berüchtigte Stubenappell wurde jedesmal groß aufgezogen. Der Spieß nahm höchstpersönlich die Zimmer ab. Nachdem der Stubenälteste gebrüllt hatte: „Achtung! Stube vier vollständig zum Stubenappell angetreten!", musterte er mit kritischen Blicken das Zimmer und die Schränke. Ausgerechnet an meinem Bett blieb er stehen. Hinter dem Kopfkissen entdeckte er eine Tasse, die ich bei seinem unerwarteten Erscheinen dort versteckt hatte. Seine Augen weiteten sich. „Wie heißen Sie Schwein?" brüllte er. Nach der Dienstvorschrift knallte ich die Hacken zusammen und antwortete: „Kanonier Martens, Herr Oberwachtmeister!" „Sie wagen es, ihr Bett zu versauen, sie Mistkröte?" Er zog sein Notizbuch hervor, krakelte etwas hinein und befahl dann: „Heute nachmittag nach dem Duschen machen Sie den ‚Strahl'. mit. Verstanden?" „Jawohl, Herr Oberwachtmeister, den Strahl mitmachen!" antwortete ich in strammer Haltung.

Jeden Sonnabend nachmittag war Duschen angesagt. Diesmal hatten sich die Ausbilder dazu etwas Besonderes einfallen lassen. Als wir frisch gesäubert in unsere Stube zurückkamen, standen wir im Chaos. Der Inhalt unserer Spinde lag zerstreut auf dem Fußboden. Sämtliches Stroh war aus den Strohsäcken gerissen – Decken, Bettlaken und Kissen türmten sich auf dem Boden zu Bergen. Ein unbescheibliches Durcheinander herrschte im Raum. Der Unteroffizier riß die Tür auf und brüllte: „Ihr Drecksäue, bis 15 Uhr ist die Bude wieder tipptopp in Ordnung! Ich komme wieder!" Schon war er verschwunden, um nebenan Dampf abzulassen. Als wir mit dem gründlichem Aufräumen, Einräumen und Aufwischen des Zimmers fertig waren, kam auch schon das Signal: „Raustreten zum Sonderstrahl!" Das betraf auch mich. Aber ich war nicht allein: außer mir waren zwanzig weitere Soldaten beim Stubenappell aufgefallen und wurden dafür einem besonderen Härtetest unterzogen. Ein Offiziersanwärter namens Sauer setzte seine ebensolche Miene auf und scheuchte uns „zum Aufwärmen" ein paarmal um den Kasernenblock, bis den ersten die Zunge aus dem Hals hing. Das abschließende ‚Häschen hüpf' sollte angeblich unsere Knie besonders gelenkig machen.

Die Kommandos: „Hinlegen! Auf! – Hinlegen! Auf!" bereiteten Sauer besonderen Spaß. Dabei konnte er mit seinen schweren Knobelbechern allen den Hintern heruntertreten, deren Körper nach seiner Meinung keine gerade Linie bildete. Als wir alle in Schweiß gebadet waren, brüllte er: „Zum Trocknen aufhängen, marsch!" Schon mußten wir zu einer langen Sprossenwand stürmen, mehrere Meter hochklettern und befehlsgemäß den Körper zum „Austrocknen" baumeln lassen. Er paßte wie ein Schießhund auf, daß ja niemand mogelte; es war strengstens verboten, die Füße auf eine Sprosse zu stellen. Nach einigen Minuten fielen die ersten erschöpft herunter. Prompt brüllte Sauer los: „Ihr Faultiere, was fällt euch ein? Ihr laßt euch wie madige Pflaumen vom Baum fallen? Ihr sollt euch austrocknen lassen und nicht vor Nässe triefen! Hoch mit Euch!" Es blieb ihnen nichts anderes übrig, als sich erneut der Tortur zu unterziehen. Sauer war erst zufrieden, als jeder von uns mehrmals als „Pflaume" bezeichnet worden war. Erst als wir völlig erschöpft waren, jagte er uns im Laufschritt zurück in die Kaserne mit der Bemerkung, ja nicht noch einmal aufzufallen. Der nächste „Strahl" würde mit Sicherheit härter ausfallen.

Man versprach uns, daß wir als Angehörige einer Elitetruppe demnächst die Ehre haben würden, bei der großen Parade der siegreichen deutschen Wehrmacht mit durch das Brandenburger Tor zu marschieren. Aus diesem Grunde müsse jeder Gewehrgriff und der Paradeschritt klappen. So kloppten wir auch an diesem Tag unentwegt Gewehrgriffe, bis der hinzukommende Batteriechef dem Zugführer zu verstehen gab, er solle noch einige Formationsübungen exerzieren lassen, da er mit dem bisher von uns Gezeigten zufrieden sei. Wir marschierten ins freie Gelände hinaus. Plötzlich rief der Zugführer: „Panzer von vorne!" Alle flitzten in das neben der Straße liegende Wäldchen und waren nicht mehr zu sehen. Ich hatte mir unter diesem Kommando etwas anderes vorgestellt und packte mich in den neben der Straße befindlichen flachen Straßengraben. Der Ausbilder sah mich hier liegen und schrie: „Sie Blödmann, können Sie nicht wie die anderen vernünftig in Deckung gehen? Sie lassen sich womöglich vom Panzer kaputtfahren und üben Selbstverstümmelung!" Ich blieb liegen, den mit dem Stahlhelm bedeckten Kopf auf den Erdboden pressend. Da hörte ich ihn schon wieder brüllen: „Sie, Sie Dreckskerl, ich spreche mit Ihnen, spielen den Tauben und schlafen sich da unten aus. Hoch mit Ihnen, Sie Stinkstiebel!"

Ich sprang notgedrungen auf und schaute ihn in strammer Haltung mit Unschuldsmiene an. Das brachte ihn auf eine neue Idee, er wies auf einen Baum und schrie mit überschnappender Stimme: „Dort hinauf mit Ihnen! Wenn Sie schon nicht laufen können, dann versuchen Sie es wenigstens mit Klettern!" Ich schaute ihn ungläubig an, als hätte er einen Spaß gemacht. Das brachte ihn vollends in Rage: „Wenn Sie nicht sofort auf dem höchsten Ast in dem Baum da sitzen, dann passiert was", brüllte er in einer Lautstärke, die sogar von den weit in den Wald geflüchteten Soldaten nicht überhört werden konnte.

Was blieb mir übrig? Ich kletterte, den sperrigen Karabiner auf dem Rücken, unter seinem wachsamen Blick bis in die Spitze der mit reichlich Ästen versehenen Eiche. Nachdem ich oben angekommen war, erschien es ihm an der Zeit, sich den übrigen im Wald verschwundenen Rekruten zuzuwenden. Er zog seine mit einer Schnur am Knopfloch befestigte Trillerpfeife aus der Brusttasche, stieß einen schrillen Pfiff aus und befahl: „Zug Achtung! Auf der Straße angetreten, marsch, marsch!" Ich blieb im Baum sitzen, für meine Begriffe konnte dieser Befehl nicht für mich gelten, ich war ja gerade erst oben angekommen. Meine Meinung wurde dadurch bestärkt, daß der Zugführer von mir keine Notiz mehr nahm; er merkte anscheinend auch nicht, daß ein Mann im abmarschierenden Zug fehlte. Ich machte es mir also auf dem dicken Ast bequem, rückte mich zurecht und legte den Karabiner quer über die Knie. Der Ausbilder ließ den Zug vor meinen Augen nun die Straße auf und ab preußischen Paradeschritt üben. Ich fand es amüsant, das Schauspiel wie von einem Logenplatz bewundern zu dürfen.

Bei einem zufälligen Blick nach oben in die Eiche entdeckte er mich und brüllte sofort los: „Zug halt!" Rechts um! Rühren!" Mit hochgerecktem Arm zeigte er auf mich: „Seht euch diesen Faulpelz an! Während ihr euch die Hacken wund lauft, sitzt der Kerl da oben und pennt sich aus. Kommen Sie sofort runter, Sie Blödmann! So eine Frechheit ist mir schon lange nicht passiert!" Von meinem schönen Hochsitz verscheucht, kletterte ich mit einem solchen Tempo vom Baum herunter, daß selbst der Ausbilder staunte. Als ich wieder meinen gewohnten Platz im Zug eingenommen hatte, sagte er: „Der Kerl stammt bestimmt vom Affen ab. Fallen Sie noch einmal unangenehm auf, dann scheuche ich Sie Affenkerl höchstpersönlich über den Exerzierplatz." Ich tat also gut daran, mich so zu verhalten, daß kein Ausbilder mehr auf mich aufmerksam wurde.

Am nächsten Tag drillte man uns schon wieder mit Gewehrgriffen. Plötzlich brüllte der Zugführer: „Fliegeralarm!" Da heulte auch schon die Sirene auf dem Dach der Kaserne los. Für diesen Fall hatten wir mehrmals schon geübt, in den den eigens dafür angelegten Schutzgraben zu rennen. Hals über Kopf stürzten wir quer über den Kasernenhof, um Deckung zu suchen. Aber es war schon zu spät: wie aus dem Nichts tauchten drei Tiefflieger auf und feuerten aus allen Rohren auf uns. Ich hörte nur noch die Geschosse über unsere Köpfe pfeifen und prasselnd in den Kasernenwänden und -fenstern einschlagen. Im selben Moment jaulte ein über den Platz laufender Hund erbärmlich auf und suchte Schutz unter einer Linde. Das alles geschah in Sekundenschnelle, dann entfernte sich das Motorengeräusch genauso schnell wieder, wie es gekommen war. Als die Sirene Entwarnung heulte, krochen wir aus dem Graben hervor und betrachteten mit einer Gänsehaut die vielen Einschlaglöcher an den Wänden und in den Scheiben. Der Zugführer ließ uns antreten und durchzählen. Zum Glück waren alle unversehrt geblieben. Die schwarzweiße Promenadenmischung saß immer noch wimmernd unter der Linde und leckte sich die von einem Geschoßsplitter gerissene Wunde. „Ich werde das Viech totschießen", sagte der Zugführer, holte seine Pistole aus der Tasche, lud durch und schoß mit ausgestrecktem Arm auf das Tier. Es knallte, und im selben Moment jaulte der Hund noch erbarmungswürdiger auf. Der Zugführer hatte nur die Vorderpfote getroffen, denn das Tier riß den rechten Vorderlauf hoch, klemmte den Schwanz ein und humpelte, so schnell es konnte, auf drei Läufen jaulend um die Häuserecke. „Nanu", hörten wir den Zugführer schimpfen, „der kann aber eine Ladung ab!" Wir verkniffen uns ein Grinsen, denn wir hätten dem Schinder allzu gerne unsere Schadenfreude ins Gesicht gelacht, obwohl uns das arme Tier leidtat.

Unsere Ausbildung machte in den Augen der Vorgesetzten Fortschritte. Als alle Schießbedingungen auf Scheiben und Pappfiguren, die den Feind darstellen sollten, erfüllt waren, mußten wir ähnliche Übungen auch nachts absolvieren. Es wurde mit Leuchtspurmunition geschossen. Die Ausbilder waren so in der Lage, die Treffsicherheit jedes Schützen zu beurteilen und notfalls zu korrigieren. Weit weniger aufreibend war für mich die anschließende Ausbildung an Flakgeschützen, die mir schon vom Arbeitsdienst her vertraut waren. Da ich als Spezialist am Kommandogerät galt, wurde ich auch jetzt wieder für diese Aufgabe eingesetzt.

In Feldgrau kreuz und quer durch Europa

Ein Vierteljahr war vergangen, da kam der Befehl: Fronteinsatz! „Latrinenparolen" – so nannten wir unkontrollierbare Gerüchte – gab es zuhauf. Eine davon lautete: Einsatz an der Ostfront! Eine andere: Ab zur Westfront! Der für uns zusammengestellte Güterzug fuhr zuerst durch Holland und dann durch Deutschland nach Süden bis an die Alpen. Zum erstenmal im Leben sah ich ein richtiges Hochgebirge. Die mächtigen, mit Schnee bedeckten Gipfel beeindruckten mich tief. Nach mehreren Tagen passierte der Zug die österreichisch-italienische Grenze am Brennerpaß. Wir fuhren durch die sonnendurchglühte Landschaft Norditaliens und überquerten schließlich den Po, um in Bologna endlich ausgeladen zu werden. Eine unglaubliche Hitze empfing uns. Den Stahlhelm abzusetzen, war uns wegen der ständigen Fliegerangriffe strengstens verboten. Ein wenig Abkühlung setzte erst nachts ein. Wir schliefen im Freien unter einer Wolldecke. Tagsüber versuchte jeder, einen schattigen Platz zu erwischen, um sich vor der sengenden Hitze einigermaßen zu schützen. Ich habe in meinem Leben nie wieder solche Schweißbäche vergossen wie in Italien.

Von zu Hause kam eine traurige Nachricht. Mutter schrieb mir, daß mein Spielgefährte und Schulfreund Jochen Dall, der Sohn meines Chefs, hier in Italien gefallen sei. Er hatte ebenfalls bei der Division Hermann Göring gedient. Ein böses Omen? Tiefe Trauer überfiel mich. Ich dachte an seinen Vater, seine Mutter und seinen Bruder Klaus. Wieviele Tränen mögen sie wohl über seinen Tod vergossen haben? dachte ich im stillen. Zugleich beschlich mich die Furcht, daß mich morgen oder übermorgen dasselbe Schicksal ereilen könnte. Es war ein billiger Trost, den man uns bei der Hitlerjugend und bei der Wehrmacht immer wieder eingehämmert hatte: „Sollte einer von euch an der Front sein Leben lassen müssen, dann ist er für Volk und Vaterland gefallen. Unsterbliche Ehre und unvergeßlicher Ruhm wird ihm beschieden sein."

Über den Wahrheitsgehalt solch markiger Sprüche nachzusinnen, blieb nicht viel Zeit, denn Tiefflieger hielten uns mit pausenlosen Angriffen in Atem. Die Stimmung in unserer Stellung bei Verona wurde mit italienischem Wein und vielen Pfirsichen notdürftig aufgemöbelt, bis Befehl zum Stellungswechsel kam.

Wieder wurden wir auf einen Eisenbahnzug verladen. Nach mehrstündiger Fahrt hielt unser Zug plötzlich auf einem namenlosen italienischen Bahnhof. Wir mußten aussteigen und auf dem Bahnsteig antreten. Ein Offizier unterrichte uns über das Attentat auf Hitler und die Hinrichtung der Beteiligten. Ab sofort, so der Befehl, hätten auch wir Soldaten den „Deutschen Gruß" mit ausgestrecktem Arm als Ehrenbezeigung anzuwenden. Uns ideologisierten jungen Menschen, die immer noch an den Endsieg glaubten, erschien der Anschlag auf den „Führer" als ehrloser Mordversuch, und wir empfanden Genugtuung darüber, daß er mißglückt war. Langsam setzte sich unser Zug wieder in Bewegung. Wir fuhren Tag und Nacht, niemand von uns kannte das Ziel. Aus den Namen der Bahnstationen schlossen wir, daß wir inzwischen in Polen waren. Vor Radom bei Warschau gingen wir in Stellung. Ich erhielt den Auftrag, mit drei anderen Kanonieren eine Baracke als Essensraum herzurichten, und wir begannen sofort mit dem Ausfegen des Raumes. Es dauerte nicht lange, als uns ein böses Kribbeln in den Unterhosen zwang, eine Leibesvisitation vorzunehmen. Wir waren voller Flöhe; die Biester sprangen uns zuhauf aus dem zusammengefegten Sand an. Nichts wie raus aus der Baracke! Dann schleppten wir eimerweise Wasser heran und kippten es über den Fußboden. Nach der Säuberungsaktion zogen wir frische Wäsche an, um uns von den Quälgeistern zu befreien. In dieser Baracke hat man mich nie wieder gesehen; im Gedenken an die Flohplage nahm ich lieber das Essen im Freien ein.

Auch in Radom währte unser Aufenthalt nicht lange, denn es kam erneut Befehl zum Stellungswechsel. Am nördlichen Frontabschnitt sei es kritisch, wurde hinter vorgehaltener Hand verbreitet. Nach mehrtägiger Fahrt brachten wir unsere Geschütze bei Tilsit an der Memel in Stellung. Verbissen buddelten wir unter großer Kraftanstrengung Erdbunker; im klebrigen Ton blieb jeder Spatenstich stecken. Einige Kanoniere fällten die Bäume vor unseren Geschützen, um freies Schußfeld zu schaffen. Die Nächte im mittlerweile hereingebrochenen Winter wurden immer kälter; wir ließen den kleinen Kanonenofen in unserem Bunker nicht mehr ausgehen.

Mitte Januar 1945 begann auf breiter Front der langerwartete sowjetische Großangriff. Stundenlanges Artilleriefeuer war ihm vorausgegangen. Es gab viele Tote und Verwundete. Die massive Überlegenheit der Roten Armee zwang uns zum Rückzug. Schon längst war der Befehl gekommen, nicht mehr auf Luftziele zu schießen, es mußte

Munition gespart werden. Statt dessen sollten unsere Geschütze zur Panzerabwehr eingesetzt werden. Damit war ich am Kommandogerät überflüssig geworden und durfte nun die Batterie mit Karabiner und Maschinengewehr verteidigen.

Eines Tages organisierte unser Wachtmeister Walter Straßburg einen Karabiner mit Zielfernrohr für mich, denn er wußte, daß ich Jäger war. Ich hatte während des Trommelfeuers das Gewehr auf die Grabenböschung gelegt, um Zielübungen zu machen, als plötzlich eine Granate unmittelbar vor unserer Stellung einschlug. Ein Splitter riß mein Zielfernrohr aus der Montage. Im selben Moment schrie der neben mir hockende Obergefreite gottserbärmlich auf, denn das abgerissene Zielgerät war gegen seinen Rücken geprallt. Ich versuchte, ihm zu helfen. „Das olle Ding hätte mich bald erschlagen", stöhnte er. Aber es war noch einmal gutgegangen; außer einem Bluterguß war ihm weiter nichts passiert.

Nach mehrstündigem Kampf waren wir, wie schon so oft, gezwungen, den Rückzug anzutreten. Walter Straßburg hatte inzwischen einen Granatsplitter ins Auge bekommen. Ich half, ihn ins Feldlazarett zu bringen. Wir haben uns nach dem Krieg, nach vielen Jahren, wiedergetroffen. Er ist Besitzer einer Gärtnerei in Rostock. Leider hat sein Auge durch die Verletzung stark gelitten. Geschlagen zogen wir uns Kilometer um Kilometer zurück durch Ostpreußen, Richtung Westen. Überall brannten verlassene Dörfer. Die Viehherden, Stolz des einst so reichen Landes, wurden von den Soldaten zurückgetrieben, nach und nach geschlachtet und verzehrt. Wie oft fanden wir in menschenleeren Häusern Feuerstellen, in denen Glutreste zeigten, daß die Bewohner noch vor kurzem hier gewesen waren. Grauen, wohin man schaute: brennende Häuser, Ruinen, Tote, umherirrendes Vieh, Tierkadaver und von Bomben- und Granattrichtern übersätes, einstmals herrliches Weideland. Ich grübelte immer wieder: Wozu das alles? Warum dieser Krieg? Können wir denn überhaupt noch siegen, wenn wir uns immer weiter rückwärts bewegen? Wann würden endlich die V-Waffen hier im Osten eingesetzt, die immer wieder angekündigt wurden, um uns Mut zu machen? Ich fand keine Antwort.

Immer öfter wurde uns von der Gegenseite über Lautsprecher zugerufen: „Soldaten und Offiziere, macht Schluß mit dem für euch verlorenen Krieg. Kämpft nicht weiter. Kommt rüber zu uns. Werft die Waffen weg." Aber man hatte uns eingetrichtert: die Propaganda lügt. Der Russe macht kein langes Federlesen, ein grausamer Tod erwartet jeden Überläufer. Von dieser schrecklichen Vorstellung gepeinigt, wagte auch ich nicht, mich zu ergeben. Ein um das andere Mal wiederholte sich das gleiche Ritual: in Stellung gehen, Artilleriebeschuß, Angriff der Roten Armee mit Panzern und unglaublich vielen Soldaten, Verteidigungversuch und erneuter Rückzug. Die gegnerischen Panzerangriffe nahmen zu. Wir wurden mehrmals von der Flanke her überrollt, so daß wir uns nachts wieder zu den bereits vorher abgezogenen Geschützen durchschlagen mußten. Unsere Reihen lichteten sich immer mehr. Unzählige Vermißte, Verwundete und Tote zeugten von der Grausamkeit dieses Krieges. Es reifte in mir die Überzeugung, daß es nichts Furchtbareres auf der Welt gibt, als einen Weltkrieg, in dem so viele Millionen Menschen ihr Leben lassen müssen. Die wahren Hintergründe, die zu diesem sinnlosen Morden geführt hatten, begriff ich damals nicht; ich verspürte nur noch die Sehnsucht, so schnell wie möglich gesund in die Heimat zurückzukehren.

Erneut bezogen wir mit unseren drei letzten Geschützen Stellung. Es bedurfte jedesmal größerer Kraftanstrengung, den Erdwall um die Geschütze aufzuwerfen. Kaum hatten wir die Schanzarbeiten bewältigt, als schon wieder Befehl zum Stellungswechsel kam, für uns völlig unverständlich. Aber Befehl ist Befehl, in allen Armeen der Welt.

Das Geschütz Cäsar, zu dem ich gehörte, sollte als erstes die Stellung verlassen. Die Zugmaschine wurde davorgespannt und fuhr – wir saßen auf dem Kettenfahrzeug – auf einem Feldweg in Richtung der gegnerischen Stellung. Plötzlich ratterte ein Maschinengewehr los. Das zwang uns, die Karabiner aus der Halterung zu reißen, abzuspringen und hinter der Zugmaschine Deckung zu suchen. Als der Kugelhagel immer dichter wurde, brach Panik aus. Die Mannschaft begann, in Richtung unserer ehemaligen Stellung zurückzulaufen, obgleich der Unteroffizier den Befehl zum Bleiben gegeben hatte. Um Haaresbreite hätte ich den Anschluß verpaßt; im allgemeinen Durcheinander bekam ich meinen Karabiner nicht so schnell aus der Halterung heraus und sprang als letzter von der Zugmaschine herunter. Ich lief hinter dem Unteroffizier her, der es nun auch vorzog, die Flucht zu ergreifen. Er sah wohl ein, daß er nicht ganz allein unser Geschütz mit seiner Maschinenpistole verteidigen konnte.

Wir ließen also Kanone samt Zugmaschine stehen und rannten, was die Lungen hergaben. Ab und zu warfen wir uns auf die Erde, um nicht von den immer wieder einsetzenden Maschinengewehrgarben getroffen zu werden. Keuchend in unserer Batteriestellung angekommen, meldete der Unteroffizier den Überfall. Der Batteriechef, ein junger Leutnant, fluchte und schrie uns an: „Was ist das für eine Feigheit? Ich lasse euch alle erschießen, wenn ihr das nicht sofort wieder in Ordnung bringt! Ihr könnt doch nicht einfach kampflos dem Feind Kanone und Zugmaschine überlassen!" Zu mir gewandt, brüllte er: „Sie schnappen sich sofort eine Panzerfaust und Sie", dabei zeigte er auf einen MG-Schützen, „geben Feuerschutz, damit unsere Sachen wieder zurückerobert werden!" Ich rannte zu einem LKW, um eine Panzerfaust in Empfang zu nehmen. Der LKW-Fahrer schaute mich mitleidig an und flüsterte mir zu: „Sag, wenn du gefragt wirst, die Panzerfäuste seien alle verschossen." Ich rannte zurück und schloß mich meiner bereits losmarschierenden Truppe an, als jemand rief: „Panzer von vorn!" Wir warfen uns sofort flach in Deckung. Vorsichtig erhoben wir die Köpfe und sahen in der bereits hereingebrochenen Abenddämmerung, wie sich ein stählerner Koloß über den vor uns liegenden Hügel schob. Auch die in der Stellung verbliebenen Kanoniere hatten die dunkle Silhouette bemerkt. Auf Befehl des Leutnants richtete das Geschütz Berta sein Rohr auf den Schemen. „Feuern!" Der Schuß krachte, Sekunden später lohte eine Stichflamme zum Abendhimmel empor. Volltreffer! Die Geschützbedienung stimmte ein indianisches Freudengeheul an.

Wir gingen langsam mit schußbereitem Gewehr auf das brennende Wrack zu. Als wir näher kamen, weiteten sich unsere Augen vor Schreck: im flackernden Feuerschein sahen wir deutsche Soldaten liegen, verbrannt, verstümmelt, alle tot. Darunter ein junger Leutnant mit einem Ritterkreuz am Hals, der Kommandant des deutschen Sturmgeschützes, der wohl den Auftrag gehabt hatte, uns gegen den sowjetischen Stoßtrupp zu unterstützen. Fassungslos eilten wir zurück und meldeten dem Leutnant das tragische Versehen. Ein erneuter Vorstoß brachte uns dann endlich wieder in den Besitz unseres Geschützes und der Zugmaschine. Am nächsten Morgen war ein neuer Batteriechef da. Es hieß, sein Vorgänger sei aufgrund des Vorfalls abgelöst und bestraft worden. Vom Ausmaß dieser Strafe haben wir allerdings nie etwas erfahren.

Nach einigen Tagen kamen wir an Trakehnen vorbei, das durch seine Pferdezucht berühmt geworden war. Ringsum wieder brennende Dörfer. Ich dachte mit Wehmut an die Eltern, an Jenny und Gisela. Wie werden sie um mich bangen, kam mir in den Sinn. Briefe hatten wir schon lange nicht mehr austauschen können. Meine Stimmung war auf dem Nullpunkt angelangt. Wir mußten eine Nacht und fast einen vollen Tag bis zu den Knöcheln im Wasser eines Schützengrabens stehen und uns verteidigen. Zum erstenmal kam mir der ganz und gar unsoldatische Wunsch nach einem nicht allzu gefährlichen „Heimatschuß", um endlich aus diesem Schlamassel herauszukommen.

In der Mausefalle

Obwohl ich als Kind so viele Unfälle erlitten hatte, war ich in diesem Krieg bisher mit heiler Haut davongekommen. Einige Tage vorher hatte mich ein aus weiter Entfernung abgegebener Schuß in den Rücken getroffen, als ich aus dem Schützengraben klettern wollte. Er warf mich zu Boden, aber außer einer Hautverletzung und einem Bluterguß war mir nichts passiert. Durch die dicke Wattejacke abgebremst, hatte die Kugel ihre Durchschlagskraft verloren und war steckengeblieben. Später lagen wir in der Nähe eines großen Bauernhofes. Uns plagte höllischer Durst, und ich schlich aus dem Graben an die nicht weit von mir stehende Hofpumpe, um für meine Kameraden und mich die Feldflaschen mit Wasser zu füllen. Als ich gerade zum Pumpenschwengel greifen wollte, schlug eine Granate in den Hof ein, und Splitter zerfetzten unmittelbar neben mir den Holzsockel der Pumpe. Wieder kam ich wie durch ein Wunder unverletzt davon.

Nach einigen Tagen erreichten wir Königsberg. Von Tilsit durch ganz Ostpreußen bis hierher waren wir bereits zurückgeschlagen. Die Rote Armee hatte Ostpreußen in drei Kessel eingeschlossen. Wir saßen im mittleren fest, der von Tag zu Tag mehr zusammenschrumpfte. Inzwischen waren wir bis ans Haff zurückgedrängt worden. Das letzte Geschütz hatte ein Volltreffer zerfetzt. Der Strand lag voller Fahrzeuge, Kisten und Kästen. Verlassene Troßwagen, auch unsere, standen herum und wurden von vorbeiziehenden Soldaten nach Eßbarem durchsucht. Vor unseren Augen landete mehrmals ein „Fieseler Storch", der unsere Offiziere übers Wasser nach Pillau brachte. Sie hinterließen als einzigen Befehl: „Rette sich, wer kann!"

Das faßten wir als eine unglaubliche Schurkerei auf: Offiziere, die ihre Mannschaft im Stich ließen, die sich selbst retteten und ihre Soldaten in den Tod schickten! Das war zuviel für mich. Wo war die vielbesungene Ehre des deutschen Soldaten geblieben? Es gab für uns nur noch drei Möglichkeiten: entweder sich übers Meer zu retten, in Gefangenschaft zu gehen oder den sogenannten „Heldentod" zu sterben. Die erste Möglichkeit erschien mir aussichtslos, weil bereits alle Fischerboote requiriert waren; weit und breit war keins mehr aufzutreiben. Das Haff schwimmend zu überqueren, bedeutete Selbstmord. Es war März, und das Wasser hatte Temperaturen, bei denen ein Mensch nicht überleben konnte. An die beiden anderen Möglichkeiten wagte ich nicht zu denken. Krampfhaft suchte ich nach einem Ausweg. Der Geschützdonner rückte immer näher. Wir liefen wie gehetzte Hasen auf dem Strand umher. Vor uns lag das Wasser als unüberwindliches Hindernis und hinter uns die schnell heranrückende Front. Mit pausenlosem Artilleriebeschuß wollte der Gegner unseren Rückzug übers Haff verhindern; die Einschläge jagten uns ein ums andere Mal in die Erdlöcher, die wir in die Dünen gebuddelt hatten. Von oben beharkten uns Tiefflieger in unregelmäßigen Abständen. In der Verzweiflung kam mir ein Gedanke. Ich weihte zwei meiner Kameraden ein: „Wißt ihr was", sagte ich, „ihr habt doch vorhin den Verbandsplatz im Gutshaus gesehen. Dahin rennen wir jetzt, um uns krankschreiben zu lassen. Dann gibt es vielleicht noch die Chance, von einem Verwundeten- und Krankentransport mitgenommen zu werden." Von der nächtlichen Verladung kampfunfähiger Soldaten hatte ich durch einen Verwundeten erfahren. Er wußte sogar die genaue Uhrzeit, wann das Boot ablegte.

„Aber welche Krankheit sollen wir denn haben?", fragte mich Heinz, ein dürrer Thüringer. „Na, hast du nicht erzählt, daß sich deine Magengeschwüre seit einigen Tagen wieder bemerkbar machten?" „Ja, das stimmt", bestätigte er. „Du mußt dich nur vor dem Arzt ordentlich krümmen" munterte ich ihn auf, „dann ist er von deinen Magengeschwüren überzeugt." „Und ich?", fragte Richard. Er war gebürtiger Sachse und hatte von der Natur eine gelbliche Hautfarbe mitbekommen. „Du hast doch schon länger keinen richtigen Appetit mehr. Das kommt bestimmt von deiner Gelbsucht", versuchte ich ihm einzureden. „Deine fahle Gesichtsfarbe ist der Beweis. Der Arzt wird die gleiche Diagnose stellen. Du mußt ihm nur erzählen; dir wäre speiübel." „Das nicht mal gelogen", warf Richard ein. Wahrscheinlich sah er sich schon auf dem rettenden Schiff. „Und du?", fragte er mich jetzt. „Wir lassen dich doch nicht alleine hier." „Nein", beruhigte ich ihn, „ich habe wirklich seit Tagen Krämpfe an der rechten Bauchseite. Ich nehme an, daß es der Blinddarm ist." Ich kannte solche Schmerzen, seit man Jenny von der Schule weg ins Krankenhaus transportiert und am Blinddarm operiert hatte. Meine selbstgestellte Diagnose bewahrheitete sich allerdings erst drei Jahre später, als ich am Blinddarm operiert werden mußte. „Wenn es so ist", meinte Heinz, „sind wir alle ernsthaft krank, und der Arzt kann uns mit ruhigem Gewissen die rettende Ausfahrt bewilligen." Während einer Feuerpause – der Artilleriebeschuß galt vor allen Dingen der Schiffsbrücke, von der aus der Verwundetentransport erfolgte – schlichen wir uns ins Dünengelände, um

zum Gutshaus zu gelangen. Hier stand eine lange Schlange von Soldaten an, um ärztlich versorgt zu werden. Sie hofften alle, krankge-
schrieben und damit gerettet zu werden.

Vor dem Gebäude bot sich ein Anblick des Grauens. Die toten Soldaten hatte man in Reihen dicht an dicht auf den Rasen gelegt. Ob sie
jemals bestattet wurden, habe ich nie erfahren. Die Warteschlange ver-
kürzte sich allmählich. Dann traten wir drei zugleich in einen großen
Raum, in dem ein Sanitäter unsere Namen und unsere Wehrmachtseinheit eintrug. Er drückte jedem von uns einen Krankenschein in die
Hand, den wir dem Arzt zur Diagnose und Unterschrift vorlegen sollten. Mit gemischten Gefühlen traten wir in den nächsten Raum. Hier
standen ein Arzt im weißen Kittel mit Offiziersrangabzeichen und ein
Sanitäter. Heinz war zuerst dran: „Was fehlt Ihnen?" Er preßte, wie
ich es ihm geraten hatte, die Hand auf den Magen, verdrehte die
Augen und stotterte etwas von starken Magenschmerzen und seinen
schon mal behandelten Magengeschwüren. Den Arzt interessierte
weder seine schauspielerische Leistung noch die selbstgestellte Diagnose. Im Gegenteil: Er fuhr ihn barsch an: „Was Sie haben, werde
ich Ihnen anschließend sagen. Hier", befahl er und hielt ihm ein Fie-
berthermometer hin, „messen Sie erstmal Fieber." Uns beide ließ er
erst gar nicht zu Wort kommen, drückte uns ebenfalls ein Fieberther-
mometer in die Hand: „Ebenfalls messen, dann sehen wir weiter!" Der
Sanitäter schob uns in den nächsten Raum und forderte uns auf, Mantel und Rock auszuziehen und das Thermometer in die Achselhöhle zu
stecken. Er blieb während der Messung dabei, um jeden Mogelver-
such zu unterbinden. Nach einem Blick auf die Uhr befahl er: „Die
Dinger raus und her damit!" Wir sahen uns beklommen an, denn wir
ahnten, was kommen würde.

Er warf einen Blick auf die drei Fiebermesser, sah uns böse an und
ging zurück ins Behandlungszimmer. Der Arzt kam herausgestürzt
und schrie uns an: „Wenn Sie Drückeberger sich nicht sofort bei Ihrer
Einheit melden und weiterkämpfen, lasse ich Sie wegen Feigheit vor
dem Feind an die Wand stellen!" Die Pistole in seiner Hand gab seinen Worten Nachdruck, und wir trollten uns noch schneller, als wir
ohnehin schon vorhatten, zu unseren alten Erdlöchern. Dort ver-
schnauften wir erstmal, um in Ruhe über unsere mißliche Lage nach-
zudenken. „Wie kommen wir bloß aus diesem Schlamassel heraus",
jammerte Richard. „Wir werden hier wohl verrecken", fügte Heinz
resignierend hinzu. „Habt ihr die Abschüsse der Stalinorgel gehört?",

fragte ich und hielt den Arm in Richtung des Geschützdonners. Während beide noch in die Richtung sahen, schlugen auch schon krachend die Geschosse ein. „Die Front ist nur noch wenige Kilometer weg", sagte ich, „wir müssen was unternehmen, wenn wir hier heil rauskommen wollen."

„Wir haben ja doch keine Chance", sagte Richard mutlos. „Wartet mal", sagte ich, „mir fällt da was ein!" Im gleichen Moment krachten schon wieder Artillerieeinschläge, die nur knapp die nahegelegene Schiffsbrücke verfehlten. Wir zogen blitzschnell die Köpfe ein und erwarteten die nächsten Salve. Erst nach einigen Minuten wagten wir wieder, uns aufrecht hinzustellen. Anscheinend gab es eine Kampfpause an der Front. Richard brach das Schweigen und fragte: „Und was ist mit deinem rettenden Gedanken?" „Wir werden uns jetzt nochmal am Gutshaus anstellen." „Um Himmels Willen", protestierte Heinz, „willst du uns von dem verdammten Stabsarzt umlegen lassen?" „Laßt mich doch mal ausreden. Wir müssen an einen Krankenschein kommen, egal, wie. Habt ihr nicht gesehen, daß die Dinger schon abgestempelt waren? Es fehlten nur Diagnose und Unterschrift". „Mit anderen Worten", warf Heinz ein, „müssen wir nochmal zum Arzt, und wenn der unsere Gesichter sieht, sind wir reif!" „Versteht mich doch richtig", versuchte ich sie zu überreden, „wir benötigen doch nur die Krankenscheine, alles andere mache ich schon." „Du?", fragte der dürre Thüringer entsetzt, „das ist doch Urkundenfälschung." „Habt ihr mir nicht selbst bestätigt, daß ich bei euch richtige Diagnosen gestellt habe?" fragte ich beide. Sie nickten. „Na, also! Und wenn ich das mit meiner Unterschrift bestätige, habe ich doch nichts Unreelles getan!" Richard begann sich langsam für die Idee zu erwärmen: „Außerdem haben die Offiziere uns doch zugerufen: „Rette sich, wer kann!" „Ja, der Arzt hat uns sogar aufgefordert, uns unverzüglich bei der Dienststelle zu melden. Da die Offiziere drüben in Pillau Stellung bezogen haben, müssen wir folglich dorthin. Also setzen wir doch alles daran, unseren Befehlen nachzukommen."

Nach einigen Minuten kletterten wir aus unseren Erdlöchern und schlichen noch einmal durchs Dünengelände zum Gutshaus. Dort stand immer noch eine lange Schlange von Soldaten, die alle hofften, nachts mit dem Motorschiff aus dem Todeskessel zu entkommen. Aussichten dazu gab es nach wie vor nur für Verwundete oder Schwerkranke mit hohem Fieber. Alle anderen wurden sofort wieder an die Front geschickt mit der Drohung, die wir schon kannten. Im

Vorraum saß derselbe Sanitäter und trug mechanisch Namen und Wehrmachtseinheit auf dem Krankenschein ein. Mit gemischten Gefühlen trat ich an seinen Tisch und hoffte, daß er uns nicht wiedererkannte. Aber wieviele Soldaten hatte er inzwischen wohl abgefertigt? Als er mich mit dem ausgeschriebenen Krankenschein ins Untersuchungszimmer schickte, sagte ich: „ich muß mal austreten. Ich warte nur noch auf zwei Kameraden, die müssen auch dringend verschwinden." Damit hatte ich noch nicht einmal die Unwahrheit gesagt. Ohne Verdacht zu erregen, kamen wir aus dem Haus und verschwanden um die Hausecke.

In der Feldmark stand ein kleiner Stall, den steuerten wir eiligen Schrittes an. Die „Bohnen" auf dem Boden ließen auf Schafe schließen, die wohl längst in hungrigen Soldatenmägen gelandet waren. „Was willst du in diesem stinkigen Stall?", fragte Richard. „Das wirst du gleich sehen. Kommt rein, damit uns niemand sieht. Und laßt die Tür einen kleinen Spalt auf, sonst wird es zu dunkel!" Wir packten Heu auf den Boden und hockten uns hin. Ich holte einen Tintenstift aus der Tasche, schrieb auf meinen Krankenschein als Diagnose „Errare humanum est" – zu deutsch: „Irren ist menschlich" und setzte einen schwungvollen Krakel darunter. „Gebt mal eure Zettel her!" Während die beiden mir neugierig über die Schulter schauten, versah ich auch ihre Scheine mit lateinischen Brocken, wie sie mir gerade in den Sinn kamen, und besiegelte meine Hieroglyphen durch die Unterschrift. Heinz versuchte den auf seinem Schein geschriebenen Text zu entziffern: „Das soll Magengeschwür heißen?" fragte er zweifelnd. „Weißt du nicht", sagte ich im Brustton der Überzeugung, „daß Ärzte Krankheiten immer unleserlich auf Latein schreiben? Wir dürfen bei der Kontrolle nachher nicht auffallen. Ihr könnt mir vertrauen, ich habe in der Schule Latein gehabt." Auch Richard gab sich zufrieden, als ich wahrheitswidrig bekräftigte, auf seinem Schein stünde auf Latein „Gelbsucht".

Vorsichtig lugten wir nochmals durch den Türspalt, ob sich nicht Feldgendarmen in der Nähe herumtrieben. Sie trugen nach einem an der Kette vor der Brust hängendem Metallschild den Spitznamen „Kettenhunde" und waren zu Recht bei allen Soldaten gefürchtet. Da die Luft rein war, schlichen wir uns aus dem Schafstall und verschwanden im Dünengelände. Unterwegs mußten wir mehrmals in Deckung gehen, als uns sowjetische Flugzeuge überflogen und Artilleriegeschosse in der Nähe einschlugen.

Endlich in unseren Dünenlöchern angekommen, aßen wir zunächst alle Proviantreste auf, leerten die mit Wasser gefüllten Feldflaschen und blieben bis kurz vor Mitternacht still hocken. Soldaten hatten mir bestätigt, daß nach 0.30 Uhr ein Motorboot mehrmals zwischen einem mitten im Haff liegenden Schiff und dem Anlegesteg pendeln würde. In Decken eingehüllt, hielten wir abwechselnd Wache, um nur ja nicht die Zeit zu verschlafen. Endlich war es soweit. Um Mitternacht reckten und streckten wir die vom Hocken in den engen Erdlöchern steifgewordenen Glieder, verstauten unsere Decken im Rucksack, säuberten unsere Mäntel, Röcke und Hosen vom Sand und rückten Koppel und Stahlhelm gerade, damit wir nicht bei der auf der Brücke zu erwartenden Kontrolle durch die „Kettenhunde" auffielen. „Halt, es fehlt noch etwas Wichtiges", sagte ich zu den beiden. „Unsere Krankenscheine müssen wir sichtbar vor der Brust tragen, darum sind die Bindfäden dran." Das hatte ich am Tage bei den Verwundeten abgeguckt. Gesagt, getan. Dann schulterten wir unsere Karabiner und wanderten die kurze Strecke bis zum Landungssteg. In der Ferne ratterten Maschinengewehre.

Als wir an der Brücke ankamen, standen bereits an die zwanzig Soldaten Schlange; zwei Feldgendarmen kontrollierten die Papiere. Wir stellten uns hinten an. Jetzt klopfte mir doch das Herz bis zum Hals. Hoffentlich konnte der Zerberus kein Latein! Aber meine „Doktorschrift" kann er sowieso nicht entziffern, redete ich mir zur Beruhigung ein. Jetzt war es soweit. Der „Kettenhund" ließ seine Taschenlampe aufleuchten und beugte seinen Kopf zum Papier auf meiner Brust hinunter. „In Ordnung, weitergehen!" sagte er. Dasselbe wiederholte sich zu meiner Freude bei meinen beiden Kameraden. Aufatmend kletterten wir in das Motorboot, das bereits voller Menschen war. Kaum hatte es tuckernd abgelegt, detonierte neben der Brücke ein Artilleriegeschoß. Mir fiel ein Stein vom Herzen. Ähnliche Gefühle bewegten sicherlich auch meine beiden Kumpel. Mitten auf dem Frischen Haff stiegen wir auf das größere Schiff um. Nachdem das Beiboot in mehreren Fahrten weitere Verwundete und Kranke herangeholt hatte, nahmen wir Kurs auf Pillau.

Am frühen Morgen landeten wir an und fragten uns zu unserem Truppenteil durch. Eilig gemalte Hinweisschilder wiesen auf das Gebäude unserer Flakeinheit hin. Wir trauten unseren Augen nicht: hier saßen unsere Offiziere seelenruhig beim Kartenspiel und winkten uns lässig zu, als wollten sie sagen: schön, daß ihr es wider Erwarten auch geschafft habt! Was sie allerdings nicht hinderte, die wenigen Soldaten im Mannschaftsgrad, denen es wie uns gelungen war, sich übers Haff zu retten, sofort zum Schippen von Schützengräben einzusetzen. Pillau sollte bis zum letzten Mann verteidigt werden. Erfreulicherweise bekamen wir schon nach einigen Tagen den Befehl zum Einschiffen. Mit einem großen Passagierdampfer stachen wir am 21. April 1945 in See. Wir waren gerade nochmal mit heiler Haut davongekommen, denn schon am 25. April wurde Pillau von den sowjetischen Truppen erobert.

Eine Armee löst sich auf

Von Swinemünde, wo wir an Land gingen, fuhren wir mit dem Zug zuerst nach Berlin und dann nach Dresden. Eine völlig zerstörte Stadt lag vor uns. Der Luftangriff im Februar 1945 hatte keinen Stein mehr auf dem anderen gelassen. Wir marschierten Richtung Süden. Man machte uns weis, daß wir bald wieder Geschütze bekämen, um mit ihnen den Feind aus Deutschland zurückzuschlagen. An solche Märchen glaubte keiner von uns mehr, geschweige denn an den Sieg. Die Rote Armee hatte bereits Berlin umklammert, der Krieg konnte nur noch wenige Wochen dauern.

Auf einem Hügel in der Nähe eines kleinen Dorfes südlich von Dresden gruben wir uns schließlich ein. Von der vor uns liegenden Straße war Panzerrasseln und Maschinengewehrfeuer zu hören. Der uns zugeteilte Leutnant faselte von deutschen Panzern, die auf uns zurollten. Plötzlich sahen wir das Rohr eines vor uns auf der Straße haltenden Panzers auf uns gerichtet. Es war ein Sowjetpanzer. Als der Schuß krachte und das Geschoß über unsere Köpfe hinwegpfiff, war es aus mit dem Heldenmut. Wir suchten unser Heil in der Flucht. Der Leutnant brüllte noch: „Stehenbleiben! Wir müssen uns verteidigen!" Niemand hörte auf seinen Befehl, wir liefen, was wir konnten, denn keiner von uns wollte noch in letzter Minute in russische Gefangenschaft geraten. Also rannten wir, was die Lungen hergaben. Meine beiden Kameraden, Richard und Heinz, gerieten mir bei dieser Flucht aus den Augen, zumal es mittlerweile dunkel geworden war. Jeder schlug sich jetzt auf eigene Faust nach Gutdünken in Richtung Süden durch, um möglichst von den Amerikanern gefangen genommen zu werden, Sie stießen, wie es hieß, bereits von Böhmen nach Norden vor. Nach kurzer Verschnaufpause und einem anstrengenden nächtlichem Fußmarsch erreichten wir Altenberg. Ich hatte mich einer aus verschiedenen Waffengattungen zusammengewürfelten Truppe angeschlossen. Vom vielen Marschieren todmüde, bezogen wir Quartier in einem Krankenhaus. Die weißbezogenen Betten luden zum Schlafen ein.

Auch in der nächsten Nacht ging es weiter. Wir überquerten das Erzgebirge, dann löste sich unser Haufen auf. Jeder sah zu, möglichst schnell in Richtung Süden weiterzukommen. Ich hatte Glück, mit einem Wehrmachts-LKW über Teplitz und Schönau in Richtung Dix mitgenommen zu werden. Vor Brüx saßen wir plötzlich in einem

Fahrzeugstau fest. Ich ging mit einigen Soldaten zu Fuß in die Stadt weiter. Hier herrschte bereits Kapitulationsstimmung. Weiße Fahnen bestimmten das Straßenbild. Ich hatte das Gefühl, man erwartete die amerikanischen Truppen. Plötzlich fielen Schüsse. Alle auf der Straße marschierenden Soldaten stoben auseinander. Ich hatte schnell Deckung in einem Hausflur genommen. Vorsichtig spähte ich um die Ecke und sah aus den Fenstern Gewehrläufe starren. Ein Offizier gab seiner Einheit Befehl, auf die in den Häusern versteckten Partisanen zu schießen.

Als der Feuerzauber losging, zog ich es vor, in einer Seitengasse zu verschwinden. Auf Umwegen kam ich endlich zum Stadtausgang. Wieder hatte ich Glück, ein LKW nahm mich mit. Aber schon nach einigen Kilometern ging es nur noch im Schneckentempo vorwärts. Auf der Straße herrschte ein einziges Chaos: die Wehrmachtsfahrzeuge versuchten sich mitten durch einen Flüchtlingstreck Bahn zu brechen. Auf überladenen Pferdegespannen und Handkarren waren tausende völlig erschöpfte Menschen unterwegs, um ihr letztes Hab und Gut, Betten, Kochtöpfe, Möbel und Geschirr zu retten. Da der LKW kaum noch Schrittempo einhalten konnte, kletterte ich herunter und marschierte auf eigene Faust Richtung Komotau weiter. Hier sah ich im letzten Moment eine Gruppe von „Kettenhunden", die alle Fahrzeuge und jeden Soldaten auf Marschbefehle kontrollierten. Sie hatten strenge Anweisung, jeden als Deserteur zu behandeln, der sich eigenmächtig von der Truppe entfernt hatte. So mancher Frontkämpfer hat auf diese Art und Weise noch in den letzten Kriegstagen sein Leben lassen müssen. Mit einem Satz in einen Hausflur hinein brachte ich mich in Sicherheit und schlich durch eine Hintertür auf einen Hof. Den Bretterzaun dahinter überkletterte ich und fand mich in einer kleinen Gasse wieder. Über Nebenstraßen schaffte ich es schließlich, den Ortsrand in Richtung Karlsbad zu erreichen. Der Zufall wollte es, daß ich im Straßengraben ein Damenfahrrad liegen sah, es kam mir wie gerufen. Ich schwang mich auf den Sattel und radelte in Richtung Süden – erleichtert, den Feldgendarmen entkommen zu sein.

Es dauerte nicht lange, bis ich die Eger erreichte. Die Straße führte unmittelbar neben dem Fluß in Richtung Karlsbad weiter. Ich brauchte kaum zu strampeln, da es meist bergab ging. Streckenweise rollte ich mit einem solchen Tempo zu Tal, daß ich mir bei einem Sturz alle Knochen gebrochen hätte. Nach einigen Stunden begannen meine Augen höllisch zu brennen. Durch den kühlen Fahrtwind hatte ich mir eine Bindehautentzündung eingefangen. Ich stieg vom Fahrrad und wusch mir am Fluß die Augen mit Wasser aus, was zunächst etwas Linderung brachte, am Ende aber die Entzündung nur noch verschlimmerte. Mit geröteten und schmerzenden Augen fuhr ich nach Karlsbad hinein. Menschenmassen säumten die Straßen. Vor mir plötzlich amerikanische Uniformen. Soldaten bildeten eine Sperrkette quer über die Straße. Erleichtert drückte ich einer älteren Frau mein „ausgeliehenes" Fahrrad in die Hand und sagte: „Das schenke ich Ihnen. Ich brauch's nicht mehr, in ein paar Minuten bin ich in Gefangenschaft." Die Frau konnte ihr Glück kaum fassen: „Danke, lieber Soldat, das Rad ist ein Vermögen für mich wert, denn ich habe keins mehr." Ein Amerikaner klopfte mich von oben bis unten nach Waffen ab. Fehlanzeige, Karabiner und Munition hatte ich schon längst in einem Wald weggeworfen. Mit einer Handbewegung bedeutete er mir, weiterzugehen. Wir wurden auf LKWs verfrachtet, und im Konvoi ging es nach Eger, wo das Flugplatzgelände vorläufige Endstation war.

Ein riesiges Gefangenenlager, umgeben von einem hohen Stacheldrahtzaun, empfing uns. Man teilte uns in Züge ein, nachdem man jeden einem kurzen Verhör unterzogen hatte. In einem großen Zelt saßen mehrere amerikanische Offiziere an einem Tisch nebeneinander. Einer von ihnen fragte, nachdem er meinen Namen eingetragen hatte, in einigermaßen verständlichem Deutsch nach seiner Checkliste ab: „Wo organisiert? NSDAP, SA, SS, HJ, BDM?" Ich antwortete: „Nur in der HJ." Zum Schluß wollte er meine Heimatanschrift wissen. Wohlweislich griff ich zu einer Notlüge. Ich hatte von einigen älteren Kameraden erfahren, daß die Amerikaner kaum jemand in die sowjetische Besatzungszone entlassen würde. Da Pommern, wie ich wußte, bereits von der Roten Armee besetzt war, gab ich als Wohnort Großdeuben bei Leipzig an.

Hier kannte ich eine Familie, die fast in jedem Jahr ihren Urlaub an der Ostseeküste in Prerow verbrachte. Einem Obergefreiten, der nicht wußte, wo sich seine aus Hinterpommern geflohenen Eltern aufhielten, empfahl ich, dieselbe Anschrift anzugeben. Er hieß mit Vornamen Walter, sein Nachname ist mir leider entfallen. Zunächst hatte er Bedenken, aber ich beruhigte ihn, daß es den Amerikanern unmöglich sei, bei der Registratur von -zigtausenden Soldaten eine identische Adresse herauszufinden. Er ließ sich überreden, wartete, bis etliche Soldaten nach mir abgefertigt waren und ließ sich dann mit der gleichen von mir angegebenen Heimatanschrift registrieren. Wir schrieben jetzt bereits den 10. Mai. Unser Quartier bestand aus selbstgebauten Erdhütten. Durch Borwasser, das ich vom Sanitäter erhalten hatte, war inzwischen meine Bindehautentzündung halbwegs auskuriert. Die Verpflegung bestand aus einer dünnen Wassersuppe, in der ein paar Kartoffelscheiben schwammen Wir hungerten maßlos. Schon nach wenigen Tagen waren die Rapsfelder innnerhalb des Gefangenenlagers abgeerntet, nachdem wir gierig die Blätter abgerupft und mit Sauerampfer, Spitz- und Breitwegerichblättern gemischt als Suppe gekocht hatten. Das zugeteilte kleine Stückchen Brot reichte kaum aus, auch nur für eine Stunde unseren Hunger zu stillen. Jedem drohte die Todesstrafe, der es wagte, die von den Bauern im Mai gepflanzten Kartoffeln auszugraben. Aber auch diese Drohung hielt uns nicht davon ab, nachts die Ackerfurchen entlang zu kriechen und unsere Brotbeutel mit den ausgebuddelten Kartoffeln zu füllen. So waren auch im Nu alle Kartoffeln aus der Erde geerntet.

Der ständige Hunger ließ uns zu Skeletten abmagern. Es wollte schon etwas heißen, wenn ich einem Aufruf zum freiwilligen Handballspiel nicht folgen konnte; meine Körperkräfte ließen es bei aller Liebe zum Sport einfach nicht zu. Wenigstens die im Lager verkündete Nachricht über das Kriegsende stimmte uns zuversichtlich, bald aus der Gefangenschaft entlassen zu werden. Das Glück wollte es, daß ich als einer der ersten aufgerufen wurde und schon am 1. Juni 1945 meine Entlassungspapiere erhielt. Die Freude vergrößerte sich, als auch mein Kamerad Walter den gleichen Termin bekam. Wir umarmten uns, damit hatten wir noch längst nicht gerechnet.

Der Weg in die Freiheit führte für jeden Soldaten durch die Desinfektionsanstalt. Wir packten unsere wenigen Habseligkeiten zusammen, verabschiedeten uns von den Zurückbleibenden und begaben uns zur Entlausung. So widerlich die Prozedur auch war, sie befreite uns endlich von den allgegenwärtigen Plagegeistern. Wir hatten uns seit dem Einsatz in Italien ununterbrochen mit Läusen herumschlagen müssen. Wie oft hatten wir die Unterwäsche gewechselt, die Hosen und Röcke ausgebürstet, in der Hoffnung, von diesen verdammten Biestern erlöst zu sein. Aber schon nach wenigen Tagen waren wir erneut verlaust. Ich habe noch das Bild vor Augen, als wir von Pillau nach Swinemünde auf dem Schiff fuhren und die meisten Soldaten ihre Hemden ausgezogen hatten, um die Quälgeister abzusammeln. Das mußte man den Amerikanern lassen: ihr Entlausungsverfahren erfüllte seinen Zweck, und in den Entlassungspapieren war penibel festgehalten:

„Ich bestätige, daß obige Angaben über den Entlassenen nach meinem besten Wissen und Gewissen auf Wahrheit beruhen, und daß er nicht unter Ungeziefer oder ansteckenden Krankheiten leidet." Somit hatte ich es sogar schriftlich, ungezieferfrei zu sein. Dann fand ich aber doch noch eine letzte, zum Glück tote Laus. Sie lag auf meinem Knie, als ich den LKW bestiegen hatte, mit dem uns die Amerikaner großzügigerweise nach Leipzig karrten.

Damit ging für mich ein Lebensabschnitt zu Ende, der nach der NS-Propaganda ein glorreicher Sieg fürs „großdeutsche Vaterland" hatte werden sollen – in Wirklichkeit aber von einer vernichtenden Niederlage, von Enttäuschung, Tod, Elend, Hunger und Heimweh geprägt war.

Endlich wieder daheim

Vom Marktplatz in Leipzig fuhren Walter und ich per Anhalter nach Großdeuben. Die Familie Rübe begrüßte uns sehr herzlich, besonders Tochter Christa. Walter hatte Glück: da er Schmied von Beruf war, fand er sofort in der dortigen Dorfschmiede Arbeit. Ich fuhr am nächsten Tag nach Leipzig, um mir eine Arbeit im Forst zu suchen. Ich stellte mich dem Forstamtsleiter vor und erläuterte ihm mein Anliegen. „Besitzen Sie ein Schriftstück, aus dem hervorgeht, daß Sie in der Forstlehre waren?", fragte er mich. Ich zog aus der Brusttasche meines Soldatenrockes meinen Jagdschein heraus, den ich während des Kriegseinsatzes immer vorsorglich bei mir getragen hatte. Er verglich das Paßbild, studierte den Stempel und meinte: „Ihr Jagdschein ist vom Landrat des Kreises Franzburg-Barth unterschrieben. Aber wissen Sie, das ist preußisches Gebiet. Unser Forstamt liegt im Sächsischen. Sie müßten sich dann schon bemühen, ein preußisches Forstamt aufzusuchen." Ich schaute ihn ungläubig an, in der Hoffnung, er habe sich mit mir einen Spaß erlaubt. Aber es war ihm ernst: wer einmal bei den Preußen gedient hat, muß wohl immer zurück zu den Preußen, dachte ich bei mir.

Mit der Auskunft, das nächste preußische Forstamt befinde sich in Zeitz, verließ ich enttäuscht sein Zimmer. Am nächsten Tag borgte ich mir ein Fahrrad von der Familie Rübe und radelte mit neuen Hoffnungen, wenigstens bei den Preußen aufgenommen zu werden, auf der Landstraße von Großdeuben zum rund 30 Kilometer entfernten Zeitz. Das herrliche Wetter stimmte mich froh. In Zeitz fragte ich mich zum Forstamt durch. Der Forstmeister, Freiherr von Hardenberg, ein großer schlanker Herr, ließ mich meinen Wunsch vortragen. Als auch er meinen Jagdschein studiert hatte, sagte er freundlich. „Sie können sofort bei mir im Büro als Angestellter anfangen. Können Sie Schreibmaschine schreiben?" Ich verneinte es. „Na, das werden Sie auch noch lernen", meinte er aufmunternd. „Ich werde mir die größte Mühe geben, Herr Forstmeister", erwiderte ich. „Sehen Sie zu", sagte er zum Abschied, „daß sie in der Stadt ein Zimmer bekommen, damit Sie übermorgen den Dienst aufnehmen können." Ich bedankte mich herzlich und begab mich auf Zimmersuche.

Ein älteres Ehepaar bot mir ein kleines, im Keller liegendes Zimmer an; aber es war mir zu feucht und zu finster. Aufs Geradewohl sprach ich in der Gartenstraße eine junge Frau an, ob sie jemand wüßte, der ein Zimmer vermietet. „Sie können sich bei mir eine kleine Kammer ansehen!", erwiderte sie. Wir wurden schnell handelseinig. Das Stübchen war wirklich winzig, aber ein Bett, ein Tisch und eine Sitzgelegenheit paßten hinein. Die junge Frau hieß Precht und wartete auf ihren Mann, der noch nicht aus dem Krieg zurückgekehrt war. Ein kleiner Junge sprang lebhaft um sie herum. Ich hatte es insofern gut angetroffen, als sie für mich einkaufte, wusch und sogar für warmes Essen sorgte. Am nächsten Tag meldete ich mich bei der Stadt an und besorgte mir Bezugsberechtigungsscheine für Kleidung. Es wurde höchste Zeit, daß ich wieder wie ein Zivilist aussah.

Am übernächsten Tag erschien ich pünktlich auf dem Forstamt. Der Forstamtssekretär, ein kleiner spitzbärtiger Mann, der sein Bein nachzog, wies mir meinen Schreibtisch zu; die Buchhalterin begrüßte mich ebenfalls sehr nett. Beide wollten unbedingt etwas über mich erfahren. Nachdem ich ihre Neugierde befriedigt hatte, zeigte mir der Forstamtsekretär eine Schreibmaschine, auf der ich nach einer Vorlage Rechnungen schreiben sollte. Ich tippte zunächst Buchstabe für Buchstabe, Zahl für Zahl auf Papier. Das monotone Geklapper störte anscheinend weder den Sekretär noch die Buchhalterin. Während des Frühstücks fragte ich den Sekretär, ob man den Chef auch einmal zu Gesicht bekäme, der müßte doch einen Vertrag mit mir abschließen. Vor allen Dingen interessierte mich die Höhe meines Gehaltes, zumal ich mir schon etwas Geld geborgt hatte und es so schnell wie möglich zurückzahlen wollte. Darauf sagte der Spitzbart verschmitzt: „Den werden Sie wohl nicht wiedersehen." „Wieso?", fragte ich entsetzt. „Der ist über Nacht abgereist." „Abgereist? Wohin denn? Ich habe doch vorgestern noch mit ihm gesprochen!" Der Forstamtsekretär strich sich über seinen Spitzbart, grinste und zog vielsagend seine Schulter hoch. Nach einigen Wochen verstand ich die plötzliche Abreise des Forstmeisters: die Amerikaner verließen Zeitz und Rotarmisten besetzten die Stadt: Grenzbereinigung aufgrund des Potsdamer Abkommens, hieß es. Inzwischen wurde ein Revierförster kommissarisch für die Funktion des Forstamtleiters eingesetzt.

Mir bereitete die Arbeit auf dem Forstamt Spaß. Meine Fertigkeit auf der Schreibmaschine machte Fortschritte. Zu hungern brauchte ich auch nicht, zumal ich jeden Morgen, wenn ich die Schublade meines Schreibtisches aufzog, dick mit Butter und Wurst belegte Brötchen vorfand. Beim erstenmal schaute ich verdutzt in die Runde. Als ich dann die freundliche Miene der jungen Buchhalterin sah, einer unverheirateten Schlächterstochter, wurde mir klar, daß sie die edle Spenderin all dieser Köstlichkeiten war. Sie lud mich bald darauf auch ins Kino ein. Ich ging mit, weil ich ihr keinen Korb geben wollte, mehr aber auch nicht. Sie war zwar nicht häßlich, aber ganz und gar nicht mein Typ. Trotzdem fand ich bis zum Ende meiner Tätigkeit täglich die beiden reich belegten Brötchen in der Schublade vor. Meine Freizeit verbrachte ich auf Radtouren, suchte Pilze und beobachtete Wild. Schon bald hatte ich allen Grund zur Freude: ich hielt einen Brief meiner Eltern in der Hand. Alle seien gesund und munter, und sie fühlten sich überglücklich, daß ich noch am Leben sei. Das gab den Anstoß für mich, eine Anfrage an das Forstamt Darß zu schicken, ob ich dort meine Ausbildung für den gehobenen Forstdienst fortsetzen könne. Als die Zusage kam, gab es kein langes Überlegen mehr; schon im Oktober nahm ich dankbar Abschied von allen, die mir geholfen hatten, einen neuen Anfang zu finden.

Mit einem schweren Koffer bepackt, trat ich per Bahn die Heimreise an. Ich mußte in Stendal umsteigen. Alle Bahnsteige und alle Züge waren damals völlig überfüllt. Auch in meinen Zug paßte kaum noch eine Maus hinein. Ich bekam keinen Sitzplatz mehr und stellte mich mit meinem Koffer draußen auf die Plattform. Nach einer Weile drehte ich mich zu einem Mitreisenden um, ob er eine Ahnung hätte, wann unser Zug denn endlich abfahren würde. Frage und Antwort hatten kaum eine Minute in Anspruch genommen, als ich zu meinem Schreck feststellen mußte, daß mein Koffer verschwunden war. Wilde Gedanken jagten mir durch den Kopf. Ich dachte an den wertvollen Inhalt, an mein Zeugnis vom Forstamt mit den sehr guten Noten, an die neue Forstuniform, die ich mir vor kurzem in Erfurt gekauft, und an die Unterwäsche, die ich auf Bezugschein ergattert hatte. Das sollte alles weg sein? Ich fragte die Umstehenden, ob sie jemanden gesehen hätten, der meinen Koffer weggenommen habe. Alle zogen gleichgültig die Schulter hoch. Ich rannte ins Abteil und schaute in die Gepäcknetze. Aber auch da war nichts zu entdecken.

Als letzte Rettung durchschoß mich der Gedanke, zwischen den Geleisen nachzuschauen. Schnurstracks kletterte ich zu der dem Bahnsteig entgegengesetzten Seite hinunter. Tatsächlich: im Halbdunkel sah ich einen Menschen eilig einen schweren Koffer fortschleppen. Ich rannte hinterher und holte ihn bald ein; es war ein uniformierter Rotarmist, und er hatte meinen Koffer! Mit einem Ruck riß ich ihn dem Dieb aus der Hand. Von meinem energischen Handeln war er so perplex, daß er sich nicht widersetzte. So schnell ich konnte, lief ich los. Als der Räuber sich von meinem Überraschungsangriff erholt hatte, kam er hinterher, um mir die Beute wieder abzujagen. Der Abstand verringerte sich zusehends, und ich sprang in höchster Not auf das Trittbrett eines leeren Zuges, überquerte die Plattform und lief auf dem Bahnsteig der im hellen Lampenlicht stehenden Menschenmenge entgegen. Das war dem Dieb wohl zu gefährlich, er blieb stehen und verschwand wieder schnell im Dunkeln. Aufatmend setzte ich mich erstmal auf mein wiedergewonnenes gutes Stück, um zu verschnaufen. Aber schon pfiff der Mann mit der roten Mütze und hob seine Kelle; höchste Eisenbahn, auf den anfahrenden Zug zu springen und mit letzter Kraft meinen Koffer auf die Plattform zu zerren. Erschöpft von meinem unfreiwilligen Gepäckrennen, aber froh, mein bißchen Hab und Gut wieder im Besitz zu haben, machte ich es mir auf der Plattform halbwegs bequem und dampfte der Heimat entgegen.

Nach mehrmaligem Umsteigen traf ich am nächsten Morgen in Barth ein, der Stadt, in der ich sechs Jahre lang die Schulbank gedrückt hatte. Ich musterte aufmerksam die Passanten auf der Straße, in der Hoffnung, einen Bekannten wiederzutreffen. Da schlug mir ein blonder junger Mensch auf die Schulter: mein Freund Klaus, der Sohn meines Lehrchefs. Die Freude war riesengroß: „Wie geht es dir, alter Junge?" „Ich besuche hier weiter die Oberschule, um Abitur zu machen. Du wirst sicherlich gehört haben, daß mein Bruder Jochen in Italien gefallen ist." Ich nickte und erzählte ihm vom Brief meiner Eltern. „Und dein Vater, wie geht es ihm?" „Den haben sie denunziert", sagte er mit unterdrücktem Zorn. „Weil er Mitglied der NSDAP war, wurde er in ein Lager verschleppt, wo er nach kurzer Zeit zu Tode kam." Diese Nachricht erschütterte mich. Er war ein Mensch voller Güte gewesen, von enormem Wissen und nie nachlassender Arbeitsfreude. Ich hatte ihm unendlich viel zu verdanken. Nach Minuten des Schweigens fragte ich ihn, auf welche Art und Weise man mit einem schweren Koffer zum Darß kommen könne. „Da", erwiderte er, „steht mein Fahrrad an der Wand. Ich wollte gerade nach Hause fahren. Wir werden den Koffer an den Lenker hängen und das Rad gemeinsam schieben." Das waren immerhin gute zwanzig Kilometer, aber ich war ja Strapazen vom Krieg her gewöhnt, und außerdem ging es endlich nach Hause.

Gesagt, getan. Wir schoben los in Richtung Darß. In Tannenheim stellten sich uns plötzlich zwei Rotarmisten in den Weg. Einer von ihnen fing an, auf russisch wild gestikulierend auf uns einzureden. Er zeigte immer wieder auf das Fahrrad und verlangte ein Dokument. Wie ich später erfuhr, mußte jedes Fahrrad registriert und mit einer Nummer versehen sein. Das Fahrrad von Klaus hatte keine. Also verlangten die Männer in den braunen Uniformen, ihnen unser Vehikel auszuhändigen. Klaus gab dem Wortführer zu verstehen, daß er damit nicht einverstanden sei. Der Rotarmist diskutierte nicht mehr, sondern zerrte am Lenker, Klaus riß dagegen. Ich hatte inzwischen schnell meinen Koffer vom Fahrrad genommen, um nicht auch noch den zum Streitobjekt für die wildgewordenen Russen zu machen. Als dann der zweite Soldat die Maschinenpistole von der Schulter nahm und auf Klaus anlegte, wurde es mir zu mulmig. Ich redete auf Klaus ein, lieber das Fahrrad wegzugeben, ehe wir zum Opfer zweier Banditen würden. Er kam zur Besinnung und überließ in ohnmächtigem Zorn den Wegelagerern das Fahrrad. Es war damals fast das einzige Fortbewegungsmittel und besaß einen Wert wie heutzutage ein Auto. Flugs waren die Kerle mit ihrem Diebesgut in den Büschen verschwunden. Mein Freund Klaus war dem Weinen nahe. „Ein Fahrrad ist wieder zu ersetzen", munterte ich ihn auf, „aber ein ausgelöschtes Leben nicht." „Was machen wir nun mit dem Gepäck?", fragte Klaus. Er schaute noch einmal in den Büschen nach, aber die Diebe waren mit dem Rad verschwunden. „Wir suchen uns einen langen Stock, stecken ihn durch den Griff und tragen den Koffer auf den Schultern. Heia Safari!"

„Weißt du was", meinte Klaus," ich kenne einen Fischer in Bodstedt, der setzt uns vielleicht mit dem Motorboot über den Bodden nach Hause." Das war natürlich besser als ein Gewaltmarsch mit Gepäck. Der Fischer begrüßte uns freundlich und willigte ohne Umschweife ein. Wir mußten allerdings ein paar Stunden bei ihm warten, bis der aufgekommene Sturm abgeflaut war. Bei hohem Wellengang gingen wir in Bliesenrade ans Land. Ich hatte endlich wieder den Boden meiner Heimat unter den Füßen! Es regnete in Strömen, und wir waren bald völlig durchnäßt, aber wir schritten unverdrossen mit dem geschulterten langen Ast, an dem mein Koffer baumelte, auf dem Bliesenrader Waldweg Richtung Prerow. Hinter Wieck kürzten wir über den Butterberg ab und erreichten bei anbrechender Dunkelheit die Häuser von Prerow. In den Schmidebergen, die mit so vielen herrlichen Jugenderinnerungen verknüpft waren, trennten sich unsere Wege. Klaus bog nach links ab, ich nach rechts – heilfroh, die acht Kilometer Fußmarsch endlich hinter uns zu haben. „Ich bedanke mich herzlich für deine Hilfe", rief ich ihm nach und nahm den Koffer in die Hand. Die letzten dreihundert Meter würde ich wohl noch alleine schaffen. Endlich hatte ich das Elternhaus erreicht. Mit klopfendem Herzen trat ich ein, Mutter wirtschaftete in der Küche herum. Als sie mich so plötzlich vor sich stehen sah, streckte sie beide Arme aus, lief auf mich zu, umarmte mich und schluchzte: „Bist du endlich wieder da? Oh, wie haben wir um dich gebangt!" An diesem Abend gab es im Kreise der Eltern und der Geschwister, die sich nicht weniger über das Wiedersehen freuten, unendlich viel zu erzählen.

Ein wichtiger Schritt

Am nächsten Tag suchte ich die Bäckerei Groth in Prerow auf. Frau Groth, die nach dem Tod ihres Mannes das Geschäft weiterführte, begrüßte mich herzlich. Wir kannten uns seit Jahren, denn ich hatte mich mit ihrem Sohn Fiete angefreundet und manche Stunde bei ihm in der Backstube verbracht. Von dieser Freundschaft profitierte ich am meisten: er führte mich nicht nur in die Grundbegriffe des Boxens ein, sondern drückte mir auch jeden Morgen zwei warme Brötchen in die Hand, wenn ich zur Schule fuhr. Aber leider war auch Fiete im Krieg geblieben. Ich überbrachte der Bäckersfrau Grüße von ihren langjährigen Feriengästen, der Familie Rübe aus Großdeuben, die mich nach der Gefangenschaft so gastfreundlich aufgenommen hatte. Hocherfreut rief sie in den Verkaufsraum: „Marga, sieh mal, wer hier ist." Die Verkäuferin komplimentierte ihre Kundin hinaus, und begrüßte mich mit großer Herzlichkeit. „Du siehst nicht gerade aus, als wenn du Hunger gelitten hättest", meinte sie lachend. Sie hatte nicht unrecht, mein rundes Gesicht verdankte ich der guten Verpflegung in Zeitz. Marga, die Nichte von Frau Groth, war in meinen Augen noch hübscher geworden: dunkles Haar, blaue Augen, etwas kleiner als ich, propere Figur und wohlgeformte Beine. „Unterernährt siehst du auch nicht aus. Aber du hast die richtigen Proportionen bewahrt. Ja, ich habe in den letzten Monaten ordentlich zugenommen", gab ich zu, „aber ihr hättet mich am Tage der Entlassung aus der amerikanischen Gefangenschaft mal sehen sollen, da war ich total abgewrackt. Aber das ist alles überstanden." Da die Ladentür schon wieder bimmelte, mußte Marga zurück, um zu bedienen. Sie rief mir noch schnell zu: „besuch uns bald wieder. Kannst du nicht morgen abend kommen? Dann können wir in Ruhe über alles plaudern." „Gut, ich komme", rief ich ihr hinterher.

Am nächsten Abend saß ich mit Marga und ihrer Tante zusammen, und wir tauschten Erinnerungen aus. Marga holte dann ein altes Koffergrammophon heraus und legte Tanzmusik auf. „Komm", sagte sie, „laß uns tanzen!" Ich stotterte verlegen: „Das täte ich gern, aber ich kann leider nicht tanzen." „Das werden wir bald haben, so etwas ist zu lernen", wischte sie meine Bedenken beiseite und zog mich aus dem Sessel hoch. Ich wollte nicht unhöflich sein und machte den Spaß mit. Aber es war nicht zu übersehen, daß ich vom Tanzen wirklich keine Ahnung hatte und nur so rumhopste; also begann sie, mit mir systematisch die einzelnen Schritte zu üben. Und siehe da, den Tango bekam ich an diesem Abend schon leidlich hin. Nach diesem ersten Erfolgserlebnis wagte ich mich auch an andere Tänze heran und versprach ihr, am nächsten Abend wiederzukommen.

Am nächsten Morgen fuhr ich schon zeitig zum Forstamt Born. Der amtierende Forstmeister, ein schon älterer Forstangestellter, kannte mein Anliegen und willigte ein, daß ich am 1. November 1945 den Dienst im Revier Prerow wieder aufnahm. Bis dahin konnte ich noch ein paar Tage Urlaub machen. Es hatte sich seit Kriegsende doch so manches auf dem Darß verändert. Forstmeister Mueller hatte nach dem Einmarsch der Roten Armee noch wochenlang in seinem Waldversteck, einem Bunker der Waffen-SS gehockt und war mit einem Boot über den Bodden Richtung Hamburg geflüchtet, als die Luft rein war. Hermann Görings Jagdschloß hatte die SS in letzter Minute in die Luft gejagt. Wisente und Elche gab es nicht mehr. Sie waren den einmarschierenden Truppen zum Opfer gefallen. Auch die Forstreviere waren neu besetzt. Alle in der NSDAP organisierten Revierförster hatte man abgelöst. Da die Deutschen unter Androhung harter Strafen sämtliche Waffen abliefern mußten, besaßen auch die Förster keine Jagdwaffen mehr. Bei meiner Heimkehr hatte ich den Vater nach meiner vom Forstmeister Mueller geschenkten Flinte gefragt, aus der ich noch keinen eizigen Schuß abgegeben hatte. Er antwortete, er habe sie beim Einmarsch der Russen vernichtet.

Am Abend erschien ich wieder pünktlich zum „Tanzunterricht". Ich muß mich wohl einigermaßen gelehrig angestellt haben, denn Marga sparte nicht mit Lob und weckte meinen Ehrgeiz, mich auch an den Foxtrott heranzuwagen. Sie führte mich so geschickt, daß ich wie von selbst den Tanzrhythmus einhielt. Trat ich ihr mal versehentlich auf den Fuß, lächelte sie nur verständnisvoll: „Der untere war meiner." „Ich werde mir die größte Mühe geben, eine nochmalige Verwechslung zu vermeiden", entschuldigte ich mich. Ab und zu drehte sie auch mit ihrer Tante eine flotte Runde, so daß ich mir kleine Verschnaufpausen gönnen konnte. Noch während meines Urlaubs brachte Marga mir alle damals üblichen Standardtänze bei, auch den Walzer, der für einen Anfänger nicht gerade einfach ist.

Mittlerweile machte mir das Tanzen so viel Freude, daß ich mich mehrmals in der Woche in der Bäckerei sehen ließ. Wenn ich ehrlich sein soll, zog mich weniger das Tanzen dorthin als meine „Tanzlehrerin" und ich merkte bald, daß sie meine Sympathie erwiderte. Nach einigen Wochen beschlossen wir, gemeinsam eine Tanzveranstaltung zu besuchen. Es war ein Erlebnis, zum ersten Mal auf einer richtigen Tanzfläche zu stehen. Ich glaubte, alle Blicke der Zuschauer im Saal seien auf uns gerichtet, und mich packte der Ehrgeiz, nur ja nicht aus dem Takt zu kommen. Aber in diese Verlegenheit kam ich nicht, Marga hielt mich fest und wirbelte mit mir so durch den Saal, daß ich gar keine Chance hatte, den Rhythmus zu verlieren. Nach diesem wunderschönen Abend brachte ich sie nach Hause, gab ihr zum Abschied einen herzhaften Kuß und versprach: „Ich bin morgen abend wieder bei dir, wenn es dir recht ist." Sie erwiderte meinen Kuß, lehnte sich fest an mich und flüsterte mir ins Ohr: „Ich freu' mich!" So entspann sich zwischen uns beiden ein inniges Verhältnis. Jede freie Stunde widmete ich ihr. Wir gingen gemeinsam tanzen, machten Ausflüge in den Wald oder badeten in der Ostsee. Sie war ein tüchtiges Mädchen: ob nähen, häkeln, stricken, kochen oder backen – alles ging ihr gleich flott von der Hand. Zur Faschingzeit saß sie abends an der Nähmaschine und schneiderte uns einfallsreiche Karnevalskostüme, mit denen wir uns auf manchem Maskenball herrlich amüsierten.

Auf der Forstschule

Es war November geworden, und mein Dienst in der Försterei Prerow begann. Der neue Chef hieß Cossel, er war vorübergehend als Nachfolger für den Revierförster Dall eingesetzt. Ich bekam den Auftrag, die vielen aus den Nachbarorten eingesetzten Holzschläger zu beaufsichtigen, ihren Holzeinschlag aufzumessen und zu numerieren. Das Stammholz ging aufgrund des „Potsdamer Abkommens" als Reparationsleistung in die Sowjetunion. Zu diesem Zweck wurde die Abteilung 166 kahlgeschlagen.

Forstmeister Mueller irrt jedoch, wenn er in seinem Buch „Verklungen Horn und Geläut" behauptet, die Russen hätten mit zweihundert Motorsägen den Darßer Wald vernichtet. Von November 1945 bis September 1946 war ich im Forstwesen auf dem Darß tätig, und zu dieser Zeit gab es weder russische noch deutsche Motorsägen. Der Holzeinschlag wurde ausschließlich von Deutschen ausgeführt und zwar nur in den Abteilungen, deren Holz bereits das entsprechende Alter hatte.

Im Januar 1946 kam ein neuer Vorgesetzter, der noch sehr junge Revierförster Wilke. Er bezog mit seiner Frau die Nebenwohnung in der Försterei, denn die Hauptwohnung war noch von der Familie Dall belegt. Als ich ihn an einem Maimorgen aufsuchen wollte, stand ich vor verschlossener Tür. Ich ahnte in diesem Moment nicht, daß ich ihn und seine Frau nie wiedersehen würde: sie waren aus unerklärlichen Gründen miteinander aus dem Leben geschieden. So mußte ich mich bald wieder an einen anderen Chef gewöhnen, Revierförster König, einen Kriegsveteranen.

In den nächsten Tagen fuhr ich nach Schwerin, um mich dort bei der Landesregierung um einen Studienplatz an der Forstschule zu bewerben. Der Personalchef fragte, als ich ihm meinen Lebenslauf schilderte, ob ich einer Partei angehöre. Ich antwortete: „Ja, der SPD." Vater war langjähriges Mitglied, und auf seinen Rat hin war ich auch dieser Partei beigetreten. Nach meiner Rückkehr aus der Gefangenschaft hatten wir mehrmals über die vergangenen Zeiten gesprochen. „Auch du mußt jetzt mithelfen, daß es nicht wieder zum Krieg kommt", sagte er. Hitler hat uns in den Ruin geführt. Tritt in eine demokratische Partei ein; wenn du mir eine Freude machen willst, in die SPD. Bloß nicht in die KPD, die will nur Gleichmacherei nach dem Motto: ‚Was dein ist,

ist auch mein!' Bei der Zwangsvereinigung von SPD und KPD zeigte er Rückgrat und trat aus, ein Schritt, den ich unterließ.

Nach kurzer Zeit erhielt ich Nachricht von der Landesregierung, daß für mich das Forststudium am 1. Oktober 1946 beginnen würde. Die Forstschule Raben Steinfeld öffnete an diesem Tag in einer umgebauten Gaststätte ihre Pforten. Zimmer 6 teilte ich mit drei anderen Schülern. Karl Mehl, Jahrgang 1926 wie ich, lag im unteren Doppelstockbett, ein schlanker junger Forstmann, der immer zu Späßen aufgelegt war. Ich bezog das obere Bett. Hubert Seier, ein mittelgroßer, lebhafter Forstschüler teilte sich mit unserem Stubenältesten Günter Abraham, einem an Lebenserfahrung schon reiferen Kollegen, das andere Doppelstockbett. Wir rauften uns bald zu einem prächtig miteinander harmonierenden Team zusammen. Ich freundete mich besonders mit Karl Mehl an, dessen Bruder etliche Jahre das Revier Born auf dem Darß geleitet hatte. Karls Charaktereigenschaften: witzig, schlagfertig, pünktlich, hilfsbereit, nicht launisch, paßten zu den meinen. Wir waren auch während der Vorlesungen Banknachbarn. Zwischen den Studenten gab es große Altersunterschiede. Der Jüngste war gerade 18, der Älteste bereits über 40 Jahre alt. Man wollte auch einigen älteren, bewährten Haumeistern die Chance geben, sich zum Förster zu qualifizieren.

Einige von uns, die wie ich Frontsoldaten gewesen waren, hatten Probleme, die geforderte Disziplin gegenüber den Dozenten und der Schulordnung einzuhalten. Anläßlich eines Forstschulfestes brachten sie es fertig, vor den Augen der Lehrer das Klassenbuch zu verbrennen. Diese Forstschulfeste waren immer geprägt von besonders guter Stimmung, Ausgelassenheit und Trinkerei. Die Scherze der alten Frontkämpfer waren allerdings nicht immer geschmackvoll. So hoben sie ein Mädchen aus dem Ort, das beim Trinken mit ihrem Forstschüler vergeblich hatte mithalten wollen, auf eine Karre und schoben es unter den Klängen des Hornsignals „Sau tot" aus dem Saal. Für den Direktor der Schule, Forstmeister Schade von Haken, hatten sie sich eine andere Überraschung ausgedacht. Die Festbeleuchtung erlosch plötzlich, und als sie nach einigen Minuten wieder anging, stand mitten im Saal das Cello des Direktors. Ihm blieb nichts anderes übrig, als unter tosendem Beifall unvorbereitet etwas auf seinem Lieblingsinstrument vorzuspielen.

Mein Freund Karl konnte anfangs überhaupt nicht tanzen. Marga gab mir daraufhin ihr Koffergrammophon mit, so daß ich meine „Tanzkünste" an Karl weitergeben konnte. Er lernte schnell und beherrschte bald die Standardtänze, wenn auch der Wiener Walzer anfangs noch etwas ungelenk aussah. An den Wochenenden besuchten wir Tanzveranstaltungen in Schwerin und scheuten auch keine Mühe, Fußmärsche in die benachbarten Dörfer zu unternehmen. Die Dorfjungen schauten uns Forstschüler scheel an, wenn wir ihnen die Mädel zum Tanzen wegschnappten. Keine Strapazen scheuend, kam auch Marga ab und zu angereist, und wir verlebten herrliche gemeinsame Stunden. Karl lernte eines Tages ein Mädchen in Schwerin kennen, das ihn zu seinen Eltern einlud. Er nahm die Einladung dankend an, bat aber, seinen Freund mitbringen zu dürfen.

So saßen wir denn zur verabredeten Stunde gemeinsam an der Kaffeetafel. Die Hausfrau stellte einen großen Teller mit Kuchen auf den Tisch und betonte mehrmals: „Den Kuchen hat unsere Tochter ganz alleine gebacken!" wozu ihr Mann vorsichtig mit dem Kopf nickte. Just als die Mutter sagte: „Langen Sie bitte zu, essen Sie sich ordentlich satt, draußen haben wir noch mehr!" setzte die in ersten Nachkriegsjahren übliche Stromsperre ein, und wir saßen im Finstern. Eltern und Tochter sprangen auf und tasteten sich durch das Zimmer, um in der Küche eine Petroleumlampe herzurichten. Karl und ich, vom Hunger geplagt, traten uns ans Schienbein, von der gleichen Idee beflügelt. Also langten wir im Dunkeln zu und ließen uns den Kuchen munden. Das Herrichten der Lampe dauerte eine Weile, und wir nutzten die Zeit sinnvoll, um ein Stück nach dem anderen im Magen verschwinden zu lassen. Als der Hausherr mit seinen beiden Damen im Gefolge die Petroleumlampe ins Zimmer trug, schlangen Karl und ich gerade den letzten Bissen Kuchen herunter. Mit einem Seitenblick auf den fast leeren Teller sagte die Mutter spitz: „Wie ich sehe, hat es Ihnen schon geschmeckt!" Karl stotterte: „Entschuldigen Sie bitte, aber wir hatten wirklich großen Hunger und der Kuchen duftete so gut, da konnten wir nicht widerstehen." Sie machte gute Miene zu unserem Fauxpas: „Langen Sie ruhig weiter zu und genieren Sie sich nicht. Unsere Tochter hat anscheinend doch einen guten Kuchen gebacken."

Die Bäuche wohlgefüllt, verabschiedeten wir uns mit beredten Dankesworten. Karl meinte abschließend: „Wir lassen bald wieder von uns hören." Daraus wurde aber nichts. Obgleich der Kuchen vorzüglich geschmeckt hatte, biß Karl bei der Tochter nicht an. Schade, denn das Essen an der Schule reichte gerade so eben, um den ersten Hunger zu stillen. „Delikatessen" wie Rote Beete, Kohlrüben und Weißkohl standen abwechselnd auf dem Speiseplan. Erhielten wir von zu Hause Pakete mit Eßbarem, so teilten wir sie uns. Einige Schüler inspizierten dreist zu mitternächtlicher Stunde den Garten des Schuldirektors und probierten die Früchte durch. Die Dozenten gaben sich große Mühe, uns alle forstwirtschaftlichen Kenntnisse zu vermitteln, die man später als Förster brauchen würde. Mich interessierte neben Waldbau besonders das Fach Forstschutz.

Unvergeßlich prägte sich mir die Exkursion in die Leussower Heide bei Ludwigslust ein. Hier demonstrierte man uns den verheerenden Fraß des Kiefernspinners. Wohin das Auge sah, überall saßen die fetten Raupen und vernichteten den herrlichen Wald, gleich ob es Kieferndickungen, Stangen- oder Althölzer waren. Sobald ein Baum kahlgefressen war, ließen sie sich an einem gesponnenen Faden hinuntergleiten – deshalb der Name Kiefernspinner – krochen am nächsten Baum hoch und fingen auch dort an, die Nadeln zu fressen. Es war ein deprimierender Anblick: toter Wald, aufgefressen von Raupen. In den ersten Jahren nach dem Krieg gab es noch keine Möglichkeit, mit Chemikalien und Flugzeugen diese Insektenplage zu bekämpfen. Man hatte spatentief und -breit Gräben gezogen. Schulkinder sammelten die hineingefallenen Raupen heraus. Aber das reichte bei weitem nicht, dieser Plagen Herr zu werden. Hunderte von Hektar toter Kiefernbestände mußten anschließend eingeschlagen werden, um die entstandenen Kahlflächen wieder aufforsten zu können.

Wir waren inzwischen mit unserer Schule umgezogen. Das Schloß des ehemaligen Herzogs von Mecklenburg in Raben Steinfeld mit seinen vielen Räumen bot bedeutend mehr Platz und bessere Lernmöglichkeiten. Der hinter dem Schloß liegende Schweriner See lud zum Bade ein. Einige Schüler nutzten die Gelegenheit zum Angeln, was Ärger mit den einheimischen Fischern einbrachte. Andere besorgten sich Schnaps und tauschten ihn im Westen günstig gegen Ferkel ein, um zu Hause ihre Landwirtschaft in Gang zu bringen. Karl Mehl verkaufte selbstangebauten Tabak in Schwerin, um sein Taschengeld aufzubessern. Auch zum Sporttreiben bot sich Gelegenheit. Ich trainierte zusammen mit Gerd Cornelsen Stabhochsprung, oder wir spielten Handball. Auch Faustball wurde bei uns groß geschrieben; meist spielten wir in den Pausen. Die herzogliche Parkanlage mit ihren zahlreichen exotischen Baumarten erweiterte unseren botanischen Horizont. Tiefen Eindruck machte auf mich Schwerin, die Stadt der Seen, mit seinem Schloß, mit Theater, Museum, Pfaffenteich und den historischen Häusern und Gassen.

Eines Nachts entdeckten wir Wanzen hinter den alten Tapeten des Schlosses. Als ein Student gebissen wurde und mit geschwollenem Augenlid in den Unterricht kam, war das Maß voll. Nicht ohne Hintergedanken wiesen wir nachdrücklich darauf hin, unter solchen Umständen nicht mehr weiterstudieren zu können. Daraufhin sah sich die Schulleitung endlich veranlaßt, den Kammerjäger zu holen und uns für einige Tage in Urlaub zu schicken. Zu Hause freute man sich über meinen plötzlichen Besuch. Jenny, inzwischen ein gutaussehendes kleines Fräulein geworden, arbeitete im Haushalt eines Rechtsanwaltes in Prerow. Gisela half der kranken Mutter im Haushalt. Sie ging oft in die Kirche. Vater war 65 geworden und genoß seinen Ruhestand. Er unternahm Wanderungen mit Urlaubern oder beschäftigte sich in unserem kleinen Garten in der Feldmark. Mutter freute sich über meine guten Studienergebnisse und steckte mir, wie schon so oft, ein Extra-Taschengeld zu, so daß ich ein paar Wochen lang besser über die Runden kam. Am meisten freute sich Marga über meinen „Wanzenurlaub".

Auf einer Radtour in den Wald zeigte ich ihr in der Abteilung 135 die dicht am Weststrand stehende ehemalige Jagdhütte des Forstmeisters Mueller, von der in seinem Buch so viel die Rede ist. Sie wurde später abgebaut, in die Waldstraße von Prerow umgesetzt, und der mit Mueller befreundete Dr. Heinrich kurierte darin fortan seine Patienten. Wir fuhren an Heidensee vorbei, wo ich vier Jahre vorher mein erstes Stück Rotwild erlegt hatte. Dann genossen wir den herrlichen Anblick der Großen Buchhorster Maase. Ein Seeadler kreiste majestätisch über uns. Nicht weit ab von uns beobachteten wir einen Graureiher, der im Graben in verharrender Stellung auf Beute lauerte. Am jenseitigen Wiesenrand äste friedlich eine Ricke mit ihrem Kitz. Mich freute Margas Interesse für den Wald, denn ich spürte, daß es echt war. Das Wochenende klang aus mit einer Tanzveranstaltung im Kaffee Helgoland. Dieses gepflegte Tanzlokal gehörte Günter Helbing, einem ehemaligen Schulkameraden von Jenny. Marga, die leicht wie eine Feder tanzte, meinte: „Du hast Fortschritte im Tanzen gemacht." Sie schaute mich schelmisch von der Seite an: „Bleibst du mir auch treu?" Ich drückte sie herzhaft an mich, küßte sie und schwor: „Immer."

Auf der Forstschule tauschten wir unsere Urlaubserlebnisse aus. Einer von unserer Stube brachte zu unserer Freude Schmalz von einem

Wildschwein mit, das er erlegt hatte. Zur damaligen Zeit war es ein leichtes, an Waffen zu kommen, sie lagen noch vielerorts herum. Obgleich harte Strafen wegen illegaler Waffenbenutzung drohten, ging doch so mancher „Grüner" auf die Jagd. Wild gab es in Hülle und Fülle. Bauern, die ihre Ernte retten wollten, zogen in den Wald und töteten mit ihren Saufedern Wildschweine, die von ihren großen Hunden gestellt wurden. Ein neues Jagdgesetz gab es noch nicht, und jeder tat, was er für richtig hielt.

Eines Tages lud uns eine Schweriner Tanzschule zu ihrem Abschlußball ein. Wir erschienen zehn Mann hoch. Mitten in die Tanzparty platzten Volkspolizisten und musterten aufmerksam jeden Forststudenten. Sie suchten jemanden, der einem Kraftfahrer einen solchen Kinnhaken verpaßt hatte, daß er die Treppe hinuntergeflogen war. Der Blessierte gab der Polizei an, ein Forstmann mit einer Narbe an der Wange sei der Täter. Die Suche war von Erfolg gekrönt: es war Horst J. Er hatte ausgerechnet einem Fahrer vom Landesforstamt Potsdam zu einer bösen Platzwunde am Hinterkopf verholfen, die im Krankenhaus genäht werden mußte.

Die Polizisten nahmen Horst mit und sperrten ihn in eine Zelle. Nach der Tanzveranstaltung gingen wir zum zuständigen Polizeirevier, um uns nach ihm zu erkundigen. Der wachhabende Polizeioffizier schilderte uns, er habe wie wild mit den Fäusten gegen die Zellentür getrommelt und gefordert, man solle ihm sofort einen weiteren Hocker bringen. Laut Inventarliste an der Zellenwand stünden ihm zwei zu, es sei aber nur ein Hocker vorhanden. Der Offizier gab uns zu verstehen, wenn er wieder ausgenüchtert sei, sich für sein Benehmen entschuldigt und zur Zahlung eines Schmerzensgeldes an den Verletzten verpflichtet habe, würde man ihn wieder auf freien Fuß setzen. Da er am nächsten Tag wieder in der Schule erschien, mußte er wohl auf die gestellten Forderungen eingegangen sein.

Der Vorfall kam allerdings dem Landforstmeister Holtz zu Ohren, und der ordnete an, der Übeltäter habe sofort die Schule zu verlassen. Aber nichts dergleichen geschah. Bei der Abschlußklausur erschien der Landforstmeister persönlich, um sich nach den Ergebnissen der Prüfungen zu erkundigen. Als er Horst sah, stutzte er und bekundete dem Schuldirektor gegenüber seinen Unmut. Es stellte sich heraus, daß der schriftliche Beschluß aus unerfindlichen Gründen die Schule nicht erreicht hatte. So ging der Kelch an unserem Kommilitonen vorüber. Er absolvierte seine Prüfungen und bestand sie leidlich.

Nach dem Försterexamen hieß es Abschied nehmen von den Kommilitonen. Gern denke ich an Walter Naef, Fritz Heiden, Karl Baudach, Willi Riesop und Kurt Voelkner zurück, die damals mit mir ihr Examen bestanden. Da stand zum Abschied der lange Teschke vor mir, ein zwei Meter großer Kerl. Er war nie richtig satt geworden – mit Ausnahme des Tages, an dem er demonstrierte, wozu er imstande war, wenn ihn der Hunger plagte. Er ließ ein ganzes Brot heranschaffen, eine große Kanne „Muckefuck" danebenstellen und wettete, das Brot innerhalb einer halben Stunde verspeist zu haben. Zu unserem Staunen schaffte er das tatsächlich und ging anschließend noch mit uns zum Abendessen. Ich erinnere mich ferner an Gunter Heiden. Er saß immer hinten im Klassenraum. Eines Tages hatte ich bei Dr. Steinfatt, der Botanik unterrichtete, einen Kurzvortrag zu halten. Während meines Referates beobachtete ich, wie dem langen Heiden mehr und mehr das Kinn auf die Brust sank. Schließlich war er eingeschlafen, obgleich ich ziemlich laut sprach. Als ich geendet hatte, forderte Dr. Steinfatt ihn auf, sich zu meinen Thesen zu äußern. Gunter riß erschrocken die Augen auf und stotterte: „Es war nicht schlecht, was eben gesagt wurde, man hätte nur lauter sprechen müssen." Weiter kam er nicht; der Rest ging im tosenden Gelächter der Klasse unter.

Leider verunglückte Gunter Heiden 1949 tödlich mit seinem Motorrad. Sehr herzlich gestaltete sich der Abschied zwischen uns vom Zimmer 6. Günter Abraham, unser Stubenältester, übernahm ein Forstrevier und füllte später bis zu seinem Rentenalter verschiedene verantwortliche Verwaltungsfunktionen aus. Hubert Seier war für die Leitung des Forstreviers Torgelow vorgesehen; an anderer Stelle werde ich noch von ihm erzählen. Sehr herzlich verabschiedete ich mich von Karl Mehl, meinem besten Freund an der Schule. Hatten wir doch so manche freie Stunde gemeinsam verlebt, die ich nicht missen möchte. Ich ahnte damals noch nicht, daß auch unsere Lebenswege sich noch mehrmals kreuzen sollten. Ich selber erhielt den Auftrag, ab 1. Januar 1948 das Forstrevier Jägerbrück im Forstamt Eggesin zu übernehmen. Mein Wunschtraum war schon als Kind gewesen, Förster zu werden. Und möglichst in der Lüneburger Heide, denn ich hatte die Bücher von Hermann Löns förmlich verschlungen. Doch immerhin sah ich als Endziel den Darßer Wald vor Augen. Hier als Forstmann zu wirken und den Lebensabend zu beschließen, wäre das größte Glück, dachte ich bei mir. Nun war ich frischgebackener Förster, aber es verschlug mich zunächst nach Jägerbrück.

Wilddiebe im Revier

Die Försterei Jägerbrück lag in einem kleinen, verträumten Ort, der aus dem ehemaligen Gutshof, mehreren Land- und Forstarbeiterhäusern und einer kleinen Gastwirtschaft bestand. Durch den Ort führte eine Betonstraße. In der Försterei wohnte oben eine kinderreiche Umsiedlerfamilie, unten der Haumeister des Reviers mit Frau und drei Kindern sowie eine Försterwitwe mit ihren beiden Jungen. Wir lagen so abgeschieden im Walde, daß es dort noch keinen elektrischen Strom gab, Petroleumlampen erhellten unsere Zimmer. Mit der Außenwelt waren wir durch ein Telefon verbunden. Trotz der Einsamkeit fühlte ich mich hier wohl. Ein Kiefernrevier, weit über tausend Hektar groß, sorgte für reichlich Arbeit. Ein guter Forstarbeiterstamm half mir, meine Aufgaben bei Holzeinschlag, Aufforstung, Waldpflege und Forstschutz zu erfüllen. Besondere Unterstützung erfuhr ich durch den mit im Hause wohnenden Haumeister. Er hatte vor mir das Revier kommissarisch geleitet. Über Arbeitsmangel konnte ich wirklich nicht klagen. Ein hoher Grubenholzeinschlag zwang mich täglich, geeignete Bestände auszuzeichnen, das eingeschlagene Holz aufzumessen und zu numerieren.

Im ersten Frühjahr ließ ich bereits dreizehn Hektar Kahlflächen mit Kiefer aufforsten. Die notwendigen Arbeitskräfte hatte ich organisiert. Fleißige Frauen schafften es bald, die notwendigen Pflanzungen termingerecht abzuschließen. Es hatte sich schnell herumgesprochen, daß ich auf Qualität achtete, und so wagte kaum jemand, schlechte Arbeit zu leisten.

Am 27. April 1948, so steht es in meinem Tagebuch, zogen plötzlich dunkle Rauchschwaden über die Abteilung 204 und 191. Es brannte im Revier. Nachbarn kamen per Fahrrad oder zu Fuß, um beim Löschen zu helfen. Als ich an der Brandstelle eintraf, verschaffte ich mir zunächst einen Überblick über das Ausmaß des Feuers und teilte freiwillige Helfer ein, die Flammen durch Ausschlagen mit abgebrochenen Kiefernzweigen oder mit dem Spaten zum Erlöschen zu bringen. Dann rückten die ersten Feuerwehren aus den benachbarten Ortschaften an. Mit den Wehrleitern stimmte ich mich ab, wer wo den Löscheinsatz vornahm. Das Feuer war von der Waldkante her in ein Altholz, dann durchs Stangenholz und jetzt schon in eine Dickung gelaufen. Inzwischen brannten über zwanzig Hektar. Wo ich hinkam, sah ich Männer, Frauen und Kinder, die Gesichter vom Ruß geschwärzt, emsig auf die Flammen einschlagen. Wenn wir glaubten, das Feuer an einem Weg zum Stehen gebracht zu haben, stoben durch den aufkommenden Wind Funken in die nächste Dickung über, so daß auch sie im Nu in Flammen stand. Das Knistern, Knacken und Prasseln des Feuers verriet uns, mit welcher Geschwindigkeit die Feuersbrunst dahinraste. Ich hegte die Hoffnung, das Feuer an der nächsten Waldbrandschneise endlich zum Erliegen zu bringen. Diesen dreißig Meter breiten holzleeren Streifen hatte man schon vor vielen Jahren eigens zum Schutz vor Waldbränden angelegt, und ich hatte ihn vor einigen Wochen durch Umpflügen neu herrichten lassen. Als sich die Feuerwoge diesem Streifen näherte, sah ich glühende Holzstücke durch die Luft wirbeln, die Schneise überfliegen und in der gegenüberliegenden Dickung landen. Dort entfachten sie ein neues Feuer, das sofort reichliche Nahrung fand und mit großer Geschwindigkeit weiterraste. Mittlerweile brannten weit über hundert Hektar Wald, und die Feuerschlacht tobte bereits mehrere Stunden.

In meiner Not erinnerte ich mich an die Theorien der Waldbrandbekämpfung von der Forstschule und ließ eine dem heranrasenden Feuer vorgelagerte Kieferndickung anzünden. Der von uns angelegte Brand lief dem Sog der herannahenden Feuerwalze entgegen, die Flammenwände trafen mitten in der Dickung zusammen, fanden keine Nahrung mehr und erloschen. Der verheerende Brand war endlich zum Stehen gebracht, erleichtertes Aufatmen in der Runde. Ich hatte Getränke heranschaffen lassen, damit die schweißtriefenden Helfer ihren Durst stillen konnten. Nachdem ich mich bei allen herzlich bedankt hatte, blieb mir nur noch übrig, Forstarbeiter zum Ablöschen der hier und da noch aufflackernden Glutherde einzuteilen und eine Brandwache für die Nachtstunden zu bestimmen. Die Brandursache erfuhren wir einige Tage später: ein Bauer hatte, wie es in den ersten Nachkriegsjahren Usus war, seine Wiese abgebrannt. Das Feuer geriet bei aufkommendem Wind außer Kontrolle, und er konnte nicht mehr verhindern, daß durch sein leichtsinniges Handeln ein ganzer Wald abbrannte.

Aber nicht nur mit Waldbränden hatten wir im Forstamt Eggesin zu tun, auch Forstschädlinge hielten uns in Atem. Ich mußte höllisch aufpassen, daß meine Kulturen nicht vom Rüsselkäfer (pissodes notatus) aufgefressen wurden. Ich ließ Gräben ziehen, je einen Spatenstich breit und tief, um die hineingefallenen Käfer absammeln zu können.

Die größte Gefahr war damit zunächst gebannt. Heutzutage werden mit Rückenspritzen Chemikalien über die gefährdeten Kulturen gesprüht, oder die Gehölze werden schon vor der Auspflanzung geschützt. In meinem Nachbarrevier Borgwall setzte ein verheerender Nonnenfraß ein. Die Nonne (lymantria monacha) ist ein besonders gefährlicher Forstschädling. Während die meisten Forstinsekten „monophag" leben wie etwa der Kiefernspanner, das heißt, sich nur von einer bestimmten Holzart ernähren, lebt die Nonne „polyphag". Obwohl sie vorwiegend an Nadelhölzern vorkommt, fressen ihre Raupen auch an Laubhölzern. Während man heute Sprühflugzeuge zur Bekämpfung der Raupenplage einsetzt, war man damals auf die Hilfe der Natur angewiesen. Die vielen Raupen regen andere Insekten zur Vermehrung an, wie in diesem Fall die Raupenfliegen. Sie spritzen ihre Eier mit ihrem Legerohr in die Raupen, und die ausgeschlüpften Maden höhlen die Nonnenraupen aus. Da sich dieser Vorgang in der Natur meistens über mehrere Jahre hinzieht, läßt sich ermessen, wieviele Waldbestände inzwischen diesem gefährlichen Insekt zum Opfer fallen. So geschah es auch damals im Forstamt Eggesin. Zur gleichen Zeit fraßen die Raupen des Schwammspinners (Lymantria dispar) an den Laubbäumen, ja sogar in den Obstgärten. Es war ein trauriger Anblick für uns Forstleute, die scheinbar unaufhaltsame Vernichtung der Waldbestände mit ansehen zu müssen.

An außerdienstlichem Zeitvertreib hatte ich in Jägerbrück keinen Mangel. Besonders lustig ging es auf den Holzhackerbällen zu. Eine Blaskapelle spielte in dem kleinen Saal der Ortskneipe zum Tanzen auf. Anstandshalber hatte ich auch meinen Forstamtsleiter eingeladen. Freudig kam er dieser Einladung nach. An der Wand des Saales hing eine mit Petroleum gespeiste „Petromaxlampe", deren Glühstrumpf helles Licht spendete. An den Saalwänden standen lange Bänke. Auf der einen Seite saßen die weiblichen Gäste, auf der anderen die männlichen. Wenn die Musik zu spielen anfing, rannten die Männer zur gegenüberliegenden Seite, machten eine Verbeugung und zogen ihre Partnerin auf die Tanzfläche. Da es nach dem Krieg erheblichen Frauenüberschuß gab, ging kein Mann leer aus. Um noch mehr Stimmung in den Saal zu bringen, kletterte ich auf die Bühne, ließ einen Tusch blasen und rief: „Beim nächsten Tanz dürfen nur Männer miteinander tanzen." Ich hatte das noch kaum ausgesprochen, stand auch schon mein Chef vor mir und lallte mit einer tiefen Verbeugung: „Darf ich bitten?" Ich war perplex. Alles klatschte, als ich von der Bühne sprang, den kleinen Forstmeister an mich drückte und mit ihm durch den Saal schob. Er war schon ziemlich angesäuselt und tanzte mit weichen Knien, so daß ich Mühe hatte, ihn in aufrechter Haltung vorwärtszubewegen, geschweige denn den Takt der Musik einzuhalten. Da mittlerweile viele Forstarbeiter den Spaß mitmachten und ein tolles Gerangel und Gewackle unter den Männern einsetzte, fielen wir zu meiner Erleichterung nicht mehr weiter auf.

Der Abschluß wurde insofern kompliziert, als mein Tanzpartner mich an die Theke zu bugsieren versuchte, während ich ihn zu seiner aufgeregt winkenden Gattin zerrte. Während dieses Tauziehens erschien die Frau des Forstmeisters, ergriff ihn am Arm und zog ihn an ihren Tisch, wobei sie mir noch schnell zuflüsterte: „Herr Martens, tun Sie mir den Gefallen und besorgen Sie so schnell wie möglich ein Taxi!" Ich versprach, mein Möglichstes zu tun, aber es dauerte noch eine halbe Stunde bis das Auto vorfuhr. Mit List und Tücke lockte seine Frau den Forstmeister nach draußen, bis ihm klarwurde, daß sie ihn allen Ernstes nach Hause bringen wollte. Er tat so, als wolle er einsteigen, schob aber im Nu wieder seinen dicken Hintern aus dem Wagen heraus und stand mit einem Fuß auf dem Erdboden. Seine Frau hatte keine Chance, die Tür hinter ihm zuzuschlagen. Als der Taxifahrer verärgert fragte: „Wollen Sie nun gefahren werden oder nicht?" lallte der Forstmeister: „Nehmen Sie meine Frau mit, die fährt so gerne Au... Auto!" Verzweifelt rief die arme Frau um Hilfe. Ich winkte einen Forstarbeiter heran, wir packten den Forstmeister unter den Achseln und schoben ihn ziemlich unsanft auf den Hintersitz des Taxis. Seine Frau kletterte eilends hinterher, so daß er nicht nochmal heraussteigen konnte. Erleichtert bedankte sie sich zum Abschied bei uns, während wir dem abfahrenden Wagen „Gute Heimkehr!" nachriefen

Wild gab es in Hülle und Fülle im Revier, vor allen Dingen Schwarzwild. Eines Tages brach die Schweinepest aus, und wir fanden viele Wildschweine verendet im Wald. Es passierte auch, daß mit Knüppeln bewaffnete Bauern, die vor Schwäche torkelnden Schwarzkittel totschlugen, mitnahmen und verspeisten. Unter den zahlreichen Füchsen grassierte gleichzeitig die Tollwut. Ich hatte mir Fallen besorgt und bereits mehrere Füchse gefangen. Als eines Tages ein Umsiedler aus dem Sudetenland an meiner Försterei vorbeikam und einen abgebalgten Fuchs an der Stalltür hängen sah, bat er mich, diesen mit nach Hause nehmen zu dürfen. Ich fragte ihn: „Was wollen Sie denn mit dem Fuchs?" „Aufessen", antwortete er. „Aufessen?", fragte ich entsetzt. „Das darf man doch nicht essen. Wollen sie trichinenkrank wer-

116

den oder sich die Tollwut auf den Leib holen?" „Nein", antwortete er, „gesund will ich werden. Ich bin lungenkrank. Das Fett vom Fuchs soll mich heilen", beteuerte er. Ich hatte gehört, daß Hundefleisch für Lungenkranke gut sei, aber daß man auch den Fuchs dazu verwenden kann, war mir neu. Der Umsiedler zog freudig mit dem geschenkten Fuchs ab, nachdem ich ihm versprechen mußte, künftig keine Füchse mehr wegzuwerfen. Ich hielt mein Versprechen, und er aß sie angeblich alle auf. Wie alt dieser Mann damit geworden ist, konnte ich leider nicht in Erfahrung bringen.

Marga kam oft zu Besuch. Die Fahrt vom Darß nach Jägerbrück war für das Mädchen eine Odyssee. Die Bahn von Prerow existierte nicht mehr, die Schienen hatte man als Reparationszahlung an Rußland abgebaut. So mußte sie zusehen, wie sie die zwanzig Kilometer Wegstrecke zu Fuß, per Fahrrad oder mit dem Pferdegespann schaffte. Gerade in Barth in den Zug eingestiegen, mußte man in Velgast schon wieder umsteigen. In Stralsund wiederholte sich das Ganze, um schließlich bis Pasewalk zu kommen. Von hier fuhr Marga die restlichen 15 Kilometer mit dem Fahrrad bis nach Jägerbrück. Es war immer ratsam, einen Ersatzschlauch und Gummiflickzeug bei sich zu haben; denn neue Bereifung gab es nicht, und die alten waren schon sehr porös. Aber alle Strapazen waren vergessen, wenn wir uns umarmten und ein schönes Wochenende bereiteten.

Nie werde ich die Tanzveranstaltung in Eggesin vergessen, die wir gemeinsam besuchten. Hin brachte man uns mit dem Auto, aber nachts blieb uns nichts anderes übrig, als zu Fuß den Heimweg anzutreten. Verliebte junge Menschen können kilometerweit engumschlungen gehen, ohne sich ständig zu fragen: „Wie weit mag es jetzt noch sein?" Kompliziert wird es nur, wenn plötzlich die Tanzschuhe der Freundin zu drücken anfangen und sich Blasen an den Füßen anmelden. Als Kavalier könnte man zumindest versuchen, die Liebste eine kleine Strecke zu tragen. Aber als ich ihr das Angebot machte, sie Huckepack abzuschleppen, gab sie mir einen herzhaften Kuß, zog Schuhe und Strümpfe aus und lief barfuß weiter. Ihren Entschluß fand ich nicht so übel, wenn ich an die Alternative dachte. Wir faßten uns an den Händen und gönnten uns ab und zu eine kleine Stehpause, die wir mit innigen Küssen überbrückten. Als wir endlich nach zwei Stunden Fußmarsch in der Försterei eintrafen und uns hinlegten, waren alle Strapazen vergessen, und wir träumten beide von Glück und Liebe.

Fast an jedem Wochenende schaute Förster Horst J. bei mir herein, den ich von der Forstschule kannte. Er war als Hilfsförster unmittelbar an der polnischen Grenze eingesetzt und fuhr regelmäßig an den Wochenenden mit dem Fahrrad bis Bewernteich, wo seine Mutter auf der Försterei eine Landwirtschaft betrieb. Sein Vater war bis zum Umsturz Revierförster in Bewernteich gewesen. Weil er in der NS-DAP war, hatte man ihn nach Neubrandenburg in ein Internierungslager gesteckt. Fast jedesmal, wenn Horst bei mir abstieg und ich ihn fragte: „Was hast du denn diese Woche so angestellt?" kam zur Antwort: „Ich habe gejagt. Waffen liegen genug im Walde umher, Munition noch mehr." Einmal erkundigte ich mich: „Was hast du denn auf den Gepäckträger geschnallt?" „Das ist ein Blechkanister mit Karabinermunition", antwortete er und amüsierte sich über mein entsetztes Gesicht. Horst hatte große Ähnlichkeit mit dem Filmschauspieler Willy Birgel, zumindest was Gestalt, Nase und Größe betraf. „Um Gottes Willen, wenn dir auf dem Kopfsteinpflaster von Torgelow der Kanister aufspringt und die Munition auf die Straße fliegt, werden sie dich einsperren!" „Was du bloß hast. Wenn du so weiter machst, wirst du zu nichts kommen", entgegnete er. Am nächsten Wochenende tauchte er wieder auf, diesmal ganz ernst. „Stell dir vor, als ich am vorigen Wochenende zu meiner Verlobten ins Schlafzimmer komme, steht auf ihrem Nachttisch ein Bild von dem Förster, der das Revier meines Vaters in Bewernteich übernommen hat. Ich habe sofort die Verlobung gelöst." Man merkte, daß ihm dieser Entschluß an die Nieren gegangen war. Ich kannte seine Verlobte, sie wohnte als Umsiedlerin aus Stettin in Ferdinandshof. Sie war hübsch, hatte eine gute Figur und tanzte elegant. Später heiratete sie den Förster, dessen Bild Horst auf ihrem Nachttisch gefunden hatte. Was Horst noch mehr zustieß, erzähle ich später.

Einige Monate später kam der Haumeister wütend in mein Büro und schimpfte: „Jetzt reicht es mir. Die Sauen haben bei uns im Garten die Kartoffeln herausgewühlt und die Beete zerstört. Ich habe die Schnauze voll. Jetzt lege ich eine Schlinge in den Zaun, wo sie durchgekrochen sind." Schon stürzte er aus dem Zimmer und verschwand, um entsprechende Vorkehrungen zu treffen. Ich rannte hinterher, um ihn von seinem Vorhaben abzuhalten; während der Forstlehre hatte ich gelernt, Schlingenstellen sei Tierquälerei. Er beruhigte mich: „Wir machen es ja auf unserem Hof, da halten wir es unter Kontrolle. Wir können unmöglich zulassen, daß das Bißchen, was wir uns angebaut haben, von den Wildschweinen aufgefressen wird. Waffen dürfen wir auch nicht haben, also müssen wir uns anderweitig helfen. Und nach welchem Jagdgesetz könnte man uns bestrafen?" Ich drehte mich um, ließ ihn stehen und murmelte vor mich hin: „Hoffentlich geht das gut!"

Bei Sonnenaufgang klopfte es an meiner Schlafzimmertür: „Kommen Sie schnell. In der Schlinge sitzt ein mächtiger Keiler." Ich sprang in die Kleider und lief dem davoneilenden Haumeister hinterher. „Sehen Sie ihn dort?", fragte er aufgeregt. Zunächst sah ich nur unseren Gartenzaun, der auf einer Länge von zwanzig Metern auf der Erde lag. Den hatte das in der Schlinge tobende Tier schon umgerissen. Dann sah ich auch den sieben- bis achtjährigen Keiler – die Schlinge hinter dem Gewaff zugezogen – auf der gegenüberliegenden Grabenborte stehen. Da die Schlinge aus einem mehrere Meter langen dünnen Seil bestand, hatte der Keiler genügend Spielraum, um noch eine Strecke zu laufen. So hatte er es fertiggebracht, den morschen Zaun umzureißen. Da stand er nun, äugte uns grimmig an und versuchte, das zugezurrte Gebrech auf- und zuzuklappen. Der Schaum geiferte ihm vom Wurf herunter. Der Haumeister lief zurück, holte seine Saufeder und schaute mich fragend an. Für mich als den Jüngeren gab es kein langes Überlegen, ich nahm ihm die Saufeder aus der Hand und ging auf den Keiler zu. Der hatte das Seil in voller Länge ausgezogen und stand auf der anderen Seite mehrere Meter hinter der Grabenborte. Also mußte ich einen Sprung über den Graben riskieren, nahm Anlauf, sprang und stach gleichzeitig mit voller Wucht auf den breitstehenden Keiler zu. Ich verspürte einen heftigen Widerstand, denn ich hatte genau das Vorderblatt getroffen. Da riß der Keiler seinen gewaltigen Körper herum und griff mich an, während ich eilig die Flucht über den Graben antrat. Aber ich kam nur bis zum anderen Grabenufer, dann rutschte ich auf dem glitschigen Boden aus und schlug der Länge nach hin. Instinktiv krabbelte ich auf allen Vieren los, um aus der Reichweite des durch den Graben tobenden Keilers zu entkommen, während hinter mir der Wüterich das Seil strammzog und auch den Rest des Zaunes krachend zum Einsturz brachte.

Knapp aus der Gefahrenzone entkommen, richtete ich mich auf und klopfte den Schmutz von der Kleidung. „Das hätte schlimm ausgehen können", meinte der Haumeister, kreideblaß wie ich. „Aber haben Sie schon bemerkt, daß die Klinge der Saufeder abgebrochen ist?" „Nein", sagte ich verwundert und betrachtete das demolierte russische Bajonett. Das mußte beim Zustoßen auf das Blatt des Keilers passiert sein. Unser Schwarzer saß indes auf seiner Hinterpartie, äugte uns an und mahlte mit seinem Gebrech hin und her, daß einem angst und bange werden konnte, zumal jeden Moment die Schlinge reißen konnte. „Geben Sie die Saufeder her, ich werde eine neue Klinge daran befestigen", meinte der Haumeister und eilte davon. Ich zog mich sicherheitshalber einige Meter zurück, um unseren Urian nicht noch mehr in Rage zu bringen.

Nach einer geraumen Zeit kam der Haumeister wieder angerannt und zeigte mir sein Werk. Er hatte ein langes, stabiles Schlachtmesser mit Draht an der Eisenstange befestigt. „Versuchen Sie damit mal Ihr Glück! Oder soll ich dem schwarzen Lorbaß zu Leibe rücken?" Aber mein Ehrgeiz ließ es nicht zu, das angefangene Waidwerk nicht zu Ende zu bringen. Diesmal hatte ich es einfacher, denn ich mußte nicht erst über den verflixten Graben springen. Ich faßte mir ein Herz und ging schnurstracks auf den Keiler zu. Er sprang auf und schoß auf mich zu, aber nur so weit, bis das Seil der Schlinge sich erneut strafffzog. Das nutzte ich aus und fing ihn mit voller Wucht hinter dem Blatt ab. Eine Schweißfontäne spritzte heraus, der Keiler brach zusammen und verendete dann schnell. „So, das wäre geschafft. Der greift nicht mehr an. Außerdem kann er unserem Garten keinen Besuch mehr abstatten." Der Haumeister hatte inzwischen seinen Rock ausgezogen, das Jagdmesser in die Hand genommen und begonnen, den Keiler aufzubrechen, nachdem er ihn von der Schlinge befreit hatte. Ich riet ihm, zukünftig keine Schlingen mehr zu legen, weil das nicht waidmännisch sei. „Wir wollen lieber einen stabileren Zaun setzen, damit die Schweine sich nicht mehr über unser bißchen Grün im Garten hermachen können."

Zum nächsten Wochende lud mich Förster Horst J. ein, mit ihm seinen Geburtstag auf der Försterei Bewernteich zu feiern. Außer mir hatte er Hubert Seier eingeladen. Ich freute mich schon auf das Wiedersehen mit ihm, wir kannten uns ja von der Forstschule her. Inzwischen war er für das Revier Torgelow verantwortlich. Wir saßen gemütlich an der Kaffeetafel und tauschten Forstschulerinnerungen aus. Hubert Seier hatte sein Mädchen mitgebracht, das sich lebhaft an unserer Unterhaltung beteiligte; sie wollten in Kürze heiraten. Plötzlich klingelte das Telefon. Es war eine freudige Überraschung: Horsts Vater war aus dem Straflager entlassen worden und kündigte an, daß er gegen Abend mit dem Zug in Torgelow eintreffen werde. „Mit dem Tanzen in Ferdinandshof, das wird nun nichts", sagte Horst. „Das müßt ihr ohne mich machen, denn ich werde natürlich Vater vom Bahnhof abholen." Nach der Kaffeetafel schwangen wir uns aufs Fahrrad und fuhren nach Torgelow. Auf der Försterei angekommen, meinte Hubert Seier, er und seine Verlobte wollten sich nur etwas frisch machen, bevor sie zum Bahnhof mitführen. Kaum ausgesprochen, klopfte es an der Tür. Herein kamen zwei Männer, die fragten: „Wer von Ihnen ist Förster Seier?" „Das bin ich", sagte Hubert. „Herr Seier, Sie sind verhaftet." „Warum denn?", fragte Hubert bestürzt. „Sie werden Näheres hören. Machen Sie sich fertig und kommen Sie mit!"

Optimistisch verabschiedete er sich von uns mit den Worten: „Ich bin bald wieder hier, denn ich habe nichts verbrochen" und ging lächelnd mit den Leuten von der Kripo aus dem Zimmer. Die Verlobte begann bitterlich zu weinen. Ich versuchte, von ihr etwas über den Grund seiner Verhaftung zu erfahren. Aber sie sagte unter Schluchzen, daß sie auch nichts Näheres wüßte. Nach einiger Zeit klingelte wieder das Telefon, die Verlobte hob ab. Es war die Polizei; sie solle Huberts Brieftasche, die er hatte liegen lassen, herüberbringen. „Wir kommen mit", sagte Horst entschlossen, „wir wollen ja sowieso zum Bahnhof, um meinen Vater abzuholen." Das Mädchen brachte die Brieftasche aufs Revier und kam weinend wieder heraus. Deprimiert gingen wir zum Bahnhof. Während wir auf den verspäteten Zug warteten, sahen wir einen mittelgroßen, gut gekleideten Herrn im Bahnhofseingang stehen. Er schaute auffällig zu uns herüber und deutete mit einer Kopfbewegung an, einer von uns möge zu ihm kommen. Horst ging auf ihn zu, wechselte einige Worte mit ihm und kam zurück. „Er ist von der Kripo und kennt den Fall Seier. Er rät uns, Hubert die Nachricht zukommen zu lassen, so schnell wie möglich zu fliehen." Wir schauten uns betroffen an. Was sollten wir tun? „Das mußt du in die Hand nehmen", meinte Horst. Der Zug lief mit kreischenden Bremsen ein, und die ersten Reisenden stiegen mit ihren Koffern aus. Horst entdeckte bald seinen Vater, begrüßte ihn herzlich, stellte uns beide vor und verabschiedete sich dann von uns.

Da stand ich nun alleine mit Huberts Braut. Ich kramte ein Stück Papier aus meiner Brieftasche, nahm meinen Füllhalter und schrieb: „Hubert, wie ich erfahren habe, kommst du nicht wieder frei. Versuche zu fliehen. Herzl. Grüße, Waldemar." Ich hatte keine Ahnung, wie ich Hubert den Kassiber zukommen lassen könnte. „Weißt du wo die Arrestzellen sind?", fragte ich das Mädchen. „Nein", schluchzte sie.

„Komm, laß das Weinen", versuchte ich sie zu trösten. „Wir werden schon sehen, was sich machen läßt." Ich ließ sie vor der Polizeistation stehen und ging hinein. Am Ende des Flurs führte eine Tür auf den Hinterhof. Ich schlich mich hindurch und sah an der rechten Hauswand vergitterte Fenster. Auf gut Glück stellte ich mich unter ein Gitterfenster im ersten Stock und rief mit gedämpfter Stimme: „Hubert, Hubert!" „Ja, was ist?" kam es von oben zurück. Zum Glück war genau unter diesem Fenster ein Stapel Brennholz. Ich kletterte hinauf und flüsterte ihm zu: „Hier lies den Zettel und vernichte ihn sofort!" Kaum hatte ich den Kassiber durch die Gitter hindurchgeworfen, hörte ich die Hintertür klappen. Ein Polizeioffizier stand im Rahmen und sah mich vom Holzstapel springen. „Kommen Sie mit!", forderte er mich auf. Jetzt ist es passiert, dachte ich im stillen. Er schob mich in ein Zimmer, setzte sich an den Schreibtisch, musterte mich von oben bis unten und fragte: „Was haben Sie dort eben gemacht?" „Ich habe Herrn Seier einige Schnitten Brot zugesteckt", log ich. „Er hatte noch nichts gegessen, als er sich von uns verabschiedete." „Sie wissen doch, daß man Gefangenen keine Geschenke überreichen darf?" fragte er streng. „Ja, das weiß ich, und es soll auch nicht wieder vorkommen", beteuerte ich, um ihn bei Laune zu halten. „Nun gut, gehen Sie. Nochmal sowas, und Sie werden auch eingesperrt!" Erleichtert trollte ich mich. Während ich die Verlobte zur Försterei heimbrachte, berichtete ich ihr, was passiert war und radelte dann nach Jägerbrück zurück.

Am folgenden Wochenende gönnte sich Horst wie gewöhnlich eine kleine Rast und kehrte bei mir ein. „Ich soll dich schön von meiner Mutter grüßen", fing er an, „das mit dem Termin geht in Ordnung." „Welchen Termin?" fragte ich verdutzt. „Am 19. November gehen wir beide ins Krankenhaus nach Uckermünde. Sie hat mit dem Chefarzt vereinbart, daß wir ein gemeinsames Zimmer erhalten", erklärte er stolz. „Das ist ja prima", erwiderte ich, „grüß sie bitte wieder: ich bedanke mich herzlich für Ihre Bemühungen." So rückten wir am vereinbarten Tag im Krankenhaus an und bekamen wirklich ein Zimmer. Horst hatte eine Fistel an der Kehrseite und wurde gleich am nächsten Tag operiert. Ich kam am übernächsten Tag unters Messer; es wurde höchste Zeit, mich von meinem Blinddarm zu trennen. Insgesamt vier Patienten lagen auf dem Zimmer. Dem Dritten hatten sie wegen seiner Magengeschwüre bereits zwei Drittel seines Magens weggeschnitten, während der Vierte, ein Sudetendeutscher, am nächsten Tag am Hals operiert wurde. Nach der Operation war er kaum wiederzuerkennen:

er hatte wieder einen schlanken Hals, wo vorher ein dicker Kropf gewesen war.

Wir vier waren ein lustiges Team. Schon nach wenigen Tagen fühlten wir uns wieder bei Kräften. Der Halsoperierte erzählte Witze. Der Magenkranke trank trotz Verbot schon wieder einen Doppelten. Ich turnte probeweise den Schulterstand am Bettgestell, und Horst poussierte mit der Krankenschwester. Sie genierte sich kein bißchen, einen Augenblick zu ihm ins Bett zu kriechen, angeblich, um sich ein bißchen auszuruhen. Er hatte sich bereits im Badezimmer näher mit ihr angefreundet, wo er mehrmals am Tag wegen seiner rückwärtigen Wunde Sitzbäder nehmen mußte. Nachts schliefen wir bei Lampenlicht, da uns sonst die hinter den Tapeten sitzenden Wanzen überfallen hätten. Kaum waren drei Tage verstrichen, holte Horst sich die Erlaubnis von der Stationsschwester, gegen Abend einen angeblich geschriebenen Brief zum Briefkasten bringen zu dürfen. Er zog seinen Bademantel über, ging nach unten und fing Hose, weißes Hemd, Krawatte, Jackett und Mantel auf, die ich ihm von oben aus dem Fenster zuwarf. Pyjama und Bademantel versteckte er in der Hecke und ging quietschvergnügt zum Tanzen.

Horst war inzwischen in ein anderes Forstrevier versetzt worden. Eines Tages durchsuchte die Polizei seine Wohnung. Da man bei ihm Waffen fand, wurde er sofort verhaftet; es gelang ihm aber, aus dem Gefängnis zu fliehen. Vom Flughafen in Westberlin schickte er mir eine Ansichtskarte: „In wenigen Minuten startet mein Flugzeug. Bleib' gesund und nähre Dich redlich. Dein Horst." Ich habe nie wieder etwas von ihm gehört.

Vierzehn Tage nach meiner Entlassung fuhr ich schon wieder mit dem Fahrrad ins Revier, um nach dem Rechten zu sehen. Eines Morgens entdeckte ich mitten in einer Dickung eine alte hohle Eiche, in der ein Wehrmachtskarabiner hing, daneben ein Gasmaskenbehälter voll Munition. Die Versuchung, die Waffe auszuprobieren, war zu groß. Ich nahm das Gewehr in die Hand, öffnete das Schloß, schaute durch den Lauf und kam zu der Überzeugung, daß trotz einiger Rostnarben das Schießen möglich wäre. Auch die Munition machte einen brauchbaren Eindruck. Ich suchte mir eine freie Stelle im Altholz, klemmte ein Stück Papier in die Borke eines Stammes und gab einen Probeschuß ab. Er saß eine Handbreit neben der markierten Stelle; die Höhe stimmte genau. Ich war zufrieden.

Frühmorgens wartete ich am Bestandesrand auf das von der großen Wiese zu Holze ziehende Wild. Die Morgendämmerung ließ einige schwarze Punkte auf der Wiese erkennen. Sie entpuppten sich bald als eine Rotte Sauen. Sie brachen dort eifrig und kamen allmählich näher. Mein Herz klopfte heftig. Sollte ich nach fünf Jahren endlich wieder auf Wild schießen, wenn auch illegal? Würde es jemand bemerken? Diese Gedanken fuhren durch meinen Kopf. Aber eine innere Stimme sagte: „Hier fallen so viele Schüsse, Tag und Nacht. Deiner fällt nicht weiter auf." Der Appetit auf ein zusätzliches Stück Fleisch tat ein übriges. Jetzt mußte gehandelt werden, die Rotte hatte sich auf Schußentfernung genähert. Ich entsicherte, suchte mir einen breitstehenden Überläufer aus, zielte gründlich und ließ fliegen. Augenblicklich spritzte die Rotte auseinander und flüchtete seitlich von mir in den Wald, während das beschossene Stück zuerst einen Bogen schlug und dann, der Rotte folgend, zwischen den Bäumen verschwand. Ich holte erstmal tief Luft, riß das Schloß des Karabiners auf, schob eine neue 8 x 57 IS in den Lauf und sicherte die Waffe.

Nach einigen Minuten ging ich zu der Stelle, an der ich den flüchtenden Schwarzkittel noch gesehen hatte. Es dauerte nicht lange, bis ich Schweiß fand, der auf einen Weidwundschuß hindeutete. Ich verfolgte die Schweißfährte, die in eine hundert Meter weiter liegende Dickung führte. Anhand des an Kiefernzweigen abgestreiften Schweißes arbeitete ich mich, halb kriechend, Meter für Meter in gebückter Stellung vor. Die Nachsuche wurde nach fünfzig Metern immer komplizierter, da der Schweiß nachließ und das kranke Stück anscheinend in der Dickung hin und her gezogen war. Jetzt kam ich an eine lückige Stelle, an der ich mich endlich wieder aufrichten konnte. Ich wollte nach dieser kurzen Verschnaufpause gerade die Nachsuche fortsetzen, als ich vor mir, deutlich vernehmbar, ein Prasseln und ein lautes „Wuff, Wuff" hörte. Schon sah ich die Sau auf mich zustürmen. In letzter Sekunde machte ich einen Satz über sie, riß mich herum und schoß aus der Hüfte auf den davonflüchtenden Überläufer. Ich hörte nur noch ein Krachen in der Dickung, dann ein lautes Schlegeln. Vor Aufregung zitterte ich am ganzen Körper. Das hätte schief gehen können! Ich gönnte mir noch einige Minuten zum Entspannen und tastete mich dann Meter um Meter in die Richtung vor, aus der ich die letzten Geräusche vernommen hatte. Als ich Lungenschweiß fand, war ich mir sicher, das beschossene Schwein in kurzer Entfernung verendet vorzufinden, was sich dann auch bald bestätigte. Ein handlicher Überläufer lag vor mir. Der erste Schuß saß, wie vermutet, mittendrauf auf dem Körper, als Weidwundschuß. Der letzte hatte spitz von hinten sowohl die Leber als auch die Lunge zerrissen. Ich brach das Stück auf und zog es auf die Lichtung. Abends schaffte ich es nach Hause, schwartete es ab und zerlegte es. So hatten wir für einige Zeit etwas mehr Fleisch, was uns in der damaligen kargen Zeit gut tat.

Ich fand keine Gelegenheit mehr, den Karabiner ein zweites Mal auszuprobieren, denn ich erhielt plötzlich ein Telegramm der Landesregierung; ich sei mit Wirkung vom 1. Oktober 1949 nach Hütten bei Bad Doberan versetzt, da hier eine Jugendoberförsterei gegründet werden sollte. Ein paar Tage vor meiner Abreise erhielt ich einen Anruf vom Volkspolizeikreisamt. Der diensthabende Offizier fragte: „Wissen Sie auch, daß Sie in Ihrem Revier Wilddiebe haben?" „Nicht, daß ich wüßte", antwortete ich; ich konnte mich ja nicht gut als Leiter des Forstreviers selbst der Wilddieberei bezichtigen. „Ein Pilzsammler", meinte er, „hat einen Karabiner in einem hohlen Baum gefunden, Munition lag daneben. Wir haben alles hier auf dem Amt. Nur, daß Sie davon wissen. Sperren Sie die Augen und Ohren gut auf." Scheinheilig bedankte ich mich nochmal und legte erleichtert den Hörer auf. Gut zu wissen, daß mein Nachfolger nicht auch durch diesen Karabiner in Versuchung geraten würde.

Nun mußte ich also Abschied nehmen von meinem mir lieb gewordenen Jägerbrück. Ich fuhr noch einmal durchs Revier, begutachtete die von mir angelegten Kulturen und verabschiedete mich von meinen fleißigen Forstarbeitern. Viele Jahre später erfuhr ich, daß Jägerbrück und das Forstrevier von Panzern plattgewalzt und zum Truppenübungsplatz gemacht worden war. Der damalige Verteidigungsminister Hoffmann jagte hier und schoß jährlich starke Hirsche.

Eine Wette geht verloren

Im Herbst 1949 bezog ich die in der Nähe von Bad Doberan gelegene Försterei Hütten. Die geräumigen Zimmer und die große Küche fand ich herrlich. Marga und ich hatten uns inzwischen verlobt und heirateten im November. Die Trauung fand in der alten Seemannskirche von 1726 in Prerow statt. Ich war mir sicher, eine liebe Frau zu heiraten, die alle Fähigkeiten und Charaktereigenschaften besitzt, eine glückliche Ehe zu führen. Wie würde die Zukunft aussehen? Würde uns Kinderglück beschieden sein? Alle diese Gedanken schossen mir durch den Kopf. Die Hochzeit feierten wir bei Frau Groth, Margas Tante. Tante Hedi, wie wir sie nannten, hatte gemeinsam mit Marga alles liebevoll arrangiert. Unter den Gästen waren neben unseren Eltern auch Günter Abraham und Karl Mehl, meine Freunde aus dem Zimmer 6 der Forstschule. Von meinen beiden Schwestern fehlte Jenny. Sie hatte inzwischen mit der Rechtsanwaltfamilie die sowjetische Besatzungszone verlassen. Schade, sie hätte sich auf unserer lustigen Hochzeitsfeier gewiß amüsiert.

Marga hatte alle Hände voll zu tun, um unser Heim in der Försterei einzurichten. Zum Forsthaus gehörte eine Landwirtschaft. Ich verpachtete sie an den Bauern Bernhard Schwarz, der im Obergeschoß wohnte. In unserem großen Stall hatte er mehrere Kühe und Pferde stehen. Ich hatte eine Färse von Jägerbrück mitgebracht, die uns nach ihrem Kalben mit Milch versorgte. Bald schafften wir uns auch Gänse, Putenj136, Enten und Hühner an, die auf dem Forstgelände reichlich Auslauf hatten. Ein großer Karpfenteich vor dem Hause war Tummelplatz für das Wassergeflügel. Ein herrlicher Garten mit fettem Boden ließ wunderbares Obst und Gemüse gedeihen. Ich hatte ein phantastisches Forstrevier übernommen. Wunderbare Buchen-, Lärchen-, Fichten- und Kiefernbestände bestimmten das abwechslungsreiche Waldbild. Im Revier befanden sich mehrere Bergkuppen. Auf jeder lag, idyllisch eingebettet, ein Karpfenteich. Mit den Forstarbeitern ließ sich gut zusammenarbeiten, und es gab reichlich Arbeit. Der Holzeinschlag war verhältnismäßig hoch. Buchen- und Grubenholzeinschläge erforderten viel Zeit für das Auszeichnen, Aufmessen und Numerieren der Bestände. Auch die Aufforstungen mit Fichten und Douglasien wollten fachmännisch erledigt sein. Manche Stunde opferte ich für das Auszeichnen in den vielen Eichenjungwüchsen, die als Ackeraufforstungen entstanden waren. Ich kontrollierte die einsetzenden Selbstwerbungsarbeiten, so daß gute Eichenbestände heranwachsen konnten.

Schwarzwild gab es im Revier reichlich. Die Bauern griffen zur Selbsthilfe, indem sie elektrische Zäune an ihren Kartoffelfeldern aufstellten, um sie vor den Wildschäden zu schützen. Meine Langhaarteckelhündin Zitta, die ich von Jägerbrück mitgebracht hatte, und die mich stets im Revier begleitete, jaulte plötzlich auf, als sie mit der Rute an die Drähte eines E-Zaunes geriet. Es nutzte kein Pfeifen, kein Rufen: Ich sah sie in den angrenzenden Buchenbestand hineinflüchten. Ohne sich einmal umzudrehen, entschwand sie meinen Blicken. Erst gegen Abend sah ich sie wieder. „Ich hatte mir schon Sorgen gemacht, als der Hund vor ein paar Stunden allein ankam", empfing mich Marga. „Zitta hat bestimmt geglaubt, ich hätte ihr einen feurigen Peitschenhieb übergezogen", meinte ich. „Da sie mir das übelgenommen hat, ist sie schnurstracks nach Hause gelaufen." Einige Tage später passierte an der gleichen Stelle ein Unglück. Ein Bauer lenkte die Pferde seines Gespanns zu früh in die Wegegabelung ein, so daß ein Pferd den an die Starkstromleitung angeschlossenen E-Zaun berührte und tot vor dem Wagen umfiel.

An einem herrlichen Herbstmorgen begab ich mich zum Auszeichnen eines zum Holzeinschlag anstehenden Buchenbestandes. Es lag bereits etwas Reif. Die Wege trugen eine Decke herabgefallener Blätter. Der Wald erschien an diesem Morgen besonders schön. Das saftige Grün der Fichtenhorste leuchtete inmitten des ringsherum buntbemalten Blätterwaldes.

Nachdem ich meine Auszeichnungsarbeiten beendet hatte, setzte ich mich aufs Fahrrad, um die Heimfahrt anzutreten. Da ich mich im oberen Revierteil aufgehalten hatte, konnte ich das Rad bergab bis an die im Tal liegende Försterei rollen lassen, ohne in die Pedale treten zu müssen. Die Fahrt wurde in dem abschüssigen Gelände immer schneller, bis ich in ein vom Laub verdecktes, tiefes Loch geriet. Ich flog kopfüber über den Lenker und stürzte auf den Pfad. Nachdem ich mich aus der dicken Blätterschicht erhoben hatte, bemerkte ich außer Rippenschmerzen zunächst nichts, was Anlaß zur Besorgnis erregt hätte. Doch als ich nach unten blickte, sah ich zu meiner Bestürzung, daß aus meiner vorn aufgerissenen Hose meine „edlen Teile" zum Vorschein kamen. Da ich keinen Bindfaden bei mir hatte, gab es keine Chance, die Hose vorne zuzubinden. Zum Glück hatte das Fahrrad keine Schäden davongetragen; ich stieg wieder auf und ließ mich weiter den Berg herunterrollen. Kurz vor der Försterei traf ich auf zwei schnatternde Nachbarinnen, die neugierig ihre Hälse nach mir umdrehten. Instinktiv griff ich mit einer Hand an den Hosenschlitz, um den Frauen nicht mein bestimmtes Etwas zu demonstrieren und grüßte freundlich. Im Wegfahren hörte ich, wie die eine kichernd meinte: „Warum hält der Förster wohl seine Hand so ungeniert zwischen den Beinen?" Zum Glück war ich schnell an ihnen vorbei und somit weiteren Spekulationen enthoben. Zu Hause angekommen, verspürte ich starke Schmerzen in der rechten Brustseite, so daß ich mich am nächsten Tag in Bad Doberan röntgen lassen mußte. Hier stellte man zu meinem Glück nur eine starke Rippenprellung fest. Ein strammer Wickelverband um den Brustkorb linderte zunächst einmal meine Schmerzen.

Der Arzt bestellte mich eine Woche später wieder zur Nachuntersuchung. Auf dem Rückweg traf ich Karl Mehl, meinen Oberförster. Während wir Förster ein privates Fahrrad benutzten, durfte der Oberförster mit einem Dienstmotorrad in die Reviere fahren. Er hielt an, begrüßte mich herzlich und meinte: „Was willst du dich mit dem Trampeln quälen, das bereitet dir sicherlich noch zusätzliche Schmerzen. Ich habe einen langen Strick in der Packtasche, damit werde ich dich abschleppen." Gesagt, getan. Ich nahm das Seilende in die rechte Hand, während Oberförster Mehl das andere Ende hinten an sein Motorrad band. „Du brauchst nur das Seil loszulassen, wenn du ins Schleudern kommst. Ich werde aber langsam fahren!" rief er mir zu, trat die Maschine an und schwang sich in den Sattel. Vorsichtig gab er Gas, bis sich das Seil in meiner Hand straffte. Wir befuhren den schmalen Radweg von Bad Doberan nach Hütten. Mir machte diese bequeme Art des Radfahrens Spaß, man kam ohne jede Anstrengung vorwärts. Als Karl Mehl merkte, daß ich klarkam, machte er plötzlich mehr Dampf. Jetzt mußte ich höllisch aufpassen, um das Vorderrad immer genau auf der Mitte des schmalen Radweges laufen zu lassen.

Als der Oberförster auf 50 km/h aufdrehte, kam mein Vorderrad aus der Spur und streifte die steile Wegkante. Das Schleudern war trotz aller Anstrengung nicht mehr zu korrigieren, im letzten Moment verzichtete ich auf meine Leinenverbindung und ließ den Strick sausen. Mein Fahrrad brach prompt nach links aus, schnurstracks auf eine dicke Eiche zu. Ich riß den Lenker nach rechts, streifte mit Schulter und Ohr den Baum und kippte mit dem Fahrrad auf dem Acker um. Das hatte ich nun davon. Karls großherziges Angebot, mir unnötige

Kraftanstrengungen und zusätzliche Schmerzen zu ersparen, waren ins Gegenteil umgeschlagen. Vor dem Sturz hatte ich nur eine rechtsseitige Rippenprellung, nun hatte ich mir noch eine linksseitige eingehandelt. Hinzugekommen war ein lädiertes linkes Ohr, das die rauhe Borke des Eichenstammes abgeraspelt hatte. Aber wo war der Oberförster abgeblieben, der mir das eingebrockt hatte? Von dem Kerl war nichts mehr zu sehen. Erst kurz vor der Försterei merkte er, daß er seinen Förster nicht mehr im Schlepptau hatte, drehte um und kam zurückgefahren. Als er mich wieder auf dem Fahrrad sitzen sah, fragte er enttäuscht: „Du fährst wohl lieber alleine?" Ich antwortete leicht verschnupft: „Laß mich man fahren. Ich muß zusehen, daß ich nach Hause komme, um mein linkes Ohr zu kühlen."

Das Weihnachtsfest 1950 nahte heran. Marga und ich wünschten uns ein Baby zu Weihnachten. So wie es aussah, sollte der schon lange gehegte Wunsch in Erfüllung gehen. Während Marga meinte, ihr sei es gleich, ob Junge oder Mädchen, sagte ich zu Karl Mehl im Brustton der Überzeugung: „Wir bekommen ein Mädchen." Er schwor Stein und Bein, es würde ein Junge, so daß wir schließlich um hundert Mark wetteten. Am 23. Dezember 1950 lagen Marga und ich uns glücklich in den Armen: Ein strammer Junge hatte das Licht der Welt erblickt. Wenn ich auch meine Wette verloren hatte, freute ich mich riesig. Wir gaben unserem Sohn den Namen Heino. Der Oberförster gratulierte herzlich, was ihn nicht hinderte, ungerührt die gewonnenen hundert Mark einzustreichen. Einige Tage später schenkte er mir von diesem Geld Bücher mit der Widmung: „Meinem Freund Waldemar! Zur Erinnerung an die verlorene Wette, anläßlich der Geburt von Heino! Parkentin, d. 27. XII. 50. Karl Mehl."

Da ich durch den Zuwachs in eine andere Lohnsteuerklasse gekommen war, stieg mein Gehalt auf rund vierhundert Mark. Angefangen hatte ich in Jägerbrück mit ganzen hundertfünfundneunzig Mark. Immerhin war es erstmal eine kleine Aufbesserung. Obgleich die Preise zur damaligen Zeit niedrig waren, konnte ich mit meinem Gehalt keine großen Sprünge machen.

Eines Tages lud man mich nach Schwerin zu einem Personalgespräch. Der Hauptabteilungsleiter der Forstwirtschaft eröffnete mir, daß man in der Landesregierung befähigte junge Leute für die Verwaltung in Schwerin benötige. Damit hatte ich nicht gerechnet. Ich, Förster im schönsten Revier von Mecklenburg, sollte mit einem Bürojob tauschen?" Meine Antwort lautete deshalb spontan: „Nein." Aber er ließ nicht locker, appellierte an mein Verantwortungsbewußtsein und ließ durchblicken, daß ich mit einem sehr guten Gehalt rechnen könne. Nach einem mehrstündigem Gespräch ließ ich mich umstimmen, zumal ich merkte, daß meine Laufbahn schon seit längerem von oben vorprogrammiert war. Aus diesem Grunde hatte man mich auch in die Jugendoberförsterei delegiert, um gemeinsam mit anderen Kollegen beweisen zu können, daß auch junge Menschen in der Lage sind, schwierige Aufgaben zu meistern.

Eine Hürde hatte ich allerdings noch zu überwinden: ich mußte die Revierförsterprüfung bestehen. So fuhr ich dann im Juni 1951 zur Forstschule in Raben Steinfeld und legte dort mit Erfolg das Examen ab. Bei der großen Waldprüfung lernte ich den als Prüfer eingesetzten Forstmeister Kootz kennen. Nachdem er sich nach meinen Prüfungsergebnissen erkundigt hatte, meinte er: „Wir sehen uns ja in den nächsten Tagen wieder; ich denke, daß wir uns vertragen." Er wurde drei Wochen später mein neuer Chef, denn ich nahm in der von ihm geleiteten Abteilung Waldbau im Land- und Forstwirtschaftsministerium meinen Dienst auf. Aber vorher feierte ich noch ausgiebig Abschied mit Kurt Voelkner, der als mein Nachfolger das Revier Hütten übernahm.

Da wir an dem Abend Durst verspürten, gingen bald unsere Getränke zur Neige, so daß wir den Sohn von Bernhard Schwarz nach Bad Doberan schickten, um Nachschub heranzuschaffen. Er kam bald zurück und stellte zu unserem Schrecken Boonekamp auf den Tisch, da er angeblich nichts anderes ergattern konnte. Das Zeug schmeckte ziemlich bitter. Einer hatte schließlich den Einfall, ein paar Löffel Zucker hineinzurühren. Während die Frauen lieber bei ihrem Wein blieben, kippten wir Männer mit Todesverachtung dieses Gesöff in uns hinein – nicht ohne uns ab und zu wie alte Keiler zu schütteln. Unser Blut kam dermaßen in Wallung, daß wir mit den Frauen durch die Zimmer und über die Betten tobten, als wären wir vom wilden Affen gebissen worden. Albereien und tosendes Gelächter lösten sich ab, bis wir spät in der Nacht todmüde in die Betten sanken. Am nächsten Morgen und – um der Wahrheit die Ehre zu geben – auch noch am übernächsten Tag, brummte mir der Schädel, als wolle er zerplatzen. Was immer ich zu essen versuchte: es wollte partout nicht im Magen bleiben.

Ungern trennte ich mich von den jungen Försterkollegen, die gemeinsam mit mir in der Jugendoberförsterei gewirtschaftet hatten. Meine

Familie blieb vorerst in Hütten wohnen, da ich in Schwerin zunächst nur ein kleines Zimmerchen angeboten bekam. Übers Wochenende fuhr ich nach Hütten. Marga und Rita, die Frau meines Nachfolgers, freuten sich jedesmal, von mir Neuigkeiten aus der Stadt zu erfahren.

Die verhexte Bodenkammer

Es war eine Umstellung, mich an das Strohwitwerleben zu gewöhnen. Meine Wirtin, eine hochbetagte grauhaarige Dame, war zwar sehr nett zu mir, aber nicht mehr in der Lage, für mich einzukaufen, geschweige denn zu kochen. In dem winzigen Zimmerchen war gerade Platz für ein Bett, einen kleinen Tisch und zwei Stühle. Ich hatte eine Viertelstunde zu gehen oder zehn Minuten mit der Straßenbahn zu fahren, um zu meiner Dienststelle zu kommen. Mit meinem Chef, Forstmeister Kootz, kam ich gut zu Rande. Er war ein lebenslustiger Mensch, stammte aus einer Pfarrerfamilie, nahm gerne einen „Lütten" zur Brust und erzählte leidenschaftlich gern Witze. Am liebsten ließ er Jagdstories vom Stapel, denn er war ein leidenschaftlicher Jäger und schoß vorzüglich. Meine erste dienstliche Aufgabe bestand darin, die vielen Millionen von Pflanzen für die in Mecklenburg anstehenden Aufforstungen zu organisieren. Die eigenen Pflanzgärten in den Forstämtern reichten nicht aus, so daß ich nach Sachsen reiste, um dort mit den großen Privatbaumschulen entsprechende Kaufverträge vorzubereiten. Ich war für die Pflanzenverteilung auf die Forstämter und für Kontrollen bei der Aufforstung zuständig. Für die gesamte Hauptabteilung standen nur zwei Autos zur Verfügung, ein BMW und ein kleiner „F8" aus dem alten DKW-Werk in Zschopau. Den geräumigen BMW fuhr der Hauptabteilungsleiter, wir durften nur mit dem wesentlich unkomfortableren Zweitakter kreuz und quer durch Mecklenburg tuckern. Das war immerhin schon ein Fortschritt für mich – bis dahin hatte ich nur ein Fahrrad gehabt.

Der Hauptabteilungsleiter hatte neue Sitten eingeführt: Keiner solle es wagen, einen Jagdhut mit Saubart zu tragen, das sei „reaktionär". Alle trugen wir einen grünen Velourshut mit grüner Kordel. Auch Jagdsignale durften nicht geblasen werden. Überhaupt war die Jagd bei ihm verpönt. Es durften keine Jagdtrophäen draußen an den Forstgebäuden hängen. Er ging davon aus, daß kein Revierförster länger als zwei Jahre in einem Revier tätig sein dürfe, weil er sonst seiner Meinung nach anfing, „Hütten zu bauen" und sich korrumpieren ließ. Darum wollte er, wenn er durch die Lande fuhr, täglich zumindest einen Möbelwagen eines umziehenden Försters auf der Landstraße entdecken. Wenn er sich auch sonst große Verdienste um die mecklenburgische Forstwirtschaft erwarb, war diese Einstellung doch reichlich kurzsichtig.

In meiner Abteilung arbeitete Herbert Galonska, ein junger, arbeitsfreudiger Forstmann. Er war für Forstschutzfragen verantwortlich. Eines Tages lud er mich zum Aalessen ein, denn er hatte von meiner Vorliebe für Fischgerichte erfahren. „Komm nach Dienstschluß mit mir. Ich habe ein paar Aale organisiert; meine Wirtin will sie uns in der Pfanne knusprig braten." Mir lief schon bei dem Gedanken daran das Wasser im Munde zusammen, und ich konnte kaum den Feierabend erwarten. Es paßte sowieso an diesem Abend gut, da wir ausnahmsweise mal keine Politversammlung besuchen mußten.

Die hatten in der letzten Zeit stetig zugenommen. Wir saßen mindestens dreimal in der Woche in einer Versammlung herum: mal war es die Partei, mal die Gewerkschaft, dann wieder die Gesellschaft für deutsch-sowjetische Freundschaft. Überall mußte man sein Gesicht zeigen, wenn man nicht Gefahr laufen wollte, von den wichtigtuerischen Funktionären heftig kritisiert zu werden. Überall stand die Einhaltung der Stalinistischen „Tugenden" im Vordergrund: Gehorsam, Disziplin, Prinzipienfestigkeit, Treue zur Partei und zur Regierung. Jeder, der eine von der Partei abweichende Meinung vertrat, bekam die warnende Bemerkung zu hören: „Du liegst schief!" und geriet in Verdacht, schon ins Schlepptau des „Klassenfeindes" geraten zu sein. Alles, was nach „Westen" aussah, wurde als „vom Klassengegner abstammend" verdammt. Einer unserer Mitarbeiter kam eines Tages in den damals modischen Halbschuhen mit Kreppsohlen zum Dienst. Er kassierte prompt eine geharnischte Kritik des Kaderleiters; er wagte nicht, sie noch einmal anzuziehen, obwohl gute Schuhe Mangelware waren. Kleidungsstücke, die aus dem Westen stammten, gefährdeten anscheinend den Aufbau des Sozialismus, denn sie durften von Angestellten des Staatsapparates grundsätzlich nicht getragen werden. Wer es dennoch wagte, mußte mit einer Parteistrafe oder sogar einem Disziplinarverfahren rechnen. Die Gängelung war total.

Ich erlebte einmal eine Parteiversammlung, die kurz nach Dienstschluß begann und erst nachts um zwei Uhr endete. Ein Mitarbeiter unseres Ministeriums wollte durchaus nicht zugeben, „fremdgegangen" zu sein. Der Parteisekretär hielt wie ein mittelalterlicher Bußprediger einen stundenlangen Sermon über Ethik und Moral und versuchte ihm klarzumachen, welches parteischädigende Verhalten er als Familienvater durch seine Missetat an den Tag gelegt hätte. Als man schließlich durchblicken ließ, ihn nicht aus der Partei auszuschließen – dann hätte er nämlich seine Karriere an den Nagel hängen können –, gab er seinen Seitensprung zu. Feierlich mußte er daraufhin vor allen Anwesenden das Versprechen ablegen, nie wieder den Pfad ehelicher Tugend zu verlassen. Ein anderer erhielt nur deswegen eine Parteistrafe, weil er seine Frau nicht daran gehindert hatte, sich im Hotel einzuschließen. Sie hatte Angst gehabt, von dort logierenden sowjetischen Soldaten vergewaltigt zu werden. Ein unverschlossenes Amtszimmer durfte es dagegen nicht geben, denn auf „Wachsamkeit vor dem Klassenfeind" wurde großer Wert gelegt. Wer sein Büro auch nur für ein paar Minuten verließ und vergaß, es abzuschließen, hatte mit einer Geldstrafe zu rechnen. Nach Feierabend durften keine Akten oder Schriftstücke unverschlossen liegenbleiben.

Im übrigen dachte man sich ab und zu etwas Neues aus. Von den Chinesen abgeguckt, ordnete man eines Tages an, daß wir während eines Jahres drei Wochen lang in der Produktion körperliche Arbeit zu leisten hätten, da sonst angeblich die Verbindung zu den „Volksmassen" verloren gehen könne. So arbeitete ich meine Zeit im Forstbetrieb Ludwigslust ab, wo ich beim Holzeinschlag tüchtig die Axt schwingen mußte.

Eine andere Anweisung bestand darin, täglich in der Frühstückspause Gymnastik zu treiben, um die Glieder für die Schreibtischarbeit wieder flottzumachen. Das stand jedoch in offenkundigem Gegensatz zur menschlichen Bequemlichkeit. Während an den ersten Tagen noch viele hunderte Büroangestellte auf dem großen Platz vor dem Schweriner Theater sich die Arme und Beine ausschüttelten, wurden es von Tag zu Tag immer weniger, die sich blicken ließen, bis die ganze Sache am Ende im Sande verlief.

Aber zurück zum geplanten Aalessen. Herbert wartete schon vor unserem Ministerium auf mich. Die Dunkelheit war hereingebrochen, die Straßenlampen erhellten die Bürgersteige. Ich begleitete ihn, er schob sein Fahrrad neben sich her. Wir verließen die Schloßstraße, kamen über den Marienplatz in die Wittenburger Straße und bogen in den Obotritenring ein. „Gleich sind wir da", meinte Herbert. Er hatte es kaum ausgesprochen, als schlagartig alle Straßenlaternen erloschen. Auch die Häuser waren in Dunkelheit gehüllt. Die damals übliche Stromsperre spielte uns diesen Streich. „Ich kenne mich hier aus", beruhigte mich Herbert, als er mich fluchen hörte. „Noch hundert Meter, dann haben wir es geschafft", sagte er und verlangsamte sein Schrittempo, „da ist das Haus!" Ich erkannte im Dunkel ein großes, mehrstöckiges Gebäude. Herbert öffnete die Haustür und nahm sein

Fahrrad auf die Schulter, während ich ihm, vorsichtig an der Wand langtastend, in die tiefe Dunkelheit folgte. „Jetzt müssen wir drei Treppen hochsteigen und dann noch eine halbe, da ist die Bodenkammer, in der ich das Rad abstelle", und schon tappte er Stufe für Stufe nach oben. Auf der dritten Etage angekommen, schnaufte er: „Das ist die letzte kleine Hürde!" Ich tastete mich hinterher, und Herbert meinte: „Das schaffe ich mittlerweile auch im Dunkeln." Er nahm das Fahrrad von der Schulter und gab ihm einen Schubs. Krachend fuhr das Rad gegen eine aus Latten bestehende Bodenkammertür. „Nanu", entrüstete sich Herbert, „habe ich die Tür nicht getroffen? Die wird doch nie abgeschlossen!" Er nahm einen neuen Anlauf und stieß weitaus kräftiger gegen die Tür. Wir hörten, wie Latten zersplitterten. „Was machst du bloß", rief ich entsetzt. „So ein Mist", fluchte er, „da hat doch so ein Dussel die Tür abgeschlossen. Als ob hier schon mal was geklaut worden wäre. So was Verrücktes!"

Als er noch einmal mit dem Fuß gegen den Lattenverschlag stieß, hörten wir unter uns ein Rumoren: Türen wurden aufgerissen. Mit Kerzen und Laternen in der Hand kamen die Mieter auf dem Flur: „Was ist da los? Wer ist denn da?" Herbert flüsterte mir erschrocken zu: „Komm bloß. Wir sind im falschen Haus. „Er schulterte wieder sein Fahrrad und stieg die Treppe hinunter, ich folgte ihm beklommen. Auf der Etage angekommen, keifte eine Hausbewohnerin: „Die haben ein Fahrrad geklaut!" Und ein anderer: „Das ist doch eine bodenlose Frechheit! Wo wollen Sie damit hin?" Herbert stotterte: „Entschuldigen Sie bitte, wir haben uns in der Haustür geirrt. Ich wollte mein Fahrrad in der Bodenkammer abstellen. Als die abgeschlossen war, habe ich erst gemerkt, daß wir in der Dunkelheit ins falsche Haus geraten sind." Kopfschüttelnd verschwanden die Hausbewohner wieder in ihren Wohnungen. Auf der Straße knurrte Herbert nur: „Mann, war mir das peinlich!"

Dann stiegen wir erneut die gleiche Anzahl von Treppen hoch, diesmal im richtigen Haus. Es ähnelte dem vorigen wie ein Ei dem anderen, nur daß es auf Anhieb mit dem Aufschubsen der Bodenkammer klappte. In Herberts Zimmer tranken wir erstmal einen Doppelten auf den Schreck, während die Aale in der Pfanne brutzelten. Der ungewollt verübte „Einbruch" im Nachbarhaus gab noch lange Gesprächsstoff.

Ein Rehbock auf der Couch

Im Jahre 1952 erhielten wir eine Wohnung in Buchholz, das zur Gemeinde Holthusen gehört. Endlich konnte ich wieder jeden Tag mit der Familie zusammensein. Die Wohnung in der Försterei reichte für unsere dreiköpfige Familie vollkommen aus. Beschwerlich war nur die Anfahrt zur Dienststelle.

Eines Tages erhielt ich den Auftrag, ein Forstrevier bei Rostock zu überprüfen; anschließend hatte ich noch in Greifswald etwas zu erledigen. Die Frau des Försters machte einen leicht verlegenen Eindruck, als sie mir die Tür öffnete. Als ich ins Wohnzimmer trat, glaubte ich meinen Augen nicht zu trauen: auf der Couch saß ein ausgewachsener Rehbock. „Nanu", sagte ich, „anstelle Ihres Mannes treffe ich hier einen Vierbeiner an?" „Hansi, komm mit nach draußen!" lockte sie ihn fort. Der Bock sprang behende aus seinem „Bett" und folgte gehorsam der Förstersfrau aus dem Zimmer. Sie kam zurück und erzählte mir, daß sie den Bock als Kitz bekommen und mit der Flasche großgezogen habe. Er sei jetzt so zahm, daß er wie ein Hund gehorche; deshalb dürfe er auch mal auf der Couch sitzen, wenn ihr Mann im Revier zu tun habe. Ich warnte sie, mir seien mehrere Fälle bekannt, in denen diese angeblich zahmen Böcke bösartig wurden. Sie hatten ohne Vorwarnung die vertrauten Menschen, meistens Frauen, angefallen und übel zugerichtet. Ich ahnte an diesem Tag nicht, daß dieser Rehbock schon bald hoch zu Ehren kommen würde. Aber davon später mehr.

Nachdem ihr Mann erschienen und mein Auftrag zur beiderseitigen Zufriedenheit erledigt war, fuhr ich mit dem nächsten Zug Richtung Stralsund. Ich nahm im Abteil 1. Klasse Platz. Mir gegenüber saß ein Offizier der sowjetischen Armee. Ich merkte bald, daß mein Gegenüber gern ein Gespräch mit mir beginnen wollte. Er machte eine Bemerkung auf russisch, die ich aber nicht verstand. Ich hatte in der Schule Französisch, Latein und Englisch gehabt, aber das nutzte mir jetzt nichts, er schüttelte nur den Kopf. Meine russischen Sprachbrocken wiederum reichten bei weitem nicht zu einer Verständigung aus. Plötzlich holte er seine Brieftasche hervor, entnahm ihr einen Geldschein und versuchte mir klarzumachen – indem er mit den Händen den Umriß einer Flasche nachmalte –, ich solle ihm dafür Wodka besorgen. Ich nickte verständnisvoll und gab zu verstehen, ich würde ihm im nächsten Bahnhof eine Flasche organisieren. Der Zug hielt in Ribnitz. Ich lief aus dem Abteil, sprang auf den Bahnsteig und rannte in Richtung Ausgang, um in der Bahnhofswirtschaft den Wodka zu holen. Kurz vor der Sperre sah ich auch schon den Bahnbeamten mit der roten Mütze, der die Kelle in der Hand hielt. Kein Zweifel, daß er dem Lokomotivführer das Abfahrtssignal geben wollte. Ich rannte schleunigst zurück und kletterte wieder in mein Abteil.

Als ich mit leeren Händen zurückkam, schaute mich der Offizier fragend an. Ich versuchte ihm klarzumachen, daß ich es auf der nächsten Station erneut versuchen wolle. Unser Zug hielt nun in Velgast. Wieder stürmte ich hinaus und rüttelte am Fenster der Bahnhofsgaststätte. Niemand öffnete. Wieder sah ich den Mann mit der roten Mütze seine Kelle heben und rannte unverrichteter Dinge in mein Abteil zurück. An der Miene des Offiziers konnte ich ablesen, daß er mich für einen totalen Versager hielt, der nicht einmal Schnaps besorgen konnte. Enttäuscht steckte er den Geldschein in seine Brieftasche zurück und rüstete sich für das Aussteigen in Stralsund. Als er sah, daß auch ich aussteigen wollte, erhellten sich seine Gesichtszüge. Mit erhobener Hand einen Schluck aus der Flasche mimend, schlug er vor, daß wir beide in Stralsund noch „einen zur Brust nehmen" sollten. Im Bahnhof steuerte er zielstrebig auf einen Kiosk zu, in dem er alkoholische Getränke vermutete und sagte zu der Verkäuferin: „Wodka ist?" Sie nickte und hielt ihm eine Flasche hin. Freudig zückte er seine Brieftasche, bezahlte und ließ sich zwei Wassergläser geben. Die goß er gut zur Hälfte voll Wodka und stieß mit mir an: „Gutter Kamerrad!" Ich führte das Glas zum Mund und schielte zu ihm hinüber, wie weit er es leerte. Oje, alles in einem Zuge hinter die Binde! Das Zeug brannte, als hätte ich Feuer geschluckt, mein Magen krümmte sich vor Schmerzen. Zum Glück ließ der Offizier die angebrochene Flasche in der Manteltasche verschwinden, streckte mir die Hand hin und sagte: „Freundschaft!" Mir fiel eben noch die russische Vokabel „Drushba!" ein, ehe er flotten Schrittes aus der Bahnhofshalle verschwand.

Da ich noch eine Stunde Zeit hatte, bis der Anschlußzug nach Greifswald abfuhr, setzte ich mich in den Wartesaal und bestellte einen Erbseneintopf, denn ich hatte kaum etwas gegessen. Inzwischen begann der Wodka zu wirken. In meinem Kopf drehte sich ein Karussell. Ich hielt mich mit beiden Händen an der Tischkante, um nicht herausgeschleudert zu werden.

Zum Glück saß ich alleine am Tisch, so daß ich genügend breiten Spielraum für meine Schaukelei hatte und die Arme weit von mir strecken konnte. Der Ober erschien mit der Erbsensuppe, stellte sie vor mich hin und streckte die Hand aus, um zu kassieren. Ich nestelte umständlich mein Portemonnaie aus der Tasche und kramte darin herum. Der Ober grummelte: „Ihr Geld hätten Sie auch schon vorher zählen können." Da es mir durch die Drehbewegungen im Kopf schwer fiel, die Münzen zu unterscheiden, gab ich dem Ober einen Zehnmarkschein und lispelte: „Stimmt, ich zähle nächstes Mal früher mein Geld." Der hörte nur „stimmt", steckte den Schein ein und sagte betont freundlich: „Ich danke, mein Herr. Ich wünsche Ihnen eine angenehme Weiterfahrt." Daraufhin wollte ich ihn nicht mehr mit einer Wechselgeldforderung enttäuschen, zumal ich schon wieder das unheimliche Drehen im Kopf verspürte und beide Hände zum Abstützen brauchte.

Die Gäste vom Nachbartisch musterten mich ungeniert, weil ich nur in den Teller starrte, statt zu essen. Daraufhin riß ich mich zusammen, führte vorsichtig den Löffel zum Munde und verbrannte mir prompt die Zunge. Trotzdem: die Erbsensuppe tat gut, denn das Gefühl, in einer Schaukel zu sitzen, verschwand. Nach einer Tasse Kaffee war ich schon wieder in der Lage, das passende Geld abzuzählen. Auf der restlichen Dienstfahrt merkte niemand mehr, daß ich „sto Gramm" getrunken hatte.

Einige Tage später erhielt ich von meiner vorgesetzten Dienststelle in Berlin einen Anruf, ob ich nicht helfen könne: man suche für den Präsidenten der Republik, Wilhelm Pieck, einen zahmes Stück Wild, das zur Freude der Gäste im Schloßpark umherspringen sollte. Ich erinnerte mich an den Bock, den ich auf der Couch gesehen hatte. Der Revierförster war bereit, seinen zahmen Rehbock zu opfern, zumal er damit dem Präsidenten höchstselbst eine Freude machen konnte.

Bald darauf fuhr eine noble Regierungslimousine vor, und der Förster begleitete den Bock nach Berlin. Hier empfing ihn der Präsident, der sich herzlich bedankte, ihm ein gutes Frühstück servieren ließ und zum Dank ein Fernglas schenkte. Einige Wochen später erhielt ich einen erneuten Anruf aus Berlin, ich solle den Rehbock sofort in die Försterei zurücktransportieren lassen. Er habe die herrlichen Rosen im Schloßpark kahlgefressen. Man hatte also buchstäblich einen Bock zum Gärtner gemacht.

Als ich dreißig Jahre später Gäste in unserem Jagdhaus bewirtete, darunter auch Frau Staimer, die Tochter von Wilhelm Pieck, gab ich diese Geschichte zum besten. Während alle herzhaft lachten, meinte Frau Staimer pikiert: „Der Landforstmeister muß sich irren, wir haben bei uns zu Hause nie einen Rehbock gehabt!"

Mein erster Bock

Ein Jahr wichtiger Ereignisse war für mich 1952. Die Landesregierung wurde aufgelöst. Uns Forstleute des Ministeriums für Land- und Forstwirtschaft verteilte man auf die neugebildeten „Räte der Bezirke" in Schwerin, Neubrandenburg und Rostock. Ich blieb in Schwerin. Erneut wurden wir dem Landwirtschaftsressort unterstellt. Mein Chef wurde Landforstmeister Walter Naef. Mich setzte man als Verantwortlichen für den Waldbau im Bezirk Schwerin ein. Forstmeister Kootz, mein Vorgänger, übernahm eine Tätigkeit in der Wissenschaft. Die Arbeit machte mir Freude; in den neu gebildeten Forstwirtschaftsbetrieben konnte ich Erfahrungen sammeln und meine Kenntnisse erweitern. Auch in unserer Familie hatte sich etwas getan: unser Sohn Klaus erblickte das Licht der Welt. Ich hatte wieder um hundert Mark auf ein Mädchen gewettet und erneut verloren. Auch Klaus, der mit tiefschwarzen Haaren zur Welt kam, wuchs zu einem prächtigen Burschen heran. Ein erneuter Umzug, diesmal nach Lübstorf bei Schwerin, brachte für mich eine bessere Bahnverbindung, so daß ich nicht mehr auf das Fahrrad angewiesen war.

Die Volkskammer beschloß 1953 das erste Jagdgesetz nach dem Krieg, so daß wieder an eine geregelte Jagdausübung zu denken war. Walter Naef hatte schon eine Doppelflinte und lud mich ein, in seinem Jagdgebiet einen Bock zu schießen. Er nahm mich gleich am nächsten Tag auf seinem BMW-Motorrad mit. Wir fuhren in das bei Bützow liegende Revier, das durch seine gute Eichenwirtschaft bekannt war. Wir stellten am Revierrand das Motorrad ab und pirschten ein Stückchen an der Waldkante entlang. Plötzlich stoppte Walter Naef, schaute durchs Fernglas und bemerkte: „Da steht anscheinend ein alter Bock, den kannst du schießen." Ich nahm mein Glas hoch und erkannte einen Gabler, der sicher ein alter Bock war. „Wir müssen näher ran", meinte Naef, „das sind noch fast zweihundert Meter." Er hatte recht. Zur damaligen Zeit war man gezwungen, sich auf vierzig bis fünfzig Meter heranzupirschen, um mit dem Flintenlaufgeschoß einen einigermaßen sicheren Schuß anbringen zu können. Alle zwanzig bis dreißig Meter blieben wir stehen, um uns durchs Glas zu vergewissern, ob der Bock uns nicht eräugt hatte. Er äste immer zehn bis zwanzig Sekunden, um dann sofort wieder zu sichern. Da der Wind uns ins Gesicht blies, bestand keine Gefahr, den Gabler zu vergrämen.

Endlich hatten wir uns auf hundert Meter herangepirscht. Erschrocken flüsterte mir Naef zu: „Ich habe noch gar nicht geladen. Das wäre was geworden." Er langte in die Rocktasche und holte sein Munitionsetui heraus. Anstatt zu laden, stierte er immer wieder auf die Munition. Dann fing er an, in seinen Taschen zu wühlen. Aus seiner Mimik und seiner immer hektischeren Suche schloß ich, daß er nicht die passende Munition dabei hatte. „Ich werd' verrückt", stieß er hervor: „Ich habe nur Posten mit und keine Brenneke!"Als er noch einmal sämtliche Taschen umgestülpt hatte, meinte er kleinlaut. „Willst du mit Posten schießen?" „Wir müssen uns nur nahe genug heranpirschen", flüsterte ich ihm zu. Er nahm zwei Achtmillimeter-Schrotpatronen und lud damit die Doppelflinte. Zur damaligen Zeit war der Schuß mit Posten auf Schalenwild noch erlaubt. Dabei besteht die Gefahr, daß das beschossene Wild nur angebleit wird und irgendwo verludert. Er gab mir seine Flinte und machte mich mit der Sicherung vertraut. Meter um Meter näherten wir uns unserem Ziel. Der Gabler äste auf die Waldkante zu, was für uns wegen der Schußentfernung günstig war. Äsen, sichern, äsen und wieder sichern wechselten sich ab. Die Rapsblätter schmeckten ihm anscheinend gut.

Wieder blieben wir stehen. Ein Blick durchs Glas ließ erkennen, daß es sich tatsächlich um einen noch nicht einmal lauscherhohen Gabler handelte. Leider fehlte an der einen Stange die obere Hälfte. Noch zehn Meter gepirscht, dann bereitete ich mich auf den Schuß vor. Der Bock stand noch zu spitz, also: warten. Wir hatten hinter einer Eiche Deckung genommen. Da, jetzt stand er breit. Ich wollte an der Eiche anstreichen, um einen sicheren Schuß anzubringen, aber Äste versperrten die Sicht. Ich tat einen Schritt nach rechts, hatte gute Schußfreiheit, entsicherte die Flinte, backte an, zielte aufs Blatt und ließ fliegen. Während ich den Rückschlag der Waffe verspürte, sah ich ein leeres Rapsfeld. Von meinem Bock war nichts mehr zu sehen. Nanu, ich war doch gut drauf gewesen! Walter Naef schaute mit seinem Glas angestrengt in die Richtung. „Der liegt", sagte er schließlich, „das war ein Meisterschuß", reichte mir die Hand und sagte: „Waidmannsheil!" Ich erwiderte glückstrahlend: „Waidmannsdank." Wir schritten die Schußentfernung ab: dreißig Meter. Es war also eine günstige Schrotentfernung gewesen. Vor uns lag ein über zehnjähriger, zurückgesetzter Gabler, dessen eine Stange wahrscheinlich in der Blattzeit abgebrochen war. Ich war überglücklich, den ersten Bock meines Lebens erlegt zu haben – und dazu noch einen einwandfreien Abschußbock.

Kuriose Ereignisse

Im Jahr 1954 wurde unser drittes Kind geboren. Wieder war es ein Junge. Die Freunde unkten schon: „Dritte Wohnung – drittes Kind. Zieht bloß nicht nochmal um!" „Wenn ich wüßte, es würde ein Mädchen, würde ich noch über Nacht umziehen!" gab ich zur Antwort.

Wie bei der Geburt der beiden anderen Söhne half unsere treue Tante Hedi im Haushalt. Sie war hochintelligent und versetzte uns immer wieder durch ihr Zahlen- und Personengedächtnis ins Staunen. Sie interessierte sich besonders für Musik und Sport. Die Zeitungen studierte sie von vorne bis hinten und umgekehrt, sie kochte gut und machte Handarbeiten. Als Besitzerin einer Bäckerei verstand sie sich natürlich besonders gut auf die Backkunst. Da sie außer den häuslichen Fähigkeiten auch noch ein großes Herz für Kinder hatte – ihr einziger Sohn war im Zweiten Weltkrieg gefallen – gab es keine bessere Unterstützung für uns.

Alle drei Jungen wuchsen prächtig heran und besuchten den Kindergarten in Lübstorf. Ansonsten hatten sie jede Möglichkeit, sich im angrenzenden Wald müde zu toben.

An einem Weihnachtsfest besuchte uns meine Schwester Gisela. Da sie selber nicht verheiratet war und keine Kinder hatte, war sie überglücklich, unsere Sprößlinge für einige Tage verwöhnen zu können. Während ihres Besuches war es auch Marga möglich, mich auf der Jagd zu begleiten. Als wir von der Pirsch zurückkamen, hörten wir schon draußen die Kinder in die Hände klatschen und Hurra schreien.

Wenig später wußten wir, warum: Heino, unser Ältester, lag auf dem Bauch und zielte mit seinem Holzgewehr auf den Weihnachtsbaum. Marga rief entsetzt: „Was macht ihr bloß?" Da sahen wir auch schon die Bescherung: Die Bengels hatten bereits die meisten Kugeln und sogar die Spitze vom Weihnachtsbaum heruntergeschossen. Wenn der Pfeil mit dem Gummipfropfen auch sonst wenig Schaden anrichten konnte, der gläserne Weihnachtsschmuck war solchen Anschlägen nicht gewachsen. Gisela saß ungerührt daneben, hatte es erlaubt und sich über die Schießkünste der Jungen amüsiert, was die Buben natürlich angestachelt hatte, noch mehr von den glitzernden Sachen zu schießen. Da ich in diesem Moment an meine Jungenstreiche denken mußte, konnte ich nur sagen. „Das dürft ihr doch nicht. Wie sieht jetzt unser schöner Weihnachtsbaum aus!" Aber sie schauten nur meine Schwester an und meinten: „Tante Gisela hat es erlaubt. Sie hat sich jedesmal gefreut, wenn wir getroffen haben." Was sollten wir da noch sagen? Marga machte dem Spaß ein Ende und befahl: „Los, jetzt aufräumen, waschen, Abendbrot und dann ab ins Bett!"

Am nächsten Wochenende stand ich draußen beim Holzhacken. Heino half fleißig mit, das Holz in die Miete zu packen. Plötzlich hackte ich mir ein Stückchen Fleisch unterhalb des linken Daumens ab. Ich preßte sofort mein Taschentuch auf die Wunde, lief in die Küche und ließ mich von Marga verbinden. Da ging die Tür auf: Heino stand darin, hielt das abgehackte Stück Fleisch in seinen Fingerchen und sagt leise: „Das kann Vati noch brauchen." Marga beruhigte ihn und antwortete: „Laß man, das Loch heilt auch so wieder zu."

Ab 1956 setzten für mich besonders arbeitsreiche Jahre ein. Ich hatte ein fünfjähriges Hochschulfernstudium in der Sektion Forstwirtschaft der Technischen Universität Dresden aufgenommen, um den Hochschulabschluß zu erwerben. Fast jede freie Minute galt jetzt dem Studium. Ich stellte mir einen Studienplan auf, den ich Woche für Woche, Monat für Monat abarbeitete, um das geforderte Pensum bis zur nächsten Konsultation oder zum Seminar zu schaffen. Ich nutzte jede Dienstfahrt per Auto oder Bahn, um mich mit dem Lehrstoff zu beschäftigen. Ja, ich brachte es sogar fertig, beim Anstehen für Theater- oder Kinokarten die Wartezeiten auszunutzen, um ins Lehrbuch zu gucken. Ich mußte diese Energie aufbringen, weil mir nur noch wenig Zeit nach Dienstschluß übrigblieb; denn man hatte mich zum Chef der Forstwirtschaft im Bezirk Schwerin gemacht. Hinzu kam, daß ich den Ehrgeiz hatte, das Examen mit guten Noten zu bestehen. Der bisherige Leiter, Landforstmeister Walter Naef, hatte gleichzeitig ein Präsenzstudium an der Hochschule begonnen.

So trug ich jetzt die hohe Verantwortung, die Forstgeschicke im Bezirk Schwerin zu lenken. Sechs Forstbetriebe waren anzuleiten und zu kontrollieren. Ich legte außerdem großen Wert auf eine gute Zusammenarbeit mit der Wissenschaft, der Forstschule, den Institutionen und den örtlichen Behörden. Dringende personelle Veränderungen in den Betrieben zwangen mich oft, an Ort und Stelle Überprüfungen vorzunehmen und kurzfristige Entscheidungen zu treffen.

So passierte es im Forstbetrieb Perleberg, daß einem Revierförster die Aktentasche mit über zehntausend Mark Lohngeldern in einer Gaststätte entwendet wurde. Er hatte sie nach dem Mittagessen dort liegenlassen. Anstatt diesen Diebstahl sofort zu melden, versuchte er den Betrag durch Fälschung der Lohnunterlagen wieder hereinzubekommen, was aber der Hauptbuchhalter bald entdeckte. Zu seinem Unglück zog man ihn während dieser Zeit zu einer Armeeübung ein. Als er zurückkam und ins Wohnzimmer der Försterei schaute, sah er dort Kriminalbeamte am Tisch sitzen, die auf ihn warteten. Er lief in den Stall, suchte sich einen Strick und hängte sich auf. Er hatte Glück: Der Strick riß, so daß er auf dem Boden landete. Diesen dumpfen Aufprall hörten die Beamten, sahen im Stall nach und fanden nur den zerrissenen Strick am Balken baumeln. Der Revierförster hatte den Hof fluchtartig verlassen und sich im Wald versteckt. Bei einer großen Suchaktion wurde er gefunden, er kam vor Gericht und wurde zu einer Bewährungsstrafe verurteilt. Es blieb mir nicht erspart, den sonst sehr tüchtigen Forstmann in einen anderen Forstbetrieb zu versetzen.

Die Rentabilität der Forstbetriebe wurde allmählich immer mehr in den Vordergrund gerückt. So hatte ich die Aufgabe, den Forstbetrieb Ludwigslust, der nur 18.000 Festmeter Holz jährlich ausliefern konnte, also unrentabel wirtschaftete, mit dem Betrieb Perleberg zusammenzulegen. Viele Überlegungen, Rentabilitätsberechnungen, Beratungen mit den Leitungskollektiven und Belegschaftversammlungen waren vorausgegangen. Um den neuen Direktorposten setzten heftige Machtkämpfe ein. Die Vorsitzenden der Kreise Perleberg und Ludwigslust plädierten jeweils für den bisher in ihrem Kreis amtierenden Forstdirektor. Mein Vorschlag fand dann letztendlich bei meiner vorgesetzten Dienststelle Zustimmung: Oberforstmeister Roese sollte als Direktor des nun sehr großen Betriebes berufen werden. Ich habe mich dann später oft nach diesem neuen großen Betrieb erkundigt und mich jedesmal gefreut, zu hören, daß man hier eine gute Arbeit leistete und die Pläne erfüllte. Bis zum Rentenalter, mehr als dreißig Jahre lang steuerte Roese die Geschicke dieses Forstbetriebes.

Schon Anfang der fünfziger Jahre hatte ich ihn als einen strebsamen, intelligenten Forstmann und leidenschaftlichen Jäger kennengelernt. Ich erinnere mich, daß wir nach einer gemeinsamen Jagd eine Katze in seinem Junggesellenzimmer entdeckten, die sich schnell unter der Couch verstecken wollte. Roeses Hund, ein Deutsch-Drahthaar, eräugte die Katze und nahm sofort die Verfolgung im Zimmer auf. Was sich dann abspielte, ist in einigen Sätzen kaum zu beschreiben. Hund und Katze sprangen über Tisch und Stühle, übers Bett und Kanapee. Tischdecke, Vasen und Kissen flogen und rollten im Zimmer umher. Fauchen, Kratzen, Beißen und Aufjaulen wechselten einander ab. Ich konnte gar nicht so schnell den Kopf wenden, um das Hin- und Hergejage und das Herumfliegen von Gegenständen verfolgen zu können. Schließlich sah die Katze keinen anderen Ausweg mehr, als an der Gardine hochzuklettern und Rettung auf der Gardinenstange zu suchen. Dem großen Jagdhund blieb nur noch übrig, nach oben zu äugen und die Katze zu verbellen.

Seine Wut steigerte sich, als er merkte, daß die Katze keine Anstalten machte, wieder herunterzukommen. Er nahm einen Anlauf, sprang hoch, verfing sich in den Gardinen und riß die Gardinenstange samt der Katze herunter. Endlich griff Ulli Roese ein und packte den Hund an der Halsung, während ich die Tür aufstieß, damit die Katze nach draußen entweichen konnte. Im Zimmer sah es wie nach einer Schlacht aus, kaum etwas war heil geblieben. Während ich mir entsetzt den Schaden ansah, lachte Ulli Roese nur und meinte: „Hund und Katze ist nichts passiert. In meinem Hund steckt Leben, nicht wahr?" „Und was sagt deine Verlobte dazu?", fragte ich vorsichtig. Er schmunzelte nur: „Das ist mir egal. Ich kann mich sowieso noch nicht entschließen, vielleicht nehme ich auch ihre Schwester, die ist noch hübscher. Es kam tatsächlich so: Er heiratete die Schwester und führt eine glückliche Ehe mit ihr.

Eines Tages meldete sich der damals amtierende Generalforstmeister aus Berlin zu einer Überprüfung des Forstbetriebes Güstrow an. Vor diesem Mann hatte ich Respekt. Ich hatte noch gut in Erinnerung, wie er mich vor Jahren prüfte und ich mehr rückwärts als vorwärts aus seinem Zimmer ging, als er mir gemeinsam mit einem Experten aus dem Finanzministerium nachgewiesen hatte, daß die Baumschulen über eine Million Mark zu hoch geplant hatten. Er gab mir damals zehn Tage Zeit zur Planüberarbeitung, die ich dann wohlweislich einhielt. Ich hatte in der Zwischenzeit alle Forstdirektoren, Waldbauleiter und Hauptbuchhalter zur Beratung zusammengerufen und nach Möglichkeiten gesucht, die Pflanzenanzucht im Bezirk Schwerin kostengünstiger zu gestalten.

Nach der Überprüfung im Forstbetrieb Güstrow fand eine Schlußbesprechung statt, an der auch ich teilnehmen mußte. Einige positive, aber auch viele negative Dinge wurden im Protokoll festgehalten. Ich erhielt unter anderem den Auftrag, den Revierförster in Rühn zu versetzen, da er Arbeitskräfte in seiner privaten Landwirtschaft beschäftigte und somit ein Ausbeuter sei. Außerdem, so betonten die Berliner, betätige er sich überhaupt nicht gesellschaftlich in der Gemeinde. Man ermahnte mich, den hierfür angegebenen Termin der Versetzung streng einzuhalten. Nach einigen Wochen traf ich während einer Beratung in Berlin den Personalchef des Ministeriums, der mich sofort fragte, ob ich die Versetzung des Revierförsters von Rühn vorgenommen hätte. Ich verneinte, denn ich dachte nicht im Traum daran, diesen tüchtigen Mann zu versetzen; denn er hielt sein Revier in Ordnung und zeigte gute waldbauliche Leistungen. Der Personalgewaltige verpaßte mir eine Rüge und forderte mich auf, das schnellstens nachzuholen. Zwei Tage später erfuhr ich, daß er plötzlich einem Herzschlag erlegen sei. Von Stund an erhielt ich keine Nachfragen mehr, warum der Revierförster noch nicht versetzt sei. Es gibt eben Dinge, die erledigen sich von selbst.

Der blaue Bock

Während meiner Dienstreisen in die Forstbetriebe gab es auch Gelegenheit, nach Erledigung der dienstlichen Aufgaben auf Jagd zu gehen. So sind mit etlichen meiner Trophäen unvergeßliche Jagderlebnisse verknüpft.

Ich wurde zum Beispiel einmal im Forstbetrieb Güstrow eingeladen, einen starken Bock zu erlegen. Revierförster Knüppel, ein älterer Kollege, führte mich. Er gab sich große Mühe, mich zum jagdlichen Erfolg zu bringen. Es war Blattzeit. Ein schwüler Abend regte die Böcke zu besonderer Aktivität an. Wir kauerten in einem trockenen Graben und beobachteten das herrliche Treiben in der Wiese. Ein Knopfspießer wurde von einem mittelalten, guten Sechserbock quer über die Fläche in die Flucht geschlagen, so daß sich ein anderer Sechser an das stehengebliebene Schmalreh heranmachte und es in die Runde trieb. Jetzt kam der eigentliche Liebhaber zurückgetrollt, eräugte seinen Rivalen und versuchte ihn abzuschlagen. Aber der stellte sich zum Zweikampf. Beide stürmten, die Köpfe gesenkt, aufeinander los, so daß ein wildes Hin- und Hergeschiebe begann. Keiner wollte nachgeben. Der Revierförster flüsterte mir zu: „Das sind mittelalte Böcke, die lassen wir leben." Ich war derselben Meinung. Endlich ließen sie voneinander ab. Der Rivale hatte den Kampf aufgegeben, sprang einige Fluchten ab und zog langsam über die Wiese von dannen.

Das war dem anderen Sechser wohl zu langsam, denn er brachte ihn jetzt auf den Schnellwalzer, so daß der andere es vorzog, schleunigst im Wald zu verschwinden. Der Sieger kehrte zu seinem Schmalreh zurück und versuchte es zu beschlagen, womit seine Freundin aber noch nicht einverstanden war. So ließ sie sich in die Runde treiben. Äsen, treiben, wieder äsen und treiben wechselten einander ab, bis es beide vorzogen, ihr Liebesspiel ohne Zuschauer im Wald fortzusetzen. Die ersten Nebelschwaden zeigten sich in der Wiese, doch ein leiser Windhauch vertrieb sie zunächst. Neue zogen bald hoch, so daß die Sicht bedeutend schlechter wurde. Die Wiese lag völlig leer vor uns. Wir leuchteten sie immer wieder mit unseren Ferngläsern ab, in der Hoffnung, etwas Neues zu entdecken. Plötzlich zeigte mein Nebenmann zur rechten Waldkante und flüsterte: „Dort tritt eine Ricke aus. Dann wird auch der Bock, auf den wir warten, bald zu sehen sein!"

Auch ich erblickte jetzt im Nebel schemenhaft ein weibliches Stück Rehwild, das sich äsend zu uns bewegte. Noch war kein Bock zu sehen. Ungeduldig schauten wir immer wieder zum Waldrand. Die Ricke stand schon mitten in der Wiese, als sich ihr flüchtig ein Bock näherte und sogleich anfing zu treiben.

Der Revierförster nahm das Glas hoch, sah sich einen Augenblick das Schauspiel an und meinte: „Das ist er!" Ich erkannte einen Bock, der eine überlauscherhohe, starke Trophäe trug. Jetzt verhoffte er. Da hörte ich schon den Förster mir zuflüstern. „Den kenne ich, es ist ein sechs- bis siebenjähriger Sechser, der ist abschußreif, denn er fängt schon an, etwas zurückzusetzen. Machen Sie sich zum Schießen fertig." Ich nahm meinen Drilling und wollte schon anlegen, als der Bock die Ricke wieder trieb. Stand er vorher in günstiger Schußentfernung, so hatten wir ihn jetzt auf mehr als hundert Meter vor uns. Der Bodennebel nahm zu. Ich sah sie beide schemenhaft ihre „Hexenringe" ziehen. „Wir müssen uns im Graben näher heranpirschen", meinte mein Waidgenosse. Ich nickte und folgte ihm in gebückter Haltung.

Jetzt hatten wir uns auf die Höhe des treibenden Bockes herangearbeitet. Ricke und Bock gönnten sich eine Pause und ästen in der Wiese. Wir duckten uns jedesmal im Graben, wenn sie zu uns herüberäugten. Den ziehenden Nebelschwaden nach zu urteilen zog der Wind seitlich an uns vorbei, also günstig für uns. Nur das Büchsenlicht wurde zusehends schlechter. Ich nahm das Glas hoch, um die Schußmöglichkeit zu überprüfen. Revierförster Knüppel flüsterte: „Er steht jetzt breit. Schießen Sie!" Ich lehnte mich mit der Brust gegen die Grabenböschung, stützte den linken Ellbogen auf, brachte Kimme, Korn und das Blatt des Rehbockes in Übereinstimmung und drückte den Abzug. Es klickte, aber es brach kein Schuß. Ich hatte zwar die Waffe gestochen, aber vergessen zu entsichern. Als ich wieder in Anschlag ging, zog der Bock mit der Ricke bereits wieder Kreise. Verdammt noch mal, das war ärgerlich. Knüppel schaute mich verdutzt an. Ich zeigte nur kurz auf die Sicherung. Er nickte verständnisvoll, als wenn er sagen wollte: Das ist mir auch in der Aufregung schon passiert!

Zugegeben, ich war nervös, denn so einen starken Bock hatte ich in meinem Leben noch nicht vorgehabt, geschweige denn geschossen. Wenn nur das Büchsenlicht nicht so schnell schwinden würde! Erneut schaute ich zu den beiden Rehen. Ich traute meinen Augen nicht: Die Ricke stand und ließ sich beschlagen. Nach dem Liebesspiel verhoffte der Bock, als sei er überrascht, es schon geschafft zu haben. Da hatte ich aber auch schon meine Waffe hoch, gestochen, entsichert und angebackt. Ich zog tief Luft ein, hielt den Atem an, um ja nicht den Schuß zu verwackeln, zielte erneut und ließ fliegen. In dem Moment sah ich, wie der Bock die Vorderläufe hochriß und flüchtig abging. Die Fluchten wurden immer schneller und kürzer, bis er nach achtzig Metern zusammenbrach. Die Ricke verhoffte noch eine Weile, zog es dann aber vor, die Wiese trollend zu verlassen.

Der Revierförster streckte mir freudig die Hand entgegen und rief. „Waidmannsheil, das hat ja doch noch geklappt." „Waidmannsdank. Minuten später, und wir hätten wegen der Dunkelheit nicht mehr schießen können", erwiderte ich. Wir traten an das verendete Stück heran. Es war ein wirklich starker Bock, ich freute mich riesig, denn so eine starke Trophäe hing bisher noch nicht an meiner Wand. Ich brach ihn auf, während der Revierförster mir auf seinem Jagdhut einen Bruch von einer am Waldrand stehenden Eiche präsentierte. Ein begeistertes „Waidmannsheil" zeigte seine Freude, mich mit Erfolg geführt und so den Auftrag des Forstdirektors erfüllt zu haben.

Der Leiter des Forstbetriebes Güstrow, Oberforstmeister March, kam verabredungsgemäß mit seinem Dienstwagen, um mich von der Jagd abzuholen. Ich hatte mich in Güstrow einquartiert, da für den nächsten Tag eine große Technikkonferenz angesetzt war, auf der ich das Referat zu halten hatte. Der Direktor freute sich ebenfalls über den Jagderfolg und bot sich an, den Rehbock gleich mitzunehmen, um ihn in der Wildannahmestelle in Güstrow abzuliefern. Wie ihn nun aber transportieren? Einen Kofferraum besaß der kleine F 8 nicht. Kurzerhand holte der Revierförster eine lange Schnur aus dem Rucksack und fing an, den Bock zwischen Kühler und Kotflügel festzubinden. Ich verabschiedete mich von dem Kollegen Knüppel, bedankte mich noch einmal herzlich für den herrlichen Jagdabend und stieg in den Wagen.

Oberforstmeister March nutzte die Fahrt nach Güstrow, um mit mir noch einige dienstliche Fragen zu beraten und sich den einen oder anderen Tip von mir geben zu lassen. Ab und zu schaute er prüfend auf den linken Kotflügel, ob der Bock sich auch nicht von den Stricken gelöst habe. Wir hatten vielleicht noch vier Kilometer Wegstrecke vor uns, als er plötzlich auf das Bremspedal trat: „Der Bock ist weg!" Die Wagentür ließ sich trotz energischen Stemmens mit der Schulter nicht öffnen: der Weg nach draußen war versperrt. „Da wird bestimmt der Bock schuld dran haben", ulkte ich. „Das kann schon sein, denn auf dem Kotflügel liegt er nicht mehr!" Ich stieg an meiner

Seite aus, er hinterher. Als wir um den Wagen herumgingen, sahen wir die Bescherung: Der Bock hing noch am Strick, war aber das letzte Stück der Fahrt seitlich mitgeschleift worden. An der Stelle, an der er Bodenberührung hatte, fehlten die Haare. Man konnte sich an der kahlen Stelle die Hände wärmen. Im Scheinwerferlicht betrachteten wir den rasierten Bock genauer. Er sah auf dem Rücken aus, als hätte er die Räude. Die unbehaarte Decke hatte sich blau gefärbt. Ich tröstete March: „Nur gut, daß wir den Bock nicht so über den Güstrower Marktplatz gezogen haben! Die Passanten hätten womöglich geglaubt, wir würden das Wild nicht mehr schießen, sondern zu Tode schleifen!" Die Geschichte vom „Blauen Bock" hatte sich bald herumgesprochen, und ich mußte sie später meinen Jagdgästen immer wieder erzählen.

Der Herr Professor, leicht zerstreut...

In gewissen Zeitabständen fuhr ich immer wieder für Tage oder Wochen nach Tharandt, um Konsultationen, Seminare und Vorlesungen an der Hochschule zu besuchen. Die Wiedersehensfreude mit einigen Kommilitonen, die ich von der Forstschule Raben Steinfeld her kannte, war groß. Unter ihnen waren beispielsweise Kurt Voelkner und Karl Mehl. Karl und ich saßen während der Vorlesungen zusammen und erlaubten uns manchen Scherz bei den Professoren, die ihren Stoff recht langweilig vortrugen. Die Zwischenprüfungen waren meist aufregend; einige Studenten konnten die halbe Nacht nicht schlafen und wanderten auf dem Flur umher, um den Prüfungsstoff noch einmal zu repetieren. In unserem Zimmer duldeten wir niemanden, der die Nachtruhe störte. Dafür wurde tagsüber jede freie Minute zum Lernen genutzt.

Nach fünfjährigem Studium stand die Abschlußprüfung an; die Diplomarbeit war bereits abgegeben. Ich war mir sicher, mein Möglichstes getan zu haben – mehr war einfach nicht drin gewesen. Da meine Zwischenzensuren sich sehen lassen konnten, ging ich mit einem ruhigem Gefühl in die Abschlußprüfung. Nur vor einem Fach hatte ich „Bammel": vor Maschinenkunde. Professor Pampel, ein bekannter Getriebespezialist, war der Prüfer. Ich mußte an der Tafel die Kräfte berechnen, die auf eine von einem Mann geschobene volle Schubkarre wirken. Es kam mir zunächst komisch vor, statt über eine Maschine über ein mit manueller Kraft bewegtes Gerät geprüft zu werden; ob der Professor Rücksicht darauf nahm, daß die Forstwirtschaft damals in technischer Hinsicht noch sehr bescheiden ausgerüstet war?

Aber eine wissenschaftlich betrachtete Schubkarre ist durchaus nicht ohne. Ich muß sie wohl ziemlich tief in den Dreck geschoben haben, denn Professor Pampel winkte ab und fragte „quer durch den Gemüsegarten" weiter. Dann meinte er: „Es reicht." Was reichte ihm? Daß ich die Karre in den Mist gefahren hatte oder die zum Schluß aus dem Kopf gekramten Formeln, mit denen ich herumgeworfen hatte, um meinen Fleiß zu beweisen? Nach kurzer Beratung wurde ich hereingerufen. Der Professor und sein Beisitzer gratulierten mir zur mit der Note „gut" bestandenen Prüfung. Ich machte innerlich einen Luftsprung, die größte Hürde hatte ich geschafft.

Eines der letzten Fächer war Phytopathologie. Hier ging es um Pilze, die Bäume befallen. Ich war an diesem Morgen nach dem Alphabet der erste Kandidat.

Als ich den Prüfungsraum betrat, entdeckte ich auf einem Seitentisch eine Menge von Pilzen befallene Zweige, die in allen Farben schillerten. Hoffentlich brauchte ich die nicht alle zu bestimmen – manche waren mit bloßem Auge kaum wahrnehmbar. Aber ich mußte zunächst nur Begriffe erläutern wie Myzelium (Pilzgeflecht), Asco- und Basidiomycetes (Schlauch- und Basidienpilze), Myxomycetes (Schleimpilze) und Äzidien (Sporen der Fruchtkörper). Dann ging's doch an den besagten Tisch, und ich hatte zu erläutern, welche Pilze ich kannte. Ich erzählte ihm was über den Rostpilz (cronartium ribicola), der den Blasenrost an Weymouthskiefern erzeugt und als Zwischenwirt die Ribesarten (wie Johannisbeere und Stachelbeere) benutzt, dann spulte ich mein Wissen vom Kienzopf (peridermium pini) herunter, aus dessen zinnoberroten Blasen Ende Mai die Sporen (Äzidien) hervorbrechen. Zum guten Schluß wollte der Professor noch etwas vom Hallimasch (agaricus melleus) wissen. Dieser Pilz war mir schon sympathischer, schließlich ist er eßbar. Der Professor machte einen zufriedenen Eindruck. Ich wartete nervös auf dem Flur, um meine Note zu erfahren; endlich ging die Tür auf und ich wurde erneut in das Zimmer gebeten. Der Professor bat mich, auf dem vor dem Prüfungstisch stehenden Stuhl Platz zu nehmen. Ich war überrascht. Konnte er mir nicht, wie die anderen Prüfer zuvor, die Zensur im Stehen verraten?"

Statt dessen fing er an, mich nochmal zu prüfen: „Erklären Sie mir bitte, was sind Rizomorphen und wo treten sie auf." Ich wurde kreideblaß. War ich etwa durchgefallen? Wurde die Prüfung wiederholt, um mir noch eine Chance zu geben? Ich nahm meinen Mut zusammen und fragte ihn: „Herr Professor, Sie haben mich doch eben geprüft! Warum jetzt noch einmal?" „Ja was wollen Sie denn hier? Warum lassen Sie sich denn noch einmal sehen?", fragte er entrüstet zurück. „Wir sind es gewohnt, unmittelbar nach der Prüfung unsere Zensur zu erfahren." Der Professor schaute den Beisitzer an. Der nickte zustimmend. „Nun gut", sagte er, „gehen Sie nach draußen. Wir werden Sie nach einer kurzen Beratung wieder hereinrufen." Mir fiel ein Stein vom Herzen. Wie konnte man nur so ein schlechtes Personengedächtnis haben? Vielleicht ist es tatsächlich so, wie mir mal eine ältere Dame sagte: „Die Männer in den grünen Uniformen sehen alle gleich aus, man kann sie nicht voneinander unterscheiden." Nach einigen Minuten durfte ich zum dritten Mal hereinkommen. Sie gratulierten mir, ich hätte die Prüfung mit einer Zwei bestanden.

Zum Schluß passierte noch eine kuriose Sache. Es stand das Fach Ertragskunde zur Prüfung an. Gleich nach der Mittagspause mußte ich mich dieser Tortur unterziehen. Der Professor forderte mich auf, ertragskundliche Beziehungen zwischen einem Wirtschafts- und einem Naturwald anzustellen. Das Thema lag mir. Ich redete und redete. Zehn Minuten waren verstrichen, als ich merkte, daß dem Professor die Augen zufielen. Den hatte ich müde geredet, nur weiter so und er würde fest schlafen! Sein Kopf sank allmählich auf die Brust; jetzt fehlte nur noch ein Schnarchkonzert. Der Beisitzer Dr. H. wollte die Situation retten und räusperte sich: „Herr Professor, gestatten Sie, daß ich Herrn Martens eine Zwischenfrage stelle?" Der zuckte nur unmerklich zusammen: „Selbstverständlich, Herr Kollege!" Dabei griff er in die Brusttasche, holte ein Zigarrenetui hervor, steckte sich eine Zigarre an und war binnen Minuten wieder frisch bei der Sache.

Nachdem ich die Zwischenfrage beantwortet hatte, meinte der Professor: „Rauchen Sie auch oder sind Sie Nichtraucher?" „Ja, leidenschaftlicher", antwortete ich. „Dann stört es Sie wohl auch, wenn ich rauche?" Sollte ich jetzt „ja" sagen und meinen Prüfer um seine gute Laune bringen? In solchem Falle ist wohl einer Notlüge verziehen: „Nein, nein!" „Aber, wenn ich mich nicht irre, sind Sie Darßer. Da soll es doch so viele Mücken geben? Ist es da nicht ratsam, zu rauchen?" Jetzt bot er mir eine ungeahnte Gelegenheit, ihn auf das Thema Mücken abzulenken. Damit wollte ich die restliche Prüfungszeit bestreiten. Ich erzählte ihm also ausführlich über Mücken. Als ich dann noch anfing, über die Art und Weise der Mückenvermehrung zu erzählen, winkte er ab und meinte: „Das ist hochinteressant, was Sie alles wissen, aber die Zeit ist leider um. Gehen Sie bitte auf den Flur. Wir rufen Sie gleich wieder herein, um Ihnen Ihre Zensur bekannt zu geben."

Auch diese Prüfung hatte ich mit einer guten Note bestanden. Aber ich glaube kaum, daß es einem Studenten jemals wieder gelungen ist, einen Professor in der Prüfung in den Schlaf zu reden. Egal – endlich hatte ich mein Diplom in der Tasche und alle geistigen, seelischen und körperlichen Strapazen hinter mich gebracht.

Eine erfolgreiche Jagd

Eines Tages wurde im Forsthaus Schelfwerder am Stadtrand von Schwerin eine Wohnung für uns frei. So war es nurmehr einen Katzensprung bis zu meiner Dienststelle. Marga freute sich fast noch mehr, weil sie bequem mit der Straßenbahn überallhin in die Stadt kam. Nun konnten wir auch regelmäßig Theater und Kinos besuchen. Heino und Klaus gingen bereits in die Schule und kamen mit guten Zensuren nach Hause. Der Jüngste, unser Uwe, war auch ein quietschvergnügter Junge; er lief und tollte mit seinen Brüdern auf dem großen Forsthof umher. Marga hatte viel Arbeit im Haus gehabt. Auch die Fußböden hatte sie tagelang so bearbeitet, daß die alte Farbe weichen mußte. Dann wurde die Dielung gespänt und mit neuem Glanz versehen. Leider ging unsere herrliche große Zimmerlinde ein, sie hatte anscheinend die Salmiakgeistdämpfe nicht vertragen. Dafür hatten wir wieder blitzsaubere Fußböden. Schelfwerder am Schweriner See bot uns Möglichkeiten zum Baden, Pilzesammeln und Wandern. Ein herrliches Fleckchen Erde. Aber leider gab es hier Ratten. Von unserer Wohnung aus, die im oberen Stock lag, versuchte ich mit dem Luftgewehr, die im Stall am Futtertrog sitzenden Ratten bei geöffneter Stalltür zu schießen. Aber sobald ich das Fenster öffnete und das Gewehr hinausschob, waren sie verschwunden und ließen sich längere Zeit nicht wieder blicken. Ratten gelten wohl zu Recht als besonders intelligente Tiere, und ich gab es auf.

Im September, die Hirschbrunft war im vollen Gange, lud mich Oberforstmeister Horst Heiden, Direktor des Forstbetriebes Hagenow, zur Jagd ein. Ich sollte dort einen starken Hirsch erlegen. Eines Vormittags klingelte das Telefon in meinem Büro. Es war der Revierförster vom Forstbetrieb Hagenow aus Lüblow. „Ich habe für Sie einen Hirsch ausgemacht, es steht bei mir ein starker ungerader Zwölfender. Sie sollten bald kommen, am besten noch heute, wer weiß, wie das Wetter wird." Ich versprach, in den frühen Nachmittagsstunden bei ihm zu sein. Zum Glück hatte ich an diesem Tag keine Termine mehr. Ich diktierte schnell noch ein paar Briefe und ließ mich vom Fahrer Willy Rump um 14 Uhr von Schelfwerder abholen. Der Revierförster und seine charmante Frau begrüßten mich herzlich. Sie wiesen mir ein Zimmer zu und luden mich zum Kaffee ein. Nachdem wir noch eine kleine Weile geplaudert hatten, meinte der Revierförster: „Ich schlage vor, jetzt schon auf den Hirsch zu gehen, denn gestern stand er sehr zeitig auf der Kahlfläche und schrie. Ich kann leider nicht mitkommen, aber Sie finden sehr leicht dorthin. Zu zweit ist es sowieso schwer, an den Hirsch heranzukommen, weil er etliche Stücke Kahlwild bei sich hat." Er beschrieb mir nun noch einmal den Weg und wünschte mir: „Waidmannsheil."

Ich war vielleicht vierhundert Meter gegangen, als ich einen Hirsch schreien hörte. Die Stimme kam aus der Richtung, die der Revierförster mir als Brunftplatz beschrieben hatte. Sollte das schon mein Hirsch sein? Die Sonne stand noch hoch am Himmel. Es war ein schwülwarmer Herbsttag, für mich ungewöhnlich, zu dieser Zeit einen Hirsch schreien zu hören. Ich bog in die linke Schneise ein und hatte allenfalls noch zweihundert Meter zu gehen. Da hörte ich ihn schon wieder schreien. Dem Klang nach mußte es ein Sprengruf gewesen sein. Gleich müßte ich am Ziel sein. Mir fiel ein, daß ich die Waffe noch gar nicht geladen hatte. Ich schob die 8 x 57 IRS in den Kugellauf und zwei Flintenlaufgeschosse in die Schrotläufe. Langsam pirschte ich vorwärts, blieb ab und zu stehen und leuchtete mit dem Fernglas das links vor mir liegende Altholz ab. Auf keinen Fall wollte ich in der Nähe stehendes Wild vergrämen, das womöglich durch Schrecken oder Mahnen mein Vorhaben zunichte machen würde. Da setzte schon wieder ein Sprengruf ein, dann nochmal und nochmal. Das konnte nicht mehr weit weg sein, redete ich mir ein. Vorsichtig machte ich noch einige Schritte, erhob das Glas und sah plötzlich einen jungen Hirsch, einen Sechser, im Altholzbestand stehen. Er äugte nach vorne. Da mußte der Brunftplatz sein. Jetzt erkannte ich auch, zwischen den Bäumen durchschauend, eine Kahlfläche und einige Stücke Kahlwild.

Also hieß es jetzt, die letzten zweihundert Meter quer durchs Altholz an den Brunftplatz heranpirschen. Ich verließ meine Schneise und machte die ersten Schritte in den Bestand hinein. Dabei behielt ich den jungen Sechser im Auge, der seinerseits halblinks vor mir zu dem Kahlwild äugte. Wenn der mich sähe und abspränge, nähme er wahrscheinlich das gesamte Brunftrudel mit. Jetzt hieß es, von Baum zu Baum, jede Deckung nutzend, vorwärts zu pirschen. Ich hatte Glück: mein Sechser zog nach links ab und verschwand aus meinem Blickfeld. Ich überprüfte den kaum wahrnehmbaren Wind mit dem nassen Finger. Die Richtung war gut. Gefährlich konnte nur das Kahlwild werden, da ein Stück immer äugte und sicherte. Es wurde für mich immer komplizierter; ich zählte über zehn weibliche Stücke, wovon einige sicherten. Nur den Hirsch hatte ich noch nicht zu Gesicht bekommen. Da setzte plötzlich ein voller Hirschruf ein. Herrlich, diese gewaltige tiefe Stimme! Ich hatte sofort das Glas hochgerissen und leuchtete die Fläche ab. Dort, am Rande der Kahlfläche, da stand er! Ein klotziger Hirsch mit einer starken Trophäe. Ich versuchte die Enden zu zählen: Auf der rechten Seite Aug-, Mittelsprosse und vier Enden in der Krone; auf der linken Aug-, Eis-, Mittelsprosse und oben zwei lange Enden, also nur eine Gabel. Es präsentierte sich somit ein ungerader Zwölfender mit sehr langen Stangen und Enden vor mir. Der starke Träger mit der gewaltigen Brunftmähne, die vollausgebildete Wamme, das breite Haupt ließen sofort auf einen alten Hirsch schließen. Er wirkte bullig. Es schien, als hätten die Vorderläufe die Hauptlast zu tragen und stünden fast unter der Mitte des Körpers. Genauso hatte ihn mir der Revierförster beschrieben. Es gab keinen Zweifel: Ein alter reifer Hirsch der Klasse I b, wie er im Buche steht.

Aber noch konnte ich ihm die Kugel nicht antragen, zu viele Bäume standen zwischen uns, der Schuß wäre zu riskant gewesen. Also hieß es: noch weiter ran. Ich wartete einen Moment ab, bis die sichernden Stücke nicht in meine Richtung äugten, um dann wieder einige Schritte von Baum zu Baum zu wagen. Rechts von mir sah ich einen mittelalten Zehner heranziehen, der am Rande des Brunftplatzes verhoffte. Der Platzhirsch eräugte den Rivalen und ließ sich eine solche Dreistigkeit natürlich nicht gefallen. Hochflüchtig stürmte er dem Zehner entgegen und stieß einen Sprengruf aus. Der Zehner ergriff sofort die Flucht und verschwand aus meinem Blickfeld. Der Alte zog langsam zu seinem Kahlwild zurück. Jetzt trieb er ein Stück, das aber sofort mehrere Fluchten nach vorne machte, während der Hirsch einen erneuten Sprengruf ausstieß. Diesen Moment nutzte ich, um wieder vorsichtig zwei bis drei Schritte zur nächsten Kiefer zu riskieren. Schnell warf ich einen Blick zum Platzhirsch, er stand nun inmitten des Rudels. Zwölf Stück Kahlwild waren um ihn herum. Die meisten ästen, während die übrigen sicherten oder wiederkäuten.

Ich schätzte die Schußentfernung ein: hundertfünfzig Meter. Man könnte schon einen Schuß wagen. Aber der Recke stand ungünstig. Einige Tiere versperrten meine Schußbahn. Erneut versuchte er, eine seiner „Damen" zu beschlagen. Es kam Bewegung in das gesamte Rudel, denn er versuchte, bei mehreren Tieren seine Brunftgefühle abzureagieren. Jetzt verhoffte er und röhrte in voller Lautstärke, ein gewaltiger, herrlicher Ruf, der jedes Naturfreundes Herz höher schlagen läßt. Für einige Augenblicke überlegte ich, ob ich durch meinen Schuß diesen herrlichen Anblick zunichte machen solle. Aber bei einem leidenschaftlichen Jäger siegt wohl doch meist die andere Stimme, die einem zuflüstert: „Schieß, wer weiß, ob dir solch eine Gelegenheit noch einmal geboten wird!" Es hat sich in meinem langen Jagdleben immer wieder bestätigt: eine gute Schußsituation in der Brunft, die man nicht nutzt, bereut man später. Auf der Jagd wiederholt sich nichts, eine verpaßte Gelegenheit kommt selten wieder. Da, neben mir ein leises Knacken. Ich wagte nicht die geringste Bewegung, denn auf dreißig Schritt verhoffte ein junger, gut veranlagter Achter, der zu dem Alten äugte. Wenn der mich mitbekam, wäre die ganze Mühe zunichte. Der Achter stand wohl bald fünf Minuten, wie gebannt auf einer Stelle. Ich verharrte ebenfalls reglos. Meine angespannten Muskeln schmerzten, aber die kleinste Bewegung konnte mich verraten. Wieder hörte ich ein lautes Knacken, diesmal vor mir im Altholz. Ich wagte es, den Kopf ganz langsam in diese Richtung zu drehen. Ich traute kaum meinen Augen: Der starke Hirsch kam auf seinen Rivalen zu, verhoffte und stürmte dann auf den Achter los, daß dieser sich auf der Hinterhand herumriß und hochflüchtig das Altholz verließ. Der Alte verfolgte ihn noch gute hundert Meter und verhoffte dann ruckartig. Mit seinem vollen Ruf verkündete er seine Stärke und Überlegenheit. Jetzt zog er majestätisch auf zwanzig Schritt an mir vorbei in Richtung Kahlwild. Ich stand wie angewurzelt und war nicht in der Lage, die Waffe hochzunehmen. Nur gut, daß er rechts vorbeizog, denn auf der linken Seite hätte er Wind von mir bekommen müssen. Er zog gesenkten Hauptes zum Brunftplatz zurück. Da ich ihn nur spitz von hinten vorhatte, war ein Schießen ausgeschlossen, obgleich die Schußentfernung es bequem zugelassen hätte.

Ein Blick gen Himmel zeigte mir, daß dunkle Wolken aufzogen und in der Ferne Donnergrollen zu hören war. Das fehlte noch, jetzt ein Gewitter, und der Brunftabend wäre gelaufen! Mein Recke stand indessen schon mitten zwischen dem Kahlwild und trieb erneut ein Schmaltier, welches sich beschlagen ließ. Anschließend röhrte er laut. Er stand vollkommen breit und frei. Ich riß meinen Drilling hoch und machte eine schnelle Zielübung: jawohl, die Kugel würde an allen Bäumen vorbeifliegen. Das war die Gelegenheit! Ich stach und entsicherte; aber obgleich am Baum angestrichen, merkte ich, daß ich vor Aufregung zitterte und das Jagdfieber mich durchschüttelte. Ich setzte erneut an, da zog der Hirsch schon einige Meter weiter. Eine Kiefer verdeckte sein Blatt, so daß ich wieder warten mußte. Ich sicherte und entstach die Waffe. Mißtrauisch schaute ich erneut zum Himmel. Die dunklen Wolken hatten sich verdächtig genähert. Donner setzte ein. Wieder warf ich einen Blick zum Alten, der einige Meter nach links gezogen war. Ich mußte versuchen, links vom Baum anzustreichen. Ich hatte freie Schußbahn: Es stand kein Baum in der Schußrichtung, und kein Stück Kahlwild verdeckte den Körper des Hirsches. Ich versuchte, mich innerlich zu beruhigen, strich nochmals am Baum an, backte an, stach, entsicherte, atmete tief aus, hielt den Atem an und ließ fliegen. Mein Recke ruckte kaum merklich zusammen und flüchtete mit hoher Geschwindigkeit in den mit Buchen unterbauten Kiefernbestand.

Ich horchte gespannt auf weitere Geräusche. Die Flucht des Hirsches war von dem lautem Brechen der gestreiften Buchenäste begleitet. Dann hörte ich noch einen dumpfen Aufschlag, als wäre er zusammengebrochen. Ich zitterte am ganzen Körper vor Aufregung. Dunkle Wolken hatten sich inzwischen bedrohlich genähert. Es war also Eile geboten, den Anschuß zu untersuchen. Ich ging aus dem Altholz heraus und betrat die Kahlfläche. Ein brunftiger Geruch drang in meine Nase. Das heruntergetretene Molinia-Gras verriet einen schon seit einigen Tagen benutzten Brunftplatz. Ich hatte mir als Anschußstelle einen besonders großen, auffallenden Stubben gemerkt. Hier angekommen, hatte ich hundertachtzig Meter abgeschritten. Zunächst sah ich die starken Eingriffe des beschossenen Hirsches deutlich auf dem Erdboden und, drei Meter weiter, Schweiß. Die roten blasigen Tropfen sprachen für einen guten Lungenschuß. Mein Herz klopfte vor Freude: Der Hirsch müßte nach achtzig bis hundert Metern liegen, sagte ich mir. Langsam ging ich auf der Schweißfährte vorwärts, bis ich in den mit Buchen unterbauten Kiefernbestand gelangte. Es schien eine Rabattenfläche zu sein, denn ich entdeckte in regelmäßigen Abständen Gräben. Zu einem davon führte mich meine Schweißfährte. Sie jetzt noch zu erkennen, bereitete mir in der langsam hereinbrechenden Dunkelheit unter dem dichten Kronendach Mühe. Plötzlich sah ich meinen Hirsch in einem Graben, zusammengekauert. Sicherheitshalber riß ich die Waffe von der Schulter und hielt sie hüfthoch, um notfalls noch einen Fangschuß anbringen zu können. Aber der gewaltige Recke rührte sich nicht mehr. Ich hätte mich vor Freude am liebsten selbst umarmt. Welch ein Koloß!

Ein erneutes lautes Donnergrollen mahnte mich, schnell mit der roten Arbeit zu beginnen. Ich brach schnell noch einen kleinen Fichtenzweig ab, um ihn mir als Schützenbruch an den Jagdhut zu heften. Die entladene Waffe und das Glas abgelegt, zog ich meinen Rock aus; krempelte mir die Hemdsärmel hoch und fing an, den gewaltigen Hirschkörper auf den Rücken zu drehen, um überhaupt aufbrechen zu können. Der Hirsch saß in dem Graben wie eingeklemmt vor mir. Mittlerweile fielen die ersten Regentropfen, und der Hirsch lag noch nicht einmal auf dem Rücken. Mit aller Kraft drehte ich die hintere Hälfte herum und versuchte, die Hinterläufe unter dem Körper hervorzuzerren. Dann ergriff ich die Stangenenden und würgte solange, bis die gesamte Bauchseite und die Brunftmähne nach oben zeigten. Immerhin waren viereinhalb Zentner Gewicht zu bewegen! Einer körperlichen Anstrengung bedurfte es anschließend noch beim Durchschärfen der Brunftmähne, um an die Drossel und den Schlund heranzukommen. Auch das Aufbrechen des Schlosses kostete, trotz meiner am Jagdmesser befindlichen Säge, manchen Schweißtropfen. Mit der roten Arbeit endlich fertig, war mir klar: alleine kriegst du den Koloß nicht aus dem Graben. So war ich gezwungen, ihn eingeklemmt im Graben liegenzulassen, brach aber schnell noch einen handlangen Bruch ab, um ihn dem Recken als letzten Bissen in den Äser zu geben. Da der Zwölfender eine zwangsläufig ungewöhnliche Körperlage hatte, mußte er auf den Inbesitznahmebruch, dessen gebrochenes Ende zum Haupt zeigt, verzichten. Sicherheitshalber verblendete ich das Stück noch, damit ja kein Fuchs das Wildbret anschnitt. Aus diesem Grund legte ich die leere Patronenhülse und einige Zweige auf die Keulen. Ich mußte einkalkulieren, daß der Hirsch erst am nächsten Morgen zur Försterei transportiert werden könnte. Nachdem ich mir die schweißigen Hände am Laub notdürftig gesäubert und den Rock wieder angezogen hatte, zog ich den Hut und verharrte ehrerbietig einige Minuten, um dem Recken die letzte Ehre zu erweisen.

Das Aufleuchten eines Blitzes am Himmel riß mich aus meinen Gedanken. Schwere Regentropfen prasselten herunter. Ich machte mich quer über den Brunftplatz davon bis an die Schneise. Im Laufschritt eilte ich weiter Richtung Försterei. Es goß in Strömen, im Nu war ich durchnäßt. Vollkommen aus der Puste und pudelnaß kam ich im Forsthaus an. Ich klopfte die Schuhe auf dem Vorleger ab, als auch schon der Revierförster aus der Zimmertür kam: „Kollege Landforstmeister, Sie haben aber Pech. Ausgerechnet heute muß ein Gewitter aufziehen. Haben Sie denn wenigstens den Hirsch gehört?" „Was heißt hier gehört", antwortete ich lachend, „der Hirsch liegt!" „Ja, irgendwo im Bestand und ruht sich aus", erwiderte grienend der Förster, in der Annahme, daß ich meine Enttäuschung überspielen wollte. „Nein, nein", beruhigte ich ihn, „ich habe ihn erlegt." „Das kann doch wohl nicht wahr sein! Ist das wirklich wahr?" „Das können Sie mir schon glauben", sagte ich. „Na, dann Waidmannsheil!" „Waidmannsdank!" Er schüttelte mir freudig die Hand, als auch schon seine Frau, die unsere Debatte mitbekommen hatte, im Flur stand. „Na, dann werde ich das Abendbrot vorbereiten. Das wird uns heute abend besonders gut schmecken", sagte sie und war auch schon in der Küche verschwunden.

Ich hängte den nassen Rock an die Garderobe, und wir begaben uns ins Wohnzimmer, wo ich mein Jagderlebnis in allen Einzelheiten erzählen mußte. „Ich muß unbedingt meinen Direktor, den Oberforstmeister Horst Heiden, anrufen", meinte plötzlich der Revierförster, „und ihm melden, daß es geklappt hat. Der wird vielleicht Augen machen!"

Nach dem Telefongespräch sagte er zu mir: „Der Chef kommt sofort 'rüber, so freut er sich über diesen Jagderfolg." Wir saßen am Abendbrottisch und hatten schon mehrmals auf den erlegten Hirsch angestoßen, als er eintrat. Ich mußte erneut das Jagderlebnis zum besten geben. Meine Erzählung wurde immer wieder unterbrochen, um die Gläser klingen zu lassen. Heiden kannte den Hirsch bereits vom Vorjahr und bestätigte, daß ich damit einen guten Erntehirsch gestreckt hatte. In vorgerückter Stunde sagte er plötzlich, als er von meiner für den nächsten Morgen geplanten Heimreise erfuhr: „Morgen früh gehst du noch auf einen Damschaufler. Diese Brunft hat auch schon begonnen." „Um Gottes Willen", sagte ich, „ich freue mich schon riesig über meinen Hirsch. Ich kann doch nicht auch noch einen Damschaufler zur Strecke bringen. Was würden die hier ansässigen Jäger sagen? Nein, nein, ich fahre morgen früh wieder nach Hause. Der Fahrer ist für neun Uhr bestellt." „Ich rufe morgen früh bei Dienstbeginn in Schwerin an, daß der Fahrer erst nachmittags zu kommen braucht", erwiderte Heiden hartnäckig. Geschickt lenkte er das Gespräch in eine andere Richtung, indem er behauptete, daß wir noch gar nicht auf den guten Schuß getrunken hätten. Als wir wiederum die Gläser geleert hatten und wieder vor frisch gefüllten saßen, kam er auf das Thema „Damschaufler" zurück. „Denk daran", fing er wieder an, „daß du mir im vorigen Jahr, als es mit dem Schaufler nicht klappte, versprochen hast, einen neuen Versuch zu starten." Diese Erinnerung zeigte Wirkung, ich hatte noch nie leere Versprechungen gemacht. Ich schaute

ihn prüfend an. „Das kennen wir von dir nicht", sprach er mit Nachdruck, „abgegebene Versprechen nicht einzuhalten." Mit diesem
Nachsatz klappte das Eisen zu; ich saß in der Falle und gab mich
geschlagen: „Trinken wir erstmal auf die Gastfreundschaft, die ich bei
euch genieße."

Der Forstdirektor fing noch einmal an, von guten Schauflern zu schwär-
men. Mir blieb nichts anderes übrig, als ihm ein paar Fragen zu stellen, zumal ich noch keine größeren Kenntnisse über Damwild sammeln konnte. Er erzählte mir von Schlitzschauflern, von Schauflern
mit geschlossenen Schaufeln und von welchen mit O- oder V-förmi-
gen Schlitzen. Es begann in meinem Kopf herumzuschaufeln, als ich
von diesen vielen Formen hörte, wobei auch der Alkohol seine Hand
mit im Spiele hatte. Mir fiel eine lustige Begebenheit ein, die ich mit
meinem Vorgänger, Landforstmeister Naef, vor einigen Jahren erlebt
hatte.

Naef wettete mit einem Mitarbeiter, daß er Damschaufler unmittelbar
an der Straße gesehen habe, als er neulich durch dessen Jagdrevier
gefahren sei. Der aber wies die Behauptung energisch zurück, bei ihm
gebe es kein Damwild und hätte es auch noch nie gegeben. „Doch,
doch", beteuerte Naef, „ich habe deutlich drei Damschaufler gesehen."
„Das stimmt nicht", erwiderte der andere hartnäckig. „Das ist Jägerlatein, was du hier erzählst." „Dann können wir ja um einen Kasten Bier
wetten, wenn du dir so sicher bist" meinte Naef. Sein Gegenüber war
inzwischen auf der Palme: „Das können wir."

„Aber halt, sicherheitshalber wirst du mir schriftlich geben, daß du
Damschaufler bei mir gesehen hast." Walter Naef griff zu Feder und
Papier und schrieb: „Ich habe in Deinem Jagdgebiet drei Damschaufler gesehen." Der Wettpartner las das Papier und steckte es zufrieden
in die Brusttasche. Er ergriff Naefs Hand und ließ sie von einem daneben stehenden Kollegen durchschlagen, um somit die Rechtskraft
ihrer Wette zu besiegeln. „Wie willst du denn beweisen, daß du Damschaufler gesehen hast?", fragte er Naef. Der grinste und sprach: „Von
der Hauptstraße abbiegend, führt doch ein Damm durch dein Jagdrevier?" „Ja", antwortete der andere. „Ja, und?" Waren da nicht neulich
drei Arbeiter beschäftigt, die die im Damm befindlichen Schlaglöcher
mit Splitt zuschaufelten? Hast du diese echten Dammschaufler nicht
bemerkt?" „Oh, verflucht, da hast du mich aber schön aufs Kreuz
gelegt", gab der Verlierer sich geschlagen. „Gib zu, daß du den Kasten
Bier verloren hast", lachte Naef und rieb sich vergnügt die Hände.

„Nein, nein", warf der andere ein, „ich muß noch einmal das Wettdokument überprüfen." Er holte den von Naef geschriebenen Zettel hervor, las ihn und rief aus: „Seht her, Walter hat mir sogar schriftlich gegeben, daß er keine menschlichen Schaufler, sondern tierische gesehen hat, denn er hat seine Damschaufler mit einem „m" geschrieben, während sich seine mit zwei „m" schreiben." Naef, der die gleiche Wette schon so oft bei anderen gewonnen hatte, hatte in ihm seinen Meister gefunden. Aber trotzdem gab er gerne den Kasten aus, auch wenn er diesmal nicht der Gewinner war.

Die Frau des Försters hatte inzwischen wieder für volle Gläser gesorgt. „Nun laßt uns darauf trinken", rief Oberforstmeister Heiden, „daß es morgen mit dem Schaufler klappt. Zum Wohl!" „Dann dürfen wir jetzt nichts mehr trinken", warf ich ein, „denn sonst kommen wir morgen früh nicht aus den Betten, nicht wahr, Kollege Heiden?" Der lachte nur, anscheinend konnte er einen Stiefel vertragen: „Von mir aus kann es die ganze Nacht durchgehen. Ich bin morgen früh munter dabei. Den Schaufler schießt der Landforstmeister trotzdem." „Ich werde euch morgen früh zeitig wecken", versprach die Hausherrin.

Ich träumte in der Nacht von einem starken Schaufler, der auf gute Schußentfernung wie angewurzelt breit vor mir stand, obgleich ich schon dreimal auf ihn geschossen hatte. Da kam er plötzlich in voller Flucht und mit gesenktem Haupt auf mich zu. Ich war nicht fähig, wegzulaufen oder auszuweichen. Entsetzt wachte ich auf und hatte keine Ahnung, wo ich war. Wollten wir nicht heute morgen auf einen Damschaufler gehen? Richtig, die Frau des Försters wollte uns wecken. Sogar zeitig! Ich schaute aus dem Fenster, draußen war es schon taghell. Ich sprang aus dem Bett. In dem Moment klopfte es an meiner Zimmertür, und eine Frauenstimme rief: „Herr Martens, stehen Sie bitte auf. Ich habe die Zeit verschlafen." „Das habe ich schon gemerkt", antwortete ich. Egal, ich hatte ja schon meine Schauflerjagd hinter mir. Kaum hatte ich mich ein wenig frisch gemacht und angezogen, stand der Revierförster in der Tür und entschuldigte sich für seine Frau, daß sie den Wecker nicht gehört hatte. „Wir gehen trotzdem los. Das Damwild zieht während der Brunft den ganzen Tag. Wir werden trotzdem noch Waidmannsheil haben." Mein Widerreden half nichts. Er blieb dabei: „Es glückt schon noch!"

Ich zog meine Waffe durch und rüstete mich zur verspäteten Morgenpirsch. Die Förstersfrau hatte inzwischen den Kaffeetisch gedeckt und ließ nicht locker, wir mußten noch schnell einen Imbiß zu uns nahmen. Das würde ja doch nichts mehr mit der Pirsch, dachte ich bei mir, als das helle Morgenlicht durchs Fenster schien. Endlich standen wir abmarschbereit vor der Försterei. Der Förster nahm seinen Teckel mit, „falls wir noch eine Nachsuche machen müssen". Das fehlte gerade, nach diesem Tagesanfang noch einen schlechten Schuß anzubringen und eine stundenlange Nachsuche zu fabrizieren. Ich beschloß, daß ich mir das nicht leisten konnte.

Wir pirschten die erste Schneise hoch, die nächste wieder runter, immer nach links und rechts nach einem Schaufler Ausschau haltend. Es nieselte. Auch das noch! Als der Regen nicht aufhören wollte, schlug ich vor, nach Hause zu gehen. Bei diesem Wetter würden wir doch nichts sehen.

„Nicht aufgeben", munterte mein Jagdführer mich auf. „Es wird schon klappen." Na, meinetwegen, von Damwild hat er schließlich mehr Ahnung als ich. Es soll ja angeblich tagaktiv sein. Zum Glück hörte jetzt der Regen auf. Plötzlich blieb der Förster stehen, schaute durchs Glas und zeigte auf die links vor uns liegende Kulturfläche. „Was hab' ich gesagt? Da steht ein Schaufler, den können Sie schießen!" Ich nahm das Fernglas hoch und leuchtete die Fläche ab. Tatsächlich, ein Schaufler, auf rund zweihundert Meter Entfernung. „Der steht zu weit", flüsterte ich ihm zu, „außerdem so verdeckt, daß die Kugel gar nicht ankommen würde." „Sie müssen jetzt zurückgehen, in die Schneise links abbiegen, vorsichtig auf den Schaufler zupirschen und dann auf gute Reichweite schießen. Von hier aus den Schaufler anzugehen, hat keinen Wert, da könnte er Wind bekommen." „Kommen Sie nicht mit?", fragte ich. „Nein, ich gehe nur ein Stückchen zurück, um aus dem Wind zu kommen. Wenn Sie geschossen haben, komme ich von hier aus quer über die Fläche 'rüber. Sie werden mich dann sehen. Ich wünsche Ihnen ‚Waidmannsheil'. Seien Sie aber vorsichtig! Damwild kann noch besser äugen als Rotwild."

Ich ging den empfohlenen Weg, der Wind war günstig, er kam von vorne. Ich blieb immer wieder stehen und schaute durchs Glas nach dem Schaufler. Er konnte nicht mehr weit sein. Noch ein paar Schritte riskierte ich, dann sah ich erneut durch das Glas: Hatte sich da nicht eben etwas bewegt? Nochmals zu der verdächtigen Stelle hingeschaut: Jawohl, da ist er. Ich erblickte aber nur die Schaufel. Nanu, stand er womöglich in einem Graben? Noch einmal genauer hingesehen, der Schaufler saß im hohen Gras. Ich nahm sofort hinter einer Birke Deckung, die strauchförmig und brusthoch als Birkenausschlag gewachsen war. Was nun? Räuspern, pfeifen, oder mit dem Ast knacken, damit er aufsteht? Ich hatte keine Ahnung, wie sich Damwild in solcher Situation verhält. Womöglich springt er sofort ab? Also lieber warten. Ich hatte das kaum gedacht, als es wieder zu regnen anfing. Verdammt noch mal, sollte ich wieder ein nasses Fell bekommen? Das würde ich gern in Kauf nehmen, wenn es mit dem Schaufler glückte.

Also weiter ausharren! Immer wieder schaute ich zu ihm. Ich erkannte ein O in einer Schaufel und erinnerte mich an das Gespräch vom gestrigen Abend: Eine Öffnung in der Schaufel deutet auf eine schlechte Veranlagung. Also sitzt dort ein Abschußschaufler, den ich ohne Bedenken schießen durfte. Wenn nur dieser verfluchte Regen nicht wäre! Mein vom Wasser durchtränkter Lodenmantel lastete schwer auf meinen Schultern. Vom Gesicht lief das Wasser herunter in den Kragen. Aber was half's, hier hieß es zeigen, wer die größere Ausdauer besitzt. Hätte ich damals schon meine späteren Jagderfahrungen besessen, hätte ich nur ein knackendes Geräusch verursacht, und mein Schaufler wäre neugierig aufgestanden. So aber unternahm ich nichts dergleichen, ließ mich pudelnaß regnen und lief außerdem noch Gefahr, mir eine Erkältung auf den Leib zu reißen. Allmählich mißmutig geworden, schaute ich wieder nach vorne und schätzte die Schußentfernung ein: Knappe sechzig Meter. Das müßte klappen. Wenn er nur aufstehen würde! Ich schüttelte, des Wartens überdrüssig, das Wasser vom Mantel, nahm den Hut und schwenkte das auf der Krempe angesammelte Regenwasser ab.

Da stand er ja! Ich stülpte den Hut wieder auf den Kopf, riß die Mündungskappe ab, stach, entsicherte, backte an, zielte hoch auf's Blatt und ließ fliegen. Nanu, wo war mein Schaufler geblieben? Ich sah nichts mehr von ihm. War er zusammengebrochen? Ich machte schnell einen Schritt nach rechts, um besser sehen zu können. Da stand er ja immer noch! Wieder riß ich den Drilling hoch und schon brach der Schuß. Diesmal hatte ich mit dem Flintenlaufgeschoß geschossen. Ich sah, wie der Schaufler mit den Hinterläufen ausschlug und flüchtig abging. Was war denn da passiert? Beim ersten Schuß war ich doch gut abgekommen! Aber warum stand er noch? Das Ausschlagen mit den Hinterläufen deutet auf einen mehr nach hinten gefaßten Schuß hin. Ich atmete tief aus, um meine Erregung zu unterdrücken. Hoffentlich hatte ich jetzt nicht doch noch eine Nachsuche fabriziert. Ich ging zum Anschuß: Nichts zu sehen. Als ich in einen

Graben unmittelbar vor mir schaute, glaubte ich nicht richtig zu sehen: Da lag doch ein Schaufler! Wie war so etwas möglich? Ich hatte ihn doch noch mindestens zweihundert Meter weglaufen sehen! Ich sah mir die Schaufel an: Kein Zweifel, dort im Graben lag mein Schaufler mit dem typischen „O" in der Schaufel. Endlich kam mir die Erleuchtung: sollte ich einen zweiten Damschaufler in dem Glauben beschossen haben, ich hätte den ersten noch vor mir? Nun sah ich den Revierförster quer über die Kultur kommen. Kurz vor mir rief er: „Sie haben ihn getroffen! Er ist weidwund!"

„Ja, ich habe ihn getroffen", wiederholte ich und zeigte auf den im Graben liegenden Schaufler. Der Revierförster machte einen langen Hals und warf einen Blick in den Graben . „Das gibt es nicht. Wie ist so etwas möglich? Ich habe doch einen flüchtigen Schaufler beobachten können, der weidwund zeichnete." „Ja", antwortete ich, „es kann nur so gewesen sein, daß ich den zweiten Schaufler vorher auf der Fläche nicht habe sitzen sehen, denn die Ausicht war für mich durch die vielen Birkenausschläge nicht sehr günstig. In der Annahme, den beschossenen Schaufler noch vor mir und vielleicht gar nicht getroffen zu haben, riskierte ich den zweiten Schuß, den ich in der Aufregung leider verwackelt habe."

„Und ich habe angenommen, Sie hätten das erste Mal vorbeigeschossen und schnell noch einen zweiten angebracht. Bei diesem Wetter wäre es kein Wunder gewesen, vorbeizuschießen. Aber ich werde jetzt den Hund schnallen, denn der Schaufler machte einen schwerkranken Eindruck." Sein Teckel nahm sofort die Fährte auf. Zweihundert Meter weiter gab er schon Standlaut. Mein Kollege lief so schnell, wie er konnte, hinterher; ich folgte ihm eiligen Schrittes. Dann hörte ich schon den Fangschuß.

An den Schaufler herantretend, entdeckte ich meinen Schuß, der tatsächlich viel zu weit nach hinten lag. Die Trophäe ähnelte der des ersten Schauflers. „Na, denn ‚Waidmannsheil' für die beiden", sagte der Revierförster, mir einen Bruch überreichend. „Waidmannsdank", erwiderte ich freudestrahlend. „Sie haben recht behalten", fuhr ich fort, indem ich mir den Bruch am Hut befestigte, „es hat doch noch geklappt. Ich hatte es beinahe aufgegeben. Übrigens hat Ihr Hund gut gearbeitet. Normalerweise soll man ja beim Weidwundschuß drei bis vier Stunden warten. Aber den Teckel nimmt das Wild nicht ernst und verhofft in den meisten Fällen, so daß man dadurch den Fangschuß antragen kann."

Nachdem wir beide Schaufler versorgt hatten, traten wir den Heimweg an. Der Revierförster organisierte ein Pferdegespann, mit dem sowohl der Hirsch vom Vorabend als auch die beiden Schaufler aus dem Wald transportiert wurden und machte sich anschließend darüber her, die Trophäen waidgerecht abzuschlagen und sie auch abzukochen, so daß ich sie mit nach Hause nehmen konnte.

In den frühen Nachmittagstunden verabschiedete ich mich überglücklich von beiden, dem Revierförster und seiner Gattin. Das mit den drei Trophäen voll beladene Auto brachte uns dann zurück nach Schwerin. In Schelfwerder angekommen, lud ich zunächst die erste Schauflertrophäe aus und bemerkte, daß sich die Gardine am Fenster meines Wohnungsnachbarn bewegte. Beim Ausladen des zweiten Schauflers konnte ich schon einen Spalt von der weggeschobenen Gardine erkennen. Als dann der große Zwölfender aus dem Auto zum Vorschein kam, sah ich den Vorhang beiseite fliegen, das Fenster sich öffnen und den Kopf meines Forstkollegen herausstecken. „Hast du etwa alles alleine geschossen?", stieß er hervor. „Ja das habe ich. Diana ist mir hold gewesen." Das Fenster knallte zu, die Gardine wurde ratschend zugezogen.

Auch im Forstbetrieb Hagenow hatte sich mein Jagderlebnis schnell herumgesprochen: „So etwas kann sich nur ein Landforstmeister erlauben", hieß es neidisch. „Ein Rothirsch genügt ihm nicht, nein, er muß auch noch zwei Damschaufler schießen. Das ist doch der Gipfel!" Noch nach vielen Jahren kursierten solche Geschichten, jeder erzählte sie auf seine Art. Für mich fiel jedesmal ein kleiner Wermutstropfen in den von Diana gereichten Jagdbecher.

Die Heimat ruft

Eines Tages kam Lidi Völker, meine Sekretärin, in mein Büro und meldete einen gewissen Hubert Seier an. Ich horchte auf: „Hubert Seier? Ich lasse bitten!" Tatsächlich, Hubert kam herein, Hubert, von dem ich seit der Verhaftung in Torgelow nichts mehr gesehen und gehört hatte. Wir lagen uns in den Armen. Mir standen die Tränen in den Augen. „Hubert, sag' mal, wo hast du bloß so lange gesteckt? Nimm Platz und erzähle!" „Das ist eine lange Geschichte – ich werde es aber kurz machen. Bei meiner Verhaftung bist du ja dabei gewesen. Der Grund war eine Denunzierung, wahrscheinlich ein Racheakt. Du weißt, daß ich damals heiraten wollte. Weil wir sehr beengt wohnten, wollte ich noch ein Zimmer von der im Haus wohnenden alleinstehenden Försterwitwe dazu haben, aber die war damit nicht einverstanden. Ich wurde in ein sowjetisches Lager gesteckt und habe dort fast acht Jahre unschuldig verbüßen müssen. Eine große Bitte habe ich: du bist der Chef der Forstwirtschaft im Bezirk Schwerin, hilf mir bitte, eine neue Revierförsterstelle zu bekommen!" „Ich werde mein Möglichstes tun", erwiderte ich. „Was ist denn aus deiner Braut geworden? Ihr wolltet doch damals in den nächsten Tagen heiraten?" „Wir haben uns noch lange Zeit geschrieben. Sie hat es trotz ihres Versprechens dann doch nicht geschafft, auf mich zu warten und einen anderen geheiratet."

In den nächsten Tagen versuchte ich für Hubert Seier ein Revier zu beschaffen. Im ersten Forstbetrieb gelang es mir trotz einer freien Revierförsterstelle nicht; der Vorsitzende des Kreises lehnte es aus „Sicherheitsgründen" ab, einen ehemals von der sowjetischen Besatzungsmacht Verurteilten an der Grenze einzusetzen. So organisierte ich dann für ihn eine Försterstelle in einem anderen Forstbetrieb.

Anfang 1959 bekam ich einen Anruf, daß die Oberförsterei Born auf dem Darß frei würde. Obgleich bereits mehrere Bewerbungen vorlägen, wolle man mir den Vorrang lassen, ich hätte als gebürtiger Darßer ja des öfteren den Wunsch geäußert, dort wieder als Forstmann zu arbeiten. Ich sagte sofort zu, müsse aber selbstverständlich erst eine Freistellung vom Rat des Bezirkes in der Tasche haben. Also suchte ich meinen Vorgesetzten, den Chef der Landwirtschaft auf, um ihn von meinem Vorhaben zu unterrichten. Er wurde bitterböse: das käme überhaupt nicht in Frage. Was mir einfiele, einfach den Staatsapparat zu verlassen. „Du hast die Fähigkeit bewiesen, die Forstwirtschaft im Bezirk zu leiten," ließ er mich ablaufen, „und ich will keinen anderen Leiter haben. Sieh zu, daß du wieder an deine Arbeit kommst!" Auch ein Gespräch mit dem Personalchef brachte kein anderes Ergebnis.

Der Zufall wollte es, daß ich in den nächsten Tagen eine große Treibjagd im Forstbetrieb Perleberg zu organisieren hatte, an der Bernhard Quandt als Hauptgast teilnehmen sollte. Die Nazis hatten Quandt jahrelang im KZ eingesperrt. Nach 1945 machte er sich einen Namen bei der Durchführung der Bodenreform. Ich hatte des öfteren mit ihm dienstlich zu tun gehabt; er war damals in der Landesregierung Minister für Landwirtschaft gewesen; später wurde er Ministerpräsident von Mecklenburg, dann erster Sekretär der SED und Staatsratsmitglied. Bei dieser Treibjagd war er mein Nachbarschütze im ersten Treiben. Ich fragte ihn vor Beginn des zweiten Treibens: „Haben Sie Wild gesehen? Leider fiel bei Ihnen kein Schuß."

„Wild war genug im Treiben. Ich habe Rot-, Schwarz- und Rehwild gesehen. Für mich kam es allerdings zu weit, so daß ich nicht schießen konnte." „Vielleicht gelingt es im nächsten Treiben", tröstete ich ihn. Nachdem wir noch einige Worte gewechselt hatten, wagte ich mich vor: „Ich habe jetzt noch ein privates Anliegen." „Und welches?" „Ich arbeite mittlerweile acht Jahre in der Verwaltung und habe nur einen Wunsch: wieder draußen in der Praxis zu arbeiten." „Und wo?" „In meiner Heimat auf dem Darß. Dort wird die Oberförsterstelle frei. Ich möchte sie gern übernehmen. Wenn ich jetzt nicht zugreife, ist für mich der Weg wahrscheinlich für immer versperrt. Wer einmal auf dem Darß als Forstmann ansässig geworden ist, verläßt dieses herrliche Fleckchen Erde freiwillig nicht mehr." Bernhard Quandt blieb stehen und überlegte einen Moment: „Wer ist denn dagegen, daß Sie dorthin kommen?" „Mein Vorgesetzter, der Chef der Landwirtschaft." „Nun gut, ich werde sehen, was sich machen läßt."

Am nächsten Vormittag erwiderte mein Vorgesetzter meinen Gruß nicht, als wir uns auf dem Flur begegneten. Aha, dachte ich, sollte die Bombe schon eingeschlagen haben? Nach einigen Minuten klingelte mein Telefon. Am anderen Ende der Leitung hörte ich seine Stimme: „Komm sofort zu mir ins Büro!" Jetzt gab es eine Abreibung. Er fing sofort an, scharf zu schießen: „Es ist doch eine bodenlose Sauerei, hinter meinem Rücken mit Bernhard Quandt über Personalfragen zu reden. Ich hatte dir doch gesagt, daß du im Staatsapparat bleiben mußt, weil ich dich hier nicht entbehren kann. Auch die Forstdirektoren der Betriebe wünschen, daß du ihr Chef bleibst." „Mag ja alles stimmen", räumte ich ein, „aber mein sehnlichster Wunsch ist nun mal, die Oberförsterei auf dem Darß zu leiten. Wenn ich diese einmalige Chance nicht nutze, ist für mich der Zug abgefahren. Für mich wäre das der zweite, denn durch die Spaltung Deutschlands ist schon mein Jugendtraum, in der Lüneburger Heide als Forstmann zu wirken, nicht in Erfüllung gegangen. Ich bitte also nachdrücklich darum, mich zum Darß gehen zu lassen!" Er schaute mich mit großen Augen an. „Wenn's nach mir ginge, würdest du hierbleiben. Aber da Bernhard Quandt zugestimmt hat, muß ich mich leider fügen. Aber eines will ich dir sagen: du bleibst auf jeden Fall bis Ende August diesen Jahres hier. Dann kommt Walter Naef von der Hochschule zurück, er wird dich ablösen."

Für mich bedeutete das, noch ein gutes halbes Jahr in Schwerin absitzen zu müssen. Endlich näherte sich der Abschied von meinen Kollegen, mit denen ich über Jahre Höhen und Tiefen der Forstwirtschaft im damaligen Land Mecklenburg und anschließend im Bezirk Schwerin erlebt hatte. Sie alle hatten mich stets unterstützt. Dabei denke ich an Mitarbeiter wie Ruth Gramowski, die mir als versierte Stellvertreterin treu zur Seite gestanden hatte, oder an Hermann Münstermann, der den Holzverkauf meisterhaft steuerte, an Hänschen Beusch mit seinem lebhaften und immer hilfsbereiten Wesen, an Waltraud Rowoldt als zuverlässige Statistikerin, an Gustel Habrich, unseren Investitionsfachmann und Rudolf Plickat als Waldbauer, um nur einige zu nennen. Während ich mich mit einem weinenden und einem lachenden Auge von Schwerin trennte, sah ich bei meiner Frau Marga Tränen in beiden Augen.

Als ich sie über meinen Plan, nach Born zu ziehen, vorsichtig informierte, drängte sie: „Laß uns in dieser schönen Stadt bleiben. Was wollen wir in Born? Da ziehen wir in eine Oberförsterei mit dunklen Zimmern. Ringsherum stehen die großen Eichen, die kein Licht und wenig Sonne ins Haus lassen. Dann der kleine Ort! Hier gibt es viel bessere Möglichkeiten zum Einkaufen, hier haben wir Theater und Kino vor der Tür. Finanziell verschlechtern wir uns auch gewaltig." Es dauerte Wochen, bis Marga sich mit dem Gedanken abfinden konnte, in Born wohnen zu müssen. Da ich von meinem Plan nicht abging, ließ sie sich allmählich umstimmen und fing an, mit mir gemeinsam die Zelte in Schwerin abzubrechen. Wir verließen eine wunderschöne Stadt, die uns ans Herz gewachsen war.

Wieder daheim auf dem Darß

Ich war überglücklich, wieder auf dem Darß Fuß zu fassen. Das Oberförstereigebäude lag noch so vor mir, wie ich es als Lehrling zum erstenmal gesehen hatte: Die herrliche Eibe, die alten Eichen, der Park, die Hundezwinger, die große Scheune, der riesige Stall, die Kutscherwohnung, das Sekretärsgebäude. Auch der hohe Stein, ohne den der korpulente Hermann Göring nie auf sein Pferd gekommen wäre, stand noch an seiner ursprünglichen Stelle. Hier hatte ich den ersten Tag meiner Forstlehre erlebt. Sollte mir das Glück beschieden sein, auch bis zum letzten Tag meiner Forstlaufbahn hier arbeiten zu dürfen? Nur gut, daß der Mensch nicht weiß, welches Schicksal ihm bestimmt ist!

Wir bezogen nun das Haus, in dem der berühmte Freiherr von Raesfeld in den Jahren 1891 bis 1913 residierte. Er hatte hier volle dreiundzwanzig Jahre gewohnt. Marga hatte wirklich recht gehabt: In die Zimmer drang nicht allzuviel Sonne. Aber sollte ich deswegen die herrlichen alten Bäume absägen lassen? Das brachte ich nicht übers Herz. Ich ließ nur ein paar tiefe Äste von der großen rotblühenden Kastanie entfernen, so daß etwas mehr Sonne ins Haus kam. Für Marga gab es viel Arbeit in der neuen Wohnung. Für sie war es bereits die fünfte, die sie einrichten mußte. Das Haus hatte man vor unserem Einzug innen umgebaut. Das große Jagdzimmer und die Küche existierten nicht mehr, so daß Räume für eine zweite Wohnung entstanden waren.

Ich übernahm am 1. September 1959 die Oberförsterei Born. Gleich am nächsten Tag zog es mich in den Darßer Wald. Wir hatten zwar in jedem Jahr unseren Urlaub in Prerow verlebt, wo wir dann mit den Kindern täglich baden gingen oder kleine Waldspaziergänge unternahmen, aber die schönsten Ecken des Waldes hatte ich vor dreizehn Jahren das letzte Mal gesehen. Mir stand als Dienstmotorrad eine kleine 175 ccm „Jawa" zur Verfügung. Aber ich beschloß, heute den Wald in aller Ruhe zu genießen und das Fahrrad zu benutzen. So fuhr ich denn auf dem Prinzensteig in Richtung Großer Stern und überquerte die Brandschneise, die vor Jahren als Feuerschutzstreifen angelegt worden war. Mein Weg führte mich durch herrliche Alt- und Stangenhölzer, links und rechts hohes Farnkrautdickicht. Dabei fiel mir eine Episode ein, die man sich von meinem Vorgänger, dem Oberförster Wilhelm Callies erzählte. Ein Forststudent von der Hochschule Tharandt fragte ihn anläßlich einer Exkursion: „Herr Oberförster, wird denn gegen das viele Farnkraut gar nichts unternommen?" Callies antwortete nur: „Was wäre der Darß wohl ohne das Farnkraut!" Da hatte er nicht unrecht. Der Adlerfarn hat auf dem Darß wohl seine optimalen Wuchsbedingungen gefunden. Er erreicht eine Höhe von teilweise über drei Metern. Es gibt wohl kaum eine Stelle in Deutschland, die Farnkraut in dieser Üppigkeit aufweist. Dieser Adlerfarn bringt Nachteile und zugleich Vorteile mit sich. Nachteilig ist, daß alle kleinen Pflanzen auf den neu angelegten Kulturen überschattet, ja sogar zum Absterben gebracht werden. Der Forstmann ist gezwungen, Arbeiter einzusetzen, um diese gefährdeten Flächen mehrmals im Jahr mähen zu lassen. Das ist natürlich mit viel Aufwand und Kosten verbunden. Die Vorteile liegen darin, daß der Boden durch die Beschattung vor dem Austrocknen geschützt und daher die Waldbrandgefahr geringer wird. Ferner bietet es dem scheuen Wild gute Deckungsmöglichkeiten und Schutz vor den Blicken der vielen Urlauber. Während die Grünmasse des Farns vom Wild nicht geäst wird, bricht das Schwarzwild in der Notzeit an den Wurzelstöcken.

Ich überquerte den Linderweg, durchfuhr die Dickung und machte am Großen Stern halt. Als ich die sternförmig gekreuzten Wege betrachtete, kam mir der Gedanke, überdachte Rastpätze im Darßer Wald bauen zu lassen, um den Wanderern die Möglichkeit zum Ausruhen und zum Unterschlupf bei schlechtem Wetter zu bieten. Meinen Plan verwirklichte ich zwei Jahre später, indem ich beim Großen Stern an der Kreuzung Langseerweg / k-Gestell und an der Buchhorster Maase mit Rohr gedeckte Wanderpilze bauen ließ.

Meine Fahrt führte weiter am Kiepenbruch vorbei, der Wiese, wo ich als Lehrling Wisente einfangen half. Ein Stückchen weiter stand ich dann an der Grabstelle des legendären Altmeisters des deutschen Waidwerks, Ferdinand Freiherr von Raesfeld. Ich zog meinen Forsthut und gedachte einige Minuten dieses Mannes, der für den Darßer Wald, insbesondere für das Wild unendlich viel geleistet hatte. Durch seine Bücher schuf er den Grundstock für weiterführende jagdwissenschaftliche Erkenntnisse. Warum er 1913 den Darß verließ, ist niemals geklärt worden. Tatsache ist, daß es zwischen ihm und den Prinzen Eitel-Friedrich von Hohenzollern Meinungsverschiedenheiten gegeben hat. Von ihm ist die Bemerkung verbürgt: „Wenn kaiserliche Hoheit nochmals auf Rotwild schießen, lasse ich Hoheit als Wilderer behandeln!" Raesfeld verstarb 1929 im Alter von vierundsiebzig Jahren in Marquartstein in Oberbayern und wurde in Prien am Chiemsee beigesetzt. Sein letzter Wunsch aber war, auf dem Darß, wo er dreiundzwanzig Jahre gewirkt hatte, zur letzten Ruhe gebettet zu werden. Eine vom Allgemeinen Deutschen Jagdschutzverein veranstaltete Geldsammlung ermöglichte es, die sterblichen Überreste dieses Forstmannes am 4. Mai 1930 in den Darßer Wald zu überführen. Ich erinnere mich noch, wie ich als Kind die vielen Kutschen, Pferdegespanne und Jäger am Elternhaus vorbeiziehen sah. Sie alle gaben v. Raesfeld das letzte Geleit zur ewigen Ruhestätte inmitten des weiten Waldes.

Der Wunsch v. Raesfelds war gewesen, seine Grabstätte so zu belassen, wie die Natur sie selber schuf. Dem Wild sollte es nicht verwehrt sein, über seinen Grabhügel zu springen. Diesem Wunsch hatte man bisher auch weitgehend Rechnung getragen. Das Grab hatte, wie ich jetzt feststellte, nur eine schlichte Umwehrung aus dünnen runden Eichenschleten. Die uralten, herrlich knorrigen Buchen spendeten Schatten und verliehen der Ruhestätte eine besonders friedlich anmutende Atmosphäre. Ich pflückte einen Strauß aus kleinen Buchen- und Kiefernzweigen und schmückte das Grab, um mich dann mit einer Verneigung von dieser immer wieder die Jäger anziehende Stelle des herrlichen Darßwaldes zu verabschieden.

Leider hat es gleich nach 1945 häßliche Diskussionen gegeben. Da Frhr. v. Raesfeld als „Blaublütiger" den Kommunisten ein Dorn im Auge war, sollte das Denkmal ursprünglich geschleift werden. Zum Glück erinnerte man sich, daß hier nicht bloß ein Gedenkstein war, sondern die Grabstätte eines Forstmannes und Jägers, der international weit bekannt war. In den siebziger Jahren führte ich, so wie immer, Gäste an das Monument und erzählte von den Verdiensten dieses Waidmannes. Unter ihnen befand sich neben mehreren Ministern auch Harry Tisch, zur damaligen Zeit Politbüromitglied und Vorsitzender des „Freien Deutschen Gewerkschaftsbundes". Er nahm mich beiseite, als wir nach meinen Ausführungen die Wanderung fortsetzen wollten, und sagte im barschen Ton: „Das hast du das letzte Mal getan. Hier werden keine Gäste mehr zum Denkmal dieses Blaublütigen geführt!" Ungeachtet dessen sah man mich noch viele Male mit Gästen vor dieser Grabstelle stehen.

Mein Weg führte jetzt an den inzwischen über drei Meter hohen Rotdorn am k-Gestell, Abteilung 132, vorbei, den ich als Lehrling einbinden mußte, um ihn vor Rot- und Rehwild zu schützen. Herrliche Bäume waren aus den kleinen Stämmchen geworden. Ein kleines Stück weiter besichtigte ich einen kleinen Eibenhorst in Abteilung 143. Hier veranlaßte ich, demnächst einige Buchen zu entfernen, um so günstigere Wachstumsbedingungen für die seltene und deshalb unter Naturschutz stehende Eibe zu schaffen, die bei Erscheinen dieses Buches zur „Baumart des Jahres" erklärt wurde. Auf dem Darß hatte es früher – der noch existierende Name „Ibenhorst" bezeugt es – viele Eiben gegeben, die während der Darßbesetzung durch die Dänen in den Jahren 1715 bis 1720 gefällt worden sind. Das Eibenholz wurde nach Kopenhagen verfrachtet, wo es zum Wiederaufbau des abgebrannten Kopenhagener Schlosses diente.

Jetzt hatte ich das Bedürfnis, einen Blick auf den Weststrand zu werfen. Mein Weg führte mich durch die Kastanienallee und an dem auf dem Reff stehenden Gedenkstein vorbei, der anläßlich der Gründung des Pommerschen Forstvereins 1883 gesetzt wurde. Ich durchfuhr nun den Westdarß. Dieser Waldstreifen, der parallel mit der Ostseeküste verläuft, wurde 1957 unter Naturschutz gestellt. Innerhalb dieses Naturschutzgebietes existierten zur damaligen Zeit noch drei Totalreservate, kleine Waldgebiete wie das Ahrenshooper Gehölz, das 1961 zum Naturschutzgebiet erklärt wurde. In diesen Naturwaldzellen darf auch die Forstverwaltung keine waldbaulichen Veränderungen vornehmen. Die Flächen bleiben von menschlicher Hand unberührt, um naturwissenschaftliche Untersuchungen anstellen zu können und zu sehen, was die Natur schafft, wenn der Mensch nicht eingreift.

Knorrige Buchen, urwüchsige Eichen und herrliche Kiefern standen links und rechts meines Weges. Welch ein bezauberndes Bild! Oben auf den Dünen des Weststrandes angekommen, lag das weite Meer vor mir. Der fast wolkenlose Himmel, der herrliche Sonnenschein und die klare Luft ließen meinen Blick über das Wasser bis zum Horizont schweifen. Auffrischender Wind brachte Bewegung in die See. Die mit Schaumköpfen geschmückten Wellen klatschten bis vorn an die Düne. Die letzten Winterstürme hatten gemeinsam mit der Brandung die Düne arg zerklüftet. Stellenweise waren sicherlich ein bis zwei Meter Land von der Düne abgetragen und bei Darßer Ort wieder angelandet worden. Das ewige Schauspiel vom Werden und Vergehen kann man wohl nirgends so gut wie auf dieser Halbinsel beobachten. Es faszinierte mich der Anblick der hier an der Küste stehenden Windflüchter. Sie legen mit Zeugnis ab von dem Wirken der gewaltigen Naturkräfte, von Sturm und Hochwasser. Möge der Rest ihres landeinwärts gerichteten Kronendaches den im Frühjahr und Herbst tobenden Stürmen noch lange Widerstand leisten, damit sie noch viele Jahre das Wechselspiel zwischen Wind und Wasser überleben!

Aber die tobende Brandung kennt kein Erbarmen und reißt die unmittelbar am Dünenrand stehenden Bäume in ihre Fluten. Sie läßt hier und da noch erkennen, daß mehr als hundert Jahre alte Kiefern und Buchen begraben werden, die dann eines Tages vom Meeressand überdeckt und für immer in den Wassermassen verschwunden sind. Man wundert sich, daß die Buche hier schurartig auf dem sterilen Sanddünenboden wachsen kann. Aber man darf nicht verkennen, daß diese kleinen Buchen vor fünzig bis sechzig Jahren noch einhundertfünfzig bis zweihundert Meter landeinwärts unter einem Buchenaltholzschirm ihr Leben begonnen haben und Jahr für Jahr durch die ständige Ablandung dieses Küstenabschnittes der Ostsee näher gerückt sind. Hinzu kommt noch eine verhältnismäßig hohe relative Luftfeuchtigkeit von achtzig bis fünfundachtzig Prozent, die das Wachstum dieser kleinen Buchen fördert. Auf der einen Seite das weite Meer, auf der anderen der malerische, urwüchsige Herbstwald in seinem bunten Kleid. Ich zog nochmals genießerisch die herrliche, saubere Seeluft ein. Überglücklich, nun wieder in meiner schönen Heimat auf dem Darß zu sein, kehrte ich dem Meer den Rücken, schob das Rad aus dem Dünengelände und fuhr zufrieden nach Hause.

Die nächsten Tage verbrachte ich damit, das Büro im oberen Stockwerk einzurichten. Eine neue Aktenordnung war notwendig, um mir den anfallenden Schriftverkehr zu erleichtern. Durch eine große an der Wand aufgehängte Forstkarte verschaffte ich mir einen Überblick über die Lage der einzelnen zur Aufforstung oder zum Holzeinschlag anstehenden Flächen. Die Oberförsterei war sehr umfangreich, da außer den vier Revieren Born, Wieck, Prerow und Zingst auch noch drei Reviere jenseits des Boddens zu ihr gehörten. Die Revierförstertruppe setzte sich aus älteren Kollegen zusammen. Ich ließ von vornherein durchblicken, daß ich auf Zuverlässigkeit, Pünktlichkeit und Fleiß Wert legte. Die Beratungen begannen bei mir auf die Minute. Da ich nie jemanden warten ließ, erwartete ich natürlich auch von jedem Revierförster, daß er pünktlich zu verabredeten Terminen erschien; es sei denn, daß triftige Gründe zur Entschuldigung vorlagen. Aber es gibt Menschen, die sich zwar auf diesem Gebiet befleißigen, aber immer wieder anecken. Sie handeln nach Matthäus 26,41: „Der Geist ist willig, aber das Fleisch ist schwach." Ich denke da an meine frühere Sekretärin in der Forstverwaltung in Schwerin, die perfektes Können am Stenoblock und an der Schreibmaschine zeigte, aber einen Fehler besaß: sie kam fast jeden Morgen zwei bis drei Minuten zu spät zum Dienst. Den begann sie dann mit Tränen, weil ich mit Kritik nicht hinter dem Berg halten konnte. Mir tat sie zwar immer wieder leid, wenn sie vor dem Spiegel stand, um sich erneut Puder und Rouge aufzulegen, aber was half's. Niemand kann über seinen eigenen Schatten springen.

Ein altes Sprichwort besagt: „Es läuft überall ein schwarzes Schaf umher". So fand ich bald auch eins unter den Revierförstern. Er kam grundsätzlich einige Minuten zu spät zu meinen Dienstberatungen, so daß meine Kritik von Mal zu Mal schärfer ausfiel. Er besaß auf der einen Seite viele gute Charaktereigenschaften, wie Fleiß und Hilfsbereitschaft. Aber er konnte nie „nein" sagen, was oftmals zu Versprechungen führte, die er terminlich gar nicht einhalten konnte. Er war derjenige, der sich die meisten Notizen auf den Beratungen machte und jeden einzelnen Termin schriftlich festhielt. Da er sich diese Merkblätter anscheinend nie wieder vornahm, verschwitzte er so manches oder handelte anders als vereinbart. Beispielsweise hatte ich angeordnet, grundsätzlich alle Buchen auf einer zur Aufforstung anstehenden Fläche zu räumen, da sonst später nicht holzproduzierende Lücken entstehen.

Einige Wochen später entdeckte ich während meiner Kontrollfahrt etliche herrliche, alte, knorrige Buchen am Linderweg, einem Hauptwanderweg, gefällt liegen. Mein sofortiges Eingreifen verhinderte einen weiteren Einschlag dieser Laubbäume. Der Revierförster hatte meine Worte nicht befolgt: die Anweisung über den Einschlag von Buchen auf den Kulturen schließt Bäume aus, die an den Wanderwegen stehen und jedes Wandererherz erfreuen.

Auf der nächsten Beratung wertete ich diesen Verstoß aus. Der Revierförster aber bestritt, obgleich mir mehrere recht gaben, eine solche Anweisung von mir gehört zu haben. Da mir die exakte Seitennumerierung seines Protokollbuches schon lange aufgefallen war und ich zufällig die Seitenzahl im Kopf hatte, brauchte ich sie nur als Beweis zu nennen, ihn sein Buch entsprechend aufschlagen und vorlesen zu lassen. Er war selbst überrascht, das Geforderte schwarz auf weiß bei sich im Buch wiederzufinden. Alle Revierförster lachten, während er zugeben mußte, zu recht kritisiert worden zu sein. Ihm fielen während der Beratungen öfter die Augen zu, was ich ebenfalls nicht durchgehen lassen konnte. Er stritt jedesmal ab, die Augendeckel zugeklappt zu haben. So ließ ich ihn eines Tages in Schlaf sinken. Ich merkte, daß seine rechte Hand unkontrolliert Striche mit dem Bleistift fabrizierte, die ägyptischen Hieroglyphen ähnelten. Ich ließ ihn gewähren und sprach unauffällig weiter, behielt ihn aber mit einem Auge unter Kontrolle. Als ihm schließlich der Kopf auf die Brust sank und pfeifende Schnarchlaute zu vernehmen waren, haute ich mit der Faust auf meinen Schreibtisch, daß mein schwarzes Schäflein, wie von einer Tarantel gestochen, aufsprang und sich wild im Raum umschaute. Er nahm wahrscheinlich an, eine Bombe sei eingeschlagen. Alles brüllte vor Lachen. Ich schickte ihn auf den Flur, um fünf Minuten lang zur Entspannung zu rauchen, da dies im Dienstzimmer untersagt war.

In den nächsten Tagen kam mein armer Sünder zu mir und bat mich, für ihn einen Keiler zu erlegen, der angeblich die Kartoffeln aus seinem in der Nähe der Försterei liegenden Acker ausbuddele. Er traue sich nicht, mit seiner Doppelflinte auf so einen großen Keiler zu schießen. Da ich über eine Kugelwaffe verfüge, müßte es für mich ein Leichtes sein, den Keiler zur Strecke zu bringen. Ich versprach ihm, am nächsten Morgen einen Versuch zu starten.

In der Frühe pirschte ich mich an den hinter der Försterei liegenden Acker heran. Es war noch sehr dunkel und auf dem Kartoffelfeld nichts zu sehen. Ich ging hinter einem Schwarzdorngestrüpp in Deckung. Im Morgengrauen leuchtete ich den Acker mit meinem Fernglas ab. Dort, auf hundert Meter, entdeckte ich vor mir einen großen schwarzen Fleck. Er bewegte sich. Der Größe nach mußte es ein verdammt starker Keiler sein, der dort in den Kartoffeln brach. Der leistete ganze Arbeit! Wenn er Nacht für Nacht dort seinen Hunger stillte, wären die Kartoffeln des Försters bald hin. Ich nahm meinen Drilling von der Schulter und machte eine Zielübung. Ja, es müßte gerade so gehen. Das Büchsenlicht könnte ausreichen. Aber er stand noch zu spitz. Ich setzte die Waffe ab, um mit dem Glas noch einmal die Schußposition zu überprüfen. Was war das? Der schwarze Fleck wurde schnell größer! Hatte ich vorher einen schwarzen abgerundeten Koloß als Umriß gesehen, nahm er nun eine ganz andere Gestalt an. Um Himmels willen, dort richtete sich ein Mensch auf! Jemand nahm seinen Kartoffelkorb hoch und kam quer über den Acker auf mich zu. Jetzt erkannte ich die Frau des Försters, die dort bei Nacht und Nebel Kartoffeln gebuddelt hatte. Meine Glieder zitterten. Kreidebleich drehte ich mich um und verschwand hinter der Schwarzdornhecke. Für mich war es eine Lehre fürs Leben. Von meinem Revierförster war es schon mehr als eine grobe Fahrlässigkeit gewesen, seiner Frau nichts von der mit mir abgesprochenen Pirsch auf den Keiler gesagt zu haben. Als ich diese fatale Geschichte einmal einem Jagdgast erzählte, bekam ich feixend zur Antwort: „Bist du sicher, daß der Förster nicht seine Frau mit einem Blattschuß loswerden wollte?"

Ein übereifriger Dorfgendarm

Im Wald selbst gab es für mich reichlich Arbeit. Der Holzeinschlag und die Holzabfuhr wurden zentral von der Oberförsterei gesteuert Mir standen zwei Büroangestellte zur Seite. Überall fand ich anfangs ungerücktes und unabgefahrenes Holz in größeren Mengen vor. Es fehlte an Forstarbeitern für das Holzrücken und das Abfahren. Meine Mühe lohnte sich: Ich überzeugte mehrere Forstarbeiterfamilien, von Ribnitz-Damgarten nach Born umzuziehen. Somit verfügte ich über zusätzliche Arbeitskräfte, die im Fuhrpark gute Arbeit leisteten. Ich denke an Lothar Kaminski, Rudolf Scheewe, Hans Schiemann und den vor wenigen Jahren verstorbenen Anton Langhoff. In den sechziger Jahren wurden jährlich zwölf- bis fünfzehnhundert Festmeter Faserholz nach Berlin und Wittenberge verschifft. Förderbänder erleichterten die schwere körperliche Arbeit. Die Kahnverladung auf dem Darß wurde im Jahre 1967 eingestellt, denn die Bollwerke in Born und Wieck entsprachen nicht mehr den Sicherheitsbestimmungen. Während in den ersten Jahren nach 1945 noch ein hoher Anfall an Brennholz zu verzeichnen war – etwa dreißig bis vierzig Prozent vom Gesamtholzeinschlag – so rechneten wir Ende der sechziger Jahre nur noch mit drei bis fünf Prozent. Das war auf die verstärkte Faserplattenproduktion zurückzuführen. Als Brennholz zählte nur, was starke Holzzersetzung oder eine stärkere Krümmung als fünfzehn Zentimeter pro laufenden Meter aufwies. Eichenholz konnte seinerzeit noch nicht im Faserplattenwerk Ribnitz verarbeitet werden. Meine Oberförsterei lieferte damals rund vier- bis fünftausend Festmeter Holz an dieses Werk. Das Sägewerk Zingst erhielt im Durchschnitt viertausend Festmeter.

Als ich die Oberförsterei übernahm, waren in den zurückliegenden Jahren im Durchschnitt dreißig Prozent Nachbesserungen und Wiederholungen der Kulturen notwendig. Das heißt, jede dritte Aufforstungsfläche mußte neu angelegt werden. Hier spielte der Wildverbiß eine große Rolle. Der Wildbestand hatte ab 1950 stark zugenommen. Aber nicht nur das Wild trug Schuld am Mißlingen der Aufforstungen, sondern auch die unzureichende Entwässerung, das nicht einwandfreie Pflanzenmaterial, die Pflanzmethoden und die ungenügende Kulturpflege. Auch der Rüsselkäfer war für die Kulturen vom Übel. Hier galt es, den Hebel anzusetzen. Meine Kontrollen waren bei der Aufforstung auf vorangehende Entwässerung, gute Pflanzenbehandlung, sorgfältige Pflanzung, rechtzeitige Pflege und die Bekämpfung des Rüsselkäfers gerichtet. So gelang es mir, von Jahr zu Jahr mit besseren Kulturen auf dem Darß aufwarten zu können. Ende der sechziger Jahre lag das Nachbesserungspotential nur noch zwischen vier und sechs Prozent. Aber auch damit wollte ich mich nicht zufrieden geben. So ließ ich seit den siebziger Jahren verstärkt Kiefernsaaten anlegen und sie eingattern. Seitdem wachsen prächtige Kulturen und Dickungen heran, die das Herz jedes Forstmannes höher schlagen lassen. Fleißige Fostarbeiterinnen wie Erna Schütt, Alma Müller, Trudchen Thüm, Lieschen Klossowski, Emmi Müller und Forstarbeiter wie Erich Saremba, Gerhard Franz, Wilhelm Segebarth und andere arbeiteten tatkräftig an der Gestaltung des Darßer Waldes mit.

Ab und zu halfen Arbeiter aus dem benachbarten Forstbetrieb Wismar beim Holzrücken und bei der Abfuhr. Sie quartierten sich in Born ein. Ein junger Traktorfahrer – er hieß Spalkhaver – trat einmal an mich heran, als er mich zur Jagd rüsten sah, um mitgenommen zu werden, da er auch Jäger sei. Ich versprach ihm, daß er nächsten Abend mitkommen dürfte. Peter Spalkhaver stand wie verabredet pünktlich in Jägerkleidung auf dem Hof der Oberförsterei. Wir fuhren gemeinsam mit meiner Jawa auf dem Ibenhorster Weg, dann auf dem kleinen k-Gestell bis an die Abteilung 65. Hier stellten wir das Motorrad ab. Gemächlich pirschten wir die Schneise ab. Es war ein schwüler Sommertag. Die Blattzeit war in vollem Gange. Jetzt kamen wir an einen Eichenbestand. Ich blieb stehen, schaute durchs Glas und entdeckte zwischen den Farnkrautinseln einen Knopfspießer. Man mußte schon zweimal hinschauen, um überhaupt die kleinen, mit der Decke überzogenen Knöpfe auf dem Kopf entdecken zu können. Ich fragte Spalkhaver leise: „Wollen Sie den Bock schießen?" Seine Augen leuchteten. Er erwiderte flüsternd: „Gern, wenn ich darf!" Ich übergab ihm meinen Drilling. Der Bock hatte sich inzwischen aus dem Farnkraut herausgeschoben und äste jetzt, breit stehend, in achtzig Meter Entfernung vor uns. Der Traktorist backte stehend freihändig an, stach, entsicherte und ließ fliegen. Durchs Glas sah ich den Knopfspießer zusammenbrechen. Spalkhaver fragte aufgeregt: „Ich sehe ihn nicht mehr. Habe ich ihn getroffen?"

„Ja, der Bock liegt. Waidmannsheil!" „Waidmannsdank", rief er erfreut. „Damit habe ich ja gar nicht gerechnet, daß ich auf dem Darß einen Rehbock schießen darf." „Ja, als eine kleine Anerkennung für Ihre fleißige Hilfe bei der Holzabfuhr." Er brach den Spießer auf, und wir verstauten ihn in meinem Rucksack. Der junge Mann schnallte ihn sich auf den Rücken, und wir beide begaben uns zurück zum Motorrad. Nanu, wo war denn unsere Jawa geblieben? Wir begannen zu suchen. Mit einem Stock ausgerüstet, hauten wir das hohe Farnkraut links und rechts in der Annahme herunter, böse Buben hätten das Motorrad dort versteckt. Nach einer Viertelstunde eifrigen Schlagens konnten wir zwar eine große, von Farnkraut befreite Fläche bewundern, nur nicht unseren fahrbaren Untersatz. Mir brach der Angstschweiß aus. Sollte man uns die Jawa gestohlen haben? Was war zu tun? Es bestand kein Zweifel: das Motorrad war weg. Ich überlegte: zur Jugendherberge war es näher als zur Oberförsterei; von dort konnte ich zu Hause anrufen. Mit dem Rehbock auf dem Rücken traten wir den Marsch an und wechselten uns beim Tragen ab. Obgleich für einen zu Fuß geübten Jäger keine allzu große Entfernung zu bewältigen war, machte uns doch die drückende Abendschwüle zu schaffen. Der Schweiß stand uns auf der Stirn, als wir vor der Tür der Jugendherberge standen und klingelten. Das Haus war mir noch als Försterei Ibenhorst aus meiner Lehrzeit bekannt. Jetzt ging die Haustür auf. Vor uns stand der Jugendherbergsleiter Rudi Koch, ein wohlbeleibter, vor Gesundheit strotzender Mann, und begrüßte uns herzlich: „Welche Ehre, den Oberförster vom Darß in meiner Hütte zu sehen."

„Mir ist etwas Unangenehmes passiert", fing ich an, um das Gespräch gleich auf das richtige Gleis zu bringen. „Mir hat man das Motorrad geklaut!" Als ich den Satz kaum ausgesprochen hatte, brach er in ein herzhaftes Gelächter aus und hielt sich seinen dicken Bauch. „Was gibt es da zu lachen?", fragte ich entrüstet. „Kommt mal rein. Ich muß euch etwas erzählen." In seinem Büro legte er los: „Stellt euch vor: vor einigen Tagen erhielt die Jugendherberge einen Anruf vom Volkspolizei-Kreisamt, ein Motorrad vom Typ ‚Jawa' sei gestohlen worden. Alle hier übernachtenden Urlauber würden gebeten, Augen und Ohren aufzusperren, um diese Maschine so schnell wie möglich wieder aufzufinden. Ich habe daraufhin sogar eine Prämie für denjenigen ausgesetzt, der dienliche Angaben über den Verbleib der Maschine machen würde. Und vor zwei Stunden kam einer meiner Gäste, ein junger Bursche, und teilte mir freudig mit, eine rote ‚Jawa' am Abteilungsstein der Abteilung 65 gesehen zu haben. Ich rief sofort unseren „Dorfsheriff" an und bat ihn, das Motorrad aus dem Wald zu holen. Da er im Augenblick selber kein Fahrzeug hat, schickte ich ihm von hier aus ein Auto, das ihn zum Fundort brachte."

„Und jetzt?" fragte ich fassungslos. „Ich werde sofort anrufen", antwortete Rudi Koch, „und den Sachverhalt aufklären." Er hatte es kaum ausgesprochen, als es draußen an der Tür klingelte. Ein junger, sportlicher Polizeioffizier streckte uns verlegen die Hand zur Begrüßung entgegen. „Das ist ja eine fatale Geschichte", beichtete er. „Als man mir die ‚Jawa' im Walde zeigte, überlegte ich: das Ding kommt dir bekannt vor. Wo hast du die Maschine bloß schon mal gesehen? In Ermangelung eines Zündchlüssels startete ich die ‚Jawa' mit einem gebogenen Nagel und fuhr damit nach Hause. Von dort rief ich meine Dienststelle in Ribnitz an, anhand des Kennzeichens nachzuforschen, wessen Motorrad ich unter dem Hintern hatte.

Nach wenigen Minuten kam der Bescheid, es handele sich um das Motorrad des Leiters der Oberförsterei Born. Nun fiel es mir natürlich wie Schuppen von den Augen, denn auf diesem Motorrad bin ich ja schon mehrmals zur Jagd mitgenommen worden." Er schaute mich bedeppert an. „Das ist zwar ein tolles Ding, was man mit mir gemacht hat, aber immer noch besser, als wenn die Jawa wirklich gestohlen worden wäre. Dafür gebt ihr mal einen aus, und wir sind wieder quitt", brachte ich mit einem befreienden Lachen hervor.

Einige Monate später erschien bei mir derselbe Polizist und erzählte mir folgendes: „Vorgestern bin ich von einem Lehrer, der im Wald bei Bliesenrade mit Kindern Ferienspiele machte, informiert worden, dort lägen Därme und Innereien einer geschlachteten Kuh. Ich rief sofort die Kriminalpolizei an, eine Spurensicherung vorzunehmen. Der zuständige Kriminalbeamte erschien sofort und untersuchte die Stelle. Von einem Gummistiefelabdruck Größe 43 wurde ein Gipsausguß angefertigt. Ich habe mir nun selber noch einmal den Tatort angesehen und entdeckte in der Nähe das Profil eines Motorradreifens im Sand. Da kam mir doch in den Sinn, das könnte von der mir zur Genüge bekannten ‚Jawa' stammen. Deswegen bin ich hier. Gib zu, du hast die Kuh geschlachtet!"

Ich fing an zu lachen: „Nein, eine Hauskuh habe ich nicht geschlachtet, aber eine Wildkuh. Ich habe dort vor einigen Tagen ein Stück Kahlwild erlegt. Der Lehrer hat den Aufbruch gefunden, wie ich jetzt heraushöre." „Dachte ich mir doch, daß ich schon wieder in eine Blamage hineingeschlittert bin. Nächstes Mal werde ich umsichtiger handeln!" Sprachs und verschwand, nachdem er sich bei mir entschuldigt hatte.

Freud und Leid liegen nah beieinander

Unsere Familie hatte sich inzwischen vergrößert. Im Februar 1961 kam unser vierter Sohn Jörg auf die Welt. Wir holten damals Dr. Lau und eine Hebamme zur Geburtshilfe. Die Wehen hatten bei Marga schon eingesetzt, doch das Kind ließ auf sich warten. Wir saßen im Wohnzimmer und harrten der Dinge, die da kommen sollten. Dr. Lau, ein kleiner, lebenslustiger Mann, hörte meinen Jagderzählungen zu. Die Hebamme, Frau Koppelmann, eine hübsche junge Frau aus Born mit drallen Rundungen, schaute ab und zu ins Schlafzimmer, um bei Marga nach dem Rechten zu sehen.

Wir kamen auf das Turnen zu sprechen. Ich hatte gleich nach dem Einzug in die Oberförsterei ein Reck im Park aufstellen lassen. Ich turnte oft daran, denn ich wollte auf diese Weise auch meine drei Jungen für den Sport begeistern, was mir anfangs nicht so recht gelingen wollte. Erst als ich ein Luftgewehr als Preis für denjenigen in Ausicht stellte, der als erster meine Übungen nachturnen könnte, klappte es. Ich konnte von Stund an meine Jungen täglich turnen sehen, was mir diebischen Spaß bereitete. Zu Weihnachten überreichte ich dann Heino, dem Sieger, ein Luftgewehr. Die beiden anderen erhielten Trostpreise, durften aber auch unter Anleitung ihres älteren Bruders mit dem Gewehr schießen.

Ich hatte mir zu guter Letzt noch einen fatalen Abgang beim Turnen geleistet. Die Jungen schauten gespannt zu, wie ihr Vater einige Übungen am Hochreck turnte. Ich merkte nur noch, daß mir plötzlich bei einer Schwungkippe die Hände von der Reckstange abrutschten, dann flog ich im hohen Bogen in einen Holunderstrauch. Das Krachen der Äste war weithin zu vernehmen. Als ich mich wie ein alter Keiler aus dem Gestrüpp herausschob, hörte ich zunächst Gekicher, dann ein helles Lachen der Jungen. Sie fanden es wohl amüsant, ihren Vater auf allen Vieren kriechen zu sehen. Zum Glück hatte ich mir außer einer leichten Rippenprellung nichts weiter getan.

Ich hatte mir angewöhnt, meinen Gästen ab und zu einen Kognak einzuschenken. Anscheinend zeigte er bei Dr. Lau Wirkung, denn er bot mir das „Du" an und stellte die Frage: „Glaubst du, daß ich nicht auch turnen kann?" „Das glaube ich schon", erwiderte ich, „warum soll ein Arzt mit so einer Figur nicht turnen können." „Ich könnte dir auf Anhieb einen Kopfstand vorführen", rief er begeistert. „Das schaffst du nicht mehr, denn du bist mit über Fünfzig nicht mehr der Jüngste", neckte ich ihn. „Das werde ich dir beweisen." Er sprang aus dem Sessel, zog das Jackett aus, und schon saß er in der Hocke, stützte den Kopf auf den Teppich, wippte mit dem Hintern einige Male hoch und runter, stieß sich mit einem Fuß vom Erdboden ab und streckte die Beine nach anfänglichem Schlenkern kerzengerade in die Höhe. Begeistert in die Hände klatschend, rief ich: „Bravo, bravo!", während die Hebamme sich vor Lachen den Bauch hielt. Dann hörten wir auch schon wieder Marga jammern, von einer Wehe geplagt. Enttäuscht kam nach einiger Zeit die Hebamme zurück und meinte: „Das wird heute nichts mehr mit dem Nachwuchs. In der gleichen Meinung , verabschiedete sich der lustige Arzt von mir mit der Bemerkung: „Sollten in den nächsten Tagen verstärkt Wehen einsetzen, laß mich davon wissen. Ich komme gern wieder."

Bald nach dem freudigen Ereignis der Geburt unseres vierten Sohnes ereilte uns eine traurige Nachricht. Mein einundachzigjähriger Vater war gestorben. Wir betteten ihn auf dem Friedhof in Prerow zur letzten Ruhe. Es war ein Mensch von uns gegangen, der trotz harter Arbeit, vieler Entbehrungen und schwerer Kriegsverletzungen nie den Mut zum Leben verloren hatte. Selten sahen wir ihn mißmutig oder schlecht gelaunt. Sein unermüdlicher Fleiß war beispielgebend bis ins hohe Alter. Uns Kindern imponierte besonders sein witziges und humorvolles Gemüt. Wie oft hatte er uns wieder zum Lachen gebracht, wenn uns Tränen in den Augen standen. Alkohol und Karten haben wir Kinder nie bei ihm gesehen. „Karten", meinte er, „haben so manchen schon Haus und Hof gekostet."

Da ich seine Worte zeitlebens nicht vergaß, bin ich auch kein Skatspieler geworden. Seine Liebe zum Wald und zu Tieren war ausschlaggebend für die Wahl meines Berufes. Seine bescheidene Rente opferte er in erster Linie für meine Ausbildung. Ich hatte deshalb absichtlich in seinem vor dem Tode geschriebenen Testament festlegen lassen, daß ich auf mein Erbteil zu Gunsten der beiden Geschwister verzichte, da ich die Eltern durch mein Studium viel Geld gekostet hatte. Die schönste Freude bereitete ich wohl dem Vater, als ich die Oberförsterei auf dem Darß übernahm. Ihm standen damals die Tränen in den Augen, als er mir zu diesem großen Glück gratulierte. Seine Mahnung: „Vergiß nicht, wo du hergekommen bist. Sei immer gut zu den Arbeitern!" habe ich nie vergessen.

So standen wir an seinem Grabe und neigten uns zum letzten Mal ehrfurchtsvoll vor diesem Toten, dessen irdisches Leben nun für immer zu Ende gegangen war. Ich warf einen Strauß von Zweigen seiner geliebten Waldbäume zum letzten Abschied auf seinen Sarg. Viele Trauernde, die ihm das letzte Geleit gegeben hatten, drückten uns zum Trost in dieser schweren Stunde die Hand.

Der „braune" Schlitten

Im Jahre 1962 hatte sich eine Jagdgesellschaft auf dem Darß gegründet, und für das Jagdgebiet Born hatte man mich als Leiter eingesetzt. Dieser Jagdgesellschaft gehörten Waidgenossen der verschiedensten Berufsgruppen an; alle hatten ihre Jagdprüfung vor der Prüfungskommission der Kreisjagdbehörde abgelegt.

Als ich 1959 die Oberförsterei übernommen hatte, entdeckte ich mehrfach auf den Höfen der Borner Bürger Rehe und Frischlinge, die verbotenerweise als Haustiere gehalten wurden. Ich ließ sie kurzerhand in den Rostocker Zoo bringen. Auch der Revierförster, mein „schwarzes Schäflein", zog einen Frischling groß, den ein Bürger ihm aus dem Wald herangeschleppt hatte. Dieser kleine Kerl wuchs zu einem stattlichen zweijährigen Keiler heran. Meist fütterte ihn die Frau des Försters. Er hörte auf den Namen „Wutz". Um unliebsame Berührungen mit Besuchern zu vermeiden, sperrten sie ihn in den Stall und ließen ihn nur zu bestimmten Fütterungszeiten auf dem Hof umherlaufen.

Eines Morgens, die Förstersfrau hatte im Dorf zu tun, ließ der Revierförster den Keiler heraus, um ihn zu füttern. Der stürzte sich gierig auf den mit Eicheln und anderen Leckerbissen gefüllten Futtertrog. Nach geraumer Zeit sollte er zurück in den Stall, weil der Förster ins Revier mußte. Aber Wutz dachte gar nicht daran, den schönen, geräumigen Hofplatz mit der muffigen Behausung zu vertauschen. Jedes Mal, wenn der Förster: „Wutz, Wutz, komm her!" rief, warf dieser zwar kurz auf, lief aber sofort in die andere Hofecke. Der Förster wurde gereizt und drohte mit einem langen Knüppel: „Wenn du jetzt nicht in deinen Käfig gehst, kriegst du was mit dem Stock!" Der Keiler nahm keine Notiz davon und flüchtete an den Trog, obgleich er schon prall und rund war. Nun lief dem Förster doch die Galle über: Mit hochgehaltenem Knüppel lief er auf Wutz zu und zog ihm anständig einen rüber. Der quittierte den Schlag mit einem lauten: „Wuff, Wuff" und ging hochflüchtig ab. Er verhoffte in der Hofecke, äugte, als sinne er auf Rache, und stürmte dann los. Der Revierförster konnte gar nicht so schnell schalten, wie Wutz ihm zwischen die Beine sauste und ihn hochschleuderte. In dem Moment kam die Förstersfrau aus dem Dorf zurück, sah ihren Mann auf der Erde liegen und konnte ihn gerade noch vor dem nächsten Angriff des Keilers retten, indem sie „Wutz, Wutz" rief. Ihr folgte der Keiler gehorsam wie ein Hund in den Stall.

Der Förster hatte sich inzwischen hochgerappelt und humpelte wutentbrannt ins Haus. Hier untersuchte er den körperlichen Schaden: Eine klaffende Wunde legte Zeugnis von seinem Zweikampf ab. Der Arzt mußte die Wunde nähen und ordnete Bettruhe an. Das war die größte Strafe, die dem Grünrock blühen konnte, denn er war in seinem Leben kaum jemals krank gewesen. Auch später habe ich ihn bis zu seinem Rentenalter nie wieder bettlägerig erlebt.

Also sann er jetzt auf Rache: Wutz sollte sein Leben lassen, um einen weiteren Zwischenfall mit eventuell noch böserem Ausgang zu verhindern. Im Krankenbett heckte er seinen Plan aus. Er ließ eine Glasscheibe aus der Verandawand herausnehmen, um den für den „Mord" bestellten Jäger gute Schußmöglichkeit zu schaffen. Kurz vor Durchführung seines Planes besprach er alle Einzelheiten mit seinem eigens angereisten Sohn, der beim Zoll Dienst tat, und dem Jäger. Der Waidgenosse stand schußbereit in der Veranda und hielt seine Waffe aus der Schießscharte heraus, während der Sohn des Försters die Tür des Schweinegefängnisses aufriß, sofort in die nächste offenstehende Stalltür hineinsprang und sie hinter sich zuschlug. Wutz stürzte aus seinem Verlies und drehte einige Runden auf dem Hof. Der Plan des Anschlages geriet in Gefahr, da der Keiler nicht, wie ursprünglich angenommen, zum gefüllten Trog lief, sondern anfing, den Hof umzubrechen. Damit war er aus dem Schußfeld des Jägers verschwunden. Als er sich nach geraumer Zeit um die Hausecke wagte, war's aber doch um ihn geschehen: der Schuß krachte und Wutz hauchte sein Leben auf der Stelle aus.

Die Frau des Försters, eine fleißige und intelligente Frau, arbeitete etliche Jahre als Sekretärin bei mir im Büro. Als ihr Mann das Rentenalter erreichte, kauften sie sich ein Häuschen auf dem Darß und beschlossen dort im hohen Alter ihr arbeitsreiches Leben. Ihren einzigen Sohn hatten sie Jahre vorher zu Grabe tragen müssen; er war eines Tages von seiner Tochter tot in der Wohnung aufgefunden worden. War es Gram gewesen, der sein junges Leben beendet hatte? Man weiß es nicht. Tatsache ist, daß er kurz vorher seinen Dienst beim Zoll hatte quittieren müssen, weil er einen „Westkontakt" seiner Dienststelle nicht gemeldet hatte. Sein „Vergehen" in den Augen der Herrschenden war, daß er bei seinen Eltern auf dem Darß zufällig eine Verwandte aus Westdeutschland angetroffen und sich kurz mit ihr unterhalten hatte.

186

Schon wenige Tage nach meinem Amtsantritt auf dem Darß hatte ich einen Anruf vom damaligen Ersten Sekretär der SED in Ribnitz-Damgarten erhalten: „Ist für mich schon ein Hirsch ausgemacht?" Ich antwortete entrüstet: „Wie soll ich schon wissen, wo hier Hirsche stehen, ich habe doch kaum den Fuß auf den Darß gesetzt!" Am übernächsten Tag rief er erneut an: "Na, was ist? Habt ihr für mich schon einen angebunden?" Das Wort „angebunden" brachte mich zur Weißglut. „Hirsche lassen sich nicht anbinden", motzte ich zurück. Ein Wort ergab das andere, er knallte wütend den Hörer auf und fortan waren wir geschiedene Leute. Ich atmete auf, als ich von seiner Versetzung erfuhr.

Eines Tages bekam ich einen Anruf von der Bezirksjagdbehörde. Ich sollte für Karl Mewis, den ersten Sekretär der Bezirksleitung, eine Treibjagd organisieren, müßte aber, da er herzkrank sei, einen kleinen Schlitten besorgen, um ihm das Laufen zu ersparen. Ich hatte ihn bereits kennengelernt, denn einige Wochen nach dem Vorfall mit dem Kreissekretär hatte ich den Auftrag erhalten, Mewis einen Hirsch schießen zu lassen. Ich war damals noch unschlüssig, wohin ich mit ihm gehen sollte, weil ich noch keinen Überblick über die Standorte guter Hirsche hatte. Da fielen mir die „Weberbuchen" ein. Der alte Revierförster Bladt aus Wieck hatte mir den Ursprung dieser Standortsbezeichnung erklärt: Ein General namens Weber habe nach dem ersten Weltkrieg an dieser Stelle einen starken Hirsch erlegt. Zu Ehren dieses Offiziers wären die dort stehenden starken Buchen am Nordweg, in der Nähe der Buchhorster Maase, auf seinen Namen getauft worden. So sagte ich mir, wenn es dort damals auf Anhieb gelang, warum sollte es nicht noch einmal klappen, zumal dort starke Wechsel an die große Wiese führen.

Ich stellte mich also mit Mewis abends an diese Stelle hin. Hochsitze gab es zur damaligen Zeit kaum. Schon nach wenigen Minuten zog ein starker Vierzehnender aus dem Bestand, stellte sich auf siebzig Meter breit vor uns und äugte uns an. Ich flüsterte Mewis zu: „Schießen Sie, es ist ein reifer Hirsch." Er backte an und ließ fliegen. Der Vierzehnender brach auf der Stelle zusammen, mein Jagdgast hatte ihm einen Hochblattschuß angetragen. Als wir den Hirsch näher untersuchten, entdeckten wir, daß er nur mit einem Licht äugen konnte, das andere hatte er wahrscheinlich durch das Forkeln eines Rivalen verloren. Das war auch der Grund gewesen, warum er uns vorher nicht eräugen konnte.

Die glücksbringenden Buchen heißen nach wie vor Weberbuchen, obgleich damals Stimmen laut wurden, sie umzutaufen. Für denselben Jagdgast sollte ich nun einen Schlitten besorgen. Ich ließ mir sagen, daß ein alter Forstarbeiter noch einen Jagdschlitten habe und ging zu ihm. „Ja, ich habe einen Schlitten, den stelle ich gern für diesen Tag zur Verfügung", meinte er. Ich machte ihm klar, daß wir selber Pferde hätten und daher nur den Schlitten benötigten. Aber er blieb stur: „Nein", antwortete er, „wenn schon, dann spanne ich mein Pferd an und fahre selbst den Gast." „Um so besser", gab ich mich zufrieden, „dann können sich unsere Pferde übers Wochenende ausruhen."

Er begleitete mich bis an die Gartenpforte und äußerte zum Verabschieden: „Wissen Sie, Herr Oberförster, ich bin sehr stolz auf diesen Schlitten." „Warum denn?" „Er ist ein persönliches Geschenk an mich. Vom Reichsführer SS Heinrich Himmler!" „So, so", antwortete ich bedeppert. Mir lief eine Gänsehaut über den Rücken. Sollte ich dem alten Mann erzählen, daß Himmler einer der größten Verbrecher der NS-Zeit gewesen war? Er hätte es wahrscheinlich nicht mehr begriffen. Ich brauchte unbedingt seinen Schlitten, und Mewis konnte ja nicht wissen, wer vorher darauf gesessen hatte, sagte ich mir. Außerdem lag es für mich auf der Hand, daß es sich gar nicht um ein persönliches Geschenk handeln konnte; vermutlich war der Schlitten ihm nach dem Zusammenbruch 1945 auf der Oberförsterei „zugelaufen". Himmler, der beim Forstmeister Mueller zur Jagd kam, hatte diesen Schlitten in der Tat benutzt.

Ich schwitzte am Tag der Treibjagd Blut und Wasser. Mewis saß ahnungslos auf dem Himmlerschen Schlitten und ließ sich von dem Borner Kutscher fahren. Nach jedem Treiben erkundigte ich mich nach Befinden und Jagdglück des Gastes, denn ich mußte damit rechnen, daß der Kutscher ihn voller Stolz fragen könnte: „Wissen Sie auch, auf welchem berühmten Schlitten Sie gefahren werden?" Der Ausgang einer solchen Bemerkung hätte womöglich üble Folgen gehabt, zumal Mewis, wie ich wußte, schwer herzkrank war. Aber die Jagd verlief zum Glück ohne Zwischenfall. Da er auch noch ein Alttier schoß, verabschiedete er sich hochzufrieden von uns. Allerdings sollte ich bald unliebsam mit ihm zu tun bekommen. Aber davon soll noch später die Rede sein.

Eine Sau verschwindet spurlos

Es sollte ein Jägerfest organisiert werden. Dazu benötigten wir Wildbret. Der Vorsitzende unserer Jagdgesellschaft, Jürgen Beu, unterbreitete den Vorschlag, eine Schwarzwildfährte auszulaufen; bei diesem Schnee wären die Bedingungen hierzu ideal. Der Vorschlag leuchtete mir ein, und wir trafen uns am m-Gestell. Es hatte über Nacht erneut geschneit, und der Neuschnee ließ ein Abfährten frischer Spuren sehr gut zu. Wir pirschten gemeinsam auf dem m-Gestell, Richtung Norden. Einer sah nach links, der andere nach rechts, immer nach Saufährten auspähend. Hinter dem „Sandbahnhof" – einer Sandentnahmestelle – rief Beu plötzlich: „Hier ist eine Schwarzwildfährte, parallel zum Weg." Ich schaute sie mir an: „Die stammt von einem handlichen Überläufer. Laß sie uns auslaufen."

Beu nickte zustimmend. Wir einigten uns: Ich lief unmittelbar neben der Fährte und er zwanzig Meter links davon, so daß für uns beide eine Schußmöglichkeit gegeben war. Nach rund zwanzig Metern lief eine zweite Überläuferfährte mit der ersten zusammen. Also hatten wir es schon mit zwei Schwarzkitteln zu tun. Im Schrittempo durchquerten wir das Altholz. Einige kleine Fichten mahnten uns jetzt zur Vorsicht: Hier könnten die beiden Schwarzen sich eingeschoben haben. Und dann passierte es auch schon: Vor mir bewegten sich die Fichtenzweige. Schon sah ich grau-schwarze Wildkörper, die sich unter dem Fichtengeäst hervorschoben. Von einer Schneewolke umhüllt, flüchteten beide vor mir nach rechts weg. Ich riß die Waffe hoch, backte an, hielt etwas vor und ließ fliegen. Der getroffene Überläufer rollierte und blieb sechzig Meter weiter liegen. Von dem zweiten sah ich nur noch die Hinterläufe, als er im Stangenholz verschwand. Der Vorsitzende kam auf mich zu: „Waidmannsheil. Das war ein Meisterschuß." Wir traten an das Stück heran. Der gute Blattschuß bestätigte das Lob.

Nachdem ich den Schwarzkittel aufgebrochen hatte, schleppten wir ihn beide ans m-Gestell. Ich legte eine leere Patronenhülse und einige Fichtenzweige auf das Stück, um einem Anschneiden durch den Fuchs vorzubeugen. „Ich werde Rudi Koch, den Herbergsleiter von Ibenhorst, heute abend anrufen. Der kann ihn mit seinem Moped und Hänger aus dem Walde transportieren", meinte der Vorsitzende. Ein weiterer Versuch, eine Fährte auszulaufen, gelang uns nicht mehr. Wir brachen unser Unternehmen ab und verabschiedeten uns.

Ich wollte gerade mein Motorrad besteigen, als ich einen schlecht veranlagten Rotspießer über die Schneise wechseln sah. Die Waffe schnell wieder ausgepackt und geladen, dann pirschte ich vorsichtig die Schneise hoch und erblickte den Spießer im Bestand. Anbacken, Zielen und Abdrücken verlief blitzschnell. Der Hirsch zeichnete und ging flüchtig ab. Mit Hilfe des Glases erkannte ich, daß ich den Hirsch laufkrank geschossen hatte. Verdammt noch mal, entfuhr es mir, das hast du nun vom schnellen Schießen! Ich machte mir bittere Vorwürfe. Da ich keinen Hund bei mir hatte, sah ich mich genötigt, die Nachsuche für den nächsten Tag zu organisieren. Ich verbrach sowohl den Standort als auch den Anschuß und trat den Heimweg an.

Zu Hause angekommen, verständigte ich sofort Jürgen Beu. Da er am nächsten Tag keine Zeit für die Nachsuche hatte, schlug er Dr. Kajewski, Dozent an der Seefahrtsschule in Wustrow, als Helfer vor. Dieser willigte ein, und wir trafen uns an der Anschußstelle. Dr. Kajewski, ein Hüne von einem Kerl und ein leidenschaftlicher Jäger, erklärte sich bereit, der Hirschfährte nachzugehen, die reichlichen Schweiß erkennen ließ, während ich mich auf der anderen Seite der Abteilung vorstellte. Nach fünfzehn Minuten kam mein Helfer angestapft, ohne Erfolg: „Das sieht nicht gut aus. Der Schweiß nimmt immer mehr ab." Das war vorauszusehen gewesen. Bei Laufschüssen findet man zunächst sehr viel Schweiß, der dann nach einigen hundert Metern stark nachläßt. Auch die nächste Abteilung brachte uns keinen Erfolg. Den Schweiß fanden wir nur noch tröpfchenweise. Ich machte den Vorschlag, mich zu vergewissern, ob der Hirsch nicht womöglich auch die nächste Abteilung durchquert hätte, denn so könnten wir uns eventuell unnötige Arbeit ersparen. Falls ich eine Fährte entdeckte, gäbe ich es durch lautes Rufen bekannt. Ich umschlug die Abteilung und fand tatsächlich einen winzigen Tropfen Schweiß, der darauf hindeutete, daß der Spießer in die nächste Dickung hineingewechselt war. Ich rief Dr. Kajewski heran und bat ihn, zehn Minuten zu warten, bis ich mich wiederum auf der anderen Seite vorgestellt hätte.

In dem Moment hörten wir ein Motorgeräusch. Rudi Koch, der Herbergsleiter, tauchte mit seinem Moped auf. Da ich keinen Überläufer im Hänger liegen sah, fragte ich ihn, wo er das Schwein gelassen habe. „Das frage ich dich", antwortete er gereizt. „Ich kurve hier schon eine Stunde umher und finde die verfluchte Sau nicht. Jürgen

Beu muß mir die Stelle falsch beschrieben haben." „Welchen Ort hat er denn angegeben?" „Am m-Gestell, in Abteilung 95." „Das stimmt", antwortete ich ihm. „Es ist unmöglich. Der Überläufer muß dort liegen." „Dann ist er geklaut worden. Ich habe jetzt keine Zeit mehr. Ich muß zurück zur Jugendherberge. Ihr seid ja schon in der Nähe der vermeintlichen Stelle. Überzeugt euch selbst." Er sprang aufs Moped und donnerte wütend ab. „Wir werden noch einen Versuch auf den Rotspießer unternehmen", sagte ich zu Kajewski, „und dann selbst einmal nach dem Überläufer schauen." Ich stellte mich, wie vereinbart, auf die andere Seite der Dickung in der Abteilung 103 hin. Da ich keine Fährte beim Anstellen fand, wuchs meine Hoffnung, den Hirsch hier anzutreffen.

Es vergingen keine fünf Minuten, als ich ein leises Knacken vernahm. Den Drilling von der Schulter genommen, schaute ich gespannt in die verdächtige Richtung. Die knackenden Geräusche näherten sich. Siehe da, mein Hirsch zeigte sich. Jawohl, er war tatsächlich laufkrank, denn er schonte den linken Vorderlauf. Kaum verhoffte er, schoß ich. Er machte noch einige Fluchten und brach dann zusammen. „Gott sei gelobt", entfuhr es mir. Ein guter Blattschuß hatte ihn von seinen Qualen erlöst. Ich schwor mir, nie wieder zu schnell zu schießen. Kajewski kam schweißgebadet aus der Dickung und klopfte sich den Schnee ab. Ich bedankte mich herzlichst für seine gute Unterstützung. Er hatte wirklich allerhand geleistet, indem er trotz seiner Körperfülle durch den Schnee gestapft war und sich sogar durch die Dickung gequält hatte.

Hocherfreut brach ich den Hirsch auf. Nachdem ich ihn verblendet hatte, sagte ich zu meinem Gefährten: „Jetzt müssen wir nach der geklauten Sau schauen." Wir gingen quer durch die Abteilung 113. Von weitem sahen wir zwei Männer, die dort Holz zerkleinerten. Ich trat an sie heran und erkannte einen der Holzwerber, es war ein Bürger aus Born. Der andere war mir unbekannt. „Guten Morgen. Na, was treiben Sie hier Schönes?", begann ich das Gespräch. „Wir dürfen uns hier von den trocknen Bäumen Brennholz machen." „Von welchem Förster haben Sie die Erlaubnis erhalten?" „Von Förster Bladt aus Wieck!" „Sagt mal, wo habt ihr das Wildschwein gelassen, was dort am Weg gelegen hat?" „Welches Wildschwein? Wir haben keins gesehen. Wo soll das gelegen haben?", fragte er seinen Kumpel. Forschend sah ich dem Gefragten ins Gesicht. Der zögerte mehrere Sekunden mit seiner Antwort, und ich entdeckte bei ihm ein leichtes Wimpernflackern und nervöses Zucken, das mir verdächtig erschien. Ich griff ihm beim Arm, zog ihn beiseite und flüsterte ihm zu: „Wenn ihr jetzt die Wahrheit sagt, passiert euch nichts. Im anderen Falle muß ich euch anzeigen, und das wird dann nicht ohne Strafe ausgehen. Also, wo habt ihr das Wildschwein gelassen?" Als er ängstlich zu seinem Nebenmann blickte, war für mich sonnenklar, daß die Diebe vor mir standen. Mit Nachdruck fragte ich: „Na, wo?" Nach einigem Zögern zeigte er in die Richtung des m-Gestells und erklärte mir, sie hätten es in den Graben gezogen und mit Schnee abgedeckt. Wir überzeugten uns: tatsächlich, sie hatten saubere Arbeit geleistet, den Überläufer mit Schnee so verblendet, daß die Kriminalpolizei nur mit Hife eines Spürhundes in der Lage gewesen wäre, diesen Fall aufzudecken. Somit hatten wir den Schwarzkittel wieder, obendrein noch einen Rothirsch. Die Wildbretversorgung für unser geplantes Jagdfest war damit gesichert.

Aus der Luft wird die Landwerdung am Darßer Ort besonders deutlich.

Windflüchter am Weststrand, ein markantes Wahrzeichen für den Darß

Abbruchkante am Weststrand

Der Wald hat vom alten Meeresufer Besitz ergriffen.

Der „Große Stern", Hauptorientierungspunkt für Wanderer im Darßer Wald

msichtige Waldpflege gibt auch dem Wacholder seinen Lebensraum

Im Winter 1982 wird das neue Forstamt ein Raub der Flammen

Das Gebäude nach dem Wiederaufbau 1983

Der Orkan des Jahres 1967 hinterließ im Darßer Wald große Verwüstungen

Dorfstraße im Ferienort Born

Der Prerower Strom, von der Hohen Düne aus betrachtet

Jagdgäste aus Kuba sind gelandet

Der Autor gratuliert Generalforstmeister Rüthnick (l) zum Jagderfolg

Jagdleiter „Otti" Werner mit einem
starken Darßer Keiler

Generalforstmeister Horst Heidrich
mit seinem Darßer Hirsch

Diesen kranken Hirsch erlegte der
Berliner Oberbürgermeister Kraack

Der stärkste nach 1945 auf dem Darß vom damaligen Minister Halbritter
erlegte Hirsch

Otto Böhm (r.) von der Borner Jagdgesellschaft an seinem Abschußhirsch,
zusammen mit dem Autor.

Sylvesterparty in der Jagdhütte

Allmählich hatte ich mir einen Überblick über alle Forstorte auf dem Darß verschafft. Meine Arbeit war insofern erleichtert, als die Forstreviere jenseits des Boddens als Oberförsterei Barth verselbständigt wurden. Die Höhe der Holzeinschlagsmenge lag durchschnittlich zwischen acht- und zehntausend Festmeter. Die jährliche Aufforstung betrug im Durchschnitt zwanzig Hektar. Einer großen Kraftanstrengung bedurfte die Kulturpflege. Zweimal jährlich – in manchen Jahren sogar dreimal – mußten die Kulturen vom Farnkraut befreit werden. Das stellte besonders für die Forstarbeiterinnen eine schwere körperliche Arbeit dar. Wir blieben damals noch – außer vom Rüsselkäfer – von anderen Forstschädlingen verschont. Die Klimaverhälnisse, wie etwa die hohe relative Luftfeuchtigkeit von achtzig bis fünfundachtzig Prozent, trugen mit dazu bei, eine übermäßige Vermehrung von Insekten zu verhindern.

Auch für die Verbesserung der Arbeits- und Lebensbedingungen mußte einiges getan werden. So setzte ich mich dafür ein, daß den Forstarbeitern warmes Mittagessen in den Wald gebracht wurde. Ich ließ das Essen von Frau Müller in Wieck kochen. Die Essenstöpfe wurden in Lederbeuteln verstaut, die ich beim Sattlermeister Nausch in Prerow hatte anfertigen lassen, und wurden mit einem Pferdewagen an die einzelnen Arbeitsorte in den Wald transportiert.

In meiner ehrenamtlichen Funktion als Kreisnaturschutzbeauftragter für das nördliche Kreisgebiet, somit auch für den Darß, sah ich meine wichtigste Aufgabe darin, die Bevölkerung für die Erhaltung unserer Natur zu gewinnen. Eine Reihe von Naturschutzhelfern in den Dörfern unterstützten mich vorbildlich bei meiner Arbeit. Ich denke bespielsweise an Frau Trauschieß und Herrn Wolff aus Prerow, Frau Wehner aus Ahrenshoop, Ulli Lau aus Zingst und Jürgen Krasselt aus Dierhagen, um einige stellvertretend für die vielen fleißigen Naturschutzhelfer zu nennen. Ganz besonders waren See- und Fischadler zu schützen. Als ich die Oberförsterei 1959 übernahm, gab es sechs Seeadler- und drei Fischadlerhorste auf dem Darß. Strenge Anweisungen an Revierförster und Forstarbeiter während der Brutzeit alle Arbeiten in der Nähe der Horste zu unterlassen, trugen mit zu guten Aufzuchtergebnissen bei. Durch die allmähliche Verschmutzung des Boddens, bedingt durch giftige Abfallstoffe des Faserplattenwerkes und Abwässer der Landwirtschaft und anderer Betriebe, wurde der Lebensraum des Fischadlers immer mehr eingeengt, so daß er eines Tages ganz vom Darß verschwunden war. Ein noch größeres Augenmerk galt es jetzt den Seeadlern zuzuwenden. Ständige Aufklärung, Belehrung und Kontrollen waren deshalb unumgänglich. Neben anderen Tieren, wie Fischotter, Kreuzottern und Greifvögeln, bedurften auch seltene Bäume und Pflanzen des Schutzes. Ich denke da besonders an die wenigen noch auf dem Darß vorhandenen Eiben, an Ilex, Wacholder und Königsfarn. Sie alle vor dem Zugriff durch Menschenhand zu schützen, war nicht leicht, zumal es immer wieder Unbelehrbare gab.

Eine besondere Freude bereitete mir immer wieder der Anblick des Wacholders. Ich ließ in den dreißig Jahren meiner Oberförstertätigkeit mehrmals einige Altholzkiefern in der Abteilung 63 – unmittelbar am Linderweg – entfernen, um genügend Licht auf den darunter aufwachsenden Wacholderbestand einfallen zu lassen. Ein ähnliches Bild existierte damals in der Feldmark Born, der ehemaligen Kommunweide. So stellte ich mir die Landschaft in der Lüneburger Heide vor. In der rund hundert Hektar großen Kommunweide wuchsen neben den herrlichen Wacholdern auch Kiefern, darunter blühte das Heidekraut. Hier fühlten sich Hirsche, Rehe und Schweine wohl. Es war ein Paradies für große und kleine Lebewesen.

Ich hatte mich inzwischen mit einem jungen Borner Jäger angefreundet. Ernst Otto Werner war Möbeltischler von Beruf und ein leidenschaftlicher Waidmann. Seine Liebe zur Natur, seine Bescheidenheit, sein integrer Charakter und vielerlei gemeinsame Interessen waren die Grundlage unserer Freundschaft. Wir waren oft in dieser reizvollen Wacholderlandschaft anzutreffen. Viele Pirschgänge ließen uns immer wieder diese herrliche Natur mit all ihren Schönheiten genießen. Eines Tages kam er mit dem Vorschlag, gemeinsam eine Jagdhütte zu bauen. „Das ist eine Klasse-Idee, Otti“, sagte ich, „du als Tischler und Zimmermann hast vom Bauen Ahnung. Ich packe mit an.“

Wir fanden in der Abteilung 102 den passenden Standort. Mit seinem kleinen Lärchenhorst, den Buchen und Kiefern war dieses Fleckchen Erde einfach idyllisch. Für einen trocknen Standort würde ein kleiner Erdhügel sorgen. Vom l-Gestell schlängelte sich ein kleiner Waldweg durch Dickungen hierher, sodaß die zukünftige Jagdhütte mitten im Darßer Wald versteckt und nicht gleich für jedermann auffindbar war. Das in der Nähe liegende Kiepenbruch, die Wiese, auf der ich als Forstlehrling Bekanntschaft mit den Wisenten gemacht hatte, würde

Jagdmöglichkeiten bieten. Wir machten uns voller Begeisterung an die Arbeit. Zunächst ließen wir uns einen Fachmann, Bruno Kraeft aus Prerow, kommen, der nach Wasser bohrte und eine leistungsfähige Pumpe setzte. Er fand in 12 Meter Bohrtiefe geeignetes Trinkwasser, das ich analysieren ließ. Wegen des eisenhaltigen Grundes war es leicht bräunlich, aber durchaus bekömmlich.

Viele Wochenenden arbeiteten wir an dieser Jagdhütte; beim Bauen halfen uns unsere Kinder fleißig und auch Günter Reiser, ein Jäger aus Ahrenshoop. Die Hütte stand auf kleinen Betonklötzen, so daß der Fußboden keine Erdberührung hatte. Bevor die Holzverkleidung angenagelt wurde, füllten wir die Zwischenwände mit Blaukalk und Glasscherben aus, um dem Eindringen von Insekten und Ungeziefer vorzubeugen. Der Schwiegervater von Otti, Max Schmidt, deckte das Dach mit von Heidensee geworbenem Rohr.

Das Richtfest feierten wir rustikal. Da die Pirsch ausgerechnet an diesem Tag nur einen Hasen eingebracht hatte, mußte der herhalten. Er wurde am Spieß gebraten – im Kamin, den Ottis Bruder Erich gebaut hatte. Ein Jagdgast, Dr. Werner Nebrich, Zahnarzt aus Hohenstein-Ernstthal, bot sich an, den Braten zu beaufsichtigen. Der reichlich vorhandene Alkohol sorgte bald für ausgelassene Stimmung. Ob es der Schnaps oder die Bullenhitze des Kamins war, die dem Hasen seine schwarze Färbung verliehen hatten, ließ sich beim Anblick des von Nebrich servierten „Briketts" nicht mehr beurteilen. Da einige gleich verzichteten, blieb für den Koch genug übrig, um sich selbst mit Todesverachtung über das mißratene Beweisstück seiner Bratkunst herzumachen.

Des Doktors schwarze Mundumrandung bewies jedenfalls, daß es nicht die echte Farbe des Hasen war. Am Ende grinste Nebrich aus einem Schornsteinfegergesicht, aber er ließ sich durch unser Gelächter nicht beirren, bis er sich endlich vom letzten Knochen trennte und noch einmal rief: „Leute, das war eine Delikatesse." Wir hatten uns inzwischen an mitgebrachten Wurstschnitten sattgegessen. Ein lustiges Nachtlager auf dem Fußboden beendete dann unser Richtfest.

Die Jagdhütte enthielt ein Jagdzimmer mit Platz für zwölf bis dreizehn Personen, eine Kochnische und einen kleinen Schlafraum. Wir planten, nach der Fertigstellung dort Sylvester mit unseren Familien zu feiern. Als wir am 31. Dezember ankamen, die Tür öffneten und die Kerzen anzündeten, erschraken wir: Die Tischdecke lag zerknittert auf dem Tisch und die Sitzbank – ein uraltes Möbelstück aus dem Oberförstereigebäude – wies tiefe Kratzer auf. Nanu, war hier eingebrochen worden? Beim Durchsuchen der anderen Räume fanden wir den „Täter": ein kleiner Waldkauz saß halbverhungert auf der Bettkante. Wir fütterten ihn mit kleinen Fleischbrocken und ließen ihn dann nach draußen fliegen. Die Eule war vermutlich durch den Schornstein bis ins Zimmer gelangt, da die Schornsteinklappe offen stand.

Nun zündete Otti Werner den Kamin an. Er fing an zu qualmen. Wir vermuteten, der Schornstein sei zu sehr ausgekühlt und versuchten, ihn durch Nachlegen von Birken- und Buchenscheiten zu erwärmen. Die Folge war eine solch sengende Hitze im Jagdzimmer, daß die Kerzen im Kronleuchter sich bogen. Otti und ich stiegen auf den Stuhl und versuchten, neue Lichter einzustecken. Ruckartig zogen wir beide die Köpfe ein, da wir das Gefühl hatten, man schneide uns mit dem Messer die Ohren ab. Eine furchtbare Hitze hatte sich unter der Decke gestaut. Wir rissen die Tür auf und liefen hinaus, um unsere Köpfe abzukühlen und das Brennen in den Augen loszuwerden. Die Tür ließen wir kurzerhand offen, und wir feierten bei frischer Luftzirkulation und bester Stimmung weiter. Erst als wir am hellen Morgen den Heimweg antraten, sahen wir, daß unsere weißen Hemden und Blusen im „Räucherofen" einen schwärzlichen Ton angenommen hatten. Aber auch das nahmen wir gern in Kauf, hatten wir doch unvergeßliche Stunden im Kreise der Freunde verlebt. Leider fanden wir beim Mecklenburger Weg unseren Waldkauz verendet auf der Erde liegen. Unsere gut gemeinte Fütterung hatte den Tod des Vogels nicht mehr aufhalten können. Dieses böse Omen konnte unseren Stolz nicht schmälern, für uns Jäger und für unsere Familien eine Jagdhütte für entspannende Wochenenden gebaut zu haben. Leider kam alles anders, als wir es uns vorgestellt hatten; aber darüber später mehr.

Zwei verheerende Orkane

Wir schrieben das Jahr 1967. Es lagen Monate harter Arbeit hinter uns. Viele fleißige Forstarbeiterhände hatten die Aufforstung gemeistert. Die Kulturpflege war, bis auf einige kleine Flecken, ebenfalls abgeschlossen. Niemand ahnte, daß die Natur uns in diesem Jahr vor weit schwerere Aufgaben stellen würde. Am 15. Oktober 1967 erreichten die Ausläufer eines Tiefdruckgebietes vor Norwegen die Ostseeküste. Auf der Rückseite dieser Strömung floß von Island her kühlere Luft nach Mitteleuropa ein. Gleichzeitig wurde auf der Vorderseite dieser Strömung wärmere Luft herangeführt. Das führte zu einer Verstärkung der ohnehin schon kräftigen west-östlichen Höhenströmung über Mitteleuropa. Zur gleichen Zeit bildete sich auf dem Atlantik ein kräftiges Tiefdruckgebiet. Am 16. Oktober traten als Vorboten stürmische Winde aus Südwest auf. Schließlich wanderte das Tiefdruckgebiet als riesiger Sturmwirbel auf die Britischen Inseln zu und zog über Nordengland zur nördlichen Ostsee weiter. Die Spitzenböen erreichten die Darßküste mit Geschwindigkeiten bis zu 125 Stundenkilometern. Der Sturm steigerte sich zum Orkan und ging in seiner Stärke über alle Skalen hinweg. Mit teilweise 135 Stundenkilometern pfiffen, jaulten und orgelten an diesem 17. Oktober die Böen durch die Wälder des Darß, vom Krachen und Bersten der umstürzenden Bäume untermalt. Im Nu waren die meisten Waldwege von Bäumen versperrt. Unmittelbar vor dem Haupteingang der Oberförsterei krachte der Ast einer starken Eiche herunter und zerfetzte die Lichtleitung, so daß alle benachbarten Häuser ohne Strom waren. Eine „Straßenschlacht" setzte auf der Chaussee zwischen Wieck und Prerow ein. Forstarbeiter und Bewohner aus den Ortschaften versuchten die Straße von Bäumen freizuhalten. Dabei starb ein Wiecker Bürger, als ihn ein umstürzender Baum traf. In Prerow fiel ein Baum auf ein Hausdach und riß ein großes Loch hinein, aber zum Glück kam niemand zu Schaden. Überall sah man zerzauste Schilfdächer, umgebrochene Zäune, Strommasten und immer wieder dazwischen entwurzelte Bäume.

Ich war während dieser schrecklichen Stunden in Leipzig auf einer Tagung. Der Forstdirektor des Betriebes Rostock, Oberforstmeister Voelkner, sagte zu mir: „Ich habe soeben die Nachrichten im Radio gehört. Böse Stürme toben an der Ostseeküste. Hoffentlich ist bei dir der Darß nicht umgekippt." „Mach keinen Unsinn!" antwortete ich erschrocken. Als ich am nächsten Tag Born erreichte, ging ich sofort in den Wald, um mir einen Überblick zu verschaffen. Ich schlug die Hände über den Kopf zusammen. Der Anblick war schlimm. Die meisten Strecken mußte ich zu Fuß ablaufen, weil die versperrten Wege ein Fahren nicht zuließen. Am Raesfelddenkmal standen mir die Tränen in den Augen: die herrlichen alten Buchen waren dem Orkan zum Opfer gefallen. Überall nur Trümmerhaufen. Das Grabmal ragte nackt zwischen den ringsherum kreuz und quer liegenden Baumstämmen hervor. Von dem Richtung Strand vorgelagerten Altholzbestand am Müllerweg stand fast kein Baum mehr. Je weiter ich nach Norden wanderte, um so verheerender sahen die Waldbilder aus. So weit das Auge reichte, von West nach Ost breite holzleere Schneisen. Stiege Raesfeld jetzt aus seinem Grabe, dachte ich wehmütig, würde er weinen, weil das Holz der Kulturen, die er um die Jahrhundertwende angelegt hatte, viel zu früh am Boden lag.

Am 11. Januar 1968 wiederholte sich das grausame Spiel der Natur. Diesmal stürmte es, mit Schnee vermischt, von Nord-West. Der Darßer Wald mußte einschließlich des ersten Sturmes insgesamt über zweihunderttausend Festmeter Holz opfern. Die Chronik des Darß verzeichnet einen Sturm mit ähnlicher Gewalt zuletzt im Jahre 1801. Damals hatten, wenn man den lange zurückliegenden Berichten Glauben schenken darf, dreißigtausend Bäume auf der Erde gelegen. Jetzt aber waren es schätzungsweise über zwei Millionen. Wenn man bedenkt, daß Ende der fünfziger Jahre zehn- bis zwölftausend Festmeter Holz jährlich in meiner Oberförsterei eingeschlagen wurden, so läßt sich leicht errechnen, daß nun die Holzeinschlagsmenge für über zwanzig Jahre im voraus auf dem Boden lag. Leider waren vor allem sechzig- bis achtzigjährige Bestände heimgesucht worden, die normalerweise erst in einem halben Jahrhundert hiebreif gewesen wären. Das war ein besonders schmerzlicher Verlust. Am stärksten hatte es die Reviere Wieck und Prerow getroffen.

Das Wild war glücklicherweise zumeist verschont geblieben. Die Freunde der urwüchsigen Darßküste mußten, als sie im nächsten Sommer in ihr geliebtes „Urwaldgebiet" kamen, leider auf die Kette der vielfotografierten Windflüchter verzichten. Der Darßwald wies beträchtliche Lücken auf. Kreuz und quer lagen die Stämme, wie Streichhölzer abgeknickt oder mit ihren Wurzeln aus dem Erdreich gehoben. Wo sie standen, hatte sich inzwischen ein Krater mit dunkelbraunem Wasser gefüllt, als die ersten Forstarbeiter mit klingenden

Axthieben und brummenden Motorsägen auftauchten. So wie die mecklenburgischen Forstarbeiter 1957/58 mithalfen, der großen Windbruchkatastrophe im Süden des Landes Herr zu werden, so halfen uns jetzt viele Arbeiter von dort. Zwischen den vielen umgeworfenen Bäumen wälzten sich Traktoren und große Rückemaschinen durch Dick und Dünn.

Die ersten Hänger ächzten unter der Last der Stämme für die Sägewerke. Es eilten immer mehr freiwillige Helfer aus den verschiedensten Forstbetrieben herbei, um zu helfen. Am Ende waren es über vierhundert Leute aus den Forstbetrieben Chemnitz, Suhl, Templin und Potsdam, die unter sehr schweren Bedingungen arbeiten mußten. Die Männer hatten zunächst tagelang damit zu tun, die Wege von den umgestürzten Bäumen zu räumen, um überhaupt in das Innere der Bestände vordringen zu können. Die kreuz und quer übereinanderliegenden Stämme mußten zunächst von den Traktoren auseinandergezogen werden. Wo diese Technik fehlte, blieb den Arbeitern nichts anderes übrig, als den Wirrwarr mit der Motorsäge zu entflechten. Das war natürlich mit Gefahren für Leib und Leben verbunden. Mancher Forstarbeiter mußte mit Prellungen oder durch Axt oder Motorsägen verursachte Fleischwunden zum Arzt gebracht werden.

Mein Büro glich einem Wartesaal. Es herrschte ein ständiges Kommen und Gehen der Einsatzleiter aus den Betrieben. Mir standen außer meinen Büroangestellten zwei ständige Fachkräfte zur Seite. Ich denke da besonders an die Kollegen Alban aus Neustrelitz und Willert aus Templin, die besonders umsichtig die vielen Fahrzeuge an die Einsatzorte dirigierten. Kompliziert gestaltete sich die Einweisung der Führungskräfte. Kaum waren sie so weit im Geschehen drin, daß alles klappte, reisten sie auch schon wieder ab, weil sie zu Hause gebraucht wurden – meist schon nach vierzehn Tagen. Dann begann das gleiche Mannöver von neuem mit ihren Nachfolgern.

Ich fand viel Unterstützung bei der Bevölkerung auf dem Darß, die Quartiere für die vielen Helfer bereitstellte. Eine Reihe von Gaststätten und Privateinrichtungen übernahm die Verpflegung. Arbeiter leisteten über viele Wochen Hilfsdienste, manche kamen sogar freiwillig wieder, nachdem sie einige Tage zu Hause nach dem Rechten geschaut hatten. Es gefiel ihnen auf dem Darß, zumal der Verdienst weit aus höher lag, als in ihrem Heimatbetrieb. Es gab sogar einige, die den Darß gar nicht mehr verließen, denn sie hatten hier inzwischen ihr Glück gefunden. So trifft man auch heute noch Familien an, deren

Männer damals mitgeholfen hatten, die riesigen Sturmschäden zu beseitigen.

Außer Traktoren und LKW waren auch viele Pferde von außerhalb eingesetzt. Ich erinnere mich an einen Kutscher, einen Zwei-Zentner-Hünen aus dem Harz. Seine beiden schweren Kaltblutpferde paßten zu ihm. Ich dirigierte ihn ahnungslos nach Prerow, um ihn dort das im Dünengelände lagernde Holz rücken zu lassen. Nach meiner Vorausschätzung hätte diese Arbeit in vierzehn Tagen erledigt sein müssen. Als er sich nach vier Wochen immer noch dort aufhielt und ich obendrein Differenzen zwischen den eingeschlagenen Holzmengen und der von ihm gerückten Festmeter feststellte, machte ich einen Kontrollgang dorthin. Am unmittelbar beim Strand von Prerow liegenden Zeltplatz angekommen, sah ich schon von weitem meinen Kutscher mit Urlaubern plauschen. Nach seinem Befinden befragt, meinte er: „Herr Oberförster, mir geht es gut. Arbeit ist reichlich vorhanden. Vor allen Dingen ist es hier interessant. Sie hätten fünfzehn Minuten eher kommen sollen, um hilfsbereite Urlauber sehen zu können." „Wieso hilfsbereit? Helfen die Ihnen etwa beim Holzrücken?" „Nein, bei meinem rechten Pferd lockerte sich das Hufeisen. Ich hatte kein geeignetes Werkzeug bei mir, da bot sich ein splitternackter Urlauber – Schmied von Beruf – an, mir zu helfen. Als er Hammer und Zange aus dem Zelt geholt hatte, kam seine Frau, auch ganz nackt, und hielt das Pferd am Zaumzeug fest. Während ich den Fuß hochhielt, hatte ich genügend Zeit, ihre tolle Figur zu bewundern. Ist das nicht herrlich?" „Was meinen Sie jetzt, die nackte Frau oder die Hilfe?" fragte ich. „Beides natürlich", warf er sofort ein, und seine Augen blitzten. Nun war mir auch klar, weshalb die vorgegebene Zeit nicht ausgereich hatte: am FKK-Strand war es viel zu schön. Kein Wunder, daß weder seine Entfernungsangaben noch die Mengen stimmten; er hatte also auch noch jede Menge Stunden geschunden. Als ich obendrein vom Bürgermeister erfuhr, daß mein FKK-Freund – gegen gute Bezahlung, versteht sich – fast noch mehr Urlauberkoffer kutschiert als Holz bewegt hatte, mußte ich hart durchgreifen: er durfte auf der Stelle seinen eigenen Koffer packen. Den verursachten Schaden hat er natürlich bezahlen müssen.

Einige Wochen nach der Windbruchkatastrophe bekam ich hohen Besuch von meiner übergeordneten Dienststelle. Nach meiner Meinung befragt, welche Maßnahmen einzuleiten seien, sagte ich: „Wir müssen auf jeden Fall so schnell wie möglich mit der Befestigung der

Waldwege beginnen, sonst ist es unmöglich, diese ungeheuren Holzmengen über den moorigen, grundlosen Boden zu transportieren." „Wieviel Geld wird dafür gebraucht?" „Rund anderthalb Millionen Mark", sagte ich nach kurzer Überschlagsrechnung. „Wir bezahlen doch keine Privatstraßen, damit die Förster bequem mit dem Auto durch den Wald fahren können!" lautete die zynische Anwort.

Die Wirklichkeit sah ganz anders aus, als die überschlauen Funktionäre meinten. Die schließlich bewilligten 1,5 Millionen Mark reichten bei weitem nicht aus. Es war immer wieder erforderlich, hier und da ursprünglich nicht geplante Wege zu befestigen. Die Fahrzeuge hatten sie mit den schweren Holzlasten dermaßen aufgewühlt, daß sie unbefahrbar waren. So durchziehen heute noch Plattenstraßen den Darßer Wald, die vor mehr als zwei Jahrzehnten gebaut wurden. Allein aus ästhetischen Gründen hätte ich damals einer solchen Veränderung des Waldbildes niemals zugestimmt, aber die Situation zwang dazu: erst dieser Wegebau ermöglichte eine zügige termingerechte Holzabfuhr. Viele Sägewerke vom Darß bis nach Berlin wurden mit unserem Stammholz versorgt.

Die meisten der vielen Arbeiter aus den Forstbetrieben schlugen sich wacker in dieser Schlacht zur Beseitigung der Naturkatastrophe. Allerdings kam es auch immer wieder zu unliebsamen Zwischenfällen. So erhielt ich zum Beispiel am 13. Januar ein Protestschreiben von vierunddreißig Arbeitern aus den Forstbetrieben Schleiz, Eberswalde und Schwarzenberg, die eine weitere Mitarbeit auf dem Darß ablehnten. Ihre Begründung: die Arbeitssicherheit sei unter den herrschenden Schneeverhältnissen nicht mehr gewährleistet. Mir blieb nichts anderes übrig, als die Streikenden aufzusuchen und mit ihnen zu diskutieren. Erst als ich sie daran erinnerte, sie seien doch wohl andere Schneeverhältnisse in ihrer Heimat und noch schwierigere Bedingungen in ihren Bergen gewöhnt, lenkten sie ein und arbeiteten weiter. Es gab aber auch welche unter ihnen, die auf unreelle Art und Weise Geld machen wollten. So mußten einige Arbeiter zur Verantwortung gezogen werden, die es fertigbrachten, Stämme mehrmals numerieren zu lassen, indem sie die mit der Nummer versehene Stammscheiben absägten und verschwinden ließen. Auch sie wurden gerichtlich zur Verantwortung gezogen.

Wiederholt wurde ich zu Forstarbeitern gerufen, die ihren Unmut über die festgesetzten Normen äußerten. Es war natürlich nicht immer leicht, auf Anhieb festzustellen, ob ihre Forderungen berechtigt waren.

Aber gerechte Entscheidungen bewirkten immer wieder einen Ansporn für noch größere Leistungen. Ich erinnere mich, wie ich noch während meiner Tätigkeit bei der Landesregierung in Schwerin den Auftrag erhielt, die Holzeinschlagsnormen auf dem Darß zu überprüfen. Es gab damals eine Eingabe seitens der Forstarbeiter, daß sie mit den Buchenfaserholz-Normen nicht einverstanden seien. Man schickte mich mit der Begründung hin: „du bist Darßer und kennst dich in der Mentalität der Leute am besten aus." Ich machte dann gemeinsam mit dem Arbeitsnorm-Spezialisten Lasinski aus Wieck Zeitstudien und mußte bald einräumen, daß die knorrigen Darßer Buchen mit viel mehr Kraftanstrengung zerkleinert werden mußten als die vom Festland. Ein bewilligter fünfzigprozentiger Erschwerniszuschlag sorgte wieder für gute Stimmung und zudem für eine Aufbesserung des kargen Lohnes der Forstarbeiter.

Nach einem Jahr hatten wir die gewaltigen Holzmengen aufbereitet und an die Bestimmungsorte transportiert. Das Gröbste war somit geschafft. Die Presse berichtete laufend über die an der Ostsee vollbrachten Leistungen zur Beseitigung der Sturmschäden. Schon in den ersten Tagen nach der Sturmkatastrophe tauchte bei mir ein Journalist von der „Wochenpost" auf. „Schildern Sie mir doch bitte mal Ihre Eindrücke von dieser schrecklichen Nacht vom 16. auf den 17. Oktober!" Ein Teufel mußte mich geritten haben, denn ich antwortete ihm: „die kann ich gar nicht schildern, ich saß zu dieser Zeit in der ‚Femina-Bar' in Leipzig." „Aber Sie werden doch wohl nicht tagelang dort gehockt haben?", meinte der Redakteur. „Nein, ich war schon am nächsten Tag auf dem Darß und habe mir den Schaden angeschaut." Ich erzählte ihm dann, wie ich erschüttert an der Grabstelle v. Raesfelds gestanden hätte. Als ich ihm dann noch meine Gedanken über die möglichst schnelle Beseitigung dieser Schäden verriet und er sich draußen im Walde umgesehen hatte, versprach er mir, einen guten Artikel zu schreiben. Ich bat ihn, auf keinen Fall meinen Besuch in der Femina-Bar zu erwähnen und mir das Manuskript vor der Veröffentlichung zuzusenden, um eventuelle Korrekturen vornehmen zu können, da ich wiederholt festgestellt hatte, daß sehr leicht Zahlen falsch und fachliche Aussagen entstellt in den Zeitungen erschienen. Er versprach, meinem Wunsch Rechnung zu tragen.

Anstelle des Manuskriptes schickte er mir die fertig gedruckte Nummer der Wochenpost. Ich traute meinen Augen nicht, als ich las, daß der Oberförster vom Darß in den Katastrophenstunden gemütlich in der Femina-Bar gesessen habe. „Man kann sich doch auf diese Brüder nicht verlassen", schimpfte ich. Zum Glück hatte ich Marga von meinem Barbesuch in Leipzig erzählt; denn sonst hätte sie es womöglich von ihrer Cousine Susi aus Wieck erfahren, die ich zufällig in der Bar getroffen hatte, und es obendrein noch schwarz auf weiß aus der Zeitung gehabt.

Señor Nimrod aus Havanna

Ende der sechziger Jahre wurde im Ostseebad Dierhagen ein repräsentatives Gästehaus für den Ministerrat gebaut. Es war für in- und ausländische Besucher der einzelnen Ministerien bestimmt. Auch Walter Ulbricht, der damaliger Staatsratsvorsitzende, verbrachte hier wiederholt seinen Urlaub. Um ihm Jagdmöglichkeiten in der Nähe einzuräumen, wurde das Forstrevier Neuheide – zwischen dem Gästeheim und Graal-Müritz liegend – zum Staatsjagdgebiet erklärt. Es stellte sich bald heraus, daß dieses Areal nicht ausreichte, da angeblich die Anzahl der ausländischen Gäste gestiegen war. So kam man auf den Gedanken, den Darß ebenfalls für diese Jagdzwecke zu nutzen, denn er war ja zu allen Zeiten wegen seines Wildreichtums und jagdlicher Reize Anziehungspunkt für viele Gäste gewesen. Also wurde auch der Darß am 1. Mai 1970 Staatsjagdgebiet. Die Leitung wurde mir übertragen. Die Staatsjagdgebiete Eixen und Neuheide, die bereits mehrere Jahre existierten, wurden mit dem Darß zusammengelegt, und es entstand die einheitliche Staatliche Jagdwirtschaft Dierhagen. Im Teil Eixen jagte zur damaligen Zeit ausschließlich Harry Tisch, Erster Sekretär der Bezirksleitung der SED Rostock und später Politbüromitglied und Vorsitzender des FDGB. Er hatte dieser Flächenzusammenlegung anfangs nur widerwillig zugestimmt.

Als ich es wagte, einen Jagdgast aus Frankreich in Eixen einzuweisen, kam ein Brief vom Ministerium, in dem angeordnet wurde, Eixen sei wieder eine selbständige Staatliche Jagdwirtschaft. Ich begrüßte diesen Beschluß, denn so hatte ich weniger Sorgen. Wir nannten uns jetzt Staatliche Jagdwirtschaft Born. In der ersten Zeit sollte ich mich nur um die Lösung jagdlicher Aufgaben kümmern und der Kollege Brockmöller mich in forstlichen Fragen unterstützen. Dieser von Berlin gefaßte Beschluß wurde bald wieder rückgängig gemacht, so daß ich sowohl für die Forstwirtschaft als auch die Jagdwirtschaft verantwortlich zeichnete. Obgleich das für mich eine hohe physische und psychische Belastung darstellte, hatte es doch den Vorteil, daß ich die forstlichen Aufgaben mit den jagdlichen koordinieren konnte, so daß eine Zweigleisigkeit möglichst unterbunden wurde.

Mit der Etablierung der Staatsjagdgebiete war das Ende der Jagdgesellschaft Darß besiegelt. Den ausscheidenden Jägern gestattete man, in der neugegründeten Jagdgesellschaft Zingst zu jagen, während der

Rest von rund 20 Jägern in Born verblieb. Ich wurde in Berlin nachdrücklich vergattert, daß ich ab sofort jegliche Verbindung mit der Bundesrepublik und anderen „kapitalistischen" Staaten abzubrechen habe. Sollte ein unvorhergesehener Kontakt mit einem Bürger dieser Staaten zustandekommen, sei das sofort der vorgesetzten Dienststelle zu melden: der „Inspektion Staatsjagd", die dem Minister persönlich unterstand. Ferner erhielt ich Anweisung, den Mitarbeitern der Staatssicherheit keine Auskünfte über die Arbeit der Staatlichen Jagdwirtschaft zu geben. Strengstens untersagt war jeglicher weitere Kontakt mit einem Jagdgast nach dessen Abreise. Einem Gast durften weder dienstliche noch persönliche Wünsche vorgetragen werden. Jedes Geschenk, und wenn es noch so klein war, unterlag der Meldepflicht. Ich fand es besonders schmerzlich, den Kontakt mit meiner Schwester Jenny abbrechen zu müssen , die inzwischen in Köln verheiratet war. Ich ahnte damals noch nicht, daß wir uns zwei Jahrzehnte nicht schreiben, geschweige denn wiedersehen würden.

Im Laufe der Jahre gab es zwischen mir und meiner vorgesetzten Dienststelle in Berlin mehrmals Auseinandersetzungen, weil ich mich mit manchen Anweisungen vom „Grünen Tisch" nicht einverstanden erklären konnte. Zweimal stellte ich, verärgert über die Art und Weise, wie ich als Leiter behandelt wurde, den schriftlichen Antrag, mich von dieser Funktion zu entbinden. Das hatte jedesmal zur Folge, daß ich in Berlin zu einem „Kadergespräch" antanzen mußte. Man appellierte an mein „Bewußtsein". Schließlich ließ ich mich doch wieder erweichen, da eine Funktionsänderung für mich gleichzeitig eine Versetzung vom Darß bedeutet hätte. Meine Heimat, den mir ans Herz gewachsenen Darß, aufzugeben, hätte ich seelisch kaum verkraftet. Also blieb ich trotz aller Widerwärtigkeiten.

Die ersten Aufgaben im Jahr 1970 bestanden darin, Wildäcker anzulegen und Hochsitze bauen zu lassen. Es waren zwar Wildwiesen wie die Buchhorster Maase, Leu, Woitke-Wiese, Birkmaase und andere da, doch es fehlten Wildäcker. Die von der Jagdgesellschaft gebauten Hochsitze reichten nicht aus; sie entsprachen auch nicht den geforderten Sicherheitsbestimmungen. Ich benötigte somit landwirtschaftliche Technik und Spezialisten wie Traktorfahrer, Tischler und Zimmerleute. Den ersten Trecker erhielt ich vom „Volkseigenen Gut" Zingst. Auch einige Fachleute holte ich mir von dort, so die Traktorfahrer Heinz Bettac und Klaus Fründt. Den ersten Tischler, Günter Saatmann, stellte ich ebenfalls ein. Alle Genannten arbeiteten über zwanzig Jahre verantwortungsbewußt in der Staatlichen Jagdwirtschaft. Als Stellvertreter für Jagdfragen stand mir Ernst Otto Werner zur Seite. Ich kannte ihn bereits über zehn Jahre und schätzte ihn als einen versierten und zuverlässigen Jäger.

Die ersten Erfolge stellten sich bald ein: mehrere Wildäcker waren angelegt und einige Hochsitze errichtet. Die ersten von Berlin eingewiesenen Jagdgäste erschienen. Die Situation war insofern kompliziert, als das Wild noch durch den Einsatz der vielen Arbeitskräfte beunruhigt war. Obendrein waren durch die beiden orkanartigen Stürme über fünfhundert Hektar Kahlflächen entstanden. Jetzt galt es, nachdem das aufbereitete Holz fast restlos abgefahren war, diese riesigen freien Flächen wieder aufzuforsten. Zur Mithilfe hatten sich wieder viele Forstarbeiter aus anderen Betrieben bereiterklärt. Obgleich warnende Stimmen laut wurden – so auch meine – nicht zu kurzfristige Termine zur Aufforstung zu stellen, sondern mehr Wert auf Qualität und Bereitstellung von standortgerechten Holzarten zu legen, blieben sie unbeachtet. So passierte es, daß aus Mangel an Kiefernpflanzen Fichten im Naturschutzgebiet gepflanzt wurden, wo in erster Linie Laubhölzer oder Kiefern hingehörten. Später mußten etliche mit Fichten aufgeforstete Flächen mit Kiefern wiederholt werden. Dies alles kostete natürlich viel Kraft, Zeit und Geld. Wer heute den Darßer Wald durchwandert, wird von diesen verheerenden Schäden der Naturkatastrophe kaum noch etwas merken. Überall wächst wieder dichter Wald heran, wenn auch nicht immer mit den standortgerechten Holzarten.

Auf die vielen waldbaulichen Arbeiten und die Anfangsschwierigkeiten beim Aufbau des Jagdgebietes nahm das Ministerium keinerlei Rücksicht, denn man schickte uns Jagdgäste am laufenden Band. Mit gemischten Gefühlen nahm ich den Auftrag von Berlin entgegen, eine Pirschjagd für Fidel Castro, den Ersten Sekretär der Kommunistischen Partei Kubas zu organisieren. Da er ein großer Jäger vor Marx und Lenin sei, wolle man ihm auch bei uns Jagdmöglichkeiten einräumen. Ich solle alles daransetzen, eine Jagd durchzuführen, die eine große Strecke verspräche. Die nächsten Tage nahmen uns voll damit in Anspruch, Wildbeobachtungen anzustellen und günstige Ansitze herauszufinden. Da es angeblich in Kuba keine Wildschweine gab, galt es, die Jagd vorwiegend auf Schwarzwild auszurichten.

Um die beobachteten Sauen immer wieder zur gleichen Stelle hinzulocken, streuten wir regelmäßig Maiskörner aus. Das war für die

Darßer Schweine wie Kuchen, solche Leckerbissen waren ihnen noch nie zum Fraß vorgeworfen worden. Nach vierzehn Tagen hatten wir die Schwarzkittel so unter Kontrolle, daß wir mit ziemlicher Genauigkeit wußten, welche Schweine sich zu welcher Uhrzeit an den einzelnen Kirrplätzen blicken ließen. Um eine gute Treffmöglichkeit beim Schießen zu gewährleisten, bauten wir Schirme aus Abfallbrettern. Da ich mir Castro als einen Mann von großer Statur vorstellte, ließ ich sie mit einer dementsprechenden Höhe errichten. Drei Tage vor dem festgesetzten Jagdtermin erschienen zwei Offiziere der Staatssicherheit aus Berlin, um die notwendigen Sicherheitsvorkehrungen zu treffen. Sie ließen sich zunächst die Jagdhütte zeigen, in der Fidel Castro abends nach der Jagd das Essen einnehmen sollte. Hier nahmen die STASI-Offiziere jeden Raum genaustens unter die Lupe. Dann sagte der eine zu mir: „Die Hütte macht keinen schlechten Eindruck. Sie ist zwar nicht allzu groß, aber sie strahlt eine gewisse Gemütlichkeit aus. Es müssen nur einige Veränderungen getroffen werden."

„Und die wären?" fragte ich neugierig. „Es fehlt elektrisches Licht!" „Nun wird's verrückt!", platzte ich heraus. „Warum soll hier elektrisches Licht rein? Wenn nun Fidel Castro das Rustikale liebt und Kerzenlicht als romantisch empfindet?" Über die Antwort konnte ich nur mit dem Kopf schütteln. „Stellen Sie sich mal vor: die Jagd findet an einem sehr warmen Junitag statt. Der Kamin brennt und draußen ist es auch warm. Fidel Castro fängt an zu schwitzen. Er bittet, man möge die Fenster öffnen, um frische Luft zu bekommen." „Was hat das alles mit Licht zu tun?" wagte ich zu fragen. „Na, können Sie sich nicht vorstellen, daß dann plötzlich die Stearinkerzen durch den Luftzug ausgelöscht werden können?" Ich mußte mich zusammenreißen, um nicht herauszuplatzen. „Falls das passieren sollte, was ich mir nicht vorstellen kann, wäre es doch wohl ein leichtes, die Kerzen wieder anzuzünden!" „Das schon, aber in der Zeit könnte auf Castro ein Attentat verübt werden. Wir sind für die Sicherheit der Staatsmänner verantwortlich. Auch hier dürfen wir kein Risiko eingehen. Sie brauchen sich keine Gedanken zu machen. Wir werden für elektrisches Licht sorgen." Der zweite Stasi-Mann, der immer wieder den Kronleuchter betrachtete, fragte mich: „Verkaufen Sie den nicht? Ich finde ihn wunderhübsch. Ich biete ihnen dafür tausend Mark." „Nein, der ist unverkäuflich!" Dreizehn Jahre zuvor hatte ich auf dem Boden der Oberförsterei einen riesigen Kronleuchter entdeckt, der vielleicht noch aus v. Raesfelds Zeiten stammte. Aus seinen Teilen war der kleine in dieser Jagdhütte zusammengebaut worden.

„Schade!" meinte er, als er merkte, daß er keinen Handel machen konnte. Dann schauten sie sich das Gelände rings um die Jagdhütte an. Zum Schluß meinte der Wortführer: „Tragen Sie bitte Sorge dafür, daß die an den Wacholderbüschen stehenden kleinen Pfähle weiß angekalkt und die vorhandenen Stubben tiefer abgeschnitten werden, denn das sind alles Stolperstellen und somit Gefahrenherde. Für die elektrische Beleuchtung der auf die Terrasse führenden Stufen werden wir sorgen."

Abends fuhr ich mit ihnen die einzelnen geplanten Jagdstellen ab. Es sollte eine Art Generalprobe sein. Zuvor mußte ich den beiden erklären, welches Wild wir von Fall zu Fall zu sehen bekommen würden. Verwunderung war an ihren Gesichtern abzulesen. „Wie ist sowas möglich, vorher zu wissen, wieviele Wildschweine sich zu welcher Uhrzeit an einem bestimmten Platz einfinden?" wollte der eine wissen. „Das sind Berufsgeheimnisse", ließ ich ihn abblitzen. „Sie dürfen mir ja auch nicht alles erzählen." Mit der Antwort waren sie zwar nicht zufrieden, unterließen es aber, weitere dumme Fragen zu stellen. Mit den Worten: „Wenn die Wildschweine sich übermorgen auch so pünktlich zeigen, sind wir zufrieden. Castro soll ja ein guter Schütze sein, dann brauchen wir uns um den Erfolg keine Gedanken zu machen", trollten sie sich. Ich schickte noch am selben Tag einen Forstarbeiter zur Jagdhütte, der die Pfähle weiß anstrich, unterschlug aber den Auftrag, die Stubben niedriger schneiden zu lassen. Angesichts der prekären Ersatzteilsituation war ich nicht gewillt, die wenigen vorhandenen Sägeketten für diese lächerliche Vorsichtsmaßnahme im Sand stumpf schneiden zu lassen.

Am nächsten Tag überzeugte ich mich, ob mein Auftrag ordnungsgemäß erfüllt sei. Schon von weitem leuchteten mir die weißen Pfähle entgegen. Na gut, da konnte Fidel Castro schon nicht mehr drüber stolpern, es sei denn, er wäre farben- oder nachtblind. Als ich nach links herüberschaute, entdeckte ich zu meinem Schrecken ein riesiges Zelt. Die Terrassenstufen waren beleuchtet, und in der Jagdhütte brannte elektrisches Licht, das – wie ich nachher feststellte – von einem in der Dickung versteckten Stromaggregat gespeist wurde. Die Jagdhütte war sogar mit kostbaren Teppichen ausgelegt. Das alles entsprach nicht gerade meinem Geschmack und sicherlich auch nicht dem des Wildes. Wie kann man nur eine rustikale Jagdhütte so verschandeln, dachte ich und ging kopfschüttelnd nach draußen. Am selben Tag führte ich noch mit allen für die Kubajagd eingesetzten

Jägern eine Besprechung durch, so daß jeder Mitwirkende bei diesem Staatsschauspiel mit seiner Rolle bestens vertraut war.

Am 17. Juni 1972 saßen wir nachmittags in meinem Büro und warteten auf genaue Instruktionen von der Bezirksleitung Rostock. Der erste Anruf lautete: „Fidel Castro ist noch dienstlich in Rostock eingespannt. Weitere Informationen abwarten!" Nach einer halben Stunde schrillte erneut das Telefon: "Fidel Castro überlegt, ob er überhaupt zur Jagd fährt. Sobald wir etwas Näheres wissen, rufen wir wieder an." Wir schauten uns bedeppert an. Sollte der ganze Zirkus vielleicht für die Katz' gewesen sein? Nach einer Viertelstunde der nächste Anruf. Am Telefon meldete sich der zweite Sekretär der Bezirksleitung der SED Rostock: „Hört gut zu. Fidel Castro läßt euch alle herzlich grüßen. Er bedankt sich vielmals für die Vorbereitung der ihm zugedachten Jagd, aber leider ist er unabkömmlich. Er bittet darum, die Jagd mit zwei seiner Kampfgenossen so durchzuziehen, wie sie für ihn geplant war. Wir werden in einer halben Stunde mit zwei Hubschraubern bei euch in der Borner Feldmark landen, in der Nähe der Jugendherberge. Achte bitte darauf, daß nach der Landung der neben mir gehende Kubaner als erster begrüßt und nachher von dir persönlich auf die Jagd geführt wird, denn der ist der Chef von den beiden. Den zweiten Kubaner soll Otti Werner führen. Ist das alles richtig verstanden?" Na dann.

Jetzt galt es, schnell eine neue Aufgabenverteilung vorzunehmen. Außer den beiden Kubanern waren noch drei deutsche Jagdgäste einzuplanen. Wir bestiegen unsere Autos – inzwischen verfügten wir über zwei sowjetische Geländewagen – und fuhren zum Landeplatz. Zu unserem Erstaunen standen hier bereits zwei große, von der Staatssicherheit bewachte Zelte. In dem ersten sollten die Gäste jagdlich eingekleidet und im zweiten mit Waffen ausgerüstet werden. Nach einigen Minuten hörten wir auch schon das Motorengebrumm der beiden Hubschrauber. Sie überflogen zuerst den auf der Wiese vorbereiteten Landeplatz und setzten dann zur Landung an. Ich schaute durchs Fernglas und erkannte den zweiten Sekretär der Bezirksleitung, neben ihm einen verhältnismäßig kleinen Kubaner. Ach herrje, für diesen Zwerg waren unsere Schirme viel zu hoch gebaut.

Der zweite Kubaner schien ein Kopf größer zu sein. Aber ich sollte ja mit dem neben dem Zweiten Sekretär schreitenden zur Jagd fahren, mußte mich also in erster Linie auf den konzentrieren. Nachdem das Jagdhornsignal „Begrüßung" verklungen war, begrüßte ich die beiden

Kubaner und die übrigen Gäste im Namen der Inspektion Staatsjagd Berlin und bat sie, sich zur Einkleidung ins erste Zelt zu begeben und dann im zweiten eine Waffe in Empfang zu nehmen. Nach einer Weile trat der Dolmetscher, bereits in Jagduniform eingekleidet, an mich heran und flüsterte mir zu: „Ich habe in Erfahrung gebracht, daß der Kubaner, den Sie führen werden, noch nie auf große Tiere geschossen hat, sondern nur ab und zu auf Enten. Schießen Sie auf jeden Fall mit, der trifft nichts!" Ich schaute ihn entsetzt an. „Glauben Sie mir", fing er wieder an, „der Mann hat keine Ahnung vom Schießen. Sie müssen ihm helfen!" Ich zwang mich zu einem bejahenden Kopfnicken, so daß er sich beruhigt umdrehte und zu den Gästen ging. Mein kleiner Nimrod ließ sich, als ich hinzutrat, gerade die Handhabung des Karabiners erklären. Er nickte verständnisvoll, schaute sich erst die Waffe von hinten und vorne an, dann die Munition und ließ durch den Dolmetscher übersetzen, er wäre zur Jagd bereit.

Ich bat um Gehör für eine kurze Instruktion aller Jäger. Nachdem ich die Jagdbegleiter namentlich vorgestellt hatte, wies ich besonders darauf hin, auf keinen Fall mit der geladenen Waffe ins Auto oder auf den Hochsitz zu steigen. Danach wünschte ich allen Gästen ein kräftiges „Waidmannsheil". Nach dem Jagdsignal „Aufbruch zur Jagd" bestiegen wir die Geländewagen. Der kleine Kubaner saß neben mir, der Dolmetscher hinten. Als ich die Chaussee Born-Ahrenshoop überquerte, sah ich dort einen Polizisten neben dem anderen stehen. Sie riegelten den gesamten Darßer Wald ab, damit nur ja kein normaler Mensch die Jagd stören könnte. Mein Gott, dachte ich, was für ein Aufwand! Allerdings hatte man ja für Fidel Castro all diese Vorsichtsmaßnahmen getroffen.

Ich fuhr auf dem k-Gestell in Richtung Norden, um in mein Jagdgebiet zu kommen. Plötzlich stieß mein Kubaner ein paar undefinierbare Laute aus und zeigte aufgeregt aus dem Fenster. Der Dolmetscher übersetzte: „Da steht ein Wildschwein!" Ich bremste, schaute mit dem Fernglas in die vermeintliche Richtung und entdeckte einen großen Keiler. Ich wollte gerade sagen: „An dieser Stelle soll Ihr Freund schießen. Wir müssen zu einem anderen Ort fahren", als mein Gast auch schon mit Schwung aus dem Wagen sprang und die Tür so laut hinter sich zuknallte, daß der Keiler mit erhobenem Pürzel das Weite suchte. Der Kubaner schüttelte mit dem Kopf und meinte bedauernd: „Das war Pech. Aber ich habe zum ersten Mal ein großes Wildschwein gesehen."

Hinter mir stand bereits der von Otti Werner gesteuerte Geländewagen. Otti wunderte sich natürlich, wie er mir später erzählte, daß ich an der für ihn vorgesehenen Stelle in der Abteilung 155 hielt und den Kubaner aussteigen ließ. Er vermutete schon eine Verwechslung, atmete aber erleichtert auf, als er mich weiterfahren sah. Er hatte mit seinem Gast dennoch Glück: Als sie zwanzig Minuten auf dem Hochsitz gesessen hatten, kam der von uns vertriebene Keiler zurück und stellte sich breit, so daß der Kubaner einen guten Blattschuß antragen konnte. Wir waren indessen in der Abteilung 171 angekommen und pirschten uns an die Kirrung heran. Ich hatte meinen Kleinen inzwischen den Karabiner durchladen und sichern lassen und durch den Dolmetscher mitgeteilt, er möge erst dann schießen, wenn das Wildschwein breit stünde.

Es war ein herrlicher Abend. Die Sonne verschwand gerade hinter den Baumwipfeln. Die Drosseln begleiteten uns mit ihren melodischen Gesängen. Lästig machten sich allerdings die Mücken bemerkbar. Der Kubaner fing an, wie wild um sich zu schlagen. Ich blieb stehen und gab ihm „Flibol", ein Anti-Mücken-Spray. Ein kurzer Blick auf die Uhr: normalerweise müßte der Überläufer jetzt schon auf der Kirrung stehen. Ich trat vorsichtig an den Schirm heran und sah, wie erwartet, den Schwarzkittel. Der Schirm hatte mehrere Schießscharten in verschiedenen Höhen, zum Glück paßte für meinen kleinen Nimrod die niedrigste davon. Ich atmete erleichtert auf, die erste Hürde wäre schon mal genommen. Dann ließ ich ihn den Lauf des Karabiners vorsichtig auf den Schirm legen und zeigte auf den Überläufer. Er nickte. Da stand auch schon der Dolmetscher hinter mir und flüsterte mir ins Ohr: „Schießen Sie nur ja mit, sonst klappt es nicht. Er schießt garantiert vorbei!" So nahm ich denn heimlich meinen Karabiner von der Schulter, entsicherte und stach. Ich stellte mich neben den Schirm und strich am Pfahl an.

Die Sache begann spannend zu werden. Das Problem war, genau gleichzeitig mit ihm zu schießen, ohne daß er es merkte. Der Überläufer stand zur Zeit spitz von hinten. Hoffentlich gingen meinem Freund nicht schon jetzt die Nerven durch! Plötzlich drehte sich der Schwarzkittel und zeigte sich genau von vorne. Mir war, als wenn mir eine innere Stimme sagte: „Schieß jetzt, auch wenn er nicht breit steht. Der Kubaner hat nicht die Nerven, noch länger zu warten!" Ich zielte auf den „Stich" des Überläufers und ließ fliegen. Im selben Moment hatte tatsächlich auch der Kubaner geschossen. Seine Kugel schlug vor dem

Schwein in die Erde ein und ließ eine Sandwolke aufwirbeln. Ich trat mit Pokermiene auf ihn zu: „Waidmannsheil. Das Wildschwein liegt." Er konnte es noch gar nicht fassen, daß er so perfekt getroffen hatte. Wir traten an den fünfzig Meter vor uns liegenden Überläufer heran. Mein Schuß saß auf dem Stich und hatte ihn sofort zusammenbrechen lassen. Der Kubaner umarmte mich vor Freude, ohne zu ahnen, daß ich als „Wildschütz" mit im Spiel gewesen war. Ich fragte später den Kollegen Brockmöller, der vierhundert Meter entfernt zur Nachsuche bereit gestanden hatte, wieviel Schüsse er gehört habe. „Einen einzigen", erwiderte er. Ich gebe zu, daß mir der reine Zufall zur Hilfe gekommen war – vielleicht war es auch ein rettender Engel gewesen?

Nachdem ich meinem Kubaner einen Schützenbruch überreicht und dem Nachsuchkommando den Auftrag erteilt hatte, das Wildschwein zu versorgen, fuhren wir zum nächsten geplanten Jagdort. Ich ließ das Auto zweihundert Meter davor stehen und pirschte mit Gast und Dolmetscher vorsichtig bis an die Kirrung in der Abteilung 84. Am Schirm angekommen, sah ich die bekannte Überläuferrotte von fünf Stück. Prompt hörte ich wieder die Flüsterstimme: „Schießen Sie auf jeden Fall wieder mit!" Nun war aber guter Rat teuer. Auf welches Schwein schießen wir nun gemeinsam? Fünf Überläufer beschäftigten sich intensiv mit den ausgestreuten Maiskörnern, so daß ein bestimmtes nicht auszumachen war, zumal alle annähernd gleiche Färbung und Größe aufwiesen. Hier konnte nur wieder der Zufall helfen, wenn es mir noch einmal gelingen sollte, gleichzeitig meinen Schuß abzugeben. Ich wartete ab, bis ein Überläufer breit stand, schaute noch einmal zu meinem Gast, um mich zu vergewissern, ob er auch ziele, ging in Anschlag und ließ fliegen. Sein Schuß krachte zwei Sekunden später und bewirkte, daß ein daumenstarker Ast aus einem vier Meter hohen Baum herunterstürzte. Die Rotte flüchtete nach diesen beiden Schüssen in die Dickung. Ich merkte, daß ich in der Aufregung zu früh an den Abzug gekommen und daher etwas hinter dem Blatt abgekommen war statt oberhalb. Der Kubaner schaute mich ganz enttäuscht an, weil er kein Wildschwein, weder ein lebendiges noch ein totes sah. „Sie müssen entschuldigen", ließ ich übersetzen, „ich bin in der Aufregung aus Versehen an den Abzug gekommen. Ich wollte gar nicht schießen und hatte daher auch nicht gezielt. Mein Schuß ist in den Baum gegangen. Aber ich glaube, Sie haben getroffen!" „Ja, meinte er, „das meine ich auch. Ich habe zwar einen kleinen Schreck bekommen, als Ihr Schuß fiel, habe aber doch noch einen gut gezielten Schuß auf das Schwein abgegeben." Mir fiel ein Stein vom Herzen, die Situation war gerade noch mal gerettet.

An der Anschußstelle sah ich schon Lungenschweiß auf der Kirrung liegen. Für mich stand fest, daß wir den Überläufer in achtzig bis hundert Meter Entfernung verendet vorfänden. Ich zeigte auf den Schweiß. „Sehen Sie hier, der Schweiß deutet auf einen guten Blattschuß hin. Ich werde dem Jäger den Auftrag geben, mit dem Hund eine sofortige Nachsuche anzustellen. Wir werden inzwischen eine dritte Stelle anfahren".

Am k-Gestell erwartete uns bereits der Kollege Brockmöller, der auf meine Anweisung in der Dickung nachsuchte. Jetzt galt es, zur verabredeten Stelle am k-Gestell zu fahren, um mich mit Otti Werner abzustimmen. „Nun, wie läuft es bei euch?" fragte ich ihn. „Sehr gut. Meiner hat einen sechsjährigen Keiler und einen Überläufer erlegt." „Wir haben auch zwei Stücke Schwarzwild", erwiderte ich. Flüsternd gab ich nun Otti zu verstehen, seinen Gast ohne Erfolg weiterzuführen. Meiner müsse unbedingt noch ein Stück schießen, schließlich habe er als Chef das Vorrecht, Jagdkönig zu werden. Mein Problem war, meinen Gast wenigstens noch einmal den Finger krumm machen zu lassen, um ihm zum dritten Mal seine Treffsicherheit bestätigen zu können.

Inzwischen befanden wir uns auf dem zur Kirrung in der Abteilung 143 führenden Pirschsteig. Auch hier stand eine Rotte Überläufer und tat sich am Mais gütlich. Hier passierte nun, was ich schon lange befürchtet hatte: die Höhe des Schirmes hätte vielleicht für Fidel Castro gepaßt, aber nicht für mein kleines Männchen. Als er die vielen Schwarzkittel sah, aber das Gewehr nicht in die richtige Lage bringen konnte, obwohl er schon auf den Zehenspitzen stand, fing er an, nervös zu werden. Er hüpfte von einem Bein auf das andere, versuchte die Waffe mal in diese, mal in jene Schießscharte zu legen, um mich schließlich hilfesuchend anzusehen. Ich mußte jetzt handeln, sonst wären durch sein Gehopse die Schweine verscheucht worden. Vorsichtig schob ich ihn neben den Schirm, erfaßte seinen Arm und machte ihm klar, er möge durch seitliches Anlehnen des Gewehres an den Pfahl, also anstreichend, schießen. Er nickte verständnisvoll. Der Dolmetscher flüsterte schon wieder: „Mitschießen, mitschießen!" Ich legte den Finger auf den Mund und bedeutete ihm so, er möge sich ruhig verhalten.

Der Kubaner zielte endlos lange. Dieses Mal wollte er sich wohl besondere Mühe geben. Ich schaute durchs Glas: jetzt könnte er schießen, einer der Überläufer stand breit. Da brach auch schon sein Schuß. Drei Meter vor den Schwarzkitteln stob eine Staubwolke auf, während die Sauen im hohen Farnkraut verschwunden waren. Ich klopfte dem Kubaner kräftig auf die Schulter und rief: „Wunderbar, Sie haben wieder getroffen." Er schaute mich mißtrauisch an, als wolle er fragen: „Schwindelst du auch nicht?" Ich ließ dann durch den Dolmetscher nochmals beteuern, eindeutig gesehen zu haben, daß er getroffen hätte. „Dann können wir ja mal nachsehen", meinte er erfreut. Das fehlte mir gerade noch. „Nein, das ist viel zu gefährlich. In dem hohen Farnkraut läuft man Gefahr, von einer noch nicht verendeten Sau angegriffen zu werden. Ich lasse sofort die Nachsuche mit einem Hund vornehmen." „Das ist gut, dann kann ich zusehen, wie Ihr Hund arbeitet." Mir brach der Angstschweiß aus. „Nein, nein", warf ich schnell ein, „das dauert viel zu lange. Wir wollen noch zu einer vierten Stelle, bevor es dunkel wird!" Er ließ sich zu meiner Erleichterung umstimmen, so daß wir den Rückmarsch zu unserem Geländewagen antreten konnten, ohne zum Anschuß gegangen zu sein. Womöglich hätte er hier statt einer Sau noch seinen Kugeleinschlag im Sand entdeckt!

An unserem Auto erwarteten uns schon die Kollegen, die inzwischen unser zweites Schwein nachgesucht, aufgebrochen und hierher transportiert hatten. Auf den Überläufer zeigend, machte ich meinen Gast auf den guten Blattschuß aufmerksam und überreichte ihm den zweiten Schützenbruch. Er riß mich vor Freude an seine Brust, steckte sich stolz den Bruch an seinen Hut und meinte. „Ich glaube nicht, daß ich auch das dritte Schwein getroffen habe." „Doch, doch", log ich, „der Hund wird es finden." Mit diesen Worten schob ich Kubaner und Dolmetscher in meinen Wagen und flüsterte dem Kollegen Brockmöller zu: „Zur Abteilung 134 braucht ihr nicht hin. Er hat dort vorbeigeschossen. Fahrt nach Born und holt einen Überläufer aus dem Kühlraum. Wir treffen uns nachher auf dem Wiecker Postweg, in der Höhe der Oberförsterkoppel."

Ich sprang in den Geländewagen, gab Gas und fuhr an die Feldmark. Hier trug ich mich mit dem Gedanken, ihn nicht mehr schießen, sondern den herrlichen Anblick der Feld- und Wiesenlandschaft genießen zu lassen. Wir bestiegen den am Waldrand stehenden Hochsitz. Vor uns lag die „Oberförsterkoppel". Auf zweihundert Meter Entfernung ästen drei Stück Rehwild. Die Abenddämmerung setzte ein. Der Wind hatte sich fast gelegt. Jedes Geräusch war zu hören. Ein in der Dickung wahrnehmbarer Laut ließ unsere Blicke dorthin schweifen. Schon sahen wir ein Rudel Rotwild, alles Kahlwild, heraustreten. Welch ein herrlicher Anblick! Dem Kubaner leuchteten die Augen. Er nahm immer wieder sein Glas hoch, um sich an dem Bild zu erfreuen. Aber im Nu verschwand jetzt das Büchsenlicht. Plötzlich hörte ich ein lautes Knacken, dicht neben uns, was auf Sauen deutete. Ich machte dem Kubaner klar, daß es jetzt Zeit wäre, die Jagd abzubrechen, da das Büchsenlicht nicht mehr ausreiche. Ich wollte ihn nicht noch einmal in Versuchung bringen, einen Fehlschuß anzubringen, zumal sich nun das Motorgeräusch des Nachsuchefahrzeuges näherte. Wir baumten beide ab.

Am Wieker Postweg angekommen, präsentierten meine Jäger zum Beweis, daß ihre Nachsuche von Erfolg gekrönt gewesen war, das aus dem Kühlraum geholte Wildschwein. Ich zeigte schnell auf den hinter dem Blatt liegenden Einschuß, um zu vermeiden, daß mein Mann aus Havanna danach suchte und den eiskalten Wildkörper anfaßte. Spätestens dann hätte er wohl Verdacht geschöpft. Aber er freute sich so kindlich über seinen großartigen Jagderfolg, daß er den Jagdhund, den Deutsch-Drahthaar, immer wieder abliebelte: „Du bist ein guter Hund! Du hast zwei Schweine von mir nachgesucht, sonst hätten wir sie womöglich nicht gefunden!" Ich konnte ihm somit jetzt den dritten Schützenbruch überreichen, was ihn zu einem neuen Freudenausbruch beflügelte.

In der Jagdhütte wurde nun Strecke gelegt. Sieben Wildschweine waren insgesamt an diesem Abend erlegt worden. Ich gab das Ergebnis bekannt und betonte besonders, daß mein Jagdgast drei Überläufer und der zweite Kubaner zwei Wildschweine erlegt hätten. Die Jagdsignale „Sau tot" und „Jagd vorbei" beendeten den ersten Teil dieses Jagdtages.

Das „Schüsseltreiben" fand in dem eigens hierzu aufgestellten Zelt statt. Es gab reichlich zu essen und zu trinken. Um Mitternacht, die Gäste und ich hatten inzwischen in der Jagdhütte Platz genommen, flüsterte mir der zweite Sekretär der Bezirksleitung voller Entsetzen zu: „Im Moment habe ich erfahren, daß der Kleine gar nicht der Chef der Kubaner war. Der Otti Werner hatte ihn!" Au weia, war das vielleicht eine Pleite! „Macht nichts", hörte ich mich sagen, „die Verwechslung bringe ich schon in Ordnung!" Ich stand auf und bat den

Dolmetscher, meine kurze Ansprache zu übersetzen: „Ich freue mich ganz besonders", fing ich an, „nochmals den großen Erfolg der heutigen Jagd betonen zu dürfen. Das haben wir vor allem unseren kubanischen Gästen zu verdanken, die insgesamt fünf Wildschweine erlegten. Aber ich bitte zu entschuldigen, den Jagdkönig bisher nicht besonders hervorgehoben zu haben. Darf ich Sie bitten, sich dazu kurz noch einmal nach draußen zu begeben?" In alkoholseliger Stimmung sprangen alle auf und folgten mir zum Streckenplatz. Ich eilte zu den Jagdhornbläsern und flüsterte ihnen meine Absicht zu.

Nachdem sich die Jäger formiert hatten, begann ich: „Ich vergaß vorhin, etwas Besonderes hervorzuheben. Schauen Sie bitte her: solch ein starker sechs- bis siebenjährigen Keiler, der hier gestreckt wurde, ist es wert, seinen Erleger zum Jagdkönig zu erklären." Ich streckte nun dem „richtigen" Chef meine Hand entgegen und rief in die Runde: „Nochmals Waidmannsheil!" Das von den brennenden Fackeln erhellte Gesicht des Kubaners spiegelte seine offensichtliche Freude. Gerührt bedankte er sich im Namen der Gäste noch einmal für diese herrlichen Jagderlebnisse. Das Jagdsignal „Sau tot" rundete die aus der Not geborene „alte Jägersitte" ab und ein „Halali" ließ diesen Jagdtag mit seinen vielen kleinen Notlügen ausklingen.

Am nächsten Tag rief mich die Bezirksleitung an, ich solle die Waffen des von dem Kubaner gestreckten Keilers aufsetzen lassen und am übernächsten Tag dem Schützen bei der Verabschiedung auf dem Militärflugplatz in Pütnitz überreichen. Ich dachte wehmütig an meinen armen Kleinen: sollte er ohne Jagdtrophäe nach Kuba abreisen? Hatte der Dolmetscher nicht gemeint, er hätte von der Jagd auf Wildschweine keine Ahnung? Läge es da nicht nahe, ihn auch noch davon zu überzeugen, ebenfalls einen Keiler geschossen zu haben? Die Frage war nur, wo ich so schnell eine Keilertrophäe hernehmen sollte.

Da fiel mir ein: Harry Tisch und Bruno Lietz hatten ja beide vor einigen Tagen einen Keiler erlegt! Ich holte die Trophäen hervor und überlegte: wessen Kritik fällt härter aus, wenn du ihm sagen mußt, seine Keilerwaffe sei auf dem Weg nach Kuba? Der Entschluß fiel mir leicht. Ich sagte mir, wenn Harry Tisch endgültig sauer ist, überstehst du das nicht! Er war inzwischen Politbüromitglied und Vorsitzender des FDGB geworden und hatte mich erst kürzlich angepflaumt: „Weißt du auch", so legte er los, „das wievielte Mal wir bereits auf diesen Keiler gehen?" Als ich dann „dreimal" sagte, schaute er mich aus schmalen Augenschlitzen an und knurrte: „Also halte dich danach! Einen einzigen Versuch werde ich noch mit dir starten!"

Mit Grauen erinnerte ich mich an diesen Abend. Ich hatte Blut und Wasser geschwitzt, als sich auf dem Hochsitz der Abteilung 155 partout kein Schwarzkittel zeigen wollte. In letzter Minute vor Verschwinden des Büchsenlichtes tauchte er endlich auf. Als der sechsjährige Keiler auf der Schwarte lag, fiel mir ein Stein vom Herzen. Trotzdem blieb ein kleiner Stachel: ich wünschte mir Gäste, die in erster Linie die Jagd als Entspannung und als Freude zur Natur betrachten und sich auch freuen, wenn mal der jagdliche Erfolg am Abend ausgeblieben ist.

Also griff ich zu den Keilerwaffen von Bruno Lietz, der zur damaligen Zeit in der Plankommission in Berlin arbeitete und erst später Minister für Land-, Forst- und Nahrungsgüterwirtschaft wurde. Auf dem Flughafen sahen Otti Werner und ich eine Menge Parteiprominenz versammelt, die zur Verabschiedung von Fidel Castro gekommen war. Ich bekam einen Wink, die Jagdtrophäen zu überreichen. Zunächst übergab ich die Keilerwaffen an den von Otti Werner geführten Oberboß, der sich unbändig freute. Als ich nun die nächste Trophäe an meinen kleinen Nimrod überreichte, war auch er sichtlich gerührt; mit einem solchen Geschenk hatte er offenbar nicht gerechnet. Er drückte mich herzlich an sich und bedankte sich immer wieder. Fidel Castro, alle seinen Genossen um Haupteslänge überragend, strich über seinen Vollbart, trat näher und besah sich die Trophäen. Er schmunzelte und diskutierte mit lebhaften Gesten. Leider konnte ich nicht verstehen, was er sagte, weil der Dolmetscher schwieg.

Nach einem nochmaligen Händedruck stiegen alle die Gangway hinauf, von der herunter Fidel Castro noch einmal eine schwungvolle, nicht endenwollende Ansprache hielt. Er wurde dann mit höflichem Nachdruck gebeten, sich ins Innere des Flugzeuges zu begeben, da man starten wolle. Die Motoren heulten auf, die Maschine setzte sich in Bewegung, hielt noch einmal kurz an der Startbahn und rollte dann schneller und schneller, bis sie von der Piste abhob und in den Wolken verschwand.

So endete meine verrückte „Kuba-Jagd", die ich wohl zeitlebens nicht vergessen werde. Später erfuhr ich den wirklichen Grund, warum Castro nicht an der Jagd teilgenommen hatte. Er habe geäußert, solche Jagden, wie sie für Staatsmänner organisiert würden, liebe er nicht.

Böse Zungen behaupteten allerdings, er habe in Rostock eine schöne Frau kennengelernt und es vorgezogen, sich bei ihr als Schürzenjäger zu betätigen.

Kaum vierzehn Tage später stand Bruno Lietz in meiner Tür und fragte nach seiner Keilertrophäe. Ich schaute ihn offen an und sagte: „Die kann ich dir nicht geben." „Wieso nicht geben? Hast du sie noch nicht aufs Brett gesetzt?" „Doch, aber sie hängt an der Wand eines Jägers in Kuba." „Was soll das heißen, in Kuba?" „Wir stehen bekanntlich in der Ära des proletarischen Internationalismus. Dann wirst du sicher auch deine Keilertrophäe einem ausländischen Genossen gönnen. Ich habe sie nämlich einem kubanischen Gast mitgegeben. Der kann jetzt seinen Freunden in der Heimat beweisen, welch großen Keiler er in der DDR geschossen hat. Bruno Lietz nahm es zu meinem Glück mit Humor und grinste sich eins: „Also – ziehen wir los und schießen einen neuen!"

Im eigenen Revier verhaftet

Wieder mal wurde ein prominenter Jagdgast angekündigt: Alfred Neumann, Politbüromitglied. Ich hatte ihn schon im vergangenen Jahr zur Jagd begleitet und als sicheren Schützen und patenten Jäger in Erinnerung. Um den „Großkopfeten" möglichst gute Jagderfolge zu garantieren, mußten unsere eigenen Jäger in der Staatlichen Jagdwirtschaft großflächige Wildbeobachtungen anstellen, deren Ergebnisse sie jede Woche schriftlich zu melden hatten.

Alle Jagdgäste wurden vom Ministerium eingewiesen, ohne diese grundsätzliche Genehmigung durfte ich niemand zur Jagd führen. In allen Fällen wurden Anzahl und Güte der Wildart für den betreffenden Jagdgast von oben her angeordnet. Das Kuriosum bestand darin, daß nur ich über die Einschränkungen Bescheid wußte, während die Jagdgäste lediglich informiert worden waren, sie dürften in einem bestimmten Zeitraum auf dem Darß jagen. So reisten sie in dem Irrglauben an, die stärksten Trophäenträger schießen zu dürfen. Für mich und die Jagdleiter – in den meisten Fällen die Revierförster – bedeutete das, den Gast so führen zu müssen, daß er nur das von Berlin genehmigte Wild zu Gesicht bekam. Das war nur mit viel Fingerspitzengefühl und besten Revierkenntnissen zu schaffen. Bei Politbüromitgliedern war es allerdings einfacher, sie durften schießen, was sie wollten – theoretisch. Die Praxis bestimmten wir. Da nur ich und später ein Kollege – in seinem Gebiet jagte Gerhard Schürer, Kandidat des Politbüros und Vorsitzender der Staatlichen Plankommission – berechtigt waren, Politbüromitglieder zu führen, kann ich bezeugen, daß keiner von ihnen auf dem Darß auch nur einen Schuß gegen meinen Willen abgegeben hat. Da kein Gast ohne Führung auf Jagd gehen durfte, behielt ich immer die Kontrolle darüber. Für die hohen Herren Politbüromitglieder waren außerdem je zwei STASI-Offiziere verantwortlich. Im Vierertrupp auf die Jagd zu gehen, ist allerdings so eine Sache. Ich versuchte daher, die Aufpasser entgegen ihren Anweisungen zu überreden, im Forsthaus Karten zu spielen, was meistens auch klappte.

Als nun Alfred Neumann für den nächsten Tag zur Jagd angemeldet war, wollte ich das von den Jägern beobachtete Wild auf dem „Kiepenbruch" bestätigen, um eventuell noch umdisponieren zu können. Ich verfügte inzwischen über einen gebrauchten „Wartburg" als Dienstwagen und fuhr damit an diesem Abend bis ans k-Gestell,

219

Abteilung 112. Hier stellte ich das Auto neben der Plattenstraße ab, um die restlichen dreihundert Meter zum Hochsitz am Wildacker zu Fuß zu gehen.

Mein Weg führte mich zunächst am Grab v. Raesfelds vorbei, das ich inzwischen ringsherum mit interessanten Holzarten, wie Küstentanne, Omorika-Fichte und Concolor hatte neu bepflanzen lassen. Zum Schutz gegen Wildverbiß oder Fegen durch Bock und Hirsch ließ ich einen Maschendrahtzaun ziehen, der später entfernt wurde, als die Bäume dem gefährdeten Alter entwachsen waren. So ragte jetzt der Grabstein nicht mehr nackt gen Himmel. Befriedigt über das gute Gedeihen der Bäume, schmückte ich das Grab schnell noch mit kleinen grünen Zweigen und begab mich zum Hochsitz.

Von der geschlossenen Kanzel kam Stimmengemurmel, dann öffnete sich die Tür, und die Köpfe eines Liebespärchens schauten heraus. Als ich sie auf das Verbotene ihres Tuns aufmerksam gemacht hatte, entschuldigten sie sich; dieser Hochsitz habe sie förmlich angelockt, weil er so schön neu und stabil aussehe. Ich ermahnte sie, zukünftig solche Scherze zu unterlassen, da die Besteigung von jagdlichen Einrichtungen streng untersagt sei. Sie versprachen, es nicht wieder zu tun, worauf ich etwas anzüglich sagte: „Tun Sie's von mir aus, so oft Sie können, bloß nicht mehr auf dem Hochsitz!" Das Mädchen, ein hübsches junges Ding, lief puterrot an und sagte verschämt zu ihrem Freund: „Komm schnell, damit der Förster sich hinsetzen kann." Der Abend fing ja gut an, dachte ich bei mir, hoffentlich bekomme ich hier noch Wild zu sehen.

Es war Anfang September. Die Hirschbrunft hatte begonnen. Hier und da meldeten schon Hirsche. An diesem Abend war es verhältnismäßig warm, was die Hirsche nicht besonders zum Schreien anregte. Der Himmel zog sich mit Wolken zu. Vor mir lag ein neu angelegter Wildacker, der mit Kohlrüben bestellt war. Ihm schloß sich nach Norden eine mit Rotklee angesäte Wiese an. Es war also reichlich Nahrung für das Wild vorhanden. Erinnerungen wurden wach. Auf dieser Wiese, dem Kiepenbruch, hatte ich damals als Forstlehrling Wisentbastarde mit eingefangen, wobei sich einmal der Forstarbeiter Schwarz böse verletzt hatte. Von weitem sah ich den Müllerweg zwischen den Bäumen durchschimmern. Vor einigen Tagen hatte ich wegen dieses Weges Ärger gehabt. Oberlandforstmeister Schotte, der Leiter der Inspektion Staatsjagd, berichtete auf der Leitertagung in Berlin, er sei vor kurzem auf der Gratulationscour eines Ministers gewesen. Der habe ihm von seinen jagdlichen Erfolgen auf dem Darß erzählt. Unter anderem sei auch der Name „Müllerweg" gefallen. „Es ist ein unmöglicher Zustand", rügte der Oberlandforstmeister mit erhöhter Lautstärke, „daß heute noch ein Weg auf dem Darß nach diesem Forstmeister Müller heißt, der dort bis 1945 das Forstamt geleitet hat und General der Waffen-SS gewesen ist!" Ich schoß von meinem Stuhl hoch: „Das stimmt doch gar nicht! Dieser Weg hieß schon vor hundert Jahren ‚Müllerweg', wie alte Karten beweisen. Da war der Forstmeister Mueller noch gar nicht geboren; außerdem schreibt er sich mit ‚ue' nicht ‚ü'." Der Oberlandforstmeister winkte unwirsch ab, ich solle ihn nicht unterbrechen; die Wahrheit paßte ihm offenbar nicht ins Konzept.

Ich hatte bereits eine Auseinandersetzung mit ihm hinter mir. In einem Ton, der keine Widerrede duldete, sagte er einmal zu mir: „Ich werde dafür sorgen, daß der Darß wieder Mufflons erhält." Trotzdem wandte ich ein, bei uns sei kein artgerechter Standort für die Tiere. Außerdem passe dieses Wild nicht neben Rot-, Schwarz- und Rehwild. Im übrigen könnten wir auch schon eine Zuwanderung des von Professor Stubbe in Zingst ausgesetzten Damwildes beobachten. Eine fünfte Wildart sei vollkommen fehl am Platze. Empört, weil ich gewagt hatte, ihm zu widersprechen, sagte er in schneidendem Kommandoton: „Es wird hiermit angeordnet, Mufflons auf dem Darß auszusetzen. Was Göring konnte, können wir schon lange. Ich werde dafür sorgen, daß in Kürze die ersten Tiere zu euch transportiert werden."

Das Schicksal wollte es anders: Nach dem Selbstmordversuch dieses Mannes kam sein Nachfolger nicht mehr auf die dumme Idee, eine für den Darß unpassende Wildart einzubürgern. Ein für diese Wildschafe gerade noch erträglicher Lebensraum war das Dünengelände im Revier Prerow, Abteilung 200 gewesen; der Darß mit den vielen Erlenbrüchen und verschilften Flächen dagegen war für sie gänzlich ungeeignet. Leider verfiel man nach 1945 auch anderenorts in die Modetorheit, diese Wildart irgendwo auszusetzen, wo sie überhaupt nicht hingehörte.

Motorgeräusche und Türengeknalle rissen mich aus meinen Gedanken. Ich schaute mit dem Glas in die Richtung, konnte aber die Plattenstraße am k-Gestell wegen der Erlen nicht einsehen. Hier mußte sich irgend etwas abgespielt haben, denn ich hörte das Auto wieder wegfahren. Hoffentlich hatte mir niemand was von meinem Wagen abmontiert! Ich zweifelte inzwischen daran, daß heute Abend überhaupt noch Wild austreten würde. Es dauerte nicht lange, als ich das nächste Auto kommen hörte, wieder knallten Türen. Ich schloß also die Luken des Hochsitzes, nahm meinen Karabiner und baumte ab. An meinem Wagen sah ich mir zuerst die Reifen an, ob man sich einen Streich erlaubt und mir die Luft herausgelassen hatte. Plötzlich rief jemand hinter mir: „Hände hoch! Sie sind festgenommen!" Hinter mir stand ein Armeesoldat, der seine Maschinenpistole auf mich richtete. „Nun mal langsam", sagte ich gelassen, „was heißt hier festgenommen? Ich werde mich ausweisen, dann sehen wir ja, wer wen festnimmt." „Ausweise interessieren nicht", bellte er mich an, „Sie hören ja, Sie sind festgenommen!"

Während dieses Wortwechsels meldete ein zweiter, im Graben liegender Soldat über Funk an seine Dienststelle: „Verdächtige Person festgenommen!" Ich rief dazwischen: „Nun reicht's allmählich! Schaut sich vielleicht endlich mal jemand meine Ausweise an?" Ich hatte keine Chance: „Sie warten hier so lange, bis der ‚ABV' – das war der Abschnittsbevollmächtigte der Volkspolizei – von Prerow kommt. Der wird alles weitere veranlassen." Ich schaute ihn kopfschüttelnd an: „Sie haben doch hoffentlich gemerkt, daß es anfängt zu regnen. Gestatten die Herren, daß ich mich in mein Auto setze? Ich habe keine Lust, auch noch naß zu werden." „Von mir aus" knurrte der zweite unfreundlich zurück

Da saß ich nun im „Wartburg", dessen Name hervorragend auf die Situation paßte: ich saß wie in einer Burg fest und wartete. Sollte ich nun wütend werden oder lachen? Ich entschied mich dafür, die Komik der Situation als bewaffneter Gefangener auszukosten. Die Helden hatten nämlich bei der Verhaftung vergessen, mir das Gewehr abzunehmen. Warum sie mich überhaupt festgesetzt hatten, war mir völlig schleierhaft. Einen Moment lang überlegte ich: sollst du nicht einfach Gas geben und verschwinden? Die Kameraden hatten ja kein Auto, konnten also nicht hinterherkommen. Aber dann unterließ ich es, sie würden mir womöglich noch eine MP-Salve hinterherjagen. Also hieß es: warten. Zum Glück hatte ich mein Autoradio, und flotte Musik brachte mich auf andere Gedanken.

Endlich blitzten vor mir zwei Scheinwerfer auf. Ein Polizeijeep kam angebraust, der „Sheriff" von Prerow sprang heraus und begrüßte mich mit großem Hallo. An die beiden Soldaten gewandt, fragte er: „Wo habt ihr nun den Gefangenen?" „Na, da steht er doch", sagte der erste und zeigte auf mich. „Ich habe keine Zeit für dumme Witze",

sagte der Polizeioffizier barsch, ich will endlich wissen, wo er ist!"
„Das ist er", beteuerte der Soldat noch einmal. Da riß ihm der
Geduldsfaden: „Ihr wollt mich wohl auf den Arm nehmen? Das ist
doch der Forstmeister von Born! Für den bürge ich persönlich! Welcher Teufel hat euch denn geritten?"

Kleinlaut rückten die beiden Grenzschützer mit ihrer Geschichte heraus. Vor kurzem war ein weißer Wartburg gestohlen worden. Auf
ihrer Kontrollfahrt hatten sie nun meinen entdeckt, der ebenfalls weiß
war. Sie öffneten den Kofferraum, den ich dummerweise nicht abgeschlossen hatte, und fanden zwei Nummernschilder. Bei der Ummel-
dung in Ribnitz hatte ich das alte Schild aus Stralsund behalten dürfen; das zweite diente zur Überführung eines von den sowjetischen
Truppen angekauften Geländewagens. Daraus hätten sie gefolgert, die
beiden Nummernschilder dienten zum Auswechseln für einen Bank-
raub oder andere finstere Zwecke. Die Soldaten hatten daher von
ihrem Vorgesetzten den Auftrag erhalten, den Fahrer des Autos sofort
bei Erscheinen festzunehmen. Der Polizeioffizier entschuldigte sich
und wünschte mir gute Heimfahrt.

Einige Tage später hatte ich eine Exkursion mit Gästen aus dem Heim
des Ministerrates zu leiten. Anschließend saßen wir zum Essen in der
Jagdhütte. Hier erzählte ich von meiner Verhaftung im Wald. Alle
lachten sich schief über diese Geschichte, nur einer nicht: der damalige Außenminister Otto Winzer. Ich ahnte nicht, warum. Der nächste
Tag brachte des Rätsels Lösung: mehrere höhere Offiziere aus verschiedenen Armeedienststellen gaben sich bei mir die Türklinke in die
Hand und entschuldigten sich wortreich, mich in diese fatale Situation
gebracht zu haben. Die Armee habe von höchster Stelle eins „überge-
braten" bekommen, daß sie keine Übersicht über die im Grenzgebiet
und somit auch im Darßer Wald berechtigten Jäger hätte.

Danach für alle künftigen Eventualitäten bekam ich einen Sonderaus-
weis mit dem Text: „Der Inhaber dieses Ausweises ist berechtigt, sich
auf dem Darß frei zu bewegen und Gäste zu führen. In Ausübung seines Dienstes ist ihm durch die Sicherheitsorgane jegliche Unterstützung zu geben." Ich amüsierte mich königlich über diesen Bürokraten-
streich: von Stund an durfte ich etwas tun, was ich mein Leben lang
schon gemacht hatte: mich frei im Darßer Wald bewegen! Immerhin
hatte der Ausweis aber den Vorteil, daß die Soldaten stramm standen,
wenn ich das von einem leibhaftigen Kapitän zur See unterschriebene
Dokument vorzeigte.

Ali der Starke

Nach dem mißglückten Ansitz auf dem Kiepenbruch entschloß ich mich, mit Alfred Neumann auf den Hochsitz am Wildacker in Abteilung 115 zu klettern, um ihn dort einen jagdbaren Hirsch schießen zu lassen. Über ein Essen nach der Jagd brauchte ich mir keine Gedanken zu machen, weil er grundsätzlich bei uns nichts aß oder trank. Wie üblich erschien er mit seinem sowjetischen Geländewagen vom Typ GAS. Der Fahrer und der zweite Begleiter, beide von der STASI, sprangen heraus und halfen dem über zwei Meter großen Minister beim Aussteigen. Neumann war ein umgänglicher Zeitgenosse. Nach der Begrüßung lautete seine erste Frage: „Wie geht es Ihnen und der Familie? Was machen Ihre vier Söhne?" „Meiner Frau und mir geht es gut, auch den Söhnen", antwortete ich. „Marga arbeitet seit 1970 als Sekretärin bei mir im Büro. Heino, der älteste Sohn, ist auf der Offiziershochschule in Löbau. Der zweite, Klaus, hat inzwischen Abitur gemacht, dient augenblicklich bei der Volksarmee und wird dann an der Hochschule in Tharandt Forstwirtschaft studieren. Der dritte Sohn, Uwe, steht kurz vor dem Abitur und wird dann an der Universität Rostock Sport und Geschichte studieren."

„Und was macht der Nachkömmling?" fragte Neumann. „Der ist jetzt zehn Jahre alt. Seine schulischen Leistungen sind sehr gut." „Was will er denn mal werden? Doch sicherlich auch Förster?" „Er ist noch zu jung, er hat sich noch nicht festgelegt. Ich will meine Kinder nicht zwingen, Förster zu werden. Ihren Beruf müssen sie alle selbst wählen. Der Älteste sagte immer: „Förster möchte ich gar nicht sein, dann muß man genauso viel am Schreibtisch sitzen wie Vati." „Interessieren sich denn Ihre Söhne für die Jagd?" wollte Neumann wissen. „Alle. Die beiden Ältesten haben ihre Jagdprüfung schon hinter sich. Der dritte wird sie in Kürze machen, der vierte muß sich noch gedulden." „Das ist ja erfreulich, was ich von Ihrer Familie höre. Wohin geht es denn heute?" „Wir fahren in die Abteilung 115, in die Nähe von Wieck." „Na, denn man los!" forderte er seinen Fahrer auf. Ich saß daneben, um die Fahrtroute zu dirigieren. Mal sehen, wie Ali – so nannten ihn seine Ministerkollegen – reagieren würde, wenn er in einer geschlossenen Kanzel Platz nehmen müßte. Sein „Leibjäger" in Liebenberg, der ihn sonst immer führte, hatte mich davor gewarnt. Angeblich bekomme er darin Platzangst, weil die Nazis ihn sechs Jahre lang eingesperrt hatten, und seine alte Augenverletzung verkleinere noch den ohnehin schon begrenzten Ausblick aus der geschlossenen Kanzel heraus.

Im vergangenen Jahr hatte er mir auf einem offenen Hochsitz ein ulkiges Schauspiel geboten: Wie es die Sicherheitsbestimmungen in den Staatsjagdgebieten verlangten, stieg ich als erster hinauf und wartete oben auf Alfred Neumann. Mit weit über Sechzig war er noch sehr agil. Kaum stand der Zweizentnermann mit einem Fuß auf dem Podest des Hochsitzes, klemmte er auch schon im Eingang fest, ohne das andere Bein nachziehen zu können. Als er mich blaß werden sah, beruhigte er mich: „Keine Angst, ich komme aus der Zwangsjacke schon wieder raus." Gesagt – getan. Er atmete tief aus und zwängte dann langsam sich durch die schmale Hochsitzöffnung. Zum Glück erlegte er anschließend einen Überläufer, und der Abend war für mich gerettet gewesen.

Heute mußte ich das Risiko eingehen, ihn auf eine geschlossene Kanzel zu lotsen. Aus den Augenwinkeln beobachtete ich sein Mienenspiel. Er zog den Kopf zwischen die Schultern, schob sich vorsichtig durch die Tür und legte seine Utensilien ab: außer seiner Waffe eine große und eine kleine Wolldecke sowie eine Jagdtasche. Immer wieder hatte ich versucht, ihm beim Besteigen der Hochsitze damit zu helfen, daß ich ihm einige Sachen abnnahm. Aber das ließ er grundsätzlich nicht zu. Mit einem Rundblick musterte er die mit Spanplatten verkleidete hölzerne Kanzel und meinte: „Ich sitze zwar lieber auf offenen Kanzeln, weil man da das Wild besser hören und beobachten kann, aber zur Abwechslung muß man einen mit so viel Mühe gebauten Hochsitz auch mal kennenlernen. Machen Sie bitte die Luken auf, damit wir was hören können." Das tat ich zwar, mußte sie aber bald wieder bis auf eine schließen, weil ein scharfer Windzug durch den Raum blies. Die ersten dieser Kanzeln waren so gebaut, daß man stehend aus den Luken schießen mußte. Ali konnte dank seiner Körpergröße mit einer Wolldecke als Polster bequem im Sitzen schießen. Später konstruierten wir die Hochsitze so um, daß ein großes, nach oben aufklappbares Fenster gleichzeitig als Auflage für das Gewehr diente. Nach diesem Umbau brauchte man während des Schießens nicht mehr zu stehen.

Auf seine zweite Standardfrage hatte ich schon gewartet: „Wie weit schätzen Sie die Entfernung bis zum Waldrand?" Da er nur auf einem Auge gut sah, hatte er so seine Schwierigkeiten mit dem räumlichen Sehen. Meine Antwort war für ihn wichtig, weil er danach den entsprechenden Anhaltspunkt bestimmte. Er schoß, wie ich immer wieder feststellte, auf Nahdistanz wie auf große Entfernung gleich gut. Meist zielte er lange und gründlich, drückte aber nur ab, wenn er einen wirklich guten Schuß anbringen konnte. Ich habe in den vielen Jahren, die ich ihn zur Jagd führte, nur einen einzigen Fehlschuß erlebt: weil er sich im Abzug irrte und anstelle des Kugellaufes den Schrotlauf entleerte.

Mit dem Wetter hatten wir an diesem Abend Glück, der Himmel war strahlend blau. Kleine Schäfchenwolken zogen über uns hinweg. Die Sonne verschwand rotglühend hinter dem Erlenbestand vor uns und versprach gutes Wetter für den kommenden Tag. Schon meldete sich von ferne ein Hirsch. Ali warf auf und schaute mich an, ob ich es auch gehört hätte. Ich nickte. In Zeitabständen von fünf Minuten röhrte derselbe Hirsch wieder. Also machte ich den Vorschlag, uns an ihn heranzupirschen. Ich hatte das ungute Gefühl, ihn bis zum Verschwinden des Büchsenlichtes nicht mehr zu Gesicht zu bekommen, und das Schreien schallte immer von der gleichen Stelle zu uns herüber. Aber Ali war nicht zu bewegen. Er meinte: „Wir werden abwarten. Und wenn er nicht kommt, haben wir Pech gehabt." Ich wußte, daß Neumann aufgrund seiner Körpergröße ungern pirschte. Ich hatte ihn gerade ein einziges Mal mit der Bemerkung überreden können: „Wenn wir uns jetzt nicht heranpirschen, sind unsere Chancen gleich Null. Ich kenne den Hirsch, ein starker Medaillenhirsch, der erst im Dunkeln auf den Wildacker zieht." Es gelang uns wirklich, äußerst vorsichtig, Schritt für Schritt pirschend, vom Weg aus zu schießen. Die Freude war natürlich sehr groß. Er streckte einen starken, alten Sechzehnender, der eine Silbermedaille erhielt.

Aber an diesem Abend lehnte er strikt ab, sich an den röhrenden Hirsch heranzupirschen. Plötzlich sah ich einen starken Überläufer aus dem Wald treten, der zunächst einige Minuten verhoffte, um sich dann mit den angebauten Runkeln zu beschäftigen. Neumann hatte ihn ebenfalls entdeckt und schaute, nachdem er sich seine Brille geputzt hatte, interessiert mit dem Fernglas hin. „Ist das ein Keiler?" fragte er. „Wenn, dann höchstens ein Keilerchen", antwortete ich. Es ist ein Überläufer, ob männlich oder weiblich, habe ich noch nicht erkennen können. Einzelne umherziehende Überläufer entpuppen sich meistens als männlich." „Soll ich schießen?" fragte Ali. „Wollen wir nicht lieber noch auf den Hirsch warten?" gab ich zu bedenken. „Sie haben doch selber gesagt, daß das Erscheinen des Hirsches ungewiß ist.

Wenn ich schießen darf, versuche ich es jetzt." „Bitte sehr", antwortete ich. Dann hätte er wenigstens etwas erlegt.

Ali bereitete sich auf den Schuß vor, indem er das kleine Deckchen in der Luke zurechtlegte, einen Lederhandschuh über die linke Hand zog und in Anschlag ging. „Wieviel Meter sind es jetzt bis zum Überläufer?" fragte er. „Hundertfünfzig Meter", schätzte ich. „Nun gut, ich werde schießen!" Er wartete, bis der Schwarzkittel breit stand, zielte noch einmal gründlich und ließ fliegen. Der Schwarze brach auf der Stelle zusammen. „Waidmannsheil!" rief ich und lobte den guten Schuß. „Wo haben Sie denn angehalten?" wollte ich wissen. „Na dorthin, wo sie mir immer empfohlen haben: hochblatt."

„Was wollen wir jetzt unternehmen?" fragte ich, „noch auf den Hirsch warten, was ich nach diesem Schuß allerdings für aussichtslos halte, oder eine andere Stelle anfahren?" „Wird es nicht zu spät? Das Büchsenlicht ist doch bald verschwunden!" „Heute ist Vollmond, da können wir bei diesem klaren Wetter noch lange sehen." „Na gut, wir können es ja versuchen", meinte Ali abschließend. Wir kletterten nach unten und begaben uns zu dem Überläufer, der tatsächlich einen guten Hochblattschuß aufwies. Nachdem ich Neumann einen Bruch überreicht hatte, brach ich das Wildschwein auf. Es bestand eine Anweisung aus Berlin, Gäste grundsätzlich an der eigenhändigen Wildversorgung zu hindern, somit auch am Aufbrechen. Es gab allerdings auch Jagdgäste, die beweisen wollten, daß sie das Handwerk beherrschten, und sofort nach dem Messer griffen.

Neumann hatte inzwischen seine Begleiter herangerufen, die mit dem Geländewagen an der Wegekreuzung warteten. Wir luden den Überläufer in eine eigens für den Wildtransport am Heck angebrachte Kiepe. Anschließend dirigierte ich das Auto in Richtung „Butterberg", einer Wiese, die zur Feldmark Prerow gehört. Wagen und Begleiter ließ ich dicht an der Straße stehen und begab mich mit Neumann zu dem dreihundert Meter entfernten offenen Hochsitz am Wiesenrand. „Dieser Sitz ist mir sympathischer", lautete sein Urteil. „Hier kann man ringsherum gut sehen." Vor uns lag eine langgestreckte Wiese, die sich in unserem Rücken bis an den Dorfrand von Prerow fortsetzte. Der sternklare Himmel mit dem über dem Walde leuchtenden Vollmond, darunter die bizarren Wipfel der Kiefern, bot ein romantisches Bild. Schemenhaft erkannten wir mehrere Stücke Rehwild am Waldrand, die sich äsend auf uns zubewegten. Ich stieß meinen Gast an: unmittelbar vor unserem Hochsitz schnürte ein Fuchs in der Wiese. Neumanns Griff nach dem Fernglas ließ Meister Reinicke sofort verhoffen und dann mit steil hochgerichteter Lunte abspringen. In weiter Ferne vernahmen wir wieder das Röhren eines Hirsches. Das gab uns Hoffnung, doch noch einen zu Gesicht zu bekommen, zumal das Schreien nach zehn Minuten aus näherer Entfernung zu uns herüberschallte. Dann meldete sich der Hirsch in Abständen von zehn bis fünfzehn Minuten, immer von der gleichen Stelle. Die Uhr zeigte schon Mitternacht. Ali begann, unruhig auf der Bank hin und her zu rutschen. Schließlich sagte er: „Laßt uns fahren, den Hirsch sehen wir doch nicht mehr. Wir kommen ja nicht mit leeren Händen nach Hause." Eben im Begriff, uns für den Rückzug zu rüsten, röhrte plötzlich unser Hirsch in unmittelbarer Nähe. „Jetzt sollten wir noch einen Augenblick warten", flüsterte ich. „Das Rudel wird in einigen Minuten heraustreten." Schon meldete sich der Hirsch erneut. „Der Stimme nach müßte es ein alter sein." Ich hatte es kaum ausgesprochen, als auch schon ein Alttier unmittelbar vor uns am Grabenrand stand und zu uns herüberäugte. Der Mond stand hoch am Himmel und leuchtete unsere Wiese hell aus. Diese Helligkeit liebt das Rotwild allerdings nicht und äst meistens nur am Waldrand, um den Waldschatten auszunutzen. Das Rehwild sprang ab, als jetzt mehrere Stück Kahlwild auf die Wiese zogen. Ich kam auf zwölf. Vom Hirsch war immer noch nichts zu sehen. Sie zogen alle direkt auf uns zu und begannen zu äsen.

Ein Sprengruf des Hirsches ließ mich zusammenzucken und das Glas hochreißen. Jawohl, da war er, ein Schmaltier treibend. Ich schaute zu dem wieder röhrenden Hirsch und sah eine Trophäe, die eine einmalige Form aufwies: nach unten gezogene Augsprossen. Es fehlten die Eissprossen, ja sogar von den Mittelsprossen war nichts zu sehen. An den beiden rechtwinklig gebogenen Stangen befand sich eine Krone. Vor uns stand also ein Hirsch, den man auf jeden Fall schießen durfte. Obgleich man einen Hirsch bei Mondschein sehr leicht falsch anspricht und deshalb lieber den Finger gerade lassen soll, war bei diesem Licht jeglicher Irrtum ausgeschlossen. Leise stieß ich Ali an und flüsterte: „Sie können schießen." Neumann hatte schon vorher seinen Lederhandschuh angezogen und das Deckchen auf die Brüstung gelegt. Nun zielte er sofort. Das Rudel äste auf achtzig Meter Entfernung vor uns. Der Hirsch trieb gerade ein Stück Kahlwild, verhoffte, stand breit – und da brach auch schon der Schuß. Der Hirsch zeichnete. Das gesamte Kahlwild verließ hochflüchtig die Wiese, der Hirsch hinterher. Ich lauschte gespannt auf jedes Geräusch und atmete erleichtert auf, als ich ein starkes Platschen im Graben, der sogenannten Kielriege hörte. „Er ist im Graben zusammengebrochen", beruhigte ich Neumann, als er zweifelnd fragte: „hab' ich ihn überhaupt getroffen?"

Er schaltete seine große Stablampe ein und gab seinen Begleitern Signal, sofort zu kommen. Schon sahen wir die Scheinwerfer des Jeeps. Als der erste aus dem Wagen sprang, rief er: „Nun, Genosse Neumann, hat es geklappt?" „Ja, ich habe auf einen Rehbock geschossen", antwortete Ali. „Versucht mal, Schweiß in der Wiese zu finden!" Beide suchten mit ihren Taschenlampen dort, wo Neumann sie einwies. Da rief auch schon einer: „Hier ist Schweiß!" „Na, dann sucht man weiter", munterte er sie auf. Eine kräftige Schweißfährte führte uns an den Graben. Da schrie auch schon ein Begleiter: „Da guckt etwas raus!" Als wir uns über den Grabenrand beugten, hörten wir ihn aufgeregt stottern: „Genosse Neumann, das ist ... das ist kein Rehbock. Das ist ein großer Hirsch!" „Wie ist sowas möglich?" stellte Ali sich dumm, „ich habe doch auf einen Rehbock gezielt!" Erst als ich lachte, merkten die anderen, daß ihr Chef sie auf den Arm genommen hatte. „Na, dann zieht ihn man raus", forderte er sie auf. Obgleich ich mithalf, gelang es uns nicht, den Koloß aus dem wassergefüllten Graben herauszubekommen. Der Fahrer holte den Geländewagen und befestigte ein Seil am Haupt. Dann zog er vorsichtig an, während wir ihm die Richtung angaben. Im Scheinwerferlicht besahen wir uns den Hirsch aus der Nähe: der Schuß saß hinter dem Blatt und hatte somit die Lunge zerrissen. Mit einem Blick auf die Trophäe meinte Ali: „So ein zurückgesetztes Geweih habe ich noch nie gesehen. Über diese Trophäe freue ich mich wirklich." Ich freute mich mit ihm und überreichte den Schützenbruch. „Haben Sie eigentlich immer noch Ihren Hund?" wollte Ali wissen. „Ja, die ‚Cora', eine Deutsch-Drahthaarhündin", antwortete ich. „Zwei Hunde habe ich allerdings schon in Born verloren. Ein guter Jagdterrier wurde von einem LKW überfahren, und die ‚Gundel', auch eine Deutsch-Drahthaarhündin, von einem Keiler derartig geschlagen, daß sie sich nicht wieder erholen konnte." Die Langhaarteckelhündin „Zitta", die ich damals von Jägerbrück nach Hütten mitgenommen hatte, starb leider an Gehirnstaupe.

Unverzüglich machte ich mich ans Aufbrechen. Als ich mal verschnaufen wollte und mich aufrichtete, bemerkte ich plötzlich einen Menschen am Waldrand, der in halbgebückter Stellung bis zum nächsten Baum schlich und sich dahinter versteckte. Ich forderte die

Begleiter auf, mit der Taschenlampe hinzuleuchten. Im Lichtkegel erkannte ich den Polizeioffizier, der mich vor einigen Tagen aus den Händen der Grenzer befreit hatte. „Ich dachte, hier wären Wilddiebe zugange", entschuldigte er sich. Neumann meinte mit Anspielung darauf: „Hätte bloß gefehlt, der Forstmeister wäre zum zweiten Mal in seinem eigenen Wald festgenommen worden!" „Na, wir sind ja wohl auch noch bewaffnet", sagte lachend ein Begleiter.

Nach dem Aufbrechen stand ich vor dem Problem, den Hirsch in die Kiepe am Auto zu packen. Nachdem der Überläufer zunächst wieder herausgenommen worden war, versuchten wir zu dritt den Klotz von über dreieinhalb Zentnern hochzuheben, was trotz aller Bemühungen nicht gelang. Da griff Ali ein: er bückte sich, faßte mit seinen langen Armen unter den Wildkörper, richtete sich langsam auf und warf den Hirsch in die Kiepe. „So wird's gemacht. Ihr habt noch kein Abendbrot gegessen und daher nichts in der Wäsche!" Ich war sprachlos. Jetzt erinnerte ich mich, daß er mir mal erzählt hatte, als Zehnkämpfer die Olympiade 1936 in Berlin mitgemacht zu haben. Schnell packten wir den Überläufer oben auf den Hirsch drauf, verschnürten alles gut und fuhren vollbeladen zur Oberförsterei. Hier dirigierte ich das Fahrzeug bis an die große Scheune, an der das Wild mit einer Talje hochgezogen werden sollte. Als ich, unterstützt von den beiden Männern, den Hirsch dreiviertel hochgehievt hatte, sauste er plötzlich wieder herunter. Wir kamen nochmal mit dem Schrecken davon. Ich besah mir den Schaden: der Eisenhaken hatte sich gerade gebogen und den Wildkörper freigegeben. „Haben wir nicht Zange und Hammer, daß wir den Haken zurückbiegen können?" fragte mich Neumann. Ich lief schnell ins Haus und fand in der Eile das Werkzeug nicht schnell genug. Als ich zurückkam, sah ich Ali, wie er den schmiedeeisernen Haken mit bloßen Händen in die ursprüngliche Form bog. „Alles schon wieder in Ordnung!" rief er mir entgegen. Als wir drei dann erneut versuchten, den Hirsch hochzuziehen, nahm Neumann uns das Seil aus der Hand und sagte: „schaut her, so wird's gemacht!" Wir konnten kaum so schnell gucken, wie der starke Ali den Dreieinhalbzentnerhirsch samt Überläufer alleine an der Talje hochhievte.

„Rembrandt" und die Murmler

Es lagen Wochen harter Arbeit hinter uns. Im Wald schwanden die von den orkanartigen Stürmen hinterlassenen Spuren immer mehr. Die Pflege der neu angelegten Kulturen stand im Mittelpunkt. Zu schaffen machte uns jetzt allerdings der „Waldgärtner" (Mylophilus piniperda), ein glänzend rotbrauner Borkenkäfer von 3,5 bis 5,2 mm Länge. Zeitig im Frühjahr schwärmt er, bei günstigen Witterungsbedingungen auch schon Anfang März. Er fliegt hauptsächlich an gefällte und gebrochene Kiefern. Innerhalb der Rinde werden die Eier abgelegt, die schlüpfenden Jungkäfer fliegen im Juli in die Kiefernkronen, bohren sich in die gesunden Triebe und nagen Gänge heraus, die zwei bis drei Zentimeter, manchmal sogar bis zu zehn Zentimeter lang sind. Die vom Wind abgebrochenen Triebe liegen dann wie gesät auf dem Erdboden; die Baumkronen sehen wie vom Gärtner beschnitten aus, daher auch der Name „Waldgärtner". Das von den Stürmen am Boden liegende Holz bot diesem Forstschädling optimale Bedingungen für die Vermehrung. Um der Situation Herr zu werden, mußten bis in die siebziger Jahre hinein „Fangbäume" geworfen werden. So wurden jährlich hundert bis hundertfünfzig Festmeter Holz als Lockbäume gefällt und vor dem Schlüpfen der Jungkäfer entweder geschält, chemisch behandelt oder aus dem Wald gefahren.

Eines Tages bat mich das Gästeheim des Ministerrates in Dierhagen, einen Vortrag über Ursachen und Beseitigung der Windwurfschäden zu halten. Lichtbilder zu diesem Thema würde der Heimatkunstmaler Schultze-Jasmer aus Prerow zeigen. Ich gab mein Einverständnis. So fuhren wir dann beide am vereinbarten Tag nach Dierhagen. Der Kunstmaler hatte mich in seinem alten „F 8" mitgenommen. Die Wachtposten am Gästeheim ließen uns nach kurzer Kontrolle weiterfahren, wir waren bereits gemeldet. Anstatt jedoch auf den eigens eingerichteten Besucherparkplatz am Wirtschaftshof zu fahren, hielt Schultze-Jasmer mit seinem Auto mitten vor dem Eingang des Hauptgebäudes.

Sofort stürzten zwei STASI-Männer heraus, er solle den Wagen auf dem vorgeschriebenen Parkplatz abstellen. Der Maler schüttelte den Kopf: „Erst bringe ich die Apparatur für meinen Lichtbildervortrag ins Gebäude, dann fahre ich selbstverständlich dorthin. Mein Auto ist wohl zu schäbig vor Ihrem Portal? Einen vornehmen Tschaika wie die

Gäste hier besitze ich natürlich nicht." „Nein, nein, darum geht es nicht. Aber die Sicherheitsvorschriften müssen eingehalten werden. Beeilen Sie sich bitte, daß Ihr Wagen hier wegkommt." „Immer mit der Ruhe", antwortete der Kunstmaler, „ich bin schließlich nicht mehr der Jüngste." Die beiden Männer entfernten sich eilig in Richtung eines älteren Paares, das in der Nähe spazierenging. Bei genauerem Hinsehen wurde mir klar, was die nervösen Sicherheitsvorkehrungen zu bedeuten hatten: dort lustwandelte der allmächtige Walter Ulbricht höchstpersönlich, Staatsratsvorsitzender der DDR, mit seiner Frau Lotte! Worauf ich dem Kunstmaler schnell half, seine Utensilien ins Gebäude zu tragen, damit er seine alte Kiste auf den Parkplatz fahren konnte.

Während er aufbaute, füllte sich der große Saal allmählich mit Gästen, darunter eine Menge Prominenz. Pünktlich fing Schultze-Jasmer mit seinem Lichtbildervortrag an, zeigte interessante Bilder von der Landschaft des Darß, von den Dörfern mit ihren schönen Häusern, von der Küste und auch einige Bilder des von den Stürmen zerstörten Waldes. Im Saal erhob sich immer mehr Gemurmel, was den Zunftgenossen Rembrandts in Zorn versetzte: „Meine Herrschaften, können Sie nicht etwas ruhiger sein? Ich muß schon fast schreien, damit man mich auch hinten im Raum verstehen kann. Ich bin doch schon über 70 Jahre alt!" Eine peinliche Stille entstand, eine Weile war es mucksmäuschenstill. Aber bald setzte wieder der alte Geräuschpegel ein, und ich war heilfroh, daß Schulze-Jasmer bis zum Ende seines Lichtbildervortrages nicht noch einmal ausrastete.

Als er geendet hatte, begann ich mit meinem Vortrag und erzählte vom Ausmaß der Katastrophe 1967/68 und der bisher geleisteten Arbeit zur Beseitigung der Schäden. Daraufhin setzte eine rege Diskussion im Saal ein. Jemand fragte, welche Holzart denn besonders vom Sturm betroffen sei. „Da die Kiefer den Hauptanteil auf dem Darß stellt, ist sie auch besonders betroffen. Aber auch Fichten, Buchen und Eichen sind nicht verschont geblieben. Es hatte vorher tagelang geregnet, der Waldboden war aufgeweicht, und der Sturm konnte leicht das flachstreichende Wurzelwerk losreißen und so die Stämme zu Fall bringen. Durch das hoch anstehende Grundwasser auf dem Darß brauchen die Bäume keine tief in die Erde reichenden Wurzeln auszubilden."

„Kann die Forstwirtschaft sich denn gar nicht gegen solche Stürme schützen?" wollte ein anderer wissen. „Wir sind bestrebt, möglichst einen Mischwald aufzubauen, der alle Altersklassen umfaßt. Vor allem müssen wir darauf achten, daß Kahlschläge, wenn sie erforderlich sind, möglichst klein und von Ost nach West durchgeführt werden. Offene westliche Hiebfronten vermeiden wir. Ein Durchforstungsturnus sollte drei bis fünf Jahre nicht unterschreiten. Tatsache ist, daß der Darß aufgrund seiner geographischen Lage besonders sturmgefährdet ist. Kleinere Sturmschäden gibt es fast jedes Jahr, mittlere treten alle fünfzehn Jahre ein, und mit Katastrophen ist alle siebzig bis hundert Jahre zu rechnen. Besonders stark sturmgefährdet sind die Gebiete mit hohem Grundwasserstand. Es stellte sich immer wieder heraus, daß die natürlichen Waldgesellschaften sturmsicherer sind als die künstlichen. Das beste Beispiel liefert uns die Erlenwaldgesellschaft."

„Welche Rolle spielte denn das Grabensystem bei der Windwurfkatastrophe?" fragte einer der anwesenden Minister. „Der Verfall des Grabensystems nach dem zweiten Weltkrieg führte stellenweise zur Stagnation des Wassers, und die Senkwurzeln starben ab. Es besteht jetzt die Aufgabe, das Entwässerungssystem zu erneuern. Vor einiger Zeit wurde mit einem Meliorationsprogramm begonnen, um das zu hoch anstehende Grundwasser zu senken. Dann können die Kulturen und Bestände wieder gedeihen. Dabei spielt die Kooperation mit den landwirtschaftlichen Betrieben eine große Rolle, damit großflächig Gebiete durch Hauptgräben entwässert werden können. Es ist wichtig, sie mit regulierbaren Stauklappen zu versehen, damit das Wasser in regenarmen Zeiten zurückgehalten werden kann. So verfallen wir nicht ins andere Extrem, durch übermäßige Trockenheit Waldteile absterben zu lassen."

Auf die Frage: „Hatten Sie auch mit Forstschädlingen als Nachfolgeerscheinung zu kämpfen?", antwortete ich: „Außer dem ‚Waldgärtner' macht uns besonders der Rüsselkäfer zu schaffen. Über zweihundert Hektar Kulturen mußten bereits dagegen gespritzt werden, er vermehrte sich besonders durch die vielen frischen Stubben."

Die Fragen wollten kein Ende nehmen. Hoffentlich dauerte die Diskussion nicht wieder über zwei Stunden wie kürzlich in der Gaststätte „Helgoland" in Prerow! Am Ende meines Vortrages war ein Bürger von Prerow, Biologe und Lehrer von Beruf, an mich herangetreten: „Herr Forstmeister, ich lade Sie jetzt herzlich mit Ihrer Gattin zu mir nach Hause ein. Ich bitte Sie, was Sie eben erzählt haben, nochmal auf Band zu sprechen. Das wäre wertvoller Stoff für mein Buch, das ich über den Darß schreibe!" So ein raffinierter Schnorrer! „Herr Doktor", antwortete ich, „es ist 23 Uhr, und ich habe morgen einen anstrengenden Dienst." „Darf ich Ihnen dann einige Fragen zusenden, die Sie mir schriftlich beantworten?" „Wenn es nicht zu viele sind, werde ich Ihnen helfen." Prompt erhielt ich in der Woche danach einen dicken Brief mit hunderten von Fragen. Ich schüttelte mit dem Kopf und sagte mir, wenn ich die alle beantworten würde, könnte ich das Buch genausogut selber schreiben. Als Stichwortgeber war ich mir nun doch zu schade.

Als im Gästeheim Dierhagen endlich die letzte Frage beantwortet war, half ich Schultze-Jasmer, seine Sachen einzupacken. „War das eine undisziplinierte Gesellschaft", machte er sich Luft. Das wollen Minister und hohe Funktionäre sein und reden dauernd dazwischen. War das nicht richtig, daß ich denen laut sagte, sie möchten sich ruhig verhalten?" „Sie haben gemerkt", antwortete ich, „daß man sich auch während meines Vortrages ziemlich laut unterhielt." „Das ist ja eben die Schweinerei", empörte er sich. „Sie haben doch wirklich interessant erzählt, und alle quatschten wild durcheinander …"

Ich holte tief Luft: „Herr Schultze-Jasmer, lassen Sie mich mal bitte ausreden. Ihnen ist entgangen, daß viele ausländische Gäste im Saal saßen. Das Gemurmel stammte von den Dolmetschern, die unseren Text übersetzten." Der alte Herr schaute mich erschrocken an und meinte kleinlaut: „Na, das hätte man mir aber vorher sagen können!"

Viermal vorbei und Ende der Jagd

Im Jahre 1972 erhielt ich den Auftrag, ein Verwaltungsgebäude für die Staatliche Jagdwirtschaft bauen zu lassen. Wir brauchten dann endlich die Jagdgäste nicht mehr in unserer Privatwohnung zu betreuen, was für meine Frau eine zusätzliche Belastung darstellte. So setzte ich mich mit meinem Freund und Mitarbeiter Otti Werner zusammen und erarbeitete Pläne über Lage, Größe und Aussehen dieses neuen Hauses. Eine Fläche in der Abteilung 33 erschien uns für den Bau ideal, da sie etwas erhöht lag und daher einen trockenen Standort versprach. Der dort stockende mehr als hundertjährige Kiefernbestand hatte bereits größere Lücken, so daß das Räumen dieser Bäume kein waldbaulicher Fehler war. Da sich die Fläche nach der Bodenreform von 1945 im Besitz eines Borner Bürgers befand, mußte ein Flächenaustausch als Entschädigung vorgenommen werden. Auf Anordnung von oben wurden dann sehr bald sämtliche aus der Bodenreform stammenden privaten Waldparzellen vom Staatlichen Forstwirtschaftsbetrieb Rostock zurückgenommen. Die Waldgemeinschaften in Zingst und Prerow hatten sich bereits kurz nach der Sturmkatastrophe aufgelöst. Ihnen folgte bald die der Gemeinde Wieck, einige Jahre später die von Born.

In den nach 1945 gebildeten Waldgemeinschaften auf dem Darß und in Zingst ist nie Raubbau betrieben worden. Ein von ihnen eingesetzter Förster achtete auf einen pfleglichen Zustand des Waldes. Allerdings machte die Sturmkatastrophe auch vor dem Privatwald nicht halt, so daß auch diese Waldstücke stark in Mitleidenschaft gezogen wurden. Viele Waldbesitzer scheuten den hohen Kostenaufwand, um ihren Wald wieder in Ordnung zu bringen. Deshalb waren sie eher bereit, dem Drängen des Staates nachzugeben und gaben mehr oder weniger freiwillig ihre Waldparzellen ab.

Der für den Bau notwendige Kahlschlag in der Abteilung 33 und die Abfuhr des eingeschlagenen Holzes machten keine größeren Schwierigkeiten. Die Armee unterstützte uns mit einer Pioniereinheit, die eine Übung durchführte und dabei sämtliche auf der Fläche vorhandenen Stubben sprengte. Nach dem Absammeln und Abfahren der Holz- und Wurzelreste entstand eine freie Baufläche von hundert mal hundert Metern. Aus den von Otti Werner und mir angefertigten Skizzen entwickelte der Architekt Dr. Zimmermann die detaillierten Bauzeichnungen, nach denen der Baubetrieb Ribnitz-Damgarten unser Haus errichtete.

Im Mai 1973 bezog ich mit meiner Familie die Wohnung im Westflügel des Hauses; auf der Ostseite wohnte bereits der in der Staatlichen Jagdwirtschaft beschäftigte Kollege Reiser mit Frau und Kindern. Endlich hatten wir eine geräumige Wohnung, die für unsere Söhne und Tante Hedi genügend Platz bot. Unsere Tante, die bereits während jeder Geburt liebevoll den Haushalt geführt hatte, gehörte seit 1963 ganz zu unserer Familie. Dank ihrer Hilfe konnte Marga in meinem Büro als Sekretärin arbeiten und nach Dienstschluß die von der Jagd kommenden Gäste bewirten. Das dauerte oftmals bis Mitternacht und länger. Ihr stand unsere Nachbarin Ingrid Reiser treu zur Seite.

Zwischen den beiden Wohnungen lagen im Mitteltrakt die Büroräume, eine Diele, zwei Toiletten, ein Duschraum und ein großes Jagdzimmer. Oben befanden sich außer einem Aufenthaltsraum vier kleine Schlafzimmer für Gäste. Das Jagdzimmer ließ ich mit Darßer Jagdtrophäen von Rot-, Reh- und Schwarzwild ausstatten. Über den Kamin hängte ich die ineinander verhakten Geweihe von Hirschen, die sich während der Brunft verkämpft hatten und auf einer Wiese verendet gefunden worden waren. Handgeschmiedete Decken- und Wandleuchten sorgten für stimmungsvolles Licht im Jagdzimmer. Gleich links am Eingang hängte ich die Hirschtrophäe von einem starken ungeraden Sechzehnender auf.

Nach dem Anruf eines Wiecker Fischers fuhr ich eines Tages nach Bliesenrade, um mir einen im Bodden liegenden Hirsch anzuschauen. Eine Schußverletzung war nicht zu entdecken. Schließlich fand ich einen Stich im Träger, der vom Forkeln während der Brunft herrührte. Die Trophäe ließ ich präparieren und ebenfalls im Jagdzimmer aufhängen. Eines Tages erschien Revierförster Gadow aus Gäthkenhagen, einem Revier jenseits des Boddens, und bat mich um die Herausgabe des Geweihes. Er begründete seinen Wunsch damit, daß er fast sämtliche Abwurfstangen dieses geforkelten Hirsches besäße und somit beweisen könne, daß dies kein Darßer Hirsch gewesen sei, denn sonst hätte er die Stangen nicht im Revier Gäthkenhagen abwerfen können. Ich machte ihn darauf aufmerksam, daß wir den Geforkelten auf dem Territorium der Staatlichen Jagdwirtschaft gefunden hatten und somit die Trophäe unser Eigentum bliebe. Als Gadow dann eines Tages das Revier Born übernahm, brachte er die gesammelten Abwurfstangen mit in die „Ehe" ein, und der leidige Streit um diesen

Hirsch war begraben. Die Abwurfstangen ermöglichten es uns, das tatsächliche Alter, nämlich zwölf Jahre, zu bestimmen. Die Bewertung der Trophäe erbrachte 197 Punkte und somit eine Silbermedaille.

Zu einem anderen Hirschgeweih im Jagdzimmer fiel mir folgendes Jagderlebnis ein: Der Landwirtschaftsminister hatte Professor Stubbe, dem ehemaligen Präsidenten der Akademie der Landwirtschaftswissenschaften, anläßlich seines 80. Geburtstages einen starken Hirsch freigegeben. Der Minister bat mich persönlich, möglichst einen Medaillenhirsch zu bestätigen. Mehrere Abende hatte ich an der kleinen Buchhorster Maase einen Silbermedaillenhirsch, einen alten Sechzehnender, beobachtet. Ich rief den Professor an, er möge am nächsten Abend den ersten Versuch starten. Wie vereinbart, stand Stubbe mit seiner barocken Tschaika-Limousine vor unserer Tür. Ich ließ ihn in meinen Geländewagen umsteigen und fuhr mit ihm bis in die Abteilung 143, um von dort aus zu Fuß weiterzugehen. Es war ein herrlicher Septemberabend und beinahe windstill. Wir saßen auf einem eigens für diese Jagd aufgestellten metallenen „Burmeistersitz", benannt nach einem ideenreichen Forstarbeiter, der ihn konstruiert hatte. Die Abendsonne verschwand hinter dem westlich vorgelagerten Kiefernbestand. Oben in einem Fichtenwipfel saß eine Singdrossel und sang ihre liebliche Melodie. Eine Ricke und ihr Kitz ästen ungestört am Waldrand. Über uns zog ein Seeadler seine Bahn. Professor Stubbe flüsterte mir zu: „Diese himmlische Ruhe ist phantastisch!" Er sog genießerisch die saubere Waldluft ein: „Ist das hier herrlich!"

Wir freuten uns gemeinsam über das Panorama des idyllischen Waldgebietes. Vor uns lag eine dreihundert Meter lange und hundert Meter breite Grünfläche, die südlich und nördlich von einer Kiefern- und Fichtendickung begrenzt wurde. Nach Westen schloß sich ein mit Weide und Erle gemischtes Bruch an. Plötzlich schlug eine Drossel aufgeregt an. Ein Eichelhäher meldete sich ebenfalls. Aha, dachte ich, hier wird bald Wild auftauchen. Und schon trat ein Hirsch in hundertachtzig Meter Entfernung aus der vor uns liegenden Dickung heraus. Mit Hilfe des Glases erkannte ich den für Stubbe bestimmten Hirsch. „Sehen Sie ihn dort?" fragte ich. „Oh, das scheint ja ein Kapitaler zu sein", antwortete er. Der Sechzehnender zog quer über die Wiese, überfiel einen Graben, verhoffte und äugte in die vor ihm liegende Fichtendickung, in der er wahrscheinlich einen Rivalen vermutete. Die Schußentfernung betrug immer noch rund hundertachtzig Meter, für einen guten Schützen wie Professor Stubbe eigentlich keine unlösbare

Aufgabe. Ich fragte ihn: „Wollen Sie den Schuß riskieren? Der Hirsch steht breit."

„Ich versuch es mal!" war die Antwort. Stubbe zielte sorgfältig und ließ fliegen. Der Hirsch stand nach wie vor und äugte in die Dickung. „Nachladen und noch einmal schießen!" flüsterte ich aufgeregt. Als der Professor jetzt seine Büchse repetierte, drehte sich der Hirsch um und kam auf uns zugezogen. Er verhoffte in hundert Meter Entfernung, drehte sich wieder und äugte erneut zur Dickung. Stubbe zielte sorgfältig, und der Schuß brach. Der Sechzehnender wendete das Haupt zu uns, dann sahen wir ihn, wie er in Richtung südliche Dickung zog, wieder eine Rechtsdrehung ausführte und auf achtzig Meter in der Wiese verhoffte.

Ich spürte die Nervosität des Professors. „Beruhigen Sie sich erst, bevor Sie wieder schießen", flüsterte ich ihm zu. Der Hirsch stand breit. Schon brach der nächste Schuß: Wieder vorbei! Nach einigen Sekunden trollte der Hirsch auf uns zu. Nun stand er unmittelbar, keine sechzig Meter, vor uns, und wieder ließ Stubbe fliegen. Auch jetzt waren keine Anzeichen vorhanden, daß der Hirsch getroffen war. Der Sechzehnender machte einige Fluchten, um dann am Dickungsrand erneut zu verhoffen. Ja, er fing sogar an zu röhren. „Herr Professor, schnell noch einmal durchladen!" forderte ich ihn auf. „Ich habe keine Munition mehr", sagte Stubbe, am ganzen Körper zitternd. Ich schaute ihn entsetzt an: „Das kann doch wohl nicht wahr sein?" „Doch, doch, ich besitze keine Kugel mehr." Ich schaute zum Hirsch und sah, wie er langsam in die Dickung zog. Mittendrin hörten wir ihn sich noch einmal melden. Der Professor schien mit seinen Nerven am Ende zu sein. Ich merkte, daß seine Hände immer noch zitterten. Ich machte mir selbst Vorwürfe, keine Waffe dabei zu haben, ich hätte sie ihm im letzten Moment schußbereit geben können. Aber ich war so von der Treffsicherheit des Professors überzeugt, daß ich mein Gewehr ganz gegen meine Gewohnheit zu Hause gelassen hatte. Das war nun voll ins Auge gegangen. Ich kontrollierte jetzt sicherheitshalber die Anschüsse, auch die Stelle, an der der Hirsch zuletzt verhofft hatte. Aber alles deutete auf Fehlschüsse hin, zumal wir den Sechzehnender auch noch in der Dickung hatten schreien hören.

Professor Stubbe ließ in den nächsten Tagen seine Waffe untersuchen, sie schoß einwandfrei. Er schrieb an den Minister und bedankte sich für den ihm zugedachten Hirsch und erwähnte lobend die von mir aufgewandte Mühe. Der Minister tröstete ihn im Antwortschreiben und schlug ihm vor, im nächsten Jahr noch einmal auf einen Hirsch zu gehen. Im Jahr darauf saß ich wiederum mit ihm auf einem Hochsitz, dieses Mal morgens im Revier Prerow. Der ihm zugedachte Hirsch stand auf einer Dünenkuppe. Ich sagte leise: „Herr Professor, dort auf sechzig Meter steht ein Achtzehnender. Sie können schießen." „Ich sehe keinen", war die Antwort. Ich zeigte hin: „Dort! Er steht breit!" „Ich sehe keinen, ich sehe wirklich keinen. Es tut mir leid", beteuerte er. Nun war mir klar, daß das Augenlicht des alten Herrn einfach nicht mehr mitmachte. Eine gründliche Augenuntersuchung stellte dann auch eine nur noch sehr schwache Sehkraft fest. Damit war für diesen passionierten Jäger das Halali geblasen, die Darßer Jagd war für ihn die letzte gewesen.

Du holde Kunst

Zurück zu unserem Jagdzimmer. Als eines Tages Oberlandforstmeister Richter, Leiter der Inspektion Staatsjagd, unser Objekt besichtigte, meinte er: „Dort an der Wand fehlt noch ein Jagdgemälde. Ich werde dir eins schicken." Er hielt sein Wort, in der nächsten Woche hing es bereits an der Wand. Es stellte eine Hochgebirgslandschaft mit einem röhrenden Hirsch dar, unten plätscherte ein Bach. Die ersten Gäste waren voller Hochachtung über unser rustikal eingerichtetes Jagdzimmer, nur das Bild fand keine Gnade: „Dieses Motiv paßt doch nicht auf den Darß!"

Auch Richters Stellvertreter mokierte sich, als er mich eines Tages besuchte: „Was hast du bloß für einen schrecklichen Schinken an der Wand hängen? Der paßt doch nicht in diese Landschaft!" „Sag das nicht zu laut", warnte ich ihn. „Das Bild stammt von deinem Chef." „Das kann doch wohl nicht wahr sein!" bemerkte er, was hat der bloß für einen Geschmack? Ich male dir ein neues!" „Du?" fragte ich erstaunt. „Hast du denn Maltalent?" „Na, du kennst doch die Buchreihe ‚Ansprechen des Wildes‘. Die Zeichnungen stammen allesamt von mir. Soll ich dir also ein neues Bild malen?"

„Einverstanden. Ich hätte aber ein paar Wünsche zum Motiv: auf der großen Buchhorster Maase äst im Morgengrauen ein Rudel Kahlwild. Am Rande verhofft ein Kronenhirsch. Im Vordergrund erkennt man das ehemalige Meeresufer, im Hintergrund einen knorrigen Wacholder." „Kein Problem", meinte er, „das Bild wird genau so gemalt. Du kannst es in fünf Wochen mit nach Hause nehmen, wenn ihr die nächste Leiterbesprechung habt." Als ich vor Beginn der Sitzung in sein Berliner Büro kam, zeigte er zum Aktenschrank: „Das Bild ist fertig, dort oben steht es!" Tatsächlich, ich sah ein Rudel Rotwild, im Vordergrund den Hirsch. Mit ein wenig Phantasie konnte man in der Wiese die Buchhorster Maase erkennen. „Das Bild gefällt mir ganz gut", sagte ich, „leider vermisse ich den für die Darßer Landschaft typischen Wacholder. Wie teuer ist denn das Kunstwerk?" „Nimm es mit und laß es schätzen. Ich werde schon zu meinem Geld kommen."

Zu Hause tauschte ich die Bilder aus. Der Zufall wollte es, daß mich in diesen Tagen ein Forstarbeiter aus Wieck fragte, ob ich Interesse an einem Gemälde der Raesfeld-Grabstelle habe. Es liege bei einem Bürger in Wieck auf dem Dachboden. Ich bat ihn, es am nächsten Tag mitzubringen – war spontan begeistert von dem Bild. Es stellte naturgetreu die Waldlandschaft um das Raesfeld-Grab mit den herrlichen alten Buchen dar, wie ich sie zu meiner Lehrzeit gekannt hatte. Ich bot für das Bild zweihundert Mark, ließ es säubern, mit einem passenden Holzrahmen versehen und im Büro meines Stellvertreters aufhängen.

Da ich den Wert der beiden Bilder wissen wollte, bat ich einen Kunstmaler um sein Sachverständigenurteil. Er besah sich zunächst das Raesfeld-Gemälde. „Ich kaufe ihnen das Bild sofort ab. Wenn Sie es mir überlassen, bringe ich Ihnen morgen dreitausend Mark." Ich schüttelte den Kopf: „Es ist amtlich angekauft, und ich darf es nicht weiterveräußern." Im stillen dachte ich, hier hätte man ein gutes Geschäft machen können. Dann gingen wir ins Jagdzimmer hinüber. „Schätzen Sie bitte auch den Wert dieses Gemäldes ein", bat ich ihn. Der betagte Maler warf einen Blick auf das Bild, raufte sich seine paar Haare und fragte: „Wo haben Sie bloß diesen fürchterlichen Kitsch her? Das verunziert ja das ganze Jagdzimmer. Nichts wie raus damit!" Ich versuchte ihn zu beruhigen: „Sie brauchen ja nur eine Summe zu nennen, die ich an den Maler zu zahlen habe." „Was?" entrüstete er sich, diesem Dilettanten wollen Sie auch noch Geld geben? Der müßte eigentlich die Kosten für Transport und Aufhängen tragen!" Ich ließ ihm eine Tasse Kaffee zur Beruhigung servieren. Als ich ihn noch einmal vorsichtig nach dem Preis fragte, blieb er dabei: „Schmeißen Sie das raus, es verschandelt das schöne Jagdzimmer. Das ist doch kein Hirsch, den er da gemalt hat. Der erinnert eher an einen Achtzentner-Bullen; die Proportionen stimmen doch überhaupt nicht!" Er hatte nicht unrecht, den Hirsch hatten schon etliche Gäste für einen Ochsen gehalten.

Eines Tages erschien unser Sohn Klaus, mittlerweile wohlbestallter Oberförster in Barth. Er wußte einen Ausweg: „Ich kenne da einen Försterkollegen, der kann dir ein neues Bild malen. Der malt gut, ich werde ihn bitten, mal herüberzukommen. Dann kannst du ihm deine Wünsche vortragen. Der Oberförster ließ sich wirklich noch in derselben Woche sehen, packte an die zehn Bilder aus, herrliche Jagdmotive, eins schöner als das andere. „Die sind schon alle verkauft", sagte er, „nur damit du mal siehst, wie meine Bilder aussehen. Welchen Wunsch hast du nun?" „Mal mir einen starker Keiler im Schnee, davor einen Terrier, der wieder mutig angreift, obwohl der Keiler ihn schon geschlagen hat. Das alles spielt sich in einer Mondscheinnacht ab." „Das Bild bekommst du", versprach er.

Nach etwa vier Wochen erschien er mit dem Gemälde. Es war genau nach Wunsch ausgefallen: aus einer vom Mond angestrahlten Dickung äugt ein alter Keiler, das Gewaff blitzend, zu einem angreifenden Jagdterrier hin, der, bereits vom Keiler geschlagen, im Schnee eine Schweißfährte hinterläßt. Als meine Frau am nächsten Tag das Bild sah, stürzte sie aus dem Jagdzimmer heraus: „Nimm bloß das Bild wieder von der Wand! So grimmig, wie der den Keiler gemalt hat, werden uns die Gäste fortlaufen!" Ich fand das Gemälde trotzdem gut. Mich störten höchstens ein paar kleinere Fehler: die Lichter des Keilers saßen zu hoch im Kopf, die Haderer und Gewehre hatte der Maler irrtümlich vertauscht.

Die nächsten Gäste erschienen und schauten sich das Bild an. Hoffmann, der Minister für Kultur, war auch dabei. Er legte den Kopf schräg und meinte: „Ein hübsches Bild. Nur der kleine Frischling sieht komisch aus. Das ist wohl eine Mißgeburt?" „Was?", platzte ich heraus, „der Kulturminister kann einen Hund nicht von einem Frischling unterscheiden?" „Na, wenn das ein Hund sein soll, dann Prost Mahlzeit!" erwiderte er. „Was soll denn das für eine Rasse sein?" „Ein Jagdterrier", behauptete ich. „Ein Jagdterrier? Die Rasse kenne ich nicht." „Gehen wir doch nach draußen, im Hundezwinger kann ich ihnen einen vorführen." Alle kamen mit heraus, sahen sich die Hunde im Zwinger an, und der Minister räumte ein: „Tja, mit einiger Phantasie könnte es allerdings ein Jagdterrier sein."

Bei den nachfolgenden Gästen wiederholte sich die Reaktion: „Das Bild ist nicht schlecht, aber der kleine Frischling sieht komisch aus." Das war wohl richtig: der Kopf des Terriers war zu lang geraten und sein Bauch zu dick. Also bat ich den Maler, bei den Lichtern, dem Gewaff und dem Terrier ein paar Korrekturen vorzunehmen. Er kam und machte sich gleich ans Werk. Als ich abends von der Dienstfahrt zurückkehrte, warf ich einen neugierigen Blick auf das Bild: jawohl, die Lichter saßen jetzt an der richtigen Stelle, und der Terrier hatte eine Abmagerungskur hinter sich. Aber das Gewaff stak nach wie vor falsch im Gebrech. Ich tröstete mich, daß dieser Fehler wohl nur von einem besonders kritischen Fachmann entdeckt werden könnte.

Wieder saßen Besucher im Jagdzimmer. Es waren nicht alles Jäger, denn ich führte oftmals Gäste des Ministerrat-Hauses auf Exkursionen, und nach der Waldwanderung blieben sie meist zum Essen da. Alle betrachteten das korrigierte Gemälde und lobten es. Nur ein Staatssekretär wiegte bedenklich den Kopf. „Haben Sie das Gemälde schon mal mit Verstand betrachtet?" fragte er. Ich glaubte, er habe das mißlungene Gewaff bemerkt, aber weit gefehlt: „Schauen Sie", fuhr er fort, „der Mond steht rechts, und der Hund wirft richtig einen Schatten nach links. Dann kann aber doch der Keiler seinen Schatten nicht auf der rechten Seite haben!" Ich biß mir auf die Lippen; diesen groben Schnitzer hatte ich glatt übersehen.

Eine Woche später konnte ich dieser permanenten „Kunstdiskussion" ein Ende machen. Ich nahm das Bild herunter und ließ einen präparierten Seeadler an die Wand hängen. Er war auf einer Wiese bei Zingst verletzt aufgefunden worden, und ich hatte ihn in den Rostocker Zoo bringen lassen mit der Bitte, ihn zurückzugeben, wenn er verendete. Seit diese Präparation an der Wand bestaunt werden konnte, hörte ich nur noch lobende Äußerungen. Nur ein Gast, der alle ehemals an der Wand hängenden Bilder kannte, bemerkte nicht ohne Ironie: „Schade, daß da kein Gemälde mehr hängt. Die Diskussionen waren immer so ungemein lebhaft!"

Ein angeschossener Keiler

Während der Bauarbeiten am neuen Jagdhaus hatten wir meine Mutter in Prerow zu Grabe tragen müssen. Sie war mit 76 Jahren an einem Schlaganfall verstorben. Wer am Grab der Mutter steht, um für immer Abschied zu nehmen, ist von tiefem Dank erfüllt für ihre Liebe, für all die Sorgen und Mühen und die selbstlose Hilfe, die sie ihr Leben lang verschenkt hat. Sie hatte uns streng, aber zu ehrlichen, gewissenhaften Menschen erzogen. Ich verdanke ihr besonders die Erziehung zur Pünktlichkeit. Ihre ständige Redensart war: „Auf einen Menschen kann man sich nur verlassen, wenn er pünktlich ist."

Unserer Schwester Jenny verwehrte der „Arbeiter- und Bauernstaat" die Einreisegenehmigung. Die Beerdigung der eigenen Mutter war für die Verantwortlichen des Systems offenbar kein zureichender Grund. Ich hätte mich gefreut, sie wiederzusehen und dafür in Kauf genommen, eine Mitteilung über einen „Westkontakt" an meine vorgesetzte Dienststelle in Berlin schreiben zu müssen.

Gisela hatte den elterlichen Haushalt bis zum Tode der Mutter geführt. Selbst schwer zuckerkrank, opferte sie sich geradezu für die Pflege der Eltern auf. Ich schaute auch nach dem Tode der Mutter ab und zu bei ihr herein. Sie freute sich über meine Besuche und „bemutterte" mich wie in alten Zeiten. Da sie leidenschaftlich kochte und brutzelte, ließ sie nicht locker, bis sie mir etwas zu essen auf den Tisch stellen konnte, und jedesmal tauschten wir gern unsere Erinnerungen an die Kindheit aus.

Gisela verkaufte ein Jahr später das Elternhaus, weil sie es mit ihrer kleinen Invalidenrente nicht unterhalten konnte. Ich hatte seinerzeit auf das Erbe verzichtet und kein Recht, den Verkauf zu verhindern. Mit dem Käufer, einem Rechtsanwalt aus Weimar, der es als Sommerhaus nutzen wollte, schloß sie den Kaufvertrag so ab, daß ihr auf Lebenszeit ein Zimmer, Küche und Bad zur Verfügung standen. Ich war froh über diese Lösung, zumal sich beide Parteien gut verstanden.

Kaum war ich wieder zu Hause, war schon der nächste prominente Jagdgast angesagt: Werner Krolikowski, Politbüromitglied des Zentralkomitees der SED. Ich ließ die Jäger wieder ihre Beobachtungen anstellen, und an zwei Stellen wurden mir Keiler gemeldet. Am näch-

sten Abend überzeugte ich mich selbst davon, schaute mir die An-
fahrtwege an und kontrollierte die Hochsitze, um vor Überraschungen
gefeit zu sein. Sie mußten sauber aussehen, und es durften keine Wes-
pen- oder Hornissennester in der Nähe sein. Vor allen Dingen war
noch einmal die Trittsicherheit der Leiter zu überprüfen. Krolikowski
kam pünktlich. Ich fuhr mit ihm an den Stallungen des Volkseigenen
Gutes vorbei und nutzte die Plattenstraße, um abzukürzen. Die „Kommunweide" mit der herrlichen Wacholder- und Heidelandschaft, die
ich mit Otti Werner so oft durchstreift hatte, war zu einer Wiese ver-
kommen. Das Volkseigene Gut hatte alle Bäume herausgerissen, den
Boden tief umgepflügt und Gras angesät. Nur ein paar kleine Wachol-
dergruppen waren als Zeugen einer einstmals herrlichen Landschaft
stehengeblieben.

Mein Gast sah nur die prächtigen Wiesen und begeisterte sich darüber,
daß sie aufgrund der reichhaltigen Düngung zwei- bis dreimal pro Jahr
geschnitten werden konnten. Ich hielt auf der „Werrestraße" an, um
die restlichen dreihundert Meter zum Hochsitz zu Fuß zu gehen. An
einem Quergraben fiel mir siedend heiß ein, daß ich vergessen hatte,
ein Brett darüber legen zu lassen. Aber zu meinem Erstaunen sprang
der Zweizentnermann Krolikowski ohne Probleme auf die andere Seite. Es hörte sich wie ein einschlagender Blindgänger an. Modder
spritzte hoch, aber er schaffte es. Auf dem Hochsitz wischte er sich
den Schweiß von Gesicht und Nacken: „Ist das eine herrliche Gegend
hier!" Vor uns lagen die großen Wiesen, im Hintergrund der Bodden,
zur rechten Hand der Kiefernhochwald.

Aber er sollte sich nicht lange an diesem Panorama erfreuen, denn
zwei junge Burschen kamen pfeifend und johlend durch den Kiefern-
wald, in der sich der Keiler aufhalten sollte. Deshalb zog ich einen
Stellungswechsel mit meinem Jagdgast vor. Wieder hatten die letzten
dreihundert Meter Fußmarsch den Dicken ins Schwitzen gebracht. Mit
dem Taschentuch wischte er unentwegt Gesicht und Nacken ab.
Schnaufend fragte er auf dem Hochsitz: „Was soll hier kommen?"
„Wenn wir Glück haben, zeigt sich hier ein großer Keiler." „Lassen
wir uns überraschen", antwortete Krolikowski, der sich schon wieder
den Schweiß abwischte. Er nahm das Zielfernrohr von seinem Repetierer. „Wollen Sie etwa ohne Zielfernrohr schießen?" „Ja, solange
gutes Büchsenlicht ist, schieße ich lieber ohne." „Der Keiler wird aber
wahrscheinlich erst kurz vor Verschwinden des Büchsenlichtes kommen", antwortete ich. „Wir werden sehen!" schnaufte er.

Ich saß mit ihm an einer Kirrung in einem achtzigjährigem Kiefernbestand. Diese Abteilung hatte ich noch in guter Erinnerung: Anfang der sechziger Jahre arbeitete hier die Forstbrigade Niedergeseß aus Prerow. Als ich sie in der Frühstückspause aufsuchte, erzählten die Forstarbeiter mir, ein verdächtig tiefes Loch gefunden zu haben. Sie hätten bereits mit einer Stange darin herumgestochert und seien auf einen undefinierbaren Gegenstand gestoßen. Ich bat sie, die Finger davon zu lassen, ich würde für eine Untersuchung sorgen. Kurz nach der Übernahme der Oberförsterei im Jahre 1959 war ich von der Staatssicherheit mehrere Stunden lang verhört worden; man wollte etwas über die durch Forstmeister Mueller während des Krieges angelegten Bunker erfahren. Ich sei doch damals Forstlehrling gewesen und müsse auf jeden Fall wissen, wo sich im Walde bisher noch nicht aufgefundene Bunker befänden. Meine Antwort lautete damals immer wieder: „Ich habe von solchen Verstecken erst nach 1945 erfahren; sie waren schon weit vor meiner Amtszeit von den Forstarbeitern entdeckt worden." Tatsache ist, daß die Waffen-SS damals eine Reihe solcher perfekt getarnter Bunker mit Waffen, Munition, Verpflegung und Spirituosen an verschiedenen Stellen des Waldes angelegt hatte. Die meisten fanden sich allerdings im Dünengelände. In einem dieser Bunker hielt sich Franz Mueller noch wochenlang versteckt, bis ihm die Flucht über den Bodden gelang.

Die Stasi war der Meinung, daß immer noch solche unterirdischen Verstecke existierten. Das zweifelte ich damals stark an, denn vierzehn Jahre nach dem Zusammenbruch der Naziherrschaft waren praktisch in jeder Abteilung Forstarbeiten durchgeführt worden. Es war so gut wie ausgeschlossen, daß dabei ein solcher Bunker unentdeckt geblieben wäre. Jetzt aber hatten mich die Forstarbeiter auf dieses verdächtige Loch in der Abteilung 134 aufmerksam gemacht, nicht weit von der ehemaligen Jagdhütte Muellers gelegen. Spezialisten mit Suchgeräten entdeckten aufgrund meiner Meldung dort mehrere Zentner hochexplosiven Sprengstoff. Nicht auszudenken, wenn die Forstarbeiter an dieser Stelle ihr Frühstücksfeuer angelegt hätten!

Ich sah verstohlen zu meinem Jagdgast herüber. Er starrte auf die vor uns liegende Kirrung. Dort saßen mehrere Ringeltauben, die ihren Kropf mit den ausgestreuten Maiskörnern füllten. Es sah lustig aus, wie sie mit ihren Schnäbeln den Sand mal nach links, mal nach rechts, wegstiebten, um an den Mais heranzukommen. Ich hatte auf allen Kirrungen hellen Mineralboden, später Dünensand, streuen lassen.

Dadurch hoben sich die Wildschweine auch noch bei schlechtem Büchsenlicht gut ab, so daß eine weitaus bessere Treffsicherheit gegeben war. Den Mais ließ ich in frisch gezogene Rillen ausstreuen, die dann mit Sand wieder zugeschüttet wurden. So wurde das Aufnehmen der Maiskörner durch die vielen Vögel weitgehend verhindert. Außerdem mußte der Futtermeister einen aus Holz gefertigten Dreibock in der Mitte der Kirrung aufstellen, so daß man von weitem an Hand dieses Wahrzeichens erkennen konnte, ob die Schwarzkittel die Kirrung schon angenommen hatten.

Plötzlich erhoben sich die Tauben und strichen mit klatschenden Flügelschlägen ab. Sie mußten ein Geräusch wahrgenommen haben. Tatsächlich: aus dem Farnkrautdickicht schob sich ein großes Wildschwein hervor und verhoffte. Das Gewaff war deutlich zu erkennen, es deutete auf einen alten Keiler hin. Aber schon war er wieder verschwunden. Ein leises Knacken verriet, daß er sich noch in der Nähe befand. Ich flüsterte Krolikowski zu: „Erst schießen, wenn er breit auf der Kirrung steht und hochblatt anhalten!" Er nickte. Wir hörten jetzt den Keiler hin und her ziehen. Aber er wollte uns den Gefallen nicht tun, sich noch einmal zu zeigen. Das Büchsenlicht verschwand immer mehr, die Situation wurde allmählich kritisch. Doch dann näherten sich die Geräusche wieder. Tatsächlich: der Schwarze schob sich erneut vorsichtig aus dem Farnkraut hervor. Krolikowski fiel jetzt ein, daß er ohne Zielfernrohr nicht mehr schießen konnte und versuchte, es auf der Repetierbüchse einrasten zu lassen. Er war sehr aufgeregt, die Hände zitterten, und er brachte das Zielfernrohr nicht auf die Waffe. Der Keiler warf schon verdächtig auf. Es blieb nichts anderes übrig, als ohne Glas zu schießen. Ich gab meinem Begleiter zu verstehen, sich nicht zu bewegen, denn der Schwarze äugte immer noch zu uns herüber. Nach einigen Minuten beruhigte sich der Keiler und zog jetzt vorsichtig auf die Kirrung. Krolikowski nahm die Waffe langsam hoch, entsicherte und zielte auf den breit stehenden Keiler. Das Einstechen der Waffe verursachte ein geringes Geräusch, der Schwarze warf auf und flüchtete ins Farnkraut. Im selben Moment brach der Schuß. Ich hörte Krolikowski aufgeregt sagen: „Den Schuß muß er haben. Kann sein, daß ich durch das Anrucken des Keilers etwas zu weit nach hinten abgekommen bin."

Wir warteten einige Minuten, um uns dann zum Anschuß zu begeben. Ich leuchtete mit der Taschenlampe: Es lag reichlich Schweiß. „Ich habe getroffen", triumphierte er. „Der muß einige Meter weiter liegen!

Wir wollen mal ins Farnkraut hineingehen!" Ich schüttelte den Kopf. Mit Wildschweinen hatte ich schon allerhand erlebt und war außerdem für den Jagdgast verantwortlich. Im hohen Farnkraut kann man nicht viel sehen. Hinzu kam noch, daß der Schweiß mehr nach Wildbretschuß aussah. „Was wollen wir denn machen?" fragte Krolikowski enttäuscht. „Wir werden meinen Hund holen." „Na gut, dann wollen wir uns beeilen!" Wir setzten uns in meinen Jeep und holten ‚Cora' aus dem Zwinger. Es war eine robuste Deutsch-Drahthaarhündin, sie hatte schon etliche Stück Wild nachgesucht und zeigte keine Angst vor Schweinen. Laufschnelligkeit hatte ich mit ihr trainiert, indem ich sie neben dem Motorrad laufen ließ, das Tempo von Mal zu Mal steigernd. „Hoffentlich findet der Hund den Keiler", meinte Krolikowski. „Bei dem vielen Schweiß wird es für Cora ein leichtes sein, die Fährte aufzunehmen. Fragt sich bloß, wie weit der Schwarze noch gelaufen sein könnte."

Wieder am Anschuß, ließ ich den Hund zunächst die Witterung der Schweißfährte aufnehmen. Ich hatte meinen Karabiner durchgeladen und den Gast aufgefordert, das gleiche zu tun. Cora zog sofort heftig an dem von mir noch kurz gehaltenen Schweißriemen. Ich ließ sie jetzt arbeiten. Schon gings mit Bravour in den mannshohen Farn. In diesem grünen Dickicht müssen Hund und Hundeführer Schwerstarbeit leisten. Ständig verheddere sich die Suchleine, so daß ich mich wiederholt bücken mußte, um den vorwärtsziehenden Hund aus der unliebsamen Fesselung zu befreien. Jeden Moment mußte ich damit rechnen, auf den angeschossenen Keiler zu stoßen, was für Hund und Mensch eine gefährliche Situation heraufbeschwören kann. Erschwert wird eine solche Nachsuche durch das dichte Farnkrautmeer, das einem die Sicht völlig versperrt. Das alles gilt noch verstärkt in der Dunkelheit. Eine Nachsuche ohne Hund, und das womöglich noch ohne einen zweiten Jäger, ist lebensgefährlich. Ein angebleiter Keiler zieht instinktiv mehrere Schleifen, so daß er den seiner Schweißfährte folgenden Jäger urplötzlich von hinten angreift. Das alles passiert nicht, wenn, wie ich immer propagierte, ein Hochblattschuß angebracht wird, vorausgesetzt, daß das Stück breit steht. In diesem Fall hätte auch dieser starke Keiler im Feuer gelegen.

Nachdem wir uns nun rund hundertfünfzig Meter gemeinsam durchs Farnkraut durchgearbeitet hatten, war mir klar, einen noch lebenden Keiler vor uns zu haben, denn bei einem Blattschuß hätte er schon liegen müssen. Krolikowski keuchte dicht hinter mir. Da er die Nachsuche unbedingt mitmachen wollte und davon überzeugt war, seinen Keiler in unmittelbarer Nähe verendet zu finden, hatte ich ihm dringend angeraten, so dicht wie möglich hinter mir zu bleiben. Sonst wäre es für mich im Notfall unmöglich zu schießen.

Wieder verheddterte sich die Hundeleine am Adlerfarn. Nach weiteren fünfzig Metern stand Cora plötzlich vor. Ich richtete den Lichtkegel meiner Lampe auf sie. Mit hoher Nase sog sie gierig die Witterung des Keilers ein. Jetzt war es Zeit, sie zu schnallen. Schon machte sie einige Sprünge nach vorn und gab sofort Laut. Das bedeutete höchste Alarmstufe. Ich tastete mich mit Krolikowski im Schlepptau Meter für Meter vor. Vor uns, auf zwanzig Meter Entfernung, gab Cora Standlaut. Wir beeilten uns, näher heranzukommen. Der Hund gab unentwegt Standlaut. Es konnten uns nur noch zehn Meter von Cora trennen. Vorsichtig bog ich die Farnkrautwedel zu beiden Seiten weg, um besser sehen zu können, richtete jetzt den Scheinwerfer nach vorn und erkannte meinen Hund und ein Stückchen weiter den Keiler, der auf der Hinterpartie saß und sein Gebrech gefährlich auf- und zuklappte. Ich flüsterte Krolikowski zu: „Schießen Sie auf den Stich des Keilers. Aber aufpassen, daß Sie nicht Cora treffen!" Ich richtete erneut den Lichtkegel auf den Wildkörper. Der Schuß brach, während der Keiler mit letzter Kraft versuchte, sich auf den Hund zu stürzen. „Nachladen und noch einmal schießen. Aufpassen auf den Hund!" rief ich ihm zu. Der zweite Schuß ließ den Keiler endgültig zusammenbrechen.

Gott sei Dank, dieses Abenteuer hätte auch ins Auge gehen können. Bei der Dunkelheit würde ich so ein Manöver nicht noch einmal starten. Wir gingen vorsichtig auf den Keiler zu. Cora zottelte bereits am verendeten Stück. Ich rief sie zurück und streichelte sie: „Das hast du brav gemacht, Cora! Brav mein Hund!" Krolikowski wischte sich die Schweißbäche aus dem Nacken. „Waidmannsheil! Was sagen Sie nun zu Ihrem sechs- bis siebenjährigen Keiler?" „Hätte ich nicht gedacht, daß der noch lebt", antwortete er kleinlaut.

Ich untersuchte den ersten Schuß; er hatte das Gescheide erwischt und eine Hinterkeule zerschmettert. Der Keiler war also spitz beschossen worden. „Sie meinten doch vorhin, ich solle nicht solche Angst haben und ohne Hund nachsuchen. Welche Meinung haben Sie denn nun?" fragte ich ihn. „Oh, ich glaube, der Keiler hätte uns gefressen!"

Der Einstangenbock

Wir hatten die Vorbereitungen für den Empfang einer sowjetischen Delegation und den Oberbürgermeister von Berlin, Erhard Kraak, getroffen. In erster Linie wollten wir Rehwild schießen, während dem Oberbürgermeister ein starker Keiler zugedacht war. Kraak hatte bereits einen Medaillenhirsch bei uns erlegt. Ursprünglich sollte ihn der Minister für Wissenschaft und Technik, Weitz, schießen. Aber der hatte Angst bekommen und auf dem Hochsitz zu mir gesagt: „Der kann Tollwut haben. Ich schieße lieber nicht." Dem Hirsch hing unter der Bauchdecke ein großes, beutelartiges Geschwür herunter. Zwei Tage später führte ich Kraak auf diesen Hirsch, der ihn ohne langes Federlesens erlegte. Das Geschwür rührte von einer Verletzung der Bauchdecke her.

Nachdem unsere Jagddelegation durch unsere Bläser mit dem Signal „Begrüßung" willkommen geheißen war, ließ ich unsere Gäste zunächst unser Forsthaus von draußen besichtigen. Sie bewunderten das schmiedeeiserne Eingangstor mit den bronzegestrichenen Hirschmotiven. Zur linken Hand bewunderten sie den von unseren Tischlern angefertigten Briefkasten, der das Haus noch einmal in Miniaturausführung darstellte.

Ich erläuterte die verschiedensten Holzarten, die ich unter meiner Regie hatte pflanzen lassen. Die Jagdgäste waren besonders von den Colorado-, Weiß- und Hemlocktannen, den Stechfichten, Lärchen und dem urwüchsigen Wacholder angetan. Unter dem lichten Kiefernschirm waren die verschiedenfarbigen Rhododendronsträucher zu bewundern. Ich hatte ursprünglich vor, Rhododendron im außerhalb liegenden Waldstreifen bis an die nächste Wegkreuzung anzupflanzen. Daraus wurde nichts, denn diese Sträucher wurden ausgegraben und gestohlen – einer nach dem anderen. Nach mehrmaliger Wiederholung gab ich mein Vorhaben schließlich auf.

Vorgeführt wurde auch der hinter unserem Haus liegende gepflegte Rasen mit den herrlichen Rosenbeeten. Eine Fichtenhecke trennte den Hundezwinger von den Grünanlagen. Die Gäste warfen einen Blick auf unsere Jagdhunde und erfreuten sich an den lebhaft Laut gebenden Vorstehhunden und Terriern.

Auf dem Wirtschaftshof ließ ich sie in die Tischlerwerkstatt hineinschauen. Großes Interesse erweckte wie immer unser Kühlraum mit den darin hängenden Wildschweinen und Rehböcken. Ich führte ihnen auch den elektrischen Aufzug vor, mit dem das Wild mühelos von der Rampe in den Kühlraum geschafft werden konnte.

Bevor wir unser Haus betraten, schauten sie sich interessiert die an den Hausgiebeln angebrachten Hirschtrophäen und die schmiedeeisernen Vögel an den Innenseiten der beiden Hausflügel an. Sie stellten zwei Seeadler dar, die ich in lebensgroßen zweieinhalb Metern Flügelspannweite von dem Kunstschmied Tomm aus Barth hatte anfertigen lassen. Auch unser Tor stammte aus seiner Werkstatt, ebenso wie die Wetterfahne auf dem Dach. Ich erklärte dazu: „Es ist für den Jäger immer wichtig zu wissen, woher der Wind weht." Alle lachten über den doppeldeutigen Ausspruch. „Können Sie auf der Fahne einen im Baum sitzenden Jäger erkennen? Er schaut neugierig mit dem Fernglas zu den badenden Mädchen am FKK-Strand, ohne den unter ihm stehenden Keiler zu bemerken." Sie rissen sich jetzt förmlich den Feldstecher aus der Hand, um das Motiv besser betrachten zu können. Als ich damals meine Ideen zur Wetterfahne unserer Hausnachbarin erzählte, meinte sie empört: „So eine Ferkelei möchte ich aber nicht auf unserer Giebelseite angebracht sehen, dann bitte auf Eurer!" Nach der begeisterten Zustimmung unserer Gäste brauchte ich mir deswegen keine Gewissensbisse mehr zu machen.

Dann gings ins Jagdzimmer. Marga servierte Kaffee und Kuchen. Ich erzählte inzwischen Geschichten über die an den Wänden hängenden Trophäen. Besonders attraktiv waren die Geweihe der verkämpften Hirsche über dem Kamin. Ein präparierter Kolkrabe und eine Weißwangengans machten ebenfalls neugierig. Prompt bemäkelte der Oberbürgermeister das Bild mit dem ungeschlachten Hirsch. Der Dolmetscher übersetzte lebhaft auch die Diskussion zwischen Kraak und mir. Einer der sowjetischen Gäste meinte darauf beschwichtigend, bei ihnen gebe es noch weit größere Hirsche.

Ich erklärte anhand eines Geweihes, nach welchen Kriterien Trophäen bewertet werden. Ein sowjetischer Jäger fragte: „Sind denn auch schon Goldmedaillenhirsche auf dem Darß erlegt worden?" „Es geht aus keiner Literatur hervor, ob solche starken Hirsche jemals gefallen sind. Während meiner Amtszeit sind bereits Silbermedaillenhirsche erlegt worden, aber keine Goldmedaillenhirsche."

251

In der Tat hatte Minister Halbritter, Kandidat des Politbüros des ZK der SED, mit mir auf dem „Kiepenbruch" einen starken Hirsch geschossen. Bei der Bewertung kamen wir damals auf 212 Punkte, was Goldmedaille bedeutete. Der Hirsch wurde natürlich waidgerecht begossen. Doch die Freude währte nicht lange, denn auf der Trophäenausstellung in Leipzig kam mit 208 Punkten nur eine Silbermedaille heraus. Durch falsche Behandlung der Trophäe, nämlich Austrocknung über der Zentralheizung, hatte das Geweih Gewichtsverluste erlitten; Gesamtlänge sowie Aug- und Mittelsprossenmaße waren geschrumpft und brachten Minuspunkte ein. Obendrein erhielt ich von Harry Tisch einen mächtigen Rüffel, Halbritter so einen starken Hirsch schießen zu lassen, zumal er einige Wochen später als Kandidat des Politbüros abgelöst worden sei. Ich knurrte zurück: „Woher soll ich wissen, wer da oben auf der Abschußliste steht? Da bin ich wohl doch ein zu kleines Licht." Ein wütender Blick war die Antwort.

Ein paar Monate später trug Tisch sich mit dem Gedanken, mich abzulösen, weil ich mit einem Staatssekretär auf die Pirsch gegangen war. Der wäre eine Nummer zu klein, um auf dem Darß jagen zu dürfen. Ich konnte aber die vom Minister unterschriebene Einweisung vorlegen, so daß er mir nichts am Zeug flicken konnte. Später versuchte er es erneut: Es wurde mir vorgeworfen, vom Politbüromitglied Gerhard Grüneberg einen Jagdkarabiner als Geschenk angenommen zu haben. In Wirklichkeit aber wurde diese Waffe ordnungsgemäß im Bestand der Staatlichen Jagdwirtschaft geführt. Zum Glück schon wieder ein Schuß in den Ofen; aber ich mußte vor diesem rachsüchtigen Menschen auf der Hut sein.

Ich erzählte den Gästen nun von dem Jagderlebnis mit Halbritter, allerdings ohne den Namen des Jägers zu nennen. Das war Dritten gegenüber streng verboten. Auf der selben Fläche schoß später der damalige Generalforstmeister Heidrich einen starken Hirsch, der dem von Halbritter sehr ähnelte.

Schließlich wurde es Zeit, zur Jagd aufzubrechen. Nachdem wir die sowjetischen Gäste in Jagduniform eingekleidet hatten, stellte ich die führenden Jagdleiter vor. Ich selber begleitete den sowjetischen Delegationsleiter. Da sie außer dem Oberbürgermeister über keine eigenen Waffen verfügten, erklärten wir ihnen zunächst die Handhabung unserer Gewehre. Nachdem das Signal „Aufbruch zur Jagd" geblasen war und ich allen „Waidmannsheil" gewünscht hatte, bestiegen wir unsere Fahrzeuge. Mein Gast, ein schlanker, sportlicher Typ, saß im Jeep neben mir, der Dolmetscher hinten. Wir befuhren den Ibenhorster Weg in Richtung Jugendherberge, überquerten das k-Gestell und bogen rechts ab Richtung Abteilung 56. An dem nächsten links abbiegenden Weg stellte ich unser Fahrzeug ab, um die restlichen dreihundert Meter bis zu unserem Hochsitz zu Fuß zurückzulegen. Auf dem Sitz angekommen, lud ich die Bockbüchse 7 x 65 R, überzeugte mich noch einmal, die Waffe gesichert zu haben und hängte sie an einen eigens hierzu eingeschlagenen Nagel oben an der Brüstung des offenen Hochsitzes an. Da der Sitz bequem für drei Jäger Platz bot, blieb auch für den Dolmetscher genügend Raum übrig. Ich leuchtete mit dem Glas zunächst den Wildacker ab. Noch war kein Wild zu erspähen. Vor uns lag ein mit Winterroggen bestellter Wildacker, daneben eine kleine Wiese. Ich schaute nach hinten. Auf dem Rübenfeld rührte sich ebenfalls nichts.

Wir saßen vielleicht eine halbe Stunde, als sich das erste Rehwild zeigte. Eine Ricke, ein Schmalreh und Kitz traten aus dem gegenüberliegenden Sitkafichtenbestand. Mein Gast nahm das Fernglas hoch und schaute sich interessiert die Rehe an, die jetzt auf die Wiese zogen und mit dem Äsen begannen. Die drei Rehe zogen nun, wahrscheinlich satt geäst, langsam dorthin zurück, wo wir sie zuerst gesehen hatten. Da hörte ich ein leises Knacken. Sofort nahm ich das Glas hoch und sah einen Bock austreten. Aber es war nicht der starke Sechserbock, den ich kannte; dieser hatte nur eine Stange auf dem Kopf. Immer wieder schaute ich hin: Es war wirklich ein unbekannter Einstangenbock. Über eine solch seltene Trophäe würde sich der Gast sicherlich freuen.

Ich sagte leise: „Dort kommt ein Einstangenbock. Sie dürfen ihn schießen. Wir müssen nur warten, bis er breit auf der Wiese steht." Er nickte und gab mir zu verstehen, einverstanden zu sein. Der Einstangenbock tat uns den Gefallen: Er zog in unsere Richtung und stellte sich breit. Die Schußentfernung betrug jetzt achtzig Meter. Ich übergab die Waffe an den Gast. Er entsicherte, zielte und ließ fliegen. Der Bock zeichnete gut, machte mehrere Fluchten und brach zusammen.

Ich klopfte dem Gast auf die Schulter: „Waidmannsheil, das haben Sie gut gemacht." Er war noch ganz verdattert, schaute immer wieder auf die Wiese und suchte seinen Bock mit dem Glas. „Liegt er wirklich?" fragte er. „Ja, ja, ich habe ihn umfallen sehen", bestätigte der Dolmetscher. Als wir an den Bock herantraten, freute ich mich über den guten Blattschuß und besonders über die Trophäe. Einen echten Einstangenbock entdeckt man selten. Auch mein Jagdgast war sichtlich beeindruckt von seinem Jagderfolg.

Wir saßen am Abendbrottisch und tauschten die Jagderlebnisse des Tages aus. Auch die anderen drei sowjetischen Gäste hatten je einen Rehbock erlegt. Pech hatte allerdings der Oberbürgermeister, denn der ihm zugedachte Keiler war nicht gekommen. Da ich wußte, daß Kraak noch mehrere Tage im Gästeheim Dierhagen bleiben wollte und daher noch mehrmals auf den Keiler ansitzen konnte, spielte ich während des Essens in meinem Toast darauf an: „... die Vorfreude ist bekanntlich die schönste Freude. Es wird bestimmt auch noch mit dem Keiler klappen..." Bei diesen Worten fiel bei Kraak die „Jalousie" herunter. Seine zornige Miene besagte alles, er war tödlich beleidigt und würdigte mich an diesem Abend keines Blickes mehr. Mehrere Jahre ließ er sich nicht mehr zur Jagd blicken, bis ich ihn eines Tages überzeugen konnte, es wirklich nur gut gemeint zu haben.

Am übernächsten Tag fuhr ich mit den aufgesetzten Rehgehörnen zum Gästeheim Dierhagen, um sie den an diesem Tag abfahrenden sowjetischen Gästen zu überreichen. Sie saßen bereits abreisebereit im Foyer. Großes Hallo, als ich ihnen die Trophäen übergab. Die Jäger zeigten sie stolz ihren Frauen. Der Delegationschef renommierte vor seiner Frau mit seinem guten Schuß. Als sie sich alle lebhaft unterhielten, nahm mich einer der Gäste beiseite und ließ durch den Dolmetscher mit gedämpfter Stimme übersetzen: „Nochmals herzlichen Dank für den schönen Jagdabend. Aber ganz besonders dafür, daß Sie den Delegationschef einen Bock haben schießen lassen, der nur ein Horn hat. Mehr ist diesem unliebsamen Zeitgenossen auch nicht zu gönnen!"

Ein flotter Hirsch von dreiundvierzig Jahren

Die Hirschbrunft war im vollen Gange, die Hirsche röhrten auf der Buchhorster Maase besonders gut. Ich hatte mich dort bereits mehrere Abende angesetzt, um dieses herrliche Konzert zu hören. Über hundert Stück Rotwild gaben sich ihr Stelldichein. Das Verhältnis männlich zu weiblich schätzte ich auf 1:1,5 ein. Vom Spießer bis zum Achtzehnender war alles vertreten. Nur das, was ich für den angekündigten Gast suchte – es war wieder mal Alfred Neumann – war nicht zu entdecken. Die Hirsche erschienen mir alle noch zu jung.

So saß ich an diesem Abend in der Abteilung 172, um mir den von unseren Jägern gemeldeten starken Hirsch anzuschauen. Ich hatte Glück: der Sechzehnender zeigte sich bereits zeitig am Abend mit drei Stück Kahlwild. Der Träger, die Wamme, der Wildkörper, alles deutete auf einen über zehnjährigen Hirsch hin. So wartete ich beruhigt auf Neumann. Er erschien, wie immer, auf die Minute pünktlich. Zunächst interessierte er sich für unser neugebautes Haus und ließ sich alle Räume sowie den Wirtschaftshof zeigen. Besonders gefiel ihm unsere gepflegte Grünanlage. Dann bestiegen wir seinen Geländewagen. Die Leibwächter halfen ihrem Chef auf die Rücksitzbank. Über den Linderweg fuhren wir in Richtung „Großer Stern" und bestiegen eine geschlossene Kanzel in der Abteilung 172. Vor uns lag eine drei Hektar große Kiefernkultur, hinter uns eine Kieferndickung. Das Wetter, blauer Himmel und Windstille, versprach wieder einen herrlichen Brunftabend. Die erste Frage von Ali lautete, wie gewohnt: „Wie weit ist es bis zum Waldrand?" „Zweihundert Meter", antwortete ich.

Er hatte bereits seine Wolldecke auf die Bank gelegt, so daß er im Sitzen bequem aus der Luke schießen konnte. „Was soll hier nun kommen?" fragte er, während er sorgfältig seine Brille putzte. „Ein starker, alter Sechzehnender. Ich habe ihn gestern abend noch einmal bestätigt." „Na, dann wollen wir uns mal überraschen lassen." „Ich habe Sie noch nie rauchen gesehen!" sagte er plötzlich. „Nein, ich bin konsequenter Nichtraucher. Ich habe als Sechzehnjähriger auf der Penne die letzte Zigarette geraucht. Sport und Rauchen vertragen sich nicht", gab ich zu verstehen. „Und Ihre Jungens?" wollte er wissen. „Auch die rauchen alle nicht." Später blieb auch Jörg, unser Jüngster, der ebenfalls in Tharandt Forstwirtschaft studierte, Nichtraucher.

Während wir uns unterhielten, schrie plötzlich vor uns ein Hirsch. Sofort verstummte unser Gespräch. Da, der Hirsch meldete sich schon wieder. Wir schauten gespannt nach vorne und trauten unseren Augen nicht: Vor uns stand auf hundert Meter wie angewurzelt ein Kronenhirsch. Wir nahmen unsere Ferngläser hoch: es war der Sechzehnender. Er stand spitz von vorne. Ein Schießen auf diese Entfernung und in dieser Stellung wäre vollkommen fehl am Platze gewesen, also abwarten. Der Hirsch rührte sich nicht vom Fleck. Er äugte unentwegt zu uns herüber. Die Abendsonne verschwand glutrot hinter den Wipfeln des Altholzes. „Na, tu uns doch den Gefallen und dreh dich zur Seite!" Kaum ausgesprochen, tat er sich nieder. „Na, so ein Faulpelz", stieß Ali hervor. Immer wieder schauten wir mit dem Glas zu unserem sitzenden Hirsch. Er machte keine Anstalten aufzustehen. Bodennebel zog auf, die Nebelschwaden ließen den Umriß des Wildkörpers nur noch schwach erkennen. Der Nebel verstärkte sich und zog schließlich den Vorhang zu. Der Hirsch war somit für uns verschwunden. „Es tut mir leid", sagte ich, „es hat keinen Zweck mehr, länger zu warten, zumal auch das Büchsenlicht bald weg ist. Wir werden morgen einen neuen Versuch starten, wenn Sie damit einverstanden sind." „Gut, ich komme morgen abend wieder."

Am nächsten Tag hatte ich mit meinem Jagdleiter Otti Werner vereinbart, er solle sich in die hinter dem Hochsitz in Abteilung 172 liegenden Dickung setzen und mit einem Hirschruf unseren Hirsch animieren, damit er möglichst vor dem Einsetzen des Bodennebels aus dem Bestand heraustrat. Otti verstand es meisterhaft, die Hirsche mit seinem „Heracleumrohr" anzulocken, das er aus dem getrockneten Stengel des Riesenbärenklau (Heracleum mantegazzeanum) angefertigt hatte. Trainiert hatte er den Hirschruf zuerst auf dem Zylinder einer Petroleumlampe, zog dann aber doch das Heracleumrohr vor, das ich schon länger benutzte.

Erneut saß ich mit Neumann auf unseren Hirsch an. Das Wetter glich dem des Vorabends. Ein leiser Windhauch ließ erwarten, daß der Bodennebel nicht zu einem dichten Schleier werden würde. Außerdem war ich optimistisch, den Hirsch heute abend eher zu Gesicht zu bekommen, weil ich seinen zweibeinigen „Rivalen" hinter uns in der Dickung wußte. „Hoffentlich schmiert uns der Hirsch nicht wieder an", meinte Neumann. „Er wird wohl heute früher kommen, die Brunft nähert sich allmählich dem Höhepunkt", beruhigte ich ihn.

Neumann begann von seinem Urlaub auf der Insel Rügen zu erzählen. „Ich habe dort im neugebauten Urlaubsheim des Zentralkommitees in Baabe gewohnt. Aber was man sich bei diesem pompösen Urlaubsheim gedacht hat, stinkt zum Himmel. Muß denn das sein, fragt man sich, daß ein Fahrstuhl die Gäste förmlich bis ans Wasser bringt? Anscheinend tun wir so, als lebten wir schon im Kommunismus. Hier ist das Geld geradezu verschwendet worden." Bald eine halbe Stunde wetterte er über diesen luxuriösen Palast, der in erster Linie für den Urlaub hoher Parteifunktionäre gedacht war.

Nachdem er sich abreagiert hatte, schaute er durchs Glas: „Wir sollten leise sein, sonst vergrämen wir noch den Hirsch." Ich sah auf die Uhr: um 17.30 sollte Otti Werner mit seinem „Konzert" beginnen, es fehlte noch eine Minute. Pünktlich meldete sich hinter uns ein Hirsch. Ali warf auf. „Hören Sie? Da meldet sich unser Hirsch!" „Das ist ein anderer", konnte ich guten Gewissens behaupten. „Na, wenn das man nicht doch unser Hirsch ist", meinte Neumann zweifelnd. „Nein, der Hirsch ist 43 Jahre alt. Der ist so schlau und kommt nicht aus der Dickung." „Sie wollen mich wohl veräppeln. Ein Hirsch wird höchstens zwanzig Jahre alt, aber nicht 43!", sagte er entrüstet.

Nach drei Minuten röhrte der „Alte" wieder hinter uns. Der Ruf klang so echt, als sei es wirklich ein sehr alter Recke. Ich traute meinen Ohren nicht: drüben antwortete unser Sechzehnender vom Vorabend. Nachdem Otti Werners Hirschstimme nochmal aus der Dickung zu uns herüberschallte, dauerte es keine zwei Minuten, bis unser starker Hirsch aus dem Bestand heraustrat, an der gleichen Stelle wie am Vorabend. Er zog flott bis zu dem Platz, an dem wir ihn das letzte Mal beobachtet hatten. Wieder stand er spitz. Neumann hatte bereits das kleine Deckchen als Unterlage in der Schießluke bereit gelegt. Er streifte gewohnheitsmäßig seinen linken Lederhandschuh über und war somit schußbereit. Der Hirsch brauchte sich nur noch breit hinzustellen. Aber er tat uns den Gefallen nicht. Im Gegenteil: er tat sich nieder und antwortete knörend im Sitzen auf Otti Werners Brunftlaut. „Elender Faulpelz!", beschimpfte ihn Neumann.

„Jetzt fehlt nur noch der Bodennebel", dachte ich, „und alles ist wieder gelaufen." Plötzlich trat ein Überläufer von rechts aus dem Bruch heraus und zog auf unseren Hochsitz zu. Auch Ali sah ihn. „Soll ich schießen?" fragte er. „Dann sind aber die Chancen, den Hirsch zu erlegen, gleich Null, denn er wird nach dem Schuß sofort hochflüchtig abgehen", antwortete ich. „Oder er wird zu uns flüchten", meinte Ali.

„Nun gut, machen wir einen Versuch", forderte ich ihn auf. Neumann ging in Anschlag. Als der Überläufer auf 70 Meter Entfernung verhoffte, ließ Ali fliegen. Der Schwarzkittel brach im Feuer zusammen. Ich schaute mit meinem Glas zu dem sitzenden Hirsch, der nach dem Schuß sofort aufstand und auf uns zutrollte. Neumann lud rasch nach und richtete den Gewehrlauf auf den flüchtigen Sechzehnender. Auf siebzig Meter Entfernung drehte der Hirsch nach rechts ab und zeigte das linke Blatt. In dem Moment brach der Schuß. Ruckartig riß sich der Hirsch herum und flüchtete in gegengesetzte Richtung. Der zweite Schuß fiel. Der Hirsch überschlug sich und blieb liegen. Ich schaute durchs Glas und bestätigte, daß der Sechzehnender tödlich getroffen hinter einem großen Stubben läge. „Meinen Sie, daß er verendet ist?" fragte der Schütze aufgeregt. Ich sah erneut durchs Fernglas. Beide Stücke lagen immer noch an der gleichen Stelle.

Wir stiegen nach einigen Minuten vom Hochsitz und gingen auf den Überläufer zu. Hochblattschuß! Auch der Hirsch zeigte einen guten Blatt- sowie einen Trägerschuß. Der letztere hatten den Sechzehnender rollieren lassen. Die Trophäe deute auf eine Silbermedaille hin, was sich später auch bestätigte. Ich übergab meinem Jagdgast den wohlverdienten Schützenbruch. „Soll ich Ihnen jetzt den dreiundvierzigjährigen Hirsch zeigen, der zu unserem Erfolg mit beigetragen hat?" fragte ich nun. „Ja, bitte", antwortete Ali neugierig. Ich gab das verabredete Pfeifzeichen, und der „Hirsch" kam aus der Dickung auf uns zu. Neumann blieb vor Staunen der Mund offen stehen: „Ihr seid mir vielleicht ein paar Teufelskerle!"

Hochprozentige Völkerfreundschaft

Anläßlich des 25. DDR-Jubiläums hielt sich auch eine Delegation der Lettischen Sowjetrepublik im Bezirk Rostock auf. Der zuständige Minister genehmigte dem Ersten Sekretär einen Hirsch zum Abschuß. Der Gast erschien, wie üblich von einem Rattenschwanz von Funktionären aus Bezirk und Kreis begleitet. So waren für diesen Besuch wieder umfangreiche Vorbereitungen für Essen, Getränke, Jagdbegleitung, Waffen, Bläser, Jagdhunde, Fahrzeuge zu treffen, denn die Jagd mußte für jeden Besuch perfekt organisiert sein und reibungslos ablaufen. Trotzdem kam es vor, daß ein für den Gast vorgesehenes Wild ausgerechnet an diesem Abend nicht auftauchte, weil Spaziergänger oder Pilzsammler es vergrämten. So hatte ich vor Jahren für den damaligen sowjetischen Botschafter in der DDR, Abrassimow, einen starken Medaillenbock ausgemacht. Aber wir bekamen den Bock nicht zu Gesicht, obgleich er sich an den Abenden zuvor immer pünktlich sehen ließ. Beim Abendbrot in der Jagdhütte meinte Abrassimow großspurig, er sei es gewohnt, das ihm zugedachte Wild spätestens nach zwanzig Minuten zu erlegen. Kein Wunder, daß ich jedesmal bangte, wenn der Botschafter zur Jagd kam.

Mit gemischten Gefühlen empfing ich nun den lettischen Funktionär. Er war riesengroß und von gewaltiger Leibesfülle. Zunächst begrüßten ihn unsere Bläser mit dem üblichen Jagdsignal, dann hieß ich ihn und die übrigen Gäste im Namen der Inspektion Staatsjagd Berlin herzlich willkommen. Nach einem kleinen Imbiß ging es an die Einkleidung. Marga und ihre Kollegin halfen ihm beim Aussuchen der richtigen Größe. Dann wiesen sie ihm ein Zimmer im Obergeschoß zum Umkleiden zu. Nach einer Weile bat ich den Gast, sich mit dem Umziehen zu beeilen, aber er antwortete nicht. Als ich die Tür öffnete, wollte ich meinen Augen nicht trauen: er lag mit der Dolmetscherin im Bett. Schlagfertig sagte sie, der Genosse Sekretär fühle sich im Moment nicht wohl, sie müsse ihn noch einen Augenblick betreuen. Im übrigen gehe es ihm aber schon besser, und sie kämen gleich runter. Kopfschüttelnd schloß ich die Tür. Ich hatte ja mit Gästen schon allerhand erlebt, aber das war der Gipfel!

Endlich waren sie so weit, und wir konnten die Fahrzeuge besteigen. Die Dolmetscherin setzte sich gleich nach hinten neben den Dicken. Im Rückspiegel bemerkte ich, daß es ihm anscheinend immer noch nicht gut ging, denn sie war um sein Wohlbefinden überaus besorgt. War es Mitleid oder wollte sie überprüfen, ob er auch Fieber hatte? Jedenfalls drückte sie ihre Wange dicht an seine. Zweihundert Meter vor dem Wildacker in der Abteilung 56 ließ ich den Wagen stehen. Ich versuchte die Dolmetscherin, eine attraktive junge Rostockerin, zu überzeugen, im Wagen sitzen zu bleiben, weil bei diesem windstillen Wetter jedes Geräusch zu hören sei. Nein, weigerte sie sich, sie dürfe den Gast nicht aus den Augen lassen. Ich mußte wohl oder übel gute Miene zum bösen Spiel machen. Wir bestiegen indes die am Sitka-fichtenhorst stehende offene Kanzel. Ich setzte mich schnell zwischen die beiden, um jede weitere leibliche Betreuung durch die Dolmet-scherin zu unterbinden.

Wir erlebten einen herrlichen Oktoberabend: wolkenfrei und windstill. Die Drosseln ließen ihr Abendkonzert ertönen. Vor uns lag ein mit Runkeln angebauter Wildacker. Mitten durch die Wiese zog sich ein großer Graben. An diesem Abend erwartete ich einen starken Vier-zehnender, den ich bereits mehrmals beobachtet hatte. Der Höhepunkt der Brunft war schon überschritten. Erfahrungsgemäß erstreckt sich die Hauptbrunft auf dem Darß zwischen dem 25. bis zum 30. Septem-ber jeden Jahres. Die Nachbrunft zieht sich dann noch bis Mitte Okto-ber hin. Ich flüsterte der Dolmetscherin zu, auf keinen Fall mehr zu sprechen, auch nicht zu flüstern, erst recht nicht bei Erscheinen von Wild.

Wir saßen vielleicht zwanzig Minuten, als ein leises Knacken unsere Aufmerksamkeit auf die vor uns liegende Dickung lenkte. Nach eini-gen Minuten schob sich vorsichtig ein Alttier aus dem Farnkraut, ver-hoffte ein Weile und zog dann auf's Rübenfeld. Ein Kalb folgte ihm. Beide ästen zunächst von dem zwischen den Rüben stehenden Un-kraut. Mein Jagdgast schaute mich fragend an, ob er schießen solle. Ich schüttelte mit dem Kopf, da ich noch mit dem Hirsch rechnete. Nach einigen Minuten trat der Vierzehnender aus. Ich stieß den Letten an, damit er sich den Hirsch ansah. Er nahm das Fernglas, schaute zum Wild und dann mich an, meine Zustimmung zum Schießen er-wartend. Ich nahm die bereits geladene Repetierbüchse, zeigte auf die Sicherung, übergab ihm die Waffe und deutete auf den Hirsch. Da dem Gast die Brüstung zum Auflegen des Gewehres zu niedrig er-schien, stellte er sich aufrecht hin, entsicherte, zielte und ließ fliegen.

Der Hirsch brach nach drei, vier Fluchten zusammen. Ich nahm ihm blitzschnell die Waffe aus der Hand, repetierte und zeigte auf das verhoffende Kalb. Schon schoß er das zweite Mal. Das Stück brach auf der Stelle zusammen. Wieder repetierte ich für ihn und deutete auf das am Waldrand verhoffende Alttier, während die Dolmetscherin sich die Ohren zuhielt und laut ausrief: „Nicht schießen, nicht schießen!" Ich hielt ihr den Mund zu. Der Gast zielte erneut und schoß wieder stehend freihändig. Auch das Alttier brach sofort zusammen. Ich streckte ihm die Hand entgegen: „Waidmannsheil!" „Warum lassen Sie soviel schießen?" fragte mich die Dolmetscherin mit zitternder Stimme. „Wir können nicht immer nur Hirsche schießen; dann nehmen die weiblichen Tiere überhand. Wir erhalten so ein ungesundes Geschlechterverhältnis, und der Wildbestand nimmt immer mehr zu."

Ob sie in der Aufregung meine Argumente verstanden hatte, bezweifle ich. Wir begaben uns jetzt zu den einzelnen Stücken. Alle waren mit guten Blattschüssen gestreckt worden. Als ich den Hirsch aufbrach, die Brunftrute und die Brunftkugeln entfernte, meinte der Lette, auf den Hodensack des Hirsches zeigend: „Den schenken Sie mir bitte. Aus dem lasse ich mir einen Tabaksbeutel präparieren." Ich schaute ihn verwundert an, nickte aber höflichkeitshalber. Die Dolmetscherin flüsterte mir indigniert zu: „Der hat aber komische Wünsche!"

Am nächsten Tag erhielt ich den Auftrag, die Trophäe des erlegten Hirsches nach Warnemünde ins Gästeheim der Bezirksleitung zu bringen. Das Geweih müsse aber gut verpackt sein, da der Gast es zuerst im Auto nach Berlin und dann im Flugzeug nach Riga mitnehme. Wir umwickelten jedes Ende der Trophäe mit Mullbinden, so daß alle Spitzen abgestumpft waren. Mit dem verbundenem Geweih tauchte ich in Warnemünde auf. Der Chef des Gästeheimes empfing mich und ließ als erstes die mit viel Mühe vorgenommene Verpackung wieder entfernen; die Trophäe sollte noch einmal den im großen Speiseraum sitzenden Gästen präsentiert werden. Dort sprang Harry Tisch auf, kam auf mich zugestürmt und raunte: „Der Gast ist so betrunken, daß er von der Trophäe sowieso keine Notiz mehr nimmt. Leg' sie in ein anderes Zimmer und komm zum Essen herein." Sprachs und knallte mir die Tür vor der Nase zu. Am liebsten hätte ich mich umgedreht und wäre nach Hause gefahren. Der Objektleiter nahm mir das Geweih ab und brachte mich in den Speiseraum. Harry Tisch erhob sich: „Ich stelle hiermit den Forstmeister vom Darß vor. Bei ihm hat der erste Sekretär der Lettischen Sowjetrepublik einen starken Vierzehnender, einen Bronzemedaillenhirsch erlegt. Ich bitte dich, bei uns an der Tafel Platz zu nehmen und mitzuspeisen."

Sofort bot man mir einen Stuhl an. Ich schaute in die Runde. Mein Jagdgast saß mir schräg gegenüber. Ich nickte freundlich zu ihm hinüber. Er schaute mich mit glasigen Augen an, als wolle er sagen: „Irgendwie kommst du mir bekannt vor." Aber schon glitten seine Blicke auf das vor ihm stehende Wodka-Glas. Er erhob sich mühsam und brachte einen Toast auf die Freundschaft zwischen den beiden Städten Rostock und Riga aus. Dann brachte der Koch des Hauses ein im Backofen zubereitetes Spanferkel, stellte es mitten auf den Tisch und wünschte uns guten Appetit. Etliche Gäste schnitten sich eine Scheibe von diesem angeblichen Leckerbissen ab. Dann wagte ich mich heran. Dieses wabblige Fleisch hätte ich am liebsten wieder ausgespuckt. Da war mir ein Stück Wildschwein vom Spieß doch lieber, wie wir es unseren Gästen servierten. Ich war nicht der einzige; wie ich sah, wandten sich die meisten Anwesenden auch den reichlich vorhandenen anderen Delikatessen zu.

Überstürzt wurde dann zum Aufbruch gemahnt, der sowjetische Gast würde sonst in Berlin sein Flugzeug verpassen. Alle begaben sich nach draußen, um ihn am Auto zu verabschieden. Ich sah von der Terrasse aus der Abschiedszeremonie zu. Der erste Sekretär von Riga und Harry Tisch lagen sich in den Armen und küßten sich unentwegt ab. Als sich der Lette nochmals verabschiedete und Anstalten zum Einsteigen machte, überlegte er es sich anders und stürzte sich erneut auf Harry Tisch. Die Küsserei begann von neuem, bis sich der kleine Tisch gewaltsam aus der Umklammerung des Hünen befreite und ihn förmlich ins Auto stieß, damit man endlich abfahren konnte. Als ich die Treppe hinunterstieg, um zu meinem Wagen zu gehen, hörte ich Harry Tisch im Vorübergehen vor sich hin schimpfen: „Der Kerl war total besoffen, der küßte wie ein Wilder."

Das Jagdgericht tagt

Etliche Jagdeinsätze lagen wieder hinter uns. Anläßlich der Landwirtschaftsausstellung 1974 versammelten sich alle Landwirtschaftsminister der sozialistischen Länder in Leipzig. Sie kamen unter Leitung des Politbüromitgliedes Gerhard Grüneberg anschließend zum Darß und besichtigten das Volkseigene Gut Zingst, das sich inzwischen zu einem Betrieb industrieller Futterproduktion entwickelt hatte. Die Gäste schauten sich das Trockenwerk in der „Sundischen Wiese" an und auch die Großanlage Born, in der siebentausend Jungrinder gehalten wurden. Dann erschienen alle Landwirtschaftsminister bei mir zur Jagd. Ich hatte Glück, denn sie kamen fast alle zum Schuß. Hochzufrieden nahmen sie Abschied vom Darß.

Bald danach planten wir eine Treibjagd für dreißig inländische Gäste. Da die herkömmlichen Treibjagden auf dem Darß nicht den gewünschten Erfolg brachten, kamen wir auf den Gedanken, die von früher her bekannte Lappjagd wieder einzuführen. Zwar war sie mit größerem Aufwand verbunden, aber wir erzielten auf diese Weise doch größere Wildstrecken. Die zu bejagende Fläche betrug hundertfünfzig bis zweihundert Hektar. Hierzu benötigte man fünf bis sechs Kilometer Lappschnüre. Das Verlappen der Jagdfläche besorgte ein Lappkommando, das frühzeitig im Morgengrauen seine Arbeit begann. Die Vorarbeiten leistete es bereits schon einige Tage vorher, indem die Pfähle für das Aufhängen der Schnüre in Lichthöhe des Wildes in den Erdboden geschlagen wurden.

Ich hatte transportable Sitze bauen lassen, die mit LKW oder Traktoren an Ort und Stelle gefahren wurden, so daß für jeden Gast ein Sitz zur Verfügung stand. Ich nahm mir grundsätzlich die Zeit, jeden Hochsitz auf Sicherheit und gute Sicht zum Schießen zu überprüfen. Jeder Jagdleiter war für vier bis fünf Schützen verantwortlich und erhielt von mir eine Zeichnung über die zu besetzenden Stände. Die Treiber wies ein dafür verantwortlicher Jagdleiter ebenfalls anhand meiner Zeichnungen an Ort und Stelle ein, wie sie innerhalb der Abteilung zu treiben hätten. So ließ ich das Wild in den verschiedensten Dickungen und Stangenhölzern zu gleicher Zeit und wiederholt durch mehrere Treibergruppen beunruhigen. Ein Treiben dauerte höchstens drei Stunden. Aber zu solch einer großen Treibjagd gehörte auch, daß die Fahrzeuge für die Gäste sauber, pünktlich und in einwandfreiem technischen Zustand bereitstanden. Die Jagdleiter waren gleichzeitig Fahrer und hatten einheitlich im properen Jagdanzug zu erscheinen. Die Jagdbläser, ebenfalls einheitlich gekleidet, mußten die Jagdsignale mehrmals vor der Jagd üben. Die für die Nachsuche verantwortlichen Hundeführer waren einzuweisen und die für den Wildtransport bestimmten Arbeiter einzuteilen. Jeder Jagdgast erhielt einen Frühstücksbeutel sowie eine mit heißem Tee gefüllte Thermosflasche. In der Küche wurde der Wildeintopf vorbereitet und mittags draußen im Wald durch meine Frau und eine Kollegin ausgegeben. Großen Wert legte ich auf den mit Fichtengrün ausgelegten Streckenplatz.

Nachdem ich die Jagdergebnisse verkündet hatte – es lagen abends zweiundzwanzig Stück Rotwild, fünf Sauen, vier Rehe und auch zwei Füchse auf dem Streckenplatz –, wurden die einzelnen Wildarten mit ihrem „Totsignal" verblasen, und die Signale „Jagd vorbei" sowie das „Halali" erschallten. Dann forderten die Bläser die Gäste zum Schüsseltreiben auf. Ich hatte eigens hierzu zwei große Zelte neben der Jagdhütte aufstellen lassen. Die weißgedeckten Tische, mit Fichtenzweigen dekoriert, sahen einladend aus. Es gab eine herzhaft gewürzte Wildgulaschsuppe. Neben mich setzte sich der Minister für Schwermaschinenbau, Gerhard Zimmermann. Er erlegte auf dieser Jagd zwei noch zu junge Hirsche, was prompt Kritik bei den übrigen Gästen ausgelöst hatte. Harry Tisch drohte schon mit dem Jagdgericht. Während des Essens stieß Zimmermann mich an und meinte: „Ich war vor einigen Tagen bei deinem Kollegen Gerhard Westphal in Neuheide zur Jagd. Das ist ja ein toller Kerl. Der versteht sein Handwerk. Aber dieses Mal wollte er wohl, daß ich nichts schieße." „Wieso denn nicht?" fragte ich neugierig. „Als erstes, sagte er, müßten wir die Windrichtung prüfen. Er stellte sich vor mich hin, bückte sich, nahm eine Handvoll Sand und warf sie rückwärts über seinen Kopf – mir direkt in die Augen. Ich sah nichts mehr und hörte ihn nur fragen: ‚Können Sie sehen, in welche Richtung der Sand treibt?' Ich war ziemlich wütend und sagte: ‚Ich kann überhaupt nichts sehen. Sie haben mir ja die Augen mit Dreck zugeworfen!'"

„Das hat er bestimmt nicht mit Absicht getan", warf ich ein, mir das Lachen verkneifend. „Glaube ich schon, aber er versuchte, mich an dem Abend kampfunfähig zu machen", antwortete der Minister und grinste sich eins. Dann stand Harry Tisch auf, bedankte sich im Namen aller Jagdgäste für die gute Organisation und stieß mit uns auf weitere jagdliche Erfolge an. Dann rückte er mit der Forderung heraus, daß ein Jagdgericht die auf der Jagd passierten jagdlichen Vergehen ahnden solle. Im Nu fanden sich einige bereit, diese Aufgabe zu übernehmen. Harry Tisch spielte den Richter. Zur Rechten saßen seine Schöffen. Ein Minister fungierte als Staatsanwalt.

Als erster stand der Bauminister Wolfgang Junker vor den Gerichtsschranken. Er sei beobachtet worden, wie er drei Minuten zu früh den Hochsitz verlassen habe. Sein Verteidiger versuchte, ihm aus der Patsche zu helfen: „Ist nicht bekannt, daß mein Mandant eine schwache Blase hat? Sollte er denn oben vom Hochsitz nässen, womöglich einem Treiber eine warme Dusche verpassen?" Der Staatsanwalt blieb unerbittlich: „Der Jäger muß sich zusammenreißen können oder eine Gummihose anziehen." Harry Tisch verdonnerte Junker dazu, zwei Flaschen Wodka springen zu lassen. Als nächster wurde Staatssekretär Kurt Stoph, Bruder des Ministerpräsidenten Willi Stoph, angeklagt, er habe einen noch zu jungen Keiler geschossen. Sein Verteidiger argumentierte: „Mein Mandant hat nicht egoistisch gehandelt und nicht an die Trophäe gedacht. Nein, es gab in den letzten Tagen zu wenig Fleisch in den Schlachterläden. Er dachte nur an die bessere Versorgung der Bevölkerung mit Fleisch." Auch das ließ der Staatsanwalt nicht gelten. Er bemerkte: „Herr Verteidiger, Ihnen dürfte bekannt sein, daß der Fleischverbrauch in der DDR viel zu hoch ist. Schauen Sie sich doch selbst mal an!" Der Angeklagte mußte zur Strafe drei Flaschen Kognak ausgeben.

Nachdem eine Reihe weiterer Sünder zur Kasse gebeten worden war, stand Minister Zimmermann, der Hauptschuldige, vor dem Richtertisch. Ihm wurde vorgeworfen, zwei noch zu junge Hirsche gestreckt zu haben. Zimmermann, ein sehr korpulenter Jäger mit einem losen Mundwerk, antwortete: „Ich habe die beiden Hirsche nur mit blinzelnden Augen gesehen und daher nur die Hälfte der Enden erkennen können." „Wieso können Sie denn nicht richtig gucken?" fragte der Richter. „Mir hat ein Förster vor einigen Tagen die Augen verkleistert." Nach den Einzelheiten befragt, erzählte Zimmermann sein Erlebnis mit Revierförster Westphal. Alles lachte schallend. Der Staatsanwalt unterbrach das Gelächter: „Herr Angeklagter, Sie haben gewußt, daß Sie noch unter dieser Fuhre Sand, die man Ihnen angeblich in die Augen geworfen hat, zu leiden haben. Dann hätten Sie doch diese Jagd gar nicht mitmachen dürfen." Harry Tisch rief dazwischen: „Ich verurteile Sie hiermit zu folgender Strafe: Für jedes Ende der Trophäen zahlen Sie eine Flasche Sekt, insgesamt also dreißig Flaschen."

Anschließend verdonnerte Tisch mich dazu, die präparierten Trophäen nicht eher an Zimmermann herauszugeben, bis er den Sekt bei mir abgegeben hätte. Sie sollten dann anläßlich der nächsten Zusammenkunft gemeinsam getrunken werden.

Vierzehn Tage später erschien Zimmermann zur Jagd. „Sind meine Geweihe fertig?" lautete seine erste Frage. „Und wo sind die Sektflaschen?" fragte ich dagegen. Er öffnete den Kofferraum seines Wagens, holte zwei kleine Pakete heraus und übergab sie mir. Ich schaute ihn verdutzt an: „Das sollen dreißig Flaschen Sekt sein?" „Na, Harry Tisch hat doch nicht gesagt, wie groß sie sein sollen. Mich fängt er so leicht nicht!" Nach einigen Tagen tauchte Tisch auf: "Hat Zimmermann den Sekt abgeliefert?" Ich holte die kleinen Pakete hervor und öffnete sie. Die Augen von Harry Tisch weiteten sich immer mehr, als er dreißig Pikkolofläschchen zu Gesicht bekam. „Dieser verfluchte Geizkragen! Er hat uns doch wieder angeschmiert."

Nichts als leere Versprechungen

Eines Tages erhielt ich den Anruf einer alten Lehrerin, Frau Wehmer aus Ahrenshoop: „Herr Forstmeister, ist Ihnen bekannt, daß im Ahrenshooper Gehölz Holz eingeschlagen wird? Da ist doch Naturschutzgebiet. Haben Sie das erlaubt?"

Ich hatte nichts dergleichen genehmigt und setzte mich sofort ins Auto, um der Sache auf den Grund zu gehen. Im Ahrenshooper Gehölz hörte ich schon von weitem Motorsägengebrumme. Eine Forstarbeiterbrigade war damit beschäftigt, starke Eichen zu fällen. Sie hätten Anweisung von ihrem Förster, diese Furniereichen zu fällen. Ich schickte sie nach Hause und suchte den zuständigen Revierleiter auf. Als Begründung führte er an, diese wertvollen Stämme dringend für die Planerfüllung zu benötigen. Über die strikte Anweisung, keinerlei forstlichen Maßnahmen in diesem als Totalreservat ausgewiesenen Wald durchzuführen, hatte er sich eigenmächtig hinweggesetzt. Ich ließ es mit einer Rüge bewenden, und der Revierförster kam noch einmal mit einem blauen Auge davon.

Kaum zu Hause, kam ein Anruf von meiner Dienststelle in Berlin. Übermorgen komme ein mongolischer Jagdgast namens Luvsan, Stellvertreter des Vorsitzenden des Ministerrates der mongolischen Volksrepublik, Zedenbal. Ich solle persönlich alles Erdenkliche daransetzen, ihn ein Stück Schwarzwild erlegen zu lassen. Gleichzeitig wurde der damalige Finanzminister zur Jagd angemeldet. Wir fuhren nach Ankunft der Gäste zur Jagdhütte. Der Mongole, ein mittelgroßer, stämmiger Mann, erzählte zunächst bei Kaffee und Kuchen lebhaft über Sitten und Gebräuche seiner Heimat. Dann berichtete er weitschweifig von seinen Wolfsjagden, er habe schon über hundert Wölfe erlegt. Bei ihnen gebe es zu viele dieser wilden Tiere, die ihren Viehherden viel zu schaffen machen.

Als wir zur Jagd aufbrechen wollten, meinte er: „Ich habe noch ein Anliegen: Schießen Sie bitte zur gleichen Zeit mit!" „Warum denn das?" fragte ich verdutzt. „Ja, ich habe vor einigen Tagen, auch in einem Staatsjagdgebiet, auf einen Hirsch geschossen, der sofort zusammenbrach. Als wir hingingen, flüchtete er in den Wald. Nun muß er unter meinem Schuß leiden. Damit das nicht noch einmal passiert, bitte ich Sie: schießen Sie mit, damit das Tier nicht mehr weglaufen kann." Ich versuchte ihm zu erklären, daß gleichzeitiges Schießen zweier Jäger wegen unserer engen Schießluken sehr kompliziert sei. Er möge doch lieber alleine schießen, vor allen Dingen abwarten, bis das Wildschwein breit stünde und hochblatt anhalten. Dann bestünde keine Gefahr, das Wild noch weglaufen zu lassen.

Er schüttelte den Kopf und bestand darauf, daß ich mitschösse. Ich fügte mich drein: „Wir müssen uns dann aber einigen, auf welches Schwein wir schießen. Ich habe an der geplanten Stelle wiederholt zwei Überläufer beobachtet, einen kleinen und einen größeren. Ich schlage vor, wir schießen auf den größeren." Es wäre in diesem Fall zwar richtiger gewesen, auf den kleineren zu schießen, aber ich konnte die Treffsicherheit meines Gastes nicht einschätzen. „Nun gut", meinte er, versuchen wir es mit dem größeren." Ich fuhr mit ihm und dem Dolmetscher zur Abteilung 134, während mein Jagdleiter, Otti Werner, den Finanzminister zur Jagd führte.

Dreihundert Meter vor dem Hochsitz bat ich den Dolmetscher, im Auto sitzen zu bleiben, da sonst die Schießbedingungen auf der engen Kanzel noch ungünstiger würden. Er schaute mich mißgelaunt an, ließ sich dann aber doch überreden. Auf der Kanzel öffnete ich die Schießluke und überzeugte mich, ob der hölzerne Dreibock noch von den Sauen unberührt stünde.

Wir saßen vielleicht zwanzig bis dreißig Minuten, als plötzlich ein Überläufer aus dem Farnkraut hervortrat und auf die Kirrung trollte. „Jetzt muß der zweite gleich kommen", dachte ich. Ich traute meinen Augen nicht: ein, zwei, drei, vier, fünf, sechs Überläufer stürzten sich gleichzeitig auf die Kirrung. Der Dreibock, von dem Rüssel eines Schwarzen erfaßt, flog in hohem Bogen beiseite. Ich überlegte fieberhaft, was zu tun sei, während ich dem Gast half, seine Waffe vorsichtig aus der Luke zu schieben. Dann zeigte ich auf die Sicherung und bedeutete ihm, er möge schießen. Doch er wies statt dessen auf meinen in der Ecke stehenden Repetierer. Notgedrungen nahm ich nun meine Waffe, hielt den Lauf vorsichtig aus der Luke, entsicherte und stach. Ich überprüfte, ob der Gast auch genügend Platz zum Schießen hatte, drückte mich deswegen noch mehr in die Ecke und da passierte es: ich kam aus Versehen an den Abzug, der Schuß brach, und die Sauen flüchteten mit einem lauten „Wuff, Wuff" ins hohe Farnkraut. Weg waren sie, eine fatale Situation! Der Mongole schaute mich verblüfft an, als wollte er sagen: „Du hättest auch so lange warten können, bis ich geschossen habe!" Ich zuckte mit den Schultern und versuchte ihm mit Gesten klar zu machen, daß ich aus Versehen abgedrückt habe. Er sah mich fragend an, als sei er aus meiner Zeichensprache nicht recht schlau geworden. Wir warteten dann noch bis zum Verschwinden des Büchsenlichtes, in der Hoffnung, doch noch zu Schuß zu kommen. Aber die Kirrung blieb leer.

Am Auto erzählte ich dem Dolmetscher von meinem Mißgeschick, so daß der dem Gast erklären konnte, wie es zu dem frühzeitigen Schuß gekommen war. Ich entschuldigte mich, aber er winkte nur ab: „Das kann schon mal passieren." In der Jagdhütte berichtete dann der Finanzminister von seinem Jagderlebnis. Er lobte Otti Werner, der ihn erfolgreich auf einen Bock geführt hatte. Für den Finanzminister war es die letzte Jagd, die er auf dem Darß erlebte: er lag eines Morgens tot im Bett, seine Frau hatte ihn aus Eifersucht erschossen.

Trotz des Mißgeschickes war der Mongole guter Laune und erzählte ausgiebig von seiner Heimat. Sie hätten zwar keine Wildschweine, aber dafür Wölfe. Wir einigten uns, am übernächsten Abend wieder zusammenzutreffen, um einen erneuten Versuch auf Schwarzwild zu starten. Ich wollte auf jeden Fall meine Scharte wieder auswetzen und bat meine beiden Söhne Klaus und Uwe, zwei von mir ausgewählte Hochsitze zu besetzen. Falls sie Wildschweine beobachteten, sollten sie sich sofort aufs Rad schwingen, zu unserem parkenden Auto fahren und hupen. Ich könnte dann, falls sich bei uns kein Wildschwein blicken ließe, zum Wagen laufen, um zu erfahren, wo sich Wildschweine befänden.

Gesagt, getan! Ich traf mich mit dem Jagdgast pünktlich zur verabredeten Zeit an der Jagdhütte. Der Fahrer des Gästeheimes in Dierhagen hatte sich zwar verfahren, aber schließlich doch den richtigen Weg gefunden. Nachdem wir Kaffee getrunken hatten, begaben wir uns auf die Jagd. Ich ließ den Wagen an den Weberbuchen stehen, um dann die restliche Wegstrecke zu Fuß zurückzulegen. Ich bat den Dolmetscher wieder, beim Fahrer im Wagen sitzenzubleiben, sich ja nicht zu entfernen, sondern auf uns zu warten. Der Mongole folgte dicht hinter mir, so wie ich es ihm hatte erklären lassen. Ich ließ die Gäste beim Pirschen grundsätzlich so nahe wie möglich hinter mir gehen. Das hatte mehrere Vorteile: beim plötzlichen Auftauchen von Wild ist eher die Möglichkeit vorhanden, den Gast schießen zu lassen, weil man ihm sofort Hinweise und Hilfestellung geben kann. Außerdem eräugt das Wild zwei in größerem Abstand gehende Menschen schneller, weil sich einer von ihnen meist noch ahnungslos vorwärtsbewegt. Ich hörte ständig ein schlurfendes Geräusch hinter mir, sah mich um und entdeckte, daß die Gummistiefel des Gastes viel zu groß waren. Laut Übersetzung des Dolmetschers hatte ich die Größe 44 mitgebracht, während er höchstens 41 benötigte.

Auf einem sehr geräumig gebauten offenen Hochsitz machten wir es uns bequem. Ich lud meine Waffe, stellte sie in meine Ecke und forderte ihn auf, das gleiche zu tun. Er sicherte seine Repetierbüchse ordnungsgemäß und stellte sie bei sich ab. Vor uns lag in fünfzig Meter Entfernung die angelegte Kirrung. Der aufgestellte Dreibock stand unberührt an seiner Stelle. Die Sonne stand noch am Himmel. Wir erlebten einen herrlichen, warmen Augustabend, kein Lüftchen regte sich. Beim Hierherpirschen bot ich dem Mongolen Spray gegen die uns umschwirrenden Mücken an, was er aber ablehnte. Vielleicht war er durch das viele Trinken von Stutenmilch immun gegen Mückenstiche, wer weiß?

Mehrere Eichelhäher kamen geflogen und versuchten, hier und da aus dem Sand hervorlugende Maiskörner aufzunehmen. Nun verschwand allmählich die Abendsonne hinter den Wipfeln der Bäume. Mein Gast amüsierte sich über die hin und her hüpfenden Eichelhäher. Sie flogen weg, kamen aber nach Minuten bereits wieder. Plötzlich schreckte ein Bock in der Dickung. Als sich die Eichelhäher mit ihrem rätschenden Ruf von uns verabschiedeten, stand fest, daß Wildschweine im Anmarsch waren. Ein leises Knacken verriet bereits ihre Nähe. Und dann waren sie auch schon da: sechs Frischlinge und hinter ihnen eine mehrjährige Bache. Die Frischlinge stürzten sich auf die Mitte der Kirrung, da erfahrungsgemäß eine Handvoll Mais unter dem Dreibock lag. Dieser flog, durch die Rüssel der Kleinen angehoben, in hohem Bogen zur Seite. Sofort hörten wir das gierige Zerbeißen der Maiskörner. Die Bache nahm sich eine der vom Futtermeister gezogenen Furchen vor und schob den Sand mit ihrem Wurf beiseite, um an den Mais heranzukommen. Der Gast sah sich mit dem Fernglas dieses herrliche Bild an. Die Frischlinge waren noch zu klein, um einen davon zu schießen, und ich hoffte, auch noch Überläufer zu Gesicht zu bekommen. Da tauchten auch schon drei gleich große auf. Jetzt galt es, sich auf den Schuß vorzubereiten. Ich zeigte auf den rechts breit stehenden Überläufer. Der Mongole nickte. Hoffentlich kam er nicht wieder auf den dussligen Gedanken, mich mitschießen zu lassen! Aber nein, er dachte gar nicht daran und sagte sich wahrscheinlich: „Den lasse ich nicht noch einmal die Waffe anfassen, der vermasselt mir womöglich wieder meine Jagdchancen." Ich ließ meine Waffe in der

Ecke stehen und forderte ihn auf, zu schießen. Er nahm seine Büchse, legte sie vorsichtig auf die Brüstung des Hochsitzes, entsicherte, ging in Anschlag und zielte: In dem Moment hupte es hinter uns. Die Schwarzkittel warfen auf und stoben mit aufgeregtem „Wuff, Wuff" in die Dickung zurück.

Mein schlitzäugiger Freund sicherte seine Waffe wieder, schaute mich mit wilden Augen an, faßte sich an den Kopf, drehte sich nach hinten um und sagte entrüstet: „Hup, Hup!" Wahrhaftig, eine fatale Situation! Mir war klar, dieses Hupsignal konnte nur einer meiner Söhne gegeben haben, weil er Wildschweine entdeckt hatte. Ich saß in einer selbst gestellten Zwickmühle. Jetzt herunterklettern und Stellungswechsel vornehmen, hatte keinen Zweck. Der Mongole würde mit seinen schlurfenden Gummistiefeln alle Wildschweine verjagen, bevor wir überhaupt an die Kirrung herangekommen wären. Also lieber sitzenbleiben, in der Hoffnung, daß sich einer von diesen Überläufern noch einmal sehen ließe.

Aber wir waren vom Pech verfolgt: an allen Ecken und Kanten knackte es, nur von Schweinen war nichts zu erblicken. Schließlich baumten wir ab. Am Auto ließ ich durch den Dolmetscher übersetzen, wie ich die Jagd organisiert hätte und entschuldigte mich für das neuerliche ungewollte Mißgeschick. Der Dolmetscher bestätigte, daß mein Sohn dagewesen sei, von den beobachteten Wildschweinen erzählt und dann den Fahrer gebeten habe, das verabredete Hupsignal zu geben.

Während des Abendessens war wieder mongolische Wolfsjagd angesagt. Jetzt nannte er schon die Zahl zweihundert: so viele Wölfe wollte er in seinem Leben gestreckt haben. Noch zwei Abende, und er wäre bei Tausend. Ich hörte mir geduldig sein Jägerlatein an, denn ich war heilfroh, mich trotz erneuter Jagdpanne mit einem gutgelaunten Gast unterhalten zu können. Zum Schluß meinte er, einmal könnte er noch kommen, dann sei sein Urlaub zu Ende. Wir einigten uns auf den nächsten Abend.

Diesmal ließ ich die Söhne aus dem Spiel und setzte mich mit ihm auf den Hochsitz vom Vorabend. Man sagt im allgemeinen: Auf der Jagd wiederholt sich nichts. Doch schien sich an diesem Abend vieles zu gleichen: die glutrot untergehende Sonne, die Eichelhäher, der schreckende Bock, das Knacken in der Dickung und dann die Bache mit ihren sechs Frischlingen. Ich wartete nur noch auf die Überläufer. Nach zehn Minuten tauchten auch die auf. Ich zeigte auf einen breitstehenden Überläufer. Der Mongole hatte bereits die Waffe vorsichtig in Anschlag gebracht, er entsicherte, zielte lange und ließ endlich fliegen. In dem Moment brach ein kleiner Frischling zusammen und schlegelte auf der Kirrung. Alle anderen Schweine waren in der Dickung verschwunden. Mein Gast faßte sich an den Kopf und jammerte: „malinki, malinki!" Ich versuchte ihn zu beruhigen, denn ich hatte das Gefühl, er habe auch einen Überläufer getroffen.

Ich nahm meine Waffe und kletterte schnell hinunter, lief auf die Kirrung und nickte den Frischling ab. Eine Schweißfährte führte mich in die lückige Kieferndickung. Einige Meter weiter lag ein Überläufer und versuchte aufzustehen. Blitzschnell hatte ich angebackt und schoß. Der Schwarze brach zusammen. Jetzt kam der Mongole vom Hochsitz geklettert. Ich trat mit ihm an das soeben erlegte Stück heran, zeigte auf meinen Blattschuß und lobte ihn: „karascho – gut!" und verschwieg absichtlich seinen schlechten Schuß, der die beiden Vorderläufe oberhalb der Schalen zerschmettert hatte. Mit diesem Tiefschuß hatte er auch einen der davor stehenden Frischlinge am Rückgrat erwischt. Ich überreichte ihm einen Schützenbruch, er umarmte mich und freute sich wie ein kleines Kind. Ich brach beide Wildschweine auf und zog sie an die Schneise. Mit Sohn Klaus, der mich auch nachmittags zur Jagdhütte gebracht hatte, war vereinbart, daß er mich um 23 Uhr mit dem Geländewagen wieder abholen sollte, um dann eventuell das erlegte Wild gleich mitzunehmen.

Während des Abendbrotes erzählte der Mongole dann begeistert dem Dolmetscher, seinem Fahrer und dem in der Jagdhütte verbliebenen Sohn des deutschen Botschafters in der Mongolei von seinem Jagderlebnis. Ich erwähnte während eines Toastes, daß unser Gast mit einem einzigen Schuß gleich zwei Schweine erlegt und somit eine besondere Leistung vollbracht hätte. Die Gläser klangen, und die Stimmung wuchs. Plötzlich ließ der Mongole durch den Dolmetscher seine Jagdtasche bringen, entnahm ihr einen Orden und sagte: „In Anerkennung Ihrer großen Verdienste auf jagdlichem Gebiet, die Sie auch heute wieder unter Beweis gestellt haben, verleihe ich Ihnen unseren höchsten Jagdorden." Ich sprang vor Schreck auf und streckte meine Heldenbrust dem Mongolen entgegen, der mir die in allen Farben prangende Medaille daranheftete. Dann schüttelte er mir die Hand, als wolle er sie abreißen und meinte abschließend: „Ich lade Sie herzlich ein, in die Mongolei zu kommen. Mit diesem Orden dekoriert, dürfen Sie bei uns alles schießen, was Sie wollen!" Ich bedankte mich herzlich und machte ihn darauf aufmerksam, daß solche Einladung immer erst der Zustimmung meiner vorgesetzten Dienststelle in Berlin bedürfe. Das würde er schon rechtzeitig einfädeln, versprach er.

Pünktlich um 23 Uhr erschien unser Sohn Klaus. Ich bat ihn, zur Abteilung 110 zu fahren und die in der Nähe des Hochsitzes liegenden Wildschweine herzubringen. Dann würden wir gemeinsam den Heimweg antreten. In dem Moment sprang der Sohn des deutschen Botschafters auf, dessen auffallend blonden Haare bis zu den Schultern hingen, und bat mich, mit Klaus mitfahren zu dürfen. So etwas bedeute für ihn ein besonderes Erlebnis. Nach geraumer Zeit kamen beide zurück. Nachdem die Wildschweine von dem Dolmetscher und Fahrer bestaunt und jetzt von Klaus verblasen waren, trennten wir uns: sie fuhren zurück ins Gästeheim Dierhagen und wir nach Born.

Zu Hause angekommen, begab ich mich zunächst ins Bad, um mir die Hände zu waschen. Ich rief Klaus: „Sag mal, willst du mir gar nicht gratulieren?" und zeigte auf den großen Orden an meiner Brust. „Ich darf jetzt in die Mongolei reisen und dort jagen." Klaus schaute mich verschmitzt an und erwiderte: „Vati, wenn du hinfährst, vergiß nicht, mich mitzunehmen!" „Wieso dich?" fragte ich verwundert. Er kramte den gleichen Orden aus seiner Hosentasche und hielt ihn mir vor die Nase: „Ich habe schließlich auch einen!" Das durfte doch wohl nicht wahr sein. „Wo hast du den denn her?" „Woher wohl? Der langhaarige Blonde hatte die ganze Tasche voll von den Blechdingern!"

Tisch im Wassergraben

Die Staatliche Jagdwirtschaft hatte sich gemausert, sie verfügte bereits 1975 über einen guten Maschinenpark. Traktoren, Geländewagen, PKW und landwirtschaftliche Geräte erleichterten unsere Arbeit, so daß wir nicht mehr im früheren Umfang auf die Hilfe anderer Betriebe angewiesen waren. Obgleich es von Berlin untersagt war, Maschinen an Privatpersonen auszuleihen, habe ich doch oft ein Auge zugedrückt, etwa wenn ein Forstarbeiter sein Eigenheim bauen wollte. Unnachgiebig blieb ich allerdings bei meinen eigenen Söhnen und Verwandten, denn ich wollte mir nichts nachsagen lassen. Jede Privatfahrt mit meinem Dienstwagen ließ ich mir von Berlin genehmigen und bezahlte sie auf Heller und Pfennig.

Inzwischen bewirtschafteten wir über zwanzig Hektar Wildäcker und fünfzig Hektar Wildwiesen auf dem Darß, so daß reichlich Arbeit vorhanden war. Täglich mußte der Futtermeister über achtzig Kilometer Wegstrecke mit dem Moped oder Geländewagen zurücklegen, um mehr als dreißig Kirrungen und im Winter zusätzlich sieben Rotwildfütterungen zu beschicken. Drei bis vier Kollegen waren ständig mit Bau, Aufstellung und Reparatur von Hochsitzen beschäftigt. Im Durchschnitt bauten sie fünfundzwanzig bis dreißig Hochsitze im Jahr und überholten über zweihundert Stück. Zwanzig Arbeiter waren voll mit jagdlichen Aufgaben beschäftigt. Hinzu kamen Meliorations- und Wegebaumaßnahmen. Dafür ließ ich Bagger, Wegehobler und Walzen anschaffen.

Beim Holzeinschlag, bei der Aufforstung, bei der Kultur- sowie der Jungwuchspflege, beim Forstschutz und bei der Harzung arbeiteten insgesamt siebzig bis achtzig Forstarbeiter. Ich sorgte für einen neuen Radfahrweg anstelle des gesperrten und teilweise nicht mehr passierbaren „Prinzensteiges", der von Born zum „Großen Stern" verlief. Dafür heuerte ich Schüler einer Rostocker Oberschule an, die diesen Weg unter fachgerechter Anleitung parallel zum Linderweg anlegten. Zu Ehren des altgedienten Forstarbeiters Paul Bieber, der den Oberschülern geholfen hatte, ließ ich diesen Weg auf den Namen „Biebersteig" taufen. Durch das spätere Auffüllen dieses Steiges mit Brechsand wurde eine noch bessere Stabilität erreicht.

Besonderen Wert legte ich auf eine gute Beschilderung des Waldwegenetzes. Jährlich mußten im Durchschnitt dreißig bis vierzig Schilder repariert oder erneuert werden, wenn „Halbstarke" während der Feriensaison ihre Turnkünste an ihnen ausprobiert hatten. Oftmals wurde behauptet, die Staatliche Jagdwirtschaft hätte durch systematische Wegsperrungen das Wandern auf dem Darß unmöglich gemacht. Ich kann anhand von historischen Wanderkarten nachweisen, daß von 1970 bis 1989 weitaus mehr Wanderwege existierten als vor 1945 und daß die von den Ortschaften zum Westrand verlaufenden Hauptwege Tag und Nacht geöffnet waren. Lediglich die um die Buchhorster Maase liegenden Waldteile, das Haupteinstandsgebiet des Rotwildes, waren überall gesperrt. Alle Sperrmaßnahmen trugen die Unterschriften der Bürgermeister, denn die Räte der Gemeinden hatten damals ausnahmslos zugestimmt. Wenn es im nachhinein auch manche berechtigte Kritik gegeben hat, wurde doch erreicht, daß einmalige Landschaftsbilder und vom Aussterben bedrohte Tiere, wie zum Beispiel der Seeadler, gerettet wurden.

Die Anzahl der Jagdgäste nahm von Jahr zu Jahr zu. Es gab Zeiten, in denen zwei bis drei Abende pro Woche von ihnen blockiert waren. Trotz vieler kurzer Nächte begann ich meinen Dienst jeden Morgen pünktlich um halb Sieben. Marga, meine Frau, stand mir in diesen arbeitsreichen Jahren treu zur Seite. Tagsüber saß sie in meinem Büro an der Schreibmaschine, und abends half sie mir bei der Betreuung der Gäste. Große Sorgfalt ließ ich bei den Jagdvorbereitungen walten. Die Treibjagden mußten bei mir wie am Schnürchen ablaufen. Enttäuscht war ich jedesmal, wenn ich trotz der vielen Mühe Undank erntete.

Nach reiflicher Überlegung und eingehender Beratung mit den Jagdleitern hatte ich einmal dem Hauptgast Harry Tisch den Buchenhochsitz in der Abteilung 116 zugewiesen. Ich selber saß auf dem Nachbarhochsitz. Obgleich ich die Möglichkeit hatte, mehrmals auf Rotwild zu schießen, wagte ich es nicht, weil bei Tisch noch kein Schuß gefallen war. Als ich ihn dann nach Abblasen des Treibens mit dem Geländewagen abholte, schnauzte er mich an: „Was hast du dir dabei gedacht? Läßt mich dort oben in der Buche sitzen, daß mir der Wind wie verrückt ins Gesicht bläst. Ringsherum wurde geballert, nur bei mir ließ sich kein Schwanz sehen. Das hast du das letzte Mal gemacht!" Meine Einlassung, daß ich mir gerade von diesem Hochsitz viel versprochen hatte, fegte er unwirsch beiseite. Harry Tisch wollte grundsätzlich Jagdkönig werden. Wurde er es nicht, ließ er seine Wut an mir aus; er war ausgesprochen jagdneidisch.

Als er eines Tages erfuhr, daß der Bauminister Wolfgang Junker von Berlin die Erlaubnis erhalten hatte, für einige Tage auf dem Darß zur Jagd zu gehen, rief er mich an und sagte: „Du wirst Junker kontrollieren, bevor du mit ihm auf Jagd gehst, ob er überhaupt einen Jagdschein hat." Einmal kam er mit Professor Michelsen, dem Chefarzt des Südstadtkrankenhauses in Rostock zur Jagd. Tisch raunte mir zu: „Setz den Professor irgendwo hin, wo nichts kommt, der braucht heute abend nichts zu schießen!" An diesem Abend regnete und stürmte es, Harry Tisch kam nicht zu Schuß. Als wir den Professor auf der Rückfahrt abholten und dort zwei gestreckte Wildschweine liegen sahen, ärgerte sich Tisch: „Ich hatte doch gesagt, den Michelsen hinsetzen, wo nichts kommt. Aber den Professor kann man auf dem Misthaufen sitzen lassen, auch da kommt der Kerl zu Schuß." Tisch war ein leidenschaftlicher Skatspieler. Aber auch hier mußte er immer gewinnen. Wurde mal wieder der „dritte Mann" gesucht, schickte ich Marga vor; ich spielte nur äußerst ungern Skat und schon gar nicht mit Harry Tisch.

Wieder hatte er sich zur Jagd angemeldet. Mit Unbehagen dachte ich an die Tiefschläge, die er mir immer wieder verpaßte. Einer unserer Jäger hatte an mehreren Abenden einen schon zeitig auf die Feldmark heraustretenden Keiler beobachtet. Den sollte Tisch nun strecken. Ich ließ außerdem an diesem Tag die in der Nähe liegende Kirrung in der Michaeliskoppel besonders reichlich mit Mais beschicken, um ein zweites Eisen im Feuer zu haben. Als ich mich beim Futtermeister erkundigte, ob die Kirrung von den Sauen am Vortag angenommen worden sei, feixte er: „Die Stelle ist gut angenommen, heute besonders von einem Liebespärchen. Als ich hinkam, lag das Mädchen schon halbnackt am Boden."

Am Abend saß ich mit Harry Tisch in der Michaeliskoppel. Vor uns lagen die großen Wiesen des Volkseigenen Gutes Zingst. Ich erinnere mich, daß hier noch vor Jahren der Bodden bis an den Waldrand verlief. Dann wurden die Flächen eingedeicht und zu Grünland umgewandelt. Wie oft hatte ich mich Anfang der sechziger Jahre hier mit Otti Werner angesetzt und auf die Sauen gewartet! Das Schwarzwild steckte während der Eichelmast gerne im nassen Schilfgürtel, um seinen verstärkten Durst nach Aufnahme der Eicheln zu löschen. Tisch deutete auf zehn Mähhäcksler des Volkseigenen Gutes Zingst, die dreihundert Meter entfernt von uns standen, und schimpfte los: „Nun guck dir diese Schweinerei mal an. Da steht ein großer Teil der wertvollen Technik des Volkseigenen Gutes nutzlos umher! Könnten sie jetzt nicht zumindestens im Zweischichtensystem arbeiten? So ist doch die Technik nicht ausgelastet." Ich nickte nur wortlos, um ihn nicht noch mehr in Rage zu bringen. Plötzlich sah ich unseren Keiler aus dem Wald auswechseln und in die Wiese ziehen, er nahm Kurs auf uns.

Ich freute mich, daß ich die erste Etappe gewonnen hatte, die immer darin bestand, dem Gast das ihm zugedachte Wild vorzuführen. Das Ziel war erst erreicht, wenn der Gast zu Schuß gekommen war; für das Treffen zeichnete der Schütze vorantwortlich. Natürlich freute ich mich jedes Mal über einen gut angebrachten Schuß. Außerdem bekam ich Druck von der vorgesetzten Dienststelle in Berlin: zwischen vierzig und fünfzig Prozent der gesamten Wildstrecke mußte durch die Gäste erzielt werden. Den Rest erbrachten unsere eigenen Jäger. Wenn man bedenkt, daß in den letzten Jahren über tausend Stück Schalenwild, davon über fünfhundert Wildschweine erlegt wurden, blieben immer noch fünf- bis sechshundert Stück jährlich für unsere eigenen Jäger übrig. Einige von ihnen erlegten fünfzig bis sechzig Stück pro Jahr. Allerdings durften sie Trophäenträger, außer geringen Hirschen wie Spießer bis Sechsender und Knopfspießer bis Gabler bei den Böcken, nicht erlegen. Diese Einschränkungen hielt ich auch für mich persönlich peinlich genau ein, um mir nicht den Vorwurf einzuhandeln, stärkere Trophäenträger erlegt zu haben. Gemessen wurde unsere Arbeit von den Berlinern in erster Linie daran, wieviel Medaillen in dem jeweiligen Jagdjahr erzielt wurden.

Als nun unser Keiler mitten in der Wiese verhoffte, passierte etwas Unerwartetes. Harry Tisch riß vor Schreck die Augen weit auf: Die Mähhäcksler setzten sich in Bewegung und versuchten, den Keiler einzukreisen. Der Kreis schloß sich immer mehr. Jetzt wurde es dem Schwarzkittel wohl zu mulmig, denn er preschte zwischen zwei Mähhäckslern hindurch und flüchtete Richtung Bodden. Ein Fahrer verfolgte ihn noch über hundert Meter und gab dann auf; der Keiler war schneller. Harry Tisch fluchte: „Das ist doch eine Schweinerei. Die haben direkt auf den Keiler gewartet und wollten ihn totfahren!" Inzwischen zogen die Maschinen brav ihre Runden und mähten die Nachbarwiese ab. Bei dem ratternden Lärm hatte es wirlich keinen Zweck mehr, auf Sauen zu warten.

„Hast du etwa gewußt, daß hier gemäht wird?" fuhr mich Harry Tisch an. „Nein, sie haben ausgerechnet heute damit begonnen", erwiderte ich. „Stimm dich in Zukunft gefälligst besser mit dem Volkseigenen Gut ab. So eine Panne will ich nicht noch einmal erleben." Wieder hatte ich mein Fett weg. „Dann laß uns noch ein Schmaltier schießen, die sind ja schon wieder frei", forderte er mich auf. Damit mußte ich wohl oder übel einverstanden sein.

Wir fuhren auf dem g-Gestell, bogen in den Langseerweg ein und hielten am h-Gestell, um von hier aus zu pirschen. Als wir an dem die Abteilung durchquerenden Graben entlangpirschten, kam plötzlich ein Rudel Rotwild gezogen. Ruckartig blieben wir stehen. Ich flüsterte Tisch zu: „Das dritte Stück ist ein Schmaltier, das kann geschossen werden." Schon hatte er seine Repetierbüchse im Anschlag und ließ fliegen. Das Stück zeichnete gut, machte noch drei, vier Fluchten und brach zusammen. Meine Ehre war erstmal gerettet: er hatte ein Stück erlegt. Wir traten an das bereits verendete Schmaltier heran. Ein guter Blattschuß hatte die Lunge voll getroffen. Stolz steckte er sich den Bruch an den Jagdhut und meinte: „Du siehst: treffen kann ich noch. Du brauchst mir bloß Wild vorzuführen."

Ich brach das Stück auf und sagte: „Wir werden jetzt nochmals an eine Kirrung fahren, um dort bis zum Verschwinden des Büchsenlichtes auf Sauen zu warten. Das Stück Rotwild lasse ich nachher mit einem größeren Wagen zu uns nach Hause schaffen." Als ich nun mit ihm den gleichen Weg zum Auto zurückgehen wollte, meinte er: „Können wir uns nicht den Weg abkürzen und quer durch den Bestand gehen?" „Ja, aber dann müssen wir den Graben überspringen und der ist nicht schmal", gab ich zu bedenken. „Kommst du darüber?" fragte er. „Ich ja." „Dann komme ich auch rüber", renommierte er. „Ich habe allerdings immer eine Eins im Turnen gehabt", foppte ich ihn. „Ich war im Turnen in der Schule auch nicht schlecht", konterte er. „Na, denn man los!"

Am Graben reichte ich ihm meine entladene Waffe, nahm einen kleinen Anlauf und sprang hinüber. Er reichte mir jetzt beide Gewehre herüber, nahm einen größeren Anlauf, sprang – und platschte mitten in den randvollen Wassergraben. Welch ein Bild! Von Wasserpflanzen und Algen behängt, stand er bis über den Bauchnabel in der kalten Brühe, die in braunen Bächen an ihm herunterlief. Ich biß die Zähne aufeinander, um nicht herauszuplatzen: dort stand nun das allgewaltige Politbüro-Mitglied als triefender „Wassermann" und schaute hilflos zu mir hoch. Kann man mir meine klammheimliche Schadenfreude verdenken bei einem Menschen, der mich schon so oft schikaniert hatte? Ich legte die Waffen ab, zog ihn aus dem Graben, befreite ihn vom gröbsten Dreck und sagte: „Wir fahren schnell nach Hause und besorgen trockene Sachen." „Hätte ich nicht gedacht, daß der Graben so breit ist", bemerkte er kleinlaut. Als Marga ihn aus meinem Schrank eingekleidet hatte, taute er langsam wieder auf. Daß ich ihn aber in dieser peinlichen Situation erlebt hatte, wurmte ihn noch lange.

An manchem Tag geht alles schief

Es lagen wieder Monate harter Arbeit hinter mir. Die Früh-
jahrsaufforstungen zeigten einen guten Anwuchs, die Forstarbeiterinnen mähten bereits den lästigen Adlerfarn auf den
restlichen Kulturflächen. Der Harzplan schien auch erfüllt zu werden.
Hier hatten sich solche tüchtigen Arbeiter wie die Ehepaare Rieck und
Scheer sowie Willi Endrulat besonders ausgezeichnet. Große Anstren-
gungen mußten allerdings noch im Holzeinschlag unternommen werden, denn der Einschlagplan war von Jahr zu Jahr erhöht worden,
zumal durch die beiden orkanartigen Stürme verlichtete Bestände eingeschlagen werden sollten, um anschließend sinnvolle Aufforstungen
vornehmen zu können.

Auch auf jagdlichem Gebiet verbuchten wir in diesem Jahr gute
Ergebnisse, die eingewiesenen Gäste hatten zum größten Teil jagdliche Erfolge erzielt. Nur der Genosse Minister Albert Stief, Vorsitzender der „Arbeiter- und Bauerninspektion", fuhr unzufrieden nach Hause. Als er den ihm zugedachten Hirsch erlegt und ich ihm mit den
Worten gratuliert hatte: „Ich freue mich, daß Sie Ihren Hirsch schon
gestreckt haben", antwortete er entrüstet: „Was heißt Ihren? Das kann
doch wohl nur ein Vorschuß sein, das ist doch kein starker Hirsch."
Als ich ihn vorsichtig zu verstehen gab, er irre sich, dies sei der ihm
zugedachte Hirsch, verzichtete er auf die Trophäe und fuhr wutentbrannt nach Berlin zurück, um sich zu beschweren. Hier hatte sich die
Berliner Leisetreterei gerächt, dem Gast nicht vorher ehrlich zu sagen,
welche Güteklasse der Trophäe für ihn bestimmt war. Ich hatte in diesem Fall genau nach der schriftlichen Mitteilung von oben gehandelt,
Stief nur einen Hirsch minderer Qualität schießen zu lassen. Er aber
glaubte, wie alle Gäste, einen Hirsch der Klasse I erlegen zu dürfen,
möglichst noch mit Medaillenqualität. Minister Stief ließ sich von
Stund an nicht wieder auf dem Darß blicken.

Eines Tages meldete der Futtermeister, er habe im Saufang eine Bache
mit sechs Frischlingen gefangen. Ich trommelte vier Forstarbeiter
zusammen, um die Schwarzkittel in das am „Großer Stern" als Urlau-
berattraktion eingerichtete Gatter umzusetzen. Die Bache hatten wir
im Nu eingefangen und in einer Kiste auf dem Hänger des Traktors
verladen. Zwei Arbeiter stiegen dann in den Saufang, um die Frischlinge zu greifen und sie in zwei großen, mit Säcken abgedeckten Wei-

denkörben herauszutragen. Als der letzte Frischling in den Korb gesteckt wurde, schrie er gottserbärmlich, als stecke er am Spieß. Als die
Bache die schrillen Töne vernahm, begann sie, in ihrer Kiste verrückt
zu spielen. Ich sah nur noch, wie die Fangkiste gleich einer gepellten
Apfelsine nach allen Seiten auseinanderklappte, die Bache sprang
über die Hängerbordwand und stürmte auf uns zu. Der Traktorist Hans
Burmeister und ich hechteten im letzten Moment auf eine Querschlete
des Saufanges und kletterten mit Affengeschwindigkeit nach oben, um
aus dem Gefahrenbereich zu kommen. Die Bache stieß ein wütendes
„Wuff, Wuff" aus, fegte um den Saufang herum und flüchtete ins
Stangenholz. Ich rief den beiden im Saufang hockenden Arbeitern zu:
„Laßt schnell die Frischlinge raus, bevor die Bache womöglich wieder
angreift." Im Nu war das Falltor geöffnet und die Frischlinge aus den
Körben geschüttet, die sofort die Fährte der Bache aufnahmen und
unserem Blickfeld entschwanden. Mit leeren Händen, aber mit heilen
Knochen fuhren wir nach Hause.

An diesem Tag hatte ich noch eine traurige Pflicht zu erfüllen: die
Urnenbeisetzung des verstorbenen Jägers Dr. Noehring. Wir saßen
beim Mittagessen. Plötzlich hörte ich ein feines klingendes Geräusch:
etwas war auf meinen Tellerrand gefallen und in der Suppe verschwunden. Ich rührte mit dem Löffel herum und fischte ein Stückchen Gold heraus. Bei näherem Zusehen war es eine Plombe, die mir
der jetzt verstorbene Zahnarzt vor Jahren eingesetzt hatte. Ausgerechnet heute erinnerte sie mich daran, seine Beerdigung nicht zu versäumen.

Auf dem Friedhof traf ich mehrere bereits versammelte Jäger – im
Gegensatz zu der Würde des Ortes mit grienenden Gesichtern. Ich
glaubte schon, man hätte das durch die herausgefallene Plombe entstandene Loch in meinem Prämular entdeckt, aber nein, einer von
ihnen sagte: „Du hättest fünf Minuten eher kommen sollen. Hier stand
eine Rotte Sauen und wollte nicht weglaufen. Wir haben sie mit
Gewalt verscheucht." „„Warum denn das?" stimmte ich in das Gelächter ein, „sie wollten doch nur an der Beerdigung teilnehmen, um sich
daran zu ergötzen, einen Feind weniger zu haben."

Als die Urne unter den Klängen des „Halali" in die Erde gelassen wurde, sah ich, wie der Friedhofswärter Fritz Kaufmann versuchte, mit
einem Knüppel eine Überläuferrotte vom Friedhof zu treiben. Damit
keine Panik unter den Trauergästen ausbrach, half ich ihm, die unge-

betenen Gäste in die Flucht zu schlagen. Das gelang uns bald, denn die Sauen merkten, daß wir es mit der Dresche ernst meinten.

Aber es sollte an diesem Tag noch mehr passieren. Der Ministerpräsident von Angola war zur Jagd angemeldet. Ich war schon im Gästeheim gewesen, um mich vorzustellen und den Verlauf der geplanten Ansitzjagd zu schildern. Der dunkelhäutige Diplomat interessierte sich für die auf dem Darß lebenden Tiere. Jede Handbewegung bei meiner Erzählung wurde von einem pechschwarzen Afrikaner mißtrauisch beobachtet. Wenn ich mein Bierglas erhob, warf er sofort auf, verzog aber keine Miene. Als einzige Gemütsregung ließ er ab und zu seine schneeweißen Zähne blitzen.

Wir trafen uns nun an diesem ereignisreichen Tag im Jagdhaus in Born wieder. Ich ließ den Gast in Jagduniform einkleiden und erklärte ihm die Handhabung der Repetierbüchse. Beim Kaffeetrinken ließ ich ihn durch den Dolmetscher bitten, allein mit mir auf Jagd zu fahren, da es besonders windstill sei und jedes Geräusch durch eine dritte Person vermieden werden müßte. Als das sein Leibwächter hörte, drohte er in schroffem Ton, die Jagd sofort abbrechen zu lassen, falls ich weiterhin darauf bestünde, mit dem Ministerpräsidenten allein auf Jagd fahren zu wollen. Es gab keinen Zweifel, daß er ernst machen würde. Nach langem Hin und Her konnte ich ihn draußen im Wald überzeugen, daß er besser im Auto sitzen blieb.

So saß ich mit dem Angolaner auf dem Hochsitz unmittelbar an der großen Buchhorster Maase. Auf der großen Wiese ästen mehrere Rehe. Ein Kranichpaar stolzierte umher und suchte nach Gewürm; an der Waldkante saß ein Seeadler oben auf dem Dach der geschlossenen Kanzel. Die Sonne schien uns warm ins Gesicht. Die idyllische Ruhe wurde gestört, als ein Düsenjäger seine Bahn am Himmel zog und mit einem höllischen Knall die Schallmauer durchbrach. Ich leuchtete mit meinem Glas die große Wiese ab, der Seeadler hatte sich in die Lüfte erhoben und kreiste nun majestätisch über uns. Mitten in der Wiese stand plötzlich ein Bock auf. Er hatte dort wahrscheinlich so lange im hohen Gras gesessen, bis er von dem Flugzeug aus dem Schlaf geweckt worden war. Ich betrachtete das Gehörn, das auf einen schwachen Sechser deutete, also auf einen guten Abschußbock. Die Schußentfernung betrug vielleicht hundertfünfzig bis zweihundert Meter. Da ich die Schießkünste meines Gastes nicht recht einschätzen konnte, erschien es mir ratsam, eine günstigere Entfernung abzuwarten. Plötzlich raschelte es unter unserem Hochsitz. Ich gab dem Angolaner ein

Zeichen, sich ganz ruhig zu verhalten: unter uns bewege sich etwas. Dann sahen wir einen Baummarder, der in Windeseile an dem Buchenstamm neben unserem Hochsitz hochkletterte und im Geäst der Baumkrone verschwand.

Unser Bock hatte sich äsend schon auf hundert Meter genähert. Das hohe Gras ließ ihn ab und zu nur mit dem Kopf herausäugen. Die Wiese wurde jährlich zweimal durch das Volkseigene Gut abgemäht. Ich hatte dem Leiter gestattet, die Wiese kostenlos zu mähen. Dafür war er verpflichtet, für Düngung und Neuansaat Sorge zu tragen. Die Staatliche Jagdwirtschaft konnte so Kosten sparen und hatte trotzdem reichlich Äsung für das Wild. Der Bock zog nun zu einer mit niedrigem Gras bewachsenen Stelle. Jetzt galt es, den Angolaner auf das Schießen vorzubereiten. Ich zeigte auf den Bock, er verstand meine Handbewegung und nickte zustimmend. Ich versuchte ihm klar zu machen, den Sechser erst breit stehen zu lassen, bevor er schösse, auch das schien er zu begreifen. Dann drückte ich ihm die Repetierbüchse in die Hand, mit der er zunächst eine Zielübung machte. Anscheinend störte ihn die Gummiblende auf dem Zielfernrohr, denn er wagte zunächst nicht, den Kopf dicht heranzuschieben.

Ich ließ die Gäste grundsätzlich mit Gummiblende schießen. Ungeübte konnten sich bei ungenügendem Einziehen des Gewehres in die Schulter durch den kräftigen Rückschlag leicht Augenbrauen- oder Nasenbeinverletzungen zuziehen. So wie einmal der „Minister für bezirksgeleitete Industrie" und spätere Oberbürgermeister von Berlin, Erhard Kraack, der trotz meiner Warnung im letzten Moment die Gummiblende entfernte und schoß. Der Schwarzkittel lag, und Kraack schweißte. Am nächsten Tag, gestand er mir später, hätten seine Amtskollegen auf der Ministerratstagung – viele von ihnen Jäger – ihn wegen der Platzwunde zwischen den Augenbrauen auf die Schippe genommen.

Der Angolaner schob endlich den Kopf bis an die Blende heran, schaute mich an und bemerkte meine Geste, schießen zu dürfen. Ich sah durchs Glas: noch stand der Bock spitz. Endlich tat er uns den Gefallen, sich breit hinzustellen. Schon brach der Schuß. Der Bock schnellte in die Höhe, flüchtete nach vorne, wurde immer schneller und brach nach hundert Metern plötzlich zusammen. Der Angolaner zitterte vor Aufregung, und ich mußte ihn zuerst beruhigen, bevor wir vom Hochsitz stiegen.

Von einer Kiefer brach ich einen kleinen Zweig für den Schützenbruch ab. An den Sechser herangetreten, zeigte ich auf den guten
Blattschuß und übergab ihm den Bruch. Er sah mich fragend an –
offensichtlich wußte er mit dem kleinen Zweig nichts anzufangen.
Kurzerhand nahm ich ihm den Hut vom Kopf, schmückte ihn mit dem
Bruch und setzte ihn wieder auf seinen kugelrunden schwarzen Kopf.
Jetzt hatte er kapiert, er lachte mit blitzenden Zähnen und bedankte
sich. Dann zog ich den aufgebrochenen Bock aus der Wiese und verstaute ihn in der Wildkiepe des Geländewagens. Voller Stolz erzählte
der Ministerpräsident sein Jagderlebnis dem im Wagen sitzengeblie-
benen Bewacher, der aufmerksam zuhörte und anscheinend interessiert etliche Fragen stellte.

Ich hatte vor, ihn noch einen Überläufer schießen zu lassen. Nach
zehnminütiger Fahrt saßen wir auf unserem seinerzeit höchsten offenen Hochsitz in einer Buche. Der „Bodyguard" war auf gutes Zureden
hin wieder im Wagen sitzengeblieben. Wir erlebten einen herrlichen
Spätsommerabend. Obgleich die Sonne rotglühend untergegangen war
und damit einen schönen neuen Tag versprach, trillerte der Schwarzspecht. Vor uns lag eine Fichtendickung, aus der vermutlich die Sauen
herauswechseln würden. Die Abenddämmerung setzte ein, das Dros-
selkonzert verstummte allmählich immer mehr. Ich lauschte angestrengt, jede Minute die Schwarzen erwartend. Aber nichts rührte sich,
nirgendwo ein Knacken, das Anlaß zur Hoffnung hätte geben können.
Die Kirrung vor uns verschwand in der einsetzende Dämmerung
immer mehr aus unserem Blickfeld.

Meinem Nachbarn wurde kalt, denn er schüttelte sich mehrmals.
Dummerweise hatten wir keine Lodenmäntel mitgenommen. Ich gab
ihm zu verstehen, daß wir besser den Rückzug antreten würden, da es
dunkel sei; dann nahm ich ihm die Waffe ab, entlud sie und stieg die
Leiter hinunter. Unten angekommen, schaute ich hoch, ob der Herr
Ministerpräsident sich auch rückwärts nach unten begab; bei meinen
Gästen hatte ich nämlich schon die sonderbarsten akrobatischen Ver-
renkungen erlebt. Und da passierte es auch schon: er rutschte von
einer Leitersprosse ab, hielt sich nicht an der als Handleiter angena-
gelten Schlete fest und kam mir aus sechs Metern Höhe entgegenge-
saust. Mit eingezogenem Kopf schlug er auf den mit Moos, Blättern
und Kiefernnadeln durchmischten Waldboden auf. Mir war, als stünde
mein Herz still, vor Schreck schoß mir das Blut in den Kopf. Ich
sprang hinzu, half ihm hoch und tastete ihn vorsichtig ab, ob nichts

gebrochen war. Erleichtert atmete ich auf, als ich sah, daß er beide Beine bewegen konnte.

Er klopfte sich den Schmutz ab, ich nahm meinen Kamm und pflügte sein schwarzes Kräuselhaar durch, um die Kiefernnadeln zu entfernen. Geduldig beugte er zu diesem Zweck seinen Kopf zu mir herunter und ließ sich seine Wolle gründlich säubern. Ich war heilfroh, daß er mir nun normalen Schrittes zum Wagen folgen konnte. Dort setzte eine lebhafte, gestenreiche Diskussion zwischen ihm und seinem Leibwächter ein, der den Sturz mitbekommen hatte. Vielleicht war es gut, daß ich nichts davon verstand, jedenfalls ließ die Miene des Begleiters während des Abendessens darauf schließen, daß er mich am liebsten gefressen hätte.

Nach diesem Vorfall machte ich drei Kreuze, daß ich keinen Bericht an die vorgesetzte Dienststelle schreiben mußte. Mir war sonnenklar: bei einem bösen Ausgang dieses Sturzes hätte ich ernsthafte diplomatische Verwicklungen heraufbeschworen. Ich selbst hätte im günstigsten Fall meine Koffer packen dürfen; schlimmstenfalls wäre ich hinter „schwedische Gardinen" gewandert.

Der Herr Minister mit der Kochschürze

Das Jahr 1976 hatte uns wieder reichlich mit Arbeit eingedeckt. Es mußten über vierzig Hektar aufgeforstet werden, der Holzeinschlag belief sich bereits auf fünfzehntausend Kubikmeter. Hinzu kamen die vielen Jagdgäste.

Ein Ereignis stimmte mich in diesem Jahr besonders traurig: Wir trugen meinen besten Freund, den Jagdleiter Otti Werner zu Grabe. Sein Tod erschütterte mich tief. Im Alter von erst 47 Jahren verstarb er an der Menschheitsgeißel Krebs. Bereits ein Jahr vorher hatte er ständig über Magenschmerzen geklagt, sie aber zunächst nicht recht ernstgenommen, bis ich mich einschaltete und Professor Dr. Michelsen, den Chefarzt des Südstadtkrankenhauses Rostock bat, ihn gründlich zu untersuchen. Er operierte ihn selber, konnte aber das Leben von Otti Werner nicht mehr retten. Der Magen hatte gänzlich entfernt werden müssen; außerdem zersetzten bereits Metastasen die Speiseröhre. Otti fühlte sich einige Wochen nach der Operation wieder wohler und hoffte auf volle Genesung. Ich ließ ihn noch im Spätherbst einen guten Bock schießen, worüber er sich – wie über jeden Jagderfolg – unbändig freute. Ihn zeichnete eine große Bescheidenheit aus, jeglicher Jagdneid war ihm wesensfremd. Er war ein Mensch, auf den man sich jederzeit verlassen konnte. Insofern schmerzte mich sein viel zu früher Tod unsagbar. Ich schämte mich meiner Tränen nicht, als für ihn das letzte Halali erklang und ich einen aus seinem geliebten Jagdrevier geholten Strauß duftenden Tannengrüns als letzten Gruß in seine Ruhestätte warf. Später habe ich dann seinen kurz vor dem Tod geäußerten Wunsch erfüllt, mich für die Ausbildung seines einzigen Sohnes zum Jäger einzusetzen – ungeachtet aller Schwierigkeiten mit übergeordneten Dienststellen. Damit konnte ich auch Ottis Frau Nanny, als engagierte Kindergartenleiterin in ganz Wieck beliebt, eine große Freude machen.

Wenige Tage nach Ottis Beisetzung wurde aus Berlin ein sowjetischer Minister und dessen Ehefrau angekündigt, die im Gästehaus Dierhagen Urlaub machten. Ich sollte den Termin mit ihnen persönlich abstimmen. An dem mit ihnen vereinbarten Tag für die Ansitzjagd ließen sie sich in einer schwarzen Tschaika-Limousine zu uns herausfahren. Der Minister, ein mittelgroßer Mann in den besten Jahren und seine vollschlanke Frau überbrachten Grüße des Chemieministers aus ihrer Heimat, der erst kürzlich von mir zur Jagd geführt worden war.

Da sie beide als Jäger angemeldet waren, ließ ich sie jagdlich einkleiden, und es stand auch ein zweiter Jagdleiter zum Führen bereit. Der Minister ließ aber dolmetschen, er wolle mit seiner Frau zusammenbleiben, eine zweite Waffe sei überflüssig, sie würden sich auf dem Hochsitz über das Schießen einigen. Also schickte ich den zweiten Jäger wieder fort und schloß die zweite Waffe mit der Munition wieder weg. Dann erklärte ich den beiden die Handhabung der Bockbüchsflinte Kaliber 7 x 65 R. Da Dolmetscher und Fahrer mit in den Wald wollten, benutzten wir die Regierungslimousine und fuhren zunächst auf dem Gestell in Richtung „Peterskreuz". Bei einem Griff in die Rocktasche bemerkte ich, daß ich die Munition vergessen hatte; ich mußte sie wohl aus Versehen mit der nicht benötigten Waffe wieder eingeschlossen haben.

Ich ließ mir nichts anmerken und sagte: „Wir werden zunächst zu einer Försterei mitten im Wald fahren, um dort Mückenspray zu holen. Sonst werden uns die Mücken arg zerstechen." Sie nickten verständnisvoll. Ich ließ den Fahrer an der nächsten Kreuzung abbiegen, um auf dem Nordweg wieder in Richtung unseres Hauses zu fahren. Nach einigen Minuten sagte der Minister anerkennend mit einem Blick aus dem Fenster: „Welch ein großer Wald!", ohne zu merken, daß wir im Kreis fuhren und uns schon wieder zweihundert Meter vor unserem Forsthaus befanden. Ich ließ den Wagen an der Kreuzung anhalten.

„Warten Sie bitte, ich laufe jetzt schnell zu dem Förster, um Spray zu holen. Der Weg ist für den Tschaika unpassierbar." Nach einigen Minuten erschien ich wieder und zog das Mückenspray aus meiner Hosentasche, wo es schon die ganze Zeit gewesen war. Den eigentlichen Grund unserer Rückfahrt verriet ich wohlweislich nicht.

Endlich am Hochsitz in der Abteilung 107 angekommen, blieben Fahrer und Dolmetscher im Wagen zurück. Ich war gespannt, wie das Ehepaar sich beim Schießen einigen würde. Vor uns lag die mit weißem Sand aufgefüllte Kirrung. Der Dreibock stand noch unberührt. Hinter der Kirrung befand sich ein Kiefernstangenholz, ansonsten ringsherum Dickung. Ich öffnete das Fenster des modernen Hochsitzes, der das Schießen im Sitzen ermöglichte. Nach einigen Minuten tauchten die ersten Eichelhäher auf und hüpften fidel auf der Kirrung umher, um nach im Sand versteckten Maiskörnern zu suchen, und meine Gäste freuten sich an den munteren, bunt gefiederten Gesellen.

Dann strichen die Eichelhäher plötzlich ab. Ein kaum hörbares Knacken verriet, daß Sauen im Anmarsch waren. Drei Überläufer stürzten sich auf die Kirrung. Ich ließ die Gäste ihre Ferngläser hochnehmen, um sich die Schwarzkittel anzusehen und ein überhastetes Schießen zu vermeiden. Die Überläufer warfen ab und zu auf, flüchteten in die Dickung und kamen dann zögernd wieder heraus. Nun stießen sie den Dreibock mit ihrem Rüssel beiseite und taten sich an dem darunterliegenden Mais gütlich. Ich stieß den Minister an, er solle sich wegen des Schießens mit seiner Frau einigen. Ich hatte ihn für einen Kavalier gehalten, der seine Frau zuerst schießen ließ, aber nein: er nahm die Waffe. Ich half ihm, sie vorsichtig aus dem Fenster zu schieben. Er ging in Anschlag und entsicherte. Ich zeigte auf das in der Mitte breit stehende Wildschwein, er nickte, zielte erneut und ließ fliegen. In gleichen Moment stob vor dem beschossenen Überläufer eine Sandfontäne auf, und die Sauen stürzten sich in Windeseile in die Dickung. Der Schütze schaute mich fragend an, und ich machte ihm mit meinen paar Brocken Russisch klar, daß er leider vorbeigeschossen habe.

Anschließend fuhr ich mit ihnen auf dem Wiecker Postweg bis an die Oberförsterkoppel. Ich glaubte, daß jetzt die Gattin des Ministers schießen sollte, aber Pustekuchen: er redete auf sie ein, bis sie schmollend mit Fahrer und Dolmetscher im Wagen sitzenblieb. Auf dem offenen Sitz freute er sich am herrlichen Panorama. In der Ferne glänzte der Bodden, halbrechts lagen die großen, gepflegten Wiesen des volkseigenen Gutes, vor uns ein von uns mit Roggen bebauter Wildacker, dahinter wieder eine Wiese. Zur linken Hand erstreckte sich eine mächtige Dickung. Die Abendsonne sank unter den Horizont. Ein leichter Wind strich von vorne an uns vorbei. Da trat auch schon das erste Rehwild heraus: Ricke, Kitz und dahinter ein schlecht veranlagter Bock, der sofort die Ricke trieb. Immer wieder schaute der Minister interessiert zu dem treibenden Bock und amüsierte sich, wie er vergeblich versuchte, seine Geliebte zu beschlagen. Sie erklärte sich aber mit einem solch kurzen Vorspiel nicht einverstanden.

Ich schaute mit dem Glas zum Waldrand und entdeckte auf dreihundert Meter Entfernung vier Überläufer, die aus dem Erlenbestand auf die Wiese zogen. Ich stieß den Gast an und zeigte in diese Richtung. Er hielt sofort vier Finger hoch, um mir anzudeuten, daß auch er sie gesehen hatte. Zum Schießen war die Entfernung viel zu weit. Ich rechnete damit, daß die Sauen den Kurs in das vor uns liegende Roggenfeld einschlagen würden, denn große Lücken im Getreide ließen erkennen, daß sich hier das Wild in den letzten Nächten ein Stelldichein gegeben hatte. Unsere vier Überläufer ließen sich Zeit. Sie brachen in der Wiese und kamen nur zögernd voran. Der Bock hatte inzwischen seine Geliebte in die Dickung getrieben, um hier sein Glück mit ihr zu versuchen. Das Kitz äste noch an gleicher Stelle. Der Gast zeigte nach rechts, auf einen in der Wiese schnürenden Fuchs. Der machte einen tollen Sprung nach vorne, um eine Maus zu fangen, was ihm aber nicht gelang. Dann schnürte er vorsichtig weiter und setzte sich nach einigen Metern hin.

Das Büchsenlicht nahm rapide ab, aber hinter den Wipfeln der Erlen ging bereits der Vollmond auf. Das ließ hoffen, doch noch schießen zu können, zumal sich die Wildschweine deutlich vor dem hellen Roggen abhoben. Mein Gast wurde schon unruhig, zuckte mit der Schulter und schaute mich fragend an, ob es Zweck habe, noch länger zu warten. Ich nickte, weil die Wildschweine meiner Meinung nach den Roggen noch annehmen würden. Es verstrich wohl noch eine halbe Stunde, bis die Sauen endlich über die Wiese zogen, schnurstracks in Richtung Getreidefeld. Jetzt konnte es interessant werden. Schon waren sie im Roggen verschwunden. Krampfhaft versuchte ich, sie zwischen den Getreidehalmen zu entdecken. Auch der Gast schaute angestrengt, um etwas zu erkennen. Er schüttelte enttäuscht den Kopf. Doch da sah ich vor uns in der Lücke zwischen den Halmen einen schwarzen Körper: es war ein Überläufer. Nun hörte man auch deutlich das Schmatzen des Schwarzkittels. Ich stieß den Gast an und bedeutete ihm, zu schießen. Er nickte zwar, schob aber die Waffe zu mir hin, was heißen sollte, ich möge schießen. „Njet, njet", flüsterte ich: er solle schießen. Er aber schüttelte erneut den Kopf und bat wie ein Kind, ich solle für ihn das Wildschwein erlegen.

Seine flehentliche Gebärde stimmte mich um: ich nahm ihm die Waffe ab, stach, entsicherte, hielt hochblatt auf den immer noch breit stehenden Überläufer an und ließ fliegen. Wie vom Blitz erschlagen, brach der Schwarze zusammen. Mein Gast fiel mir vor Freude um den Hals und küßte mich, als habe er selber getroffen. So etwas hatte ich noch nicht erlebt: ich führte einen Gast, der gar nicht schießen wollte und sich riesig freute, wenn ohne sein Zutun ein Stück Wild zur Strecke kam! Wir kletterten vom Hochsitz. Nachdem das Wildschwein aufgebrochen war, half mir der hohe Diplomat eigenhändig, das Stück bis an den Weg zu ziehen.

Ich stellte mich absichtlich beiseite, als die drei anderen aus dem Wagen sprangen, denn ich war neugierig, was er machen würde. Er redete lebhaft auf seine Frau ein. Als sie jetzt ihm um den Hals fiel und ihn herzhaft küßte, war mir klar, daß er sich als Schützen ausgegeben hatte. Sie bewunderten nun alle sein erlegtes Schwein. Ich zeigte auf den guten Hochblattschuß, was dem Minister einen erneuten Kuß seiner Frau einbrachte. Sie wandte sich dann mir zu und gab ihrer Freude Ausdruck, daß ihr Mann bei Mondschein so gut treffen könne. Da ich die vornehme Tschaika-Limousine nicht mit dem Überläufer verschmutzen wollte, sage ich: „Ich lasse das Schwein nachher mit einem Geländewagen nach Hause holen." „Das ist schade", bedauerte der Minister. „Warum?", fragte ich. „Ich wollte darum bitten, dieses Wildschwein mit ins Gästeheim nehmen zu dürfen. Ich gebe dort am Ende der Woche eine Party. Ich koche leidenschaftlich gern und will das Wildschwein selber zubereiten." Nun war mir klar, warum er diesen Überläufer unbedingt hatte haben wollen. „Ich werde das Stück Schwarzwild morgen dem Heim liefern", versprach ich.

Am nächsten Tag rief mich der Leiter des Gästeheimes an, ob er das erlegte Schwein kaufen könne. Außerdem hätte der Minister die Bitte geäußert, mich und meine Frau zu dem Festessen am Sonnabend einzuladen. Ich versprach, sowohl das Wildschwein anzuliefern als auch mit Marga zu erscheinen.

Wir wurden vom Fahrer mit der Staatsdroschke abgeholt. Am Gästeheim ließen uns die Wachposten unkontrolliert durchs Tor. Eine Betonstraße führte durch das mit hohen Kiefern bestockte Dünengelände bis ans Haus. Vor uns stand der mir nicht unbekannte Palast mit den vielen hohen Glasfenstern. Über diese Fenster hatte der Objektleiter sich bei mir des öfteren beklagt. Sie seien eine Fehlkonstruktion, weil sie bei den ständig an der Küste herrschenden Winden anhaltende Vibrationsgeräusche von sich gäben.

Vom idyllisch an der Ostseedüne gelegenen Haus hatte man einen herrlichen Blick auf das weite Meer. Das Heim war für in- und ausländische Gäste des Ministerrates bestimmt. Während Walter Ulbricht seinen Urlaub mehrmals hier verbrachte, ließ Honecker sich niemals sehen; er kam auch nicht zur Jagd auf den Darß. Ansonsten tauchten die Gäste des Ministerrat-Hauses grundsätzlich bei mir auf: entweder zur Exkursion oder zur Jagd.

Am Portal empfing uns die Ministerfrau mit ihrer Dolmetscherin. Nach herzlicher Begrüßung übersetzte sie: „Die Gattin des Ministers bittet darum, nachher während des Essens das Jagderlebnis ihres Mannes zu schildern, damit auch alle anderen Gäste erfahren, wie das Wildschwein erlegt worden ist." Ich fühlte, daß ich zugleich blaß und rot wurde und stimmte zu, wenn auch widerwillig.

Marga und ich wurden in den großen Festsaal geführt. An zwei langen Tafeln mit vornehmem Geschirr hatten bereits etliche Gäste Platz genommen. Der Leiter des Gästeheimes stellte uns vor. Ich erkannte mehrere DDR-Minister, Botschafter und Staatssekretäre, die alle schon einmal ihr Jagdglück auf dem Darß versucht hatten. Wir wurden an die Stirnseite der U-förmigen Tafel plaziert. Der Minister flitzte in einer weißen Schürze mit hochrotem Gesicht hin und her, um seine Wildschweingerichte zum Servieren anzurichten.

Endlich war es soweit. Der Chef des Hauses hieß die Gäste willkommen und wies besonders darauf hin, es werde ein vom Herrn Minister persönlich zubereitetes Wildgericht serviert. Nach den ersten Gängen wurde ein besonderer Toast ausgebracht, und die Kellner brachten den Wildschweinbraten, der den Gästen köstlich mundete. Als Koch war er wesentlich besser denn als Schütze, dachte ich im stillen. Einige Zeit verging, als plötzlich die Ministergattin und die Dolmetscherin hinter mir standen und mich baten, das Jagderlebnis zum besten zu geben. Ich wollte gerade anfangen, als auch der Minister erschien, einen Stuhl nahm und sich hinter mich setzte. Als seine Frau mich anstieß, ich solle erzählen, ergriff er meinen Arm: die Gelegenheit sei schon verpaßt, ich solle nicht reden, denn die Gäste wollten jetzt tanzen. So ging es ein paarmal hin und her: sie sagte ja, er nein. Um der peinlichen Situation ein Ende zu machen, blinzelte ich ihm augenzwinkernd zu, mich ruhig erzählen zu lassen. Er verstand: „Nun gut, berichten Sie von dem Jagderlebnis."

Die Dolmetscherin ließ von der Kapelle einen Tusch spielen und kündigte an, der Forstmeister, der den Minister zur Jagd geführt habe, würde jetzt das spannende Erlebnis erzählen. Alle Blicke richteten sich auf mich. Ich berichtete in allen Einzelheiten von dem herrlichen Wald, der Landschaft, dem Bodden, den Wiesen, den Wildäckern, den Dickungen, der brunftigen Ricke, den in der Wiese brechenden Überläufern, dem romantischen Mondaufgang und den immer näher kommenden Schwarzkitteln, die schließlich im Roggenfeld verschwanden. Man hätte das Fallen einer Stecknadel hören können, so aufmerksam lauschte die Runde meiner Erzählung. Als ich dann gestenreich beschrieb, wie mein Gast sich konzentriert auf den Schuß vorbereitete, sorgfältig und lange zielte, sperrten einige Gäste Mund und Nase auf. Beim erzählerischen Höhepunkt: „dann hallt der Schuß und das Wildschwein bricht tödlich getroffen auf der Stelle zusammen", sprangen die Zuhörer auf, klatschten begeistert in die Hände und forderten den Minister auf, mit seiner Frau den Ehrentanz aufs Parkett zu legen. Der ließ sich nicht zum zweitenmal nötigen, erfaßte den Arm seiner Gattin und schob mit ihr überglücklich durch den Saal. Erleichtert setzte ich mich hin und leerte mein Sektglas in einem Zug; vor lauter Jägerlatein war mir die Kehle trocken geworden.

Der dampfende Überläufer

Einige Tage vor Weihnachten 1979 bekam ich einen Anruf von Nachbarn meiner Schwester Gisela aus Prerow. Ich möge sofort kommen, ihre Fenster seien den ganzen Tag über verdunkelt, es müsse etwas passiert sein. Ich fuhr sofort mit meinem Sohn Klaus nach Prerow, um nach dem Rechten zu sehen. Als wir durch die unverschlossene Tür eintraten, umfing uns eine unheimliche Stille. Auf unser Rufen meldete sich niemand. Wir gingen ins Wohnzimmer, ins Schlafzimmer, nirgends entdeckten wir Gisela. Ich öffnete die Tür zum Bad, schaltete das Licht ein und blieb wie erstarrt stehen. Uns bot sich ein grausames Bild: Gisela lag bekleidet in der bis zum Rand mit Wasser gefüllten Badewanne und starrte uns aus großen Augen an. „Um Gottes Willen", rief ich, „was ist dir passiert?" Ich wollte nicht wahrhaben, daß sie tot war.

Auf dem Boden war Waschpulver verschüttet, verstreut lagen gespülte weiße Wäschestücke umher. Klaus und ich hoben die Tote aus der Wanne, betteten sie auf eine im Zimmer ausgebreitete Decke und bedeckten sie mit einem weißen Laken. Mir standen die Tränen in den Augen. Mit erst fünfundfünfzig Jahren hatte sie, wie der herbeigeholte Arzt Dr. Nachbar feststellte, beim Spülen der Wäsche einen Blutzuckerschock erlitten und war kopfüber ins Wasser gestürzt. Sie war nicht mehr in der Lage gewesen, sich aus der Wanne zu befreien.

Die spätere Obduktion bestätigte den Befund des Arztes. Gisela litt schon seit vielen Jahren an hohem Blutzucker. Mehrmals hatten Passanten sie ohnmächtig auf der Straße gefunden und ins Haus getragen. Giselas Tod war für mich besonders schmerzlich, weil ich mit meiner zweiten Schwester Jenny keine Verbindung haben durfte. Warum muß das sein, dachte ich verbittert. Man verriet doch nicht den Staat, wenn man mit seiner Schwester Kontakt hatte! Aber auch mir fehlte der Mut, gegen solch unmenschliche Bestimmungen aufzubegehren. Wieviele Menschen mag es in der DDR gegeben haben, die aus Angst, ihre Arbeit zu verlieren, lieber den Mund hielten?

Gisela war eine treue Seele gewesen. Trotz ihrer eigenen Krankheit pflegte sie die Eltern bis zu deren Tod. Immer fleißig und immer wohlgemut werkelte sie im Haus, bis sie der Tod auf diese tragische Art und Weise ereilte. Wie gut, dachte ich, daß man nicht selber weiß, wie man einmal endet!

In den frühen Nachmittagsstunden des 24. Dezember fiel mir siedend heiß ein, daß ich Frau Schulz, der Frau des ehemaligen und bereits verstorbenen Vorsitzenden der Waldgemeinschaft in Wieck, einen Terrierwelpen zu Weihnachten versprochen hatte. Das hatte ich in all der Aufregung vergessen. Wo nun aber so schnell einen Hund hernehmen? Da fiel mir ein, bei ihrem Neffen Jochen Schulz einen Terrier gesehen zu haben. Ich fuhr sofort nach Wieck und bat ihn, mir einen Welpen zu verkaufen, den ich seiner Tante schenken wolle. Er sagte lachend: „Ich wollte ihr selber einen dieser Welpen geben. Das hat sie abgelehnt, sie bekäme schon einen vom Forstmeister Martens zu Weihnachten geschenkt!"

Wir wurden schnell handelseinig. Er zeigte auf ein besonders lebhaftes Kerlchen: „Den gebe ich Dir mit, denn über ihn hat sich die Tante schon hier im Haus gefreut. Aber nicht verraten, daß er von mir stammt!" Ich gelobte es, steckte den quicklebendigen kleinen Terrier in den Rucksack und fuhr mit ihm zu Frau Schulz. Sie rief mir schon von weitem zu: „Habe ich doch gewußt, daß der Herr Forstmeister Wort hält!" Als ich dann den kleinen Hund aus dem Rucksack hervorholte, klatschte sie begeistert in die Hände: „Ist das ein süßes Hündchen! Da freue ich mich aber. Ist das ein herrliches Weihnachtsgeschenk! Mein Neffe wollte mir auch schon einen jungen Hund geben, aber ich sagte ihm, daß ich bereits einen von Ihnen bekäme." Sie streichelte den kleinen Welpen liebevoll, als er sie ansprang und meinte, den Hund hin und her drehend: „Dieser sieht übrigens fast so aus, wie der bei meinem Neffen. Da läuft auch so ein hübscher herum!"

Ich ließ sie in diesem Glauben, verabschiedete mich, wünschte ihr viel Glück mit dem Hund und beeilte mich, nach Hause zu kommen, um wenigstens am Heiligabend bei der Familie zu sein. Als die Jungen noch klein waren, richtete ich es immer so ein, daß ich mit ihnen am 24. Dezember im Walde umherpirschen konnte, so daß wir mit dem Weihnachtsbaum unter dem Arm erst am späten Nachmittag zu Hause auftauchten. Das war Marga natürlich nicht recht, aber für die Kinder war es immer ein besonderes Erlebnis, mit dem Vater im Wald gewesen zu sein, zumal wir meistens auch noch ein Wildschwein schossen.

Nach einigen Monaten traf ich Frau Schulz wieder. Auf meine Frage nach dem Hund legte sie los: „Hören Sie bloß auf. Ich mußte ihn wieder weggeben, er konnte die Hühner und Katzen meiner Nachbarn nicht leiden, und es hat deshalb ziemlichen Ärger gegeben!"

Ich selber führte jahrelang einen Jagdterrier. Diese Hunderasse zeichnet sich durch besondere Lebendigkeit, Mut, Ausdauer und Angriffslust auf Sauen aus. Wehe, man läßt sie unbeaufsichtigt aus dem Zwinger, wenn sich in der Nähe Federvieh aufhält! Dann kann nur eine gute Versicherung einen vor unnötigen Geldausgaben bewahren. Mein letzter Terrier wurde leider – Marga hatte aus Versehen beim Füttern die Zwingertür offengelassen – von einem Lastwagen überfahren, als er auf die Straße stürmte.

Erneut wurde ein mongolischer Jagdgast angemeldet. Wir sollten alles daransetzen, so die Anweisung aus Berlin, ihm zu einem Stück Schwarzwild zu verhelfen. Das Wort „verhelfen" klang für mich schon wieder zweideutig. Der Gast, im Gästeheim Dierhagen einquartiert, ließ sich am vereinbarten Tag pünktlich blicken. Begrüßung, Kaffeetrinken, Einkleiden und Waffenerklärung liefen routinemäßig ab. Ich achtete diesmal darauf, daß ihm Gummistiefel in der richtigen Größe angepaßt wurden. Sein Dolmetscher wollte im Hause bleiben, was mir nur recht sein konnte.

Im Gegensatz zu seinem Landsmann war dieser mongolische Gast ein zierlicher kleiner Mann. Ich fuhr mit ihm zur Abteilung 110, den Wagen ließ ich an den Weberbuchen stehen und machte dem Jagdgast durch einen Fingerzeig klar, daß er sich von nun ab mucksmäuschenstill zu verhalten habe.

Wir nahmen auf der offenen Kanzel Platz, von der damals Luvsan mit einem Schuß einen Überläufer und einen Frischling gestreckt hatte und wo mir das Mißgeschick mit dem Hupkonzert passiert war. Zunächst bot sich das gewohnte Bild: der noch stehende Dreibock bestätigte, daß noch keine Schweine auf der Kirrung gewesen waren. Es dauerte nicht lange, bis die ersten Eichelhäher sich blicken ließen. Da der Futtermeister alle Maisrillen gewissenhaft wieder mit weißem Dünensand bedeckt hatte, waren die Vögel auf die spärlich hier und da herumliegenden Maiskörner angewiesen. Ich hatte allerdings in den vergangenen Jahren beobachtet, daß sich einige Rehe darauf spezialisierten, den Mais mit den Läufen aus dem Sand zu schlagen. Höchst selten kippten sie dabei auch einmal den aufgestellten Dreibock um.

Der Mongole schaute sich interessiert die hüpfenden Eichelhäher an. Auch diesmal meinte das Wetter es gut mit uns. Ein strahlend blauer Himmel lachte uns an. Der Wind, kaum wahrnehmbar, stand ebenfalls günstig. Wir saßen vielleicht eine halbe Stunde, als es in der Dickung verdächtig knackte. Die Geräusche kamen näher. Ich zeigte mit dem Finger nach vorne, um den Mongolen auf das heraustretende Schwarzwild vorzubereiten. Auch er hatte die Geräusche wahrgenommen, denn er sah gespannt mit dem Glas in diese Richtung. Schon sahen wir einen Überläufer, der vorsichtig aus der Dickung äugte. Er verhoffte mehrere Minuten und zog jetzt langsam auf die Kirrung zu. Sofort flog der Dreibock im hohen Bogen beiseite, während sich der Schwarze gierig auf den darunterliegenden Mais stürzte, den Sand mit seinem Wurf beiseiteschiebend. Ich deutete auf die Waffe und paßte auf, daß der Gast die Bockbüchse leise auf die Brüstung legte und entsicherte. Der Überläufer stand jetzt breit. Ich schaute mit dem Glas auf die Kirrung, als auch schon der Schuß brach. Eine große Sandstaubwolke verriet, daß der Mongole das Schwein unterschossen hatte. Der Überläufer flüchtete erst nach Bruchteilen von Sekunden in die Dickung, ohne gezeichnet zu haben. Der Mongole schaute mich fragend an und schüttelte mit dem Kopf. Ich nickte ihm zuversichtlich zu, daß er getroffen habe. Ich erklärte ihm, daß wir nach Hause führen, um einen Hund zur Nachsuche zu holen.

Am Forsthaus angekommen, kam der Dolmetscher herausgestürzt, um sich nach dem Jagdergebnis zu erkundigen. Ich bat ihn, dem Gast zu sagen, er hätte auf jeden Fall getroffen, er möge einen Augenblick warten, da ich einen Hund holen wolle. Ich verschwand indes und lief zum Kühlhaus, um den auf mich wartenden Jäger zu informieren. Hier gab ich ihm den Auftrag, einen mit einem guten Schuß erlegten Überläufer aus dem Kühlraum und unseren Vorstehhund aus dem Zwinger zu holen, um dann mit dem Geländewagen hinter uns herzufahren. Der Zufall wollte es, daß in diesem Augenblick ein Jäger auf den Hof kam und einen vor einigen Minuten geschossenen Rehbock brachte. Ich bat ihn, uns das Geräusch – Herz, Lunge und Leber – für zwei Stunden zu überlassen. Mit seinem Einverständnis ließ ich es neben den transportbereiten Überläufer legen.

Nach einigen Minuten starteten wir. Hundert Meter vor unserem Hochsitz stoppte verabredungsgemäß der hinter uns fahrende Jäger mit seinem Wagen, warf den Überläufer und das Geräusch hinaus und kam sofort wieder hinterher gefahren. Wir stiegen alle kurz vor der Kirrung aus. Der Mongole freute sich über den mitgebrachten Hund und bat mich, die Nachsuche mitmachen zu dürfen. „Nein, nein", wehrte ich ab, „das ist zu gefährlich. Wir setzen uns auf den Hochsitz und warten ab, bis der Hund das Wildschwein gefunden, Laut gegeben und der Jäger gerufen hat.

Der Hundeführer setzte pro forma den Deutsch-Drahthaar an der vermeintlichen Anschußstelle an und verschwand sogleich mit ihm in der Dickung. Ich wettete nun mit dem Jagdgast auf dem Hochsitz. Nach einigen Minuten schüttelte er mit dem Kopf und meinte: „Njet, njet!" Er glaubte zu Recht nicht daran, getroffen zu haben. Ich widersprach ihm, er möge sich noch einige Minuten gedulden, denn ich schätzte, daß mindestens zehn Minuten benötigt würden, um den tiefgekühlten Überläufer heranzukarren und ihn hundert Meter weit in die Dickung zu ziehen.

Endlich war es so weit: wir hörten den Hund das Stück tot verbellen. Als der Mongole die Laute hörte, warf er selber wie ein Stück Schwarzwild auf und grinste über das ganze Gesicht. Schnell kletterten wir vom Hochsitz und begaben uns in die Dickung. Nach einigen Minuten standen wir vor dem Überläufer. Welch ein herrliches, naturgetreues Bild bot sich uns hier: der Vorstehhund machte alle Anstalten, das Stück Schwarzwild tot zu verbellen. Der eiskalte Überläufer dampfte durch das in den Wildkörper hineingelegte, noch warme Geräusch so, daß es echt aussah, als wäre der Schwarzkittel erst vor einigen Minuten aufgebrochen worden. Der Jäger hatte sich, um dem Bild noch mehr Wahrheit und Leben zu verleihen, den Rock ausgezogen, die Hemdsärmel aufgekrempelt und sich die Arme und Hände mit dem Schweiß des Rehbockgeräusches eingeschmiert.

Als ich dem Gast den Schützenbruch überreichte, war er zutiefst gerührt. Immer wieder umarmte er mich und bedankte sich bei mir und dem Hundeführer. Auch der Hund bekam etwas von seiner Zuneigung ab. Hätte ich ihm die Wahrheit sagen sollen? Ich glaube, das hätte wohl kaum jemand in einer solchen Situation übers Herz gebracht.

Darßer Mücken sind doch schlauer

Im Jahr 1981 brach auf dem Darß die Schweinepest aus. Auf dem Festland grassierte sie bereits seit einigen Monaten. Durch dort abgehaltene Treibjagden flüchteten kranke Schweine, durch den Bodden rinnend, auf unsere Halbinsel. Ich ordnete an, jegliches auftauchende Schwarzwild aller Stärke- und Güteklassen sofort zu schießen. So wurden in diesem Jahr 380 Stück Schwarzwild erlegt – in erster Linie durch unsere eigenen Jäger. 1970 sah der Abschußplan nur fünfzig Stück vor, der dann bis 1980 auf dreihundert Stück anstieg. Durch die starke Reduzierung des Schwarzwildbestandes konnten wir eine weitere Ausdehnung der Schweinepest verhindern. Der Schwarzwildbestand erholte sich in den folgenden Jahren sehr rasch. Wir lagen 1989 auf dem Darß bereits schon wieder bei einem Abschuß von über vierhundert Stück. Im Jahre 1982 erlegten wir mit Müh und Not gerade zwanzig Wildschweine, so daß wir unsere Gäste verstärkt Rehwild schießen lassen mußten. Der Abschuß dieser Wildart steigerte sich von dreiundfünfzig Stück im Jahre 1980 auf zweihunderteinunddreißig Stück im Jahre 1985. 1986 war dann eine fallende Tendenz zu verzeichnen.

Der Abschußplan bei Rotwild hatte noch 1970 lediglich sechzehn Stück vorgesehen; 1989 waren es bereits hunderteinundsechzig Stück geworden. Für 1981 wies ich dem Ministerium an Hand von exakten Zahlen nach, daß ein ungesundes Geschlechterverhältnis bei Rotwild von 1:1,8 auf dem Darß herrsche. Der Abschußplan beim weiblichen Rotwild müsse erhöht und vor allen Dingen die Anzahl der Gäste für die Erlegung von männlichem Rotwild reduziert werden. Ich stieß bei dem neu berufenen Minister Bruno Lietz auf Verständnis, und es erfolgten von nun ab bedeutend weniger Einweisungen zum Abschuß von Hirschen.

Ein Gast, langjähriger Mitarbeiter im Landwirtschaftsministerium und seit etlichen Jahren pensioniert, kam fast in jedem Jahr zur Bockjagd. In diesem Jahr führte er mir stolz eine neue kapitalistische Errungenschaft vor: „Ich war kürzlich in Kanada und habe mir einen kleinen Summer mitgebracht. Dieses unscheinbare Gerät schreckt die Mücken durch einen Summton ab. Die Mückenplage auf dem Darß hat für uns Jäger ab sofort ein Ende." „Na, na", erwiderte ich, „die Mücken vom Darß sind besonders aggressiv und können mit den kanadischen

Moskitos kaum verglichen werden." „Ich schwöre darauf, daß es funktioniert, denn ich habe es bereits durch verschiedene Jäger ausprobieren lassen", beharrte er. „Lassen wir uns überraschen," schloß ich die Diskussion. Ich ließ ihn nun in den ARO einsteigen, einen rumänischen Geländewagen, und fuhr mit ihm ins Prerower Revier.

Im vergangenen Jahr hatte ich mich dort mit ihm in der Abteilung 181 bereits auf einen starken Bock angesetzt. Am ersten Abend bekamen wir zwar den Bock zu sehen, aber auf eine zu weite Entfernung, um schießen zu können. Am darauffolgenden Tag versuchten wir unser Glück erneut. Vor uns lag eine Fichtenkultur, durchsetzt mit Birkenstockausschlägen. Der offene Hochsitz ließ einen guten Überblick über die zwei Hektar große Kultur zu. Wir leuchteten geduldig mit unseren Gläsern die Fläche ab, um den am Vorabend beobachteten Bock zu entdecken. Er hatte, wie ich wußte, hier seinen Einstand. Mein Gast holte gewohnheitsgemäß eine Glasröhre aus seiner Jagdtasche und entnahm dieser eine Brasil, die er anschließend genießerisch rauchte. Dann schaute er in sein Munitionsetui und überprüfte die Anzahl der mitgenommenen Kugelpatronen. Hierbei entglitt ihm eine Kugel, die laut auf den Fußboden des Hochsitzes aufschlug. In dem Moment sprang plötzlich unser auf zwanzig Schritt hinter einem Stubben sitzende Bock auf. Mein Gast nahm die Waffe hoch und schoß, als der starke Sechser im Begriff war, hochflüchtig abzuspringen. Die Kugel verfehlte ihr Ziel. Das war ärgerlich. Dieser alte, erfahrene Bock war total vergrämt und ließ sich während der Urlaubszeit meines Gastes nicht wieder auf dieser Fläche erblicken.

In diesem Jahr hatte ich ihn erneut in seinem Einstand ausgemacht. Heute wollten wir wieder auf ihn pirschen. Ich fuhr auf dem Linderweg Richtung Großer Stern. Der Gast begeisterte sich an den urwüchsigen Wacholderbüschen in der Abteilung 63, denen ich erneut durch Entnahme von einigen Kiefernstämmen mehr Licht und Sonne hatte verschaffen lassen. Unterwegs fragte er nach unserem Sohn Klaus, der ihm vor Jahren durch das Imitieren röhrender Hirsche imponiert hatte. Das hatte ich meinen Jungen schon sehr zeitig beigebracht; ihnen machte es große Freude, daß die Hirsche auf ihre Lockrufe antworteten. Die Söhne trieben allerdings auch ihre Späße damit. So hatten sie mitten im Wald, bei Peters Kreuz, einer Radfahrerin einen Schreck eingejagt, als plötzlich fünf Meter neben ihr ein vermeintlicher Hirsch in der Dickung röhrte. Mit aller Kraft in die Pedale tretend, machte sie sich davon; ihr lautes Klingeln war noch lange zu hören.

Ich erzählte dem Gast, daß Klaus bereits eine Oberförsterei leitete. „Ist er schon verheiratet?" wollte der Alte nun wissen. Ich erzählte ihm von meiner Entlassung aus der Gefangenschaft und dem anschließenden Versuch, in Leipzig als Forsteleve wieder eingestellt zu werden, wo ich dann eine Absage erfuhr, weil ich in einem preußischen Forstamt gelernt hatte. Eines Tages war Klaus mit der Nachricht herausgerückt, er gedächte bald zu heiraten. „Warum nicht?", gab ich ihm zur Antwort. „Wo ist das Mädchen denn her?" „Aus Leipzig", antwortete er. „Was, ausgerechnet aus Leipzig?" tat ich entrüstet. „Die Leipziger wollten mich damals nicht haben. Sie schickten mich zu den Preußen zurück!" Aber er merkte, daß ich nur Spaß gemacht hatte. Mein Jagdgast amüsierte sich über meine Familienerlebnisse und fragte: „Wo fahren wir denn heute überhaupt hin?" „Wir versuchen uns an den starken Bock vom vorigen Jahr heranzupirschen. Vielleicht schaffen wir es, auf den Hochsitz zu steigen, ohne daß er es mitbekommt."

Kurz vor dem Ziel sah ich überrascht zur linken Hand unseren guten Sechser auf einer Kulturfläche stehen. „Da steht unser Bock!", rief ich. „Wir fahren fünfzig Meter weiter und pirschen dann vorsichtig zurück. Vielleicht hält er solange aus." Gesagt, getan: leise stiegen wir aus dem Wagen. Der Gast repetierte vorsichtig seine Büchse, langte in die Tasche und holte den Mückenapparat hervor. Ich dachte, ich sehe nicht richtig: Er hängte sich die Schlaufe über das Ohr, so daß der Summer an seiner Wange hin und her baumelte. Ich hatte mich inzwischen mit meinem gewohnten Mückenspray eingerieben. Schritt für Schritt pirschten wir, er immer hinter mir her, bis an die Stelle, von der aus ich den Bock vorhin erspäht hatte. Da stand er, spitz von hinten auf der Kulturfläche äsend. Ich duckte mich, der Gast ebenfalls. „Haben Sie ihn gesehen?", fragte ich ihn leise. „Ja, aber er steht nicht günstig." „Schießen Sie, wenn er breit steht", flüsterte ich.

Mein Gast nickte. Er schob sich mit dem Oberkörper etwas höher, um den Bock besser sehen zu können, nahm die Waffe und zielte. Ich beobachtete, wie sich eine Mücke auf seiner Wange niederließ. Die zweite kam geflogen. Der Jagdgast strich mit ausgestrecktem linken Zeigefinger die Mücken dezent aus dem Gesicht. Bald saßen schon mindestens zehn dieser Plagegeister an der gleichen Stelle, um ihrem Opfer das Blut auszusaugen. Er schlug mit der flachen Hand nach ihnen und scheuchte sie von dannen. Erneut zielte er; denn der Bock war im Begriff, sich zu drehen und breit hinzustellen. Aber die Mücken gaben keine Ruhe, seine Wange saß voller Biester. Mit der

linken Hand klatschte er voll gegen seinen Kopf, so daß der Bock auf-
warf, sich umdrehte, mit lautem „Böh, böh" hochflüchtig absprang
und in der Dickung verschwand. „So ein verfluchtes Saupack!" wetterte der Alte los. „Die Viecher saugen einem ja das letzte Blut aus.
Dieser olle Mückensummer taugt überhaupt nichts. Das Scheißding
scheint die Mücken ja geradezu anzuziehen!" Ich verkniff mir das
Lachen und antwortete: „Ja, ja, die Darßer Mücken sind ein besonderes stechlustiges Volk!"

Wie so oft, haben wir auch diesen Bock nie mehr wiedergesehen.

In Morpheus' Armen auf dem Hochsitz

Ende der Siebziger Jahre nahmen immer mehr Urlauber des Gästeheimes Dierhagen an den Exkursionen auf dem Darß teil. Ich machte mit ihnen zwei- bis dreistündige Wanderungen, zeigte ihnen die Schönheiten des Waldes, erklärte ihnen unsere herrliche Fauna und Flora und erzählte von den forstlichen und jagdlichen Aufgaben. Die Wanderungen endeten meistens an der Jagdhütte, wo am romantischen Lagerfeuer oftmals ein Spießbraten für die Gäste vorbereitet war. Da diese Exkursionen großen Anklang fanden, nahm die Anzahl der Besucher rasch zu. Die einstmals privat gebaute Jagdhütte war damit stillschweigend in das Eigentum der Staatlichen Jagdwirtschaft übergegangen und diente nun in erster Linie als Ausflugsziel für das Gästeheim des Ministerrates. Da es ständig Terminüberschneidungen zwischen den Gästen des Heimes und den aus Berlin eingewiesenen Besuchern gab, kam ich auf den Gedanken, eine neue, größere Jagdhütte an der Buchhorster Maase bauen zu lassen.

Dieser Plan wurde bereits 1981 verwirklicht. Die „Produktionsgenossenschaft des Handwerkes Bau, Prerow", kurz PGH genannt, errichtete an dieser großen Wiese ein massives, mit Holz verkleidetes Haus. Es enthält unten ein großes Jagdzimmer mit Kamin, einen kleinen Aufenthaltsraum, eine Küche, eine Toilette und oben vier kleine Schlafzimmer. Die Inneneinrichtung wie Täfelung, rustikale Möbel und Einbauschränke ließ ich durch unsere eigenen Tischler anfertigen. Drei Zimmer und die Küche lassen sich durch Propangas beheizen. Der elektrische Strom wird vom Wasserwerk bei Peters Kreuz herübergeholt. Ein vierzehn Meter tiefer Brunnen liefert das notwendige fließende Wasser. Eine Loggia oben im Haus läßt einen herrlichen Ausblick auf die große Wildwiese zu.

Hier habe ich so manchen Abend gesessen, um das oftmals schon sehr zeitig heraustretende Wild zu beobachten. Da die Wege um die Buchhorster Maase herum gesperrt waren, zog sogar das Rotwild in den späten Nachmittagsstunden auf die Wiese. Auch herrliche Hirschbrunften erlebte ich von der Jagdhütte aus. Die Hirsche standen oft unmittelbar am Haus und röhrten aus Leibeskräften. Ich zählte während der Brunft oftmals über hundertfünfzig Stück Rotwild. In den letzten Jahren war hier schon ein bedeutend besseres Geschlechterverhältnis, schätzungsweise 1 : 1,2 zu verzeichnen, bedingt durch den verstärkten Abschuß von Kahlwild.

Die Umgegend der Jagdhütte zählt zu den schönsten des Darßwaldes. Ich hatte beim Bauen streng darauf geachtet, daß kein Baum gefällt wurde. Das Haus steht unmittelbar am ehemaligen Meeresufer; vor fünftausend Jahren schlugen noch die Wellen der Ostsee an diesen Dünenrücken, der heutzutage die Grenze zwischen dem Alt- und Neudarß bildet. Das nördlich dieses ehemaligen Meeresufers angeschwemmte Land wächst unaufhörlich von Jahr zu Jahr weiter in die Ostsee hinaus und bietet damit ein einmaliges Schauspiel der Natur auf dieser Halbinsel. So lange jedenfalls, wie nicht rohe menschliche Kräfte walten und zerstörerisch eingreifen. Es gab mehrere Versuche der Forsteinrichtung Potsdam, die herrlichen Buchen- und Kiefernbestände am ehemaligen Meeresufer fällen zu lassen, weil sie angeblich nicht genügend Holz produzierten. Es war jedesmal energischer Einsatz für die Erhaltung dieses herrlichen Laubholzgürtels notwendig, bis ich es endlich geschafft hatte, daß er nicht der Axt zum Opfer fiel.

Einer der ersten Gäste, dem ich unsere neue Jagdhütte präsentieren konnte, war Generalforstmeister Rudi Rüthnick mit seiner Frau. Wie schon öfters verbrachte er seinen Urlaub in unserem Forsthaus, und ich ließ für ihn ein kleines Wildschwein am Spieß braten. Die spezielle Zubereitung brachte uns immer wieder Lob und Anerkennung unserer Gäste ein. Allerdings war das Grillen für den „Brutzler" recht strapaziös, weil er – je nach Größe des Wildschweins – zwei bis vier Stunden den Spieß über dem Feuer drehen mußte, bis das Fleisch gar war. Wiederholtes Übergießen mit Speiseöl verhindert das Austrocknen und Verbrennen des Wildbrets. Ich habe in meinem Leben die verschiedensten Methoden kennengelernt, Wildschweine am Spieß zu braten, aber die meiner Jäger war immer noch die beste. Das mit Zwiebeln, Curry und Pfeffer gewürzte Wildbret hatte weder eine schwarz verbrannte Kruste noch blutige oder ungare Stellen. Dieser Leckerbissen, dazu ein kühles Bier am Lagerfeuer, wer wollte da nicht vom Jagdglück träumen und die ausgefallensten Jagdgeschichten erzählen? Auch an diesem Tag waren die kuriosesten Stories zu hören.

Der Generalforstmeister und ich hatten gemeinsame Gänsejagden auf dem östlichsten Teil unserer Halbinsel, dem „Pramort", erlebt. Es ist faszinierend mitzuerleben, wie die Gänse auf dem Bodden aufstehen und zu Tausenden landeinwärts fliegen, um anschließend auf Neuansaaten, Stoppelfeldern oder Wiesen zu landen. Nicht minder romantisch ist es, wenn im Spätherbst morgens die Kraniche einfallen und sich schon von weitem mit schmetternden Trompetentönen zu erkennen geben. Einmalig das Schauspiel, wenn die über einen Meter großen Vögel sich im Oktober zu vielen Tausenden auf ihrem Sammelplatz am „Bock" und am „Großen Werder" einfinden, um von hier aus zu ihren Winterquartieren in Spanien und im nordwestlichen Afrika zu starten.

Auch die herrlichen Entenjagden, die ich mit Rüthnick an den Gräben der Werre erlebt hatte, sind mir unvergeßlich. Hier hatten wir eine neue Jagdmethode entwickelt: Ein Jäger blieb auf der „Werrestraße" stehen, einem vom Volkseigenen Gut Zingst angelegten Wirtschaftsweg, beobachtete die auf dem Wasser liegenden Enten und wies durch Handzeichen die in breiter Front auf den Graben zugehenden Schützen ein, die dann auf die aufstehenden Enten schossen. Diese Art der Entenjagd brachte nach unserer Erfahrung größere Erfolge als die auf dem Bodden vom Boot aus.

Nachdem wir noch einige Jagdepisoden zum besten gegeben hatten, wurde es höchste Zeit, zur Hirschjagd aufzubrechen. Also hieß es, sich schnell umzukleiden, Waffen und Munition zu kontrollieren und die Gummistiefel anzuziehen. Schon saßen wir, der Generalforstmeister, sein Sohn und ich, im Geländewagen, um zur Abteilung 120 zu fahren. Wir ließen das Auto auf der Kreuzung Gestell/Müllerweg stehen und begaben uns zu dem unmittelbar am Müllergraben stehenden offenen Hochsitz.

Die Sonne des warmen Augustabends erlaubte es, den Rock auszuziehen. Der Junge hatte sich zwischen uns gesetzt. Ein romantisches Waldbild bot sich hier: vor uns zog sich der Müllergraben in Richtung Ostsee. Eine vier Hektar große Erlendickung lag linker Hand vor uns, zur Rechten ein Kiefernstangenholz und in der Mitte ein mit Klee angesäter Grünstreifen. Nach einer geraumen Weile fielen mehrere Stockenten in den Graben ein, so daß es etwas zu beobachten gab. Minuten später kam ein Hase aus dem Stangenholz gehoppelt und äste am Grabenrand.

Die Waldhasen wurden kaum geschossen und hatten daher stark zugenommen, während ihre Artgenossen auf den Wiesen immer weniger wurden, weil das Gut Zingst ständig mähte und übertrieben düngte. Die Wiesen waren für den Rehwildbestand allerdings günstig. Als ich 1959 die Oberförsterei übernahm, stellte ich fast bei jedem zweiten auf der Feldmark erlegten Reh Leber-Egel fest, was an den sehr nassen Wiesen lag. Auch die Wildbretgewichte nahmen jetzt zu. Während zur damaligen Zeit ein fünf- bis sechsjähriger Rehbock nur zwischen zwölf und dreizehn Kilogramm wog, waren jetzt schon fünfzehn bis sechzehn Kilogramm keine Seltenheit mehr. Ein ähnliches Bild war beim Rotwild zu verzeichnen. Durch die Wiesen des volkseigenen Gutes und die Wildäcker im Wald kamen nun Alttiere mit fünfundsiebzig bis achtzig Kilogramm und darüber zur Strecke, während sie Anfang der sechziger Jahre durchschnittlich nur sechzig bis siebzig Kilogramm wogen.

Wir hingen unseren Gedanken nach und beobachteten die untergehende Sonne. Die einsetzende Kühle zwang uns, unsere Jagdröcke wieder anzuziehen. Die Enten standen auf und strichen über unsere Köpfe hinweg. Auch der Hase hatte sich aus dem Staube gemacht. Die auffallende Windstille ließ uns den Abend voll genießen. Eine Singdrossel flötete ihre Melodie in die abendliche Stille hinein. Eine zweite, unweit in einer hohen Fichte sitzende, stimmte mit ein. Diese nervenberuhigende Stille im Wald zu erleben, kann wohl besonders derjenige richtig ermessen, der täglich dem Lärm der Straßenbahnen und Autos in der Großstadt ausgesetzt ist. Aber auch ich fühle mich immer wieder glücklich, diese herrliche Natur, den Wald und die Tiere als Forstmann und Jäger auf dem Darß erleben und genießen zu können.

Wir saßen bereits über eine Stunde auf dem Hochsitz, als ich bemerkte, daß der Generalforstmeister seinen Kopf auf der Brust liegen hatte und eingeschlafen war. Man sagt immer, Müdigkeit steckt an: so passierte es auch in diesem Fall. Auch mir fielen die Augen zu.

Plötzlich stieß mich der Junior an; auch sein Vater bekam einen Rippenstoß. Der riß sofort die Augen weit auf und schaute wild um sich. Der Junge zeigte nach vorn, wo wir einen Hirsch auf hundertfünfzig bis hundertachtzig Meter Entfernung stehen sahen. Schnell nahmen wir die Ferngläser hoch, um ihn richtig anzusprechen: es war ein schlecht Veranlagter, ein IIb-Hirsch. Ich flüsterte dem "General" zu: „Den können wir erlegen." Aus dem Augenwinkel sah ich, wie er seine Repetierbüchse hochnahm, zielte und sehr schnell schoß. Der Hirsch zeichnete und flüchtete ins Erlenbruch. Der Schütze sagte schuldbewußt: „Wir hätten wahrhaftig den Hirsch verschlafen, wenn uns mein Sohn nicht geweckt hätte." Er hatte recht. Ohne ihn wäre es wohl nichts geworden. Wir stiegen vom Hochsitz, begaben uns an den Anschuß und fanden einige Schweißtropfen. Aber die einsetzende

Dämmerung ließ eine Nachsuche ohne einen Vierbeiner nicht zu. So fuhren wir nach Hause und holten den Vorstehhund. Schon nach wenigen Minuten fanden wir den Hirsch verendet im Erlenbruch. Die Kugel hatte ihn etwas spitz von vorne erwischt. Die Freude war natürlich groß. Im Jagdzimmer begossen wir den Hirsch zunftgemäß, nicht ohne dabei neue jagdliche Episoden zum besten zu geben.

Unser Forsthaus steht in Flammen

Wer einmal auf dem Darß seinen Urlaub verbracht hat, möchte diese Halbinsel immer wieder von neuem besuchen. Der Ort Born liegt besonders idyllisch: Bodden, Wald und Ostsee bieten für jeden Erholungsuchenden etwas. Der Bodden lockt Wanderer zu besinnlichen Spaziergängen, Surfer und Angler zu ihrem Sport an. Dampferfahrten lassen die schmucken Fischerorte ringsherum am Bodden kennenlernen. Der große Darßer Wald ermöglicht Wanderungen zu allen Jahreszeiten. Durch gute Wanderwege erreicht man den bei vielen Urlaubern beliebten FKK-Strand mit dem Fahrrad oder zu Fuß. Für Motorfahrzeuge sind allerdings unsere Waldwege gesperrt. So bietet der Darß während des gesamten Jahres und bei jeder Wetterlage Möglichkeiten zur Entspannung und Erholung. Born, einstmals ein ärmliches Fischerdorf, entwickelte sich zu einem aufblühenden Urlaubsort, nachdem Ende der fünfziger Jahre eine Chaussee von Ahrenshoop nach Born gebaut worden war. Früher blieb man mit dem Auto noch kurz vor Ahrenshoop im Dünensand stecken.

Diese neue Dorfverbindung ermöglichte es, Born von der Fischlandseite her zu entdecken. Immer mehr Urlauber zog es in das verträumte Dorf mit seinen hübschen reetgedeckten Häusern. Wenn auch die gastronomischen Einrichtungen noch zu wünschen übrig ließen, verstanden die Borner dennoch, ihre Freizeit sinnvoll zu verbringen. Skatabende, Angel-, Reit- und Judosport lockten jung und alt an. Die Frauen beschäftigten sich im Tanzzirkel oder mit Näh- und Bastelarbeiten. Ein Laienspieltheater, in dem ich in den sechziger Jahren selber mitspielte, begeisterte die Borner Bürger und die der Nachbargemeinden. Zu feiern verstanden die Borner schon zu allen Zeiten. Auf das jährlich stattfindende Tonnenfest freut sich der gesamte Ort. Unvergeßlich sind für mich die herrlichen Faschingsbälle, um die sich der Kapitän Emil Messerschmidt besondere Verdienste erwarb. Bereits im Januar und Februar fieberten die Borner den Festen im meist überfüllten Saal entgegen, um in ausgelassener Stimmung mit ihren selbstentworfenen originellen Kostümen Karneval zu feiern.

Willkommene Entlastung vom immer mehr wachsenden Fahrzeugverkehr brachte die Anfang der siebziger Jahre gebaute Umgehungsstraße. Der Gemeindevertretung lagen drei Varianten für die Trassenführung dieser Straße vor. Man entschloß sich mit Stimmenmehrheit für eine Variante, die dann über eine halbe Million Mark Einsparung einbrachte.

Mehr Urlauber brachten auch für die Oberförsterei zusätzliche Aufgaben mit sich. Die Wanderwege und deren Beschilderung bedurften ständiger Erneuerung. Ich ließ aus Birkenstangen Sitzbänke tischlern und sie an Wegkreuzungen im Wald und an besonders lauschigen Ecken aufstellen. Auch die rein forstlichen Aufgaben hatten ständig zugenommen. Der Holzeinschlag stieg und somit auch die Größe der wieder aufzuforstenden Fläche. Ich drängte darauf, daß zunehmend das „Gelbensander Sanddeckverfahren" auf den Kulturen angewendet wurde. Hierzu wird auf die mit dem Traktor gezogenen Pflugstreifen eine drei bis vier Zentimeter starke Mineralbodenschicht aufgestreut. In den glattgeharkten Sandstreifen säen dann die Forstarbeiter entweder von Hand oder mit kleinen Sämaschinen zwei bis drei Kilogramm Kiefernsamen pro Hektar ein. Diese Saaten gedeihen besonders gut auf den auf dem Darß reichlich vorhandenen starken Rohhumusböden. Würde man auf diesen Flächen pflanzen, liefe man Gefahr, daß die Pflanzen bei besonders trockener Witterung verdorren oder in nassen Jahren verfaulen. Der Rohhumus kann stark austrocknen oder er saugt so viel Feuchtigkeit auf, daß er wie ein Schwamm wirkt. Die Übersandung dieser Rohhumusflächen schließt diese Gefahren weitgehend aus. Früher, so erzählte mein Vater mir, gruben die Forstarbeiter Löcher auf der Kulturfläche, entnahmen ihnen Mineralboden und trugen ihn in Eimern oder Körben auf die zu übersandenden Flächen. Die hier und da in den Waldbeständen oder an Wegesrändern aus Nachlässigkeit nicht wieder zugestochenen Löcher stammen aus dieser Zeit.

Am 11. Januar 1982 fand eine „Techniker- und Neuererberatung" im Jagdzimmer statt. Sie beschäftigte sich mit der Einsparung von Material, Kosten und Zeitaufwand. Einen breiten Raum nahm wieder die neue Technik für die Übersandungskulturen ein. Ein leitender Funktionär des Staatlichen Forstwirtschaftsbetriebes Rostock richtete nach einer längeren Diskussion die Frage an mich, ob es nicht auch Einsparungsmöglichkeiten hinsichtlich der Beheizung des Objektes gebe. Ich gab eine hinhaltende Antwort und schlug gegen 11 Uhr vor, eine kleine Beratungspause einzulegen.

In diesem Moment kam die Buchhalterin und machte mich auf einen weißen Dunstschleier aufmerksam, der den Ausblick aus meinem Bürozimmer versperrte. Ich schloß die Hintertür auf, um nach den Ursachen zu forschen. Eine weiße Qualmwolke schlug mir entgegen.

Ich lief durch die Büroräume in die Privatwohnung zurück, die Treppe hinauf und stieß die Tür zum Hausboden auf: um Himmelswillen, es brannte! Über mir standen in fünf Meter Höhe schon sechs Quadratmeter des Reetdaches in hellen Flammen. Mein erster Gedanke war: sofort den Feuerlöscher von der Wand reißen und löschen.

Doch der Brandherd lag zu hoch, um das Feuer wirksam bekämpfen zu können. Ich raste nach unten, ließ die Feuerwehr alarmieren, stürmte nach draußen, riß die Türen der Garagen auf und fuhr mit Hilfe der Sitzungsteilnehmer die Wagen aus dem Gefahrenbereich. Dann eilte ich wieder ins Haus, schloß die großen Gewehrschränke auf, um die vielen Waffen und Tausende Schuß Munition zu retten, die in die Fahrzeuge einiger Förster geladen und in Sicherheit gebracht wurden. Ich schaute aufs Dach: der First auf der linken Seite des Daches, also der unserer Wohnung, brannte lichterloh. Noch war anzunehmen, daß nur diese Haushälfte abbrannte, falls die Feuerwehr sofort zum Löschen anrückte. Die Förster halfen Marga und mir, die Zimmer der unteren Wohnung auszuräumen. Die Treppe nach oben konnte wegen der starken Rauchentwicklung bereits nicht mehr benutzt werden. Ein Kollege riß die Fenster der unteren Wohnung auf, Möbelstücke, Gardinen, Teppiche, Lampen, Bücher und andere Sachen wurden durchs Fenster gereicht oder, um Zeit zu sparen, hinausgeworfen. Ich lief erneut nach draußen und schaute aufs Dach: Jetzt brannte der First des gesamten Hauses. Die lodernden Flammen erreichten auch den Boden der Nachbarwohnung. Nun wurden verstärkt die Zimmer beim Nachbarn ausgeräumt. Endlich kam die Feuerwehr angerast. Mit Windeseile rollten die Feuerwehrleute die Schläuche bis zum dreihundert Meter entfernten Hydranten am g-Gestell aus.

Bei der eisigen Kälte, es herrschten elf Grad minus, gelang es den Männern nicht, den eingefrorenen Hydranten funktionstüchtig zu machen. Da sie hier nun kein Wasser entnehmen konnten, blieb ihnen nichts anderes übrig, als weitere sechshundert Meter Schlauch auszurollen, um an die nächste Wasserentnahmestelle im Dorf zu gelangen. Nach einer guten halben Stunde war es endlich soweit, daß der erste Wasserstrahl auf das bereits voll in Flammen stehende Dach gespritzt wurde. Die nächsten Feuerwehren aus den Nachbarorten kamen angerast. Der Forsthof wimmelte von Menschen: Feuerwehrmänner, Förster, Forstarbeiter und Schaulustige. Die Garagen im Wirtschaftshof wurden geöffnet, um die aus den Wohnungen geretteten Sachen unterzubringen. Ich lief nach hinten, um schnell einige Anweisungen zum

Lagern der Möbel zu geben. Marga saß zwischen Bergen von Hausrat und weinte bitterlich. Der Revierförster Hubertus Westphal half ihr beim Sortieren, um das Geschirr in Körbe und Eimer zu packen und somit vor dem Zerbrechen zu bewahren.

Riesige Wassermassen schleuderte die Feuerwehr auf das brennende Haus. Nach mehrstündigem Kampf gegen die Flammenhölle siegte endlich das Wasser. Gespenstisch ragten die verkohlten Sparren des Dachstuhls gen Himmel. Aus den Kinderzimmern und aus Tante Hedis Wohnung hatten wir nichts retten können. Die Tante hatten wir schon während des Brandes zur Oberförsterei unseres Sohnes Klaus in Planitz bei Barth bringen lassen.

Noch am gleichen Abend ließ ich von der Borner Baugenossenschaft Löcher in die Betondecken bohren, damit die gewaltigen Wassermassen abfließen konnten. Dadurch retteten wir die Decken des unteren Geschosses vor dem Zerreißen durch die in der Nacht herrschende grimmige Kälte.

Am Nachmittag setzten bereits die ersten Verhöre durch die Kriminalpolizei ein. Sie wollten von mir alle Einzelheiten meiner Beobachtungen beim Brandausbruch und die darauf eingeleiteten Maßnahmen erläutert haben. Sie wollten auch wissen, ob ich Vermutungen über die eventuelle Ursache des Feuers anstellen könne. Ich gab zu Protokoll, daß ich einen Schornsteindefekt vermutete, denn der Brand war unmittelbar dort ausgebrochen.

Der damalige Bürgermeister Willi Eggers setzte sich tatkräftig für eine Notunterkunft ein. So bezogen die Nachbarfamilie und wir zunächst Quartier in einem Ferienheim in Born. Das Jahr 1982 hatte für uns keinen guten Anfang genommen.

Anschließend forschten die Kriminalpolizei und eine Expertenkommission wochenlang nach den Ursachen des Brandes. Man ließ den Schornstein des abgebrannten Hauses Schicht für Schicht abtragen, um meiner Vermutung nachzugehen. Nach Beendigung ihrer Arbeit behaupteten die Experten, einen einwandfrei gebauten Schornstein vorgefunden zu haben.

Das Untersuchungsprotokoll kam zu dem Ergebnis, das Feuer sei auf falsche Heizmethoden zurückzuführen. Wir mußten laut Anordnung von oben schon seit längerer Zeit minderwertige Siebbraunkohle verheizen, was oftmals zu starkem Funkenflug geführt hatte. An jenem

11. Januar herrschte Windstille und eisige Kälte. Auf dem Dach lag sogar eine Schneeschicht. Die vorhandene Kaltluftschicht über dem Schornstein und die Windstille verhinderten, daß die Funken nach oben stiegen und dort verloschen; statt dessen rieselten glühende Braunkohlestückchen in den First hinein und entflammten nach längerem Glimmen das Dach. Ich hatte das Reetdach zwei Jahre vorher mit einem Flammenschutzmittel imprägnieren lassen. Der ausführende Betrieb in Rostock hatte zwar eine Garantie auf mindestens vier Jahre gegeben, aber auch dieses Mittel hatte den Brand nicht verhindern können. Somit konnte niemand zur Verantwortung gezogen werden, auch unser Heizer nicht. Durch die Unterstützung des volkseigenen Gutes Zingst durften wir eine Wohnung in der dortigen Betriebssiedlung beziehen. Um Räume für die Dienstgeschäfte zu beschaffen, kaufte ich ein Mobilheim, das ich auf unserem Gelände aufstellen ließ.

Im Frühjahr desselben Jahres brach unter den Rinderbeständen auf dem Darß die Maul- und Klauenseuche aus. Unsere Halbinsel durfte man nur noch mit Sondergenehmigung verlassen. Die nahe an den Stallungen des Gutes gelegene Försterei in Born gehörte zum unmittelbaren Quarantänegebiet, und die Familie des Försters durfte die durch einen Zaun markierte Grenze nicht überschreiten. So feierten wir den Geburtstag des Revierförsters Gadow am 17. Mai 1982 beiderseits dieser Grenzmarkierung. Je ein Tisch wurde hüben wie drüben aufgestellt, und es wurde ein heiteres Fest im Freien.

Unser abgebranntes Forsthaus wurde mit Unterstützung des Ministeriums innerhalb eines Jahres im alten Stil mit nur geringen Abweichungen wieder aufgebaut. Ich plädierte nachdrücklich dafür, ein Heizhaus außerhalb des Gebäudes bauen zu lassen, um künftig Funkenflug zu vermeiden – zumal Wert darauf gelegt wurde, das Dach wieder mit dem der Landschaft am besten angepaßten Rohr zu decken. Der Chef der Plankommission in Berlin, Minister Gerhard Schürer, ordnete jedoch an, das Haus genau so wieder aufbauen zu lassen, wie es vorher ausgesehen hatte. Nach dem Gesetz der großen Zahl passiere eine solche Misere in tausend Jahren nur einmal.

Damit war mein Antrag abgelehnt. Wie falsch sein Urteil war und wie gefährlich Reetdächer tatsächlich sein können, erlebten wir am Beispiel der Forstgaststätte Wustrow: nur wenige Wochen nach unserem Feuer brannte auch dort das Dach herunter. Schon nach einem Jahr wiederholte sich das gleiche makabre Schauspiel.

Als wir 1983 das wiederaufgebaute Haus bezogen, erwirkte ich bei der Kreisverwaltung, daß nunmehr keine Siebbraunkohle mehr verheizt werden mußte. Wir heizten von Stund an mit Braunkohlenbriketts.

Sicherheitshalber ließ ich einen großen Feuerlöschteich hinter dem Haus anlegen. In dem mit einem Kran ausgehobenen 2.100 Quadratmeter großen Loch stand das Grundwasser so hoch, daß man darin schwimmen konnte. Nach zwei Jahren war dieser Feuerlöschteich nutzlos geworden, weil er durch sehr geringe Niederschläge und verstärkte Meliorationsmaßnahmen der Landwirtschaft ausgetrocknet war. Ich war gezwungen, einen neuen, mit Folie ausgelegten Teich anzulegen.

Der FKK-Strand muß bleiben!

Einige Wochen später erhielt ich eine Einladung. Ich sollte an einer in der Gaststätte „Waldschänke" in Born stattfindenden Beratung zur Eröffnung der Badesaison teilnehmen. Hier wurde von den Bürgermeistern der Darßgemeinden der Stand der Saisonvorbereitung eingeschätzt und die notwendigen Maßnahmen erörtert. Ein Vertreter der Polizei stand während der Diskussion auf und forderte: „In diesem Jahr müssen wir auf jeden Fall mit mehreren Polizisten Kontrollen am Strand durchführen. Einer alleine schafft es nicht mehr, da manche Nacktbadende aufsässig werden." Ein Bürgermeister sprang auf und wollte den Polizisten unterstützen: „Wenn mir in diesem Jahr ein Fall bekannt wird, daß einer dieser Nackedeis die Grenzen des FKK-Strandes verletzt und die Begrenzungsschilder versetzt, lasse ich ihn sofort die Koffer packen und abreisen."

Es setzte eine lebhafte Diskussion ein, die darauf hinauslief, daß die Nacktbaderei möglichst unterbunden werden sollte. Dann meldete ich mich zu Wort: „Ich bin alter Darßer, in Prerow geboren und aufgewachsen. Ich habe quasi die ganze FKK-Bewegung miterlebt. Vor 1945, bei den Nazis, war das Nacktbaden streng verboten. Ich habe beobachtet, wie die beiden Dorfpolizisten von Prerow – der eine wurde wegen seines gezwirbelten Schnurrbartes ‚Kaiser Wilhelm' genannt – des öfteren Kontrollen am Strand durchführten. Wenn die Nackedeis die Tschakos von ferne erblickten, verständigten sie sich durch Klopfsignale auf Bratpfannen oder Kochtöpfen und verschwanden in den Dünen. Es mögen vielleicht zwanzig bis dreißig mutige Urlauber gewesen sein, die am Nordstrand von Prerow nackt in die Fluten sprangen. Nach 1945, das Nacktbaden war inzwischen wieder erlaubt, waren es schon Hunderte. In den Fünfziger Jahren wurde es von der Regierung der DDR erneut verboten.

Eine Protestwelle, insbesondere von Künstlern und Lehrern, setzte ein. Das Verbot mußte schnell wieder aufgehoben und begrenzte Strandabschnitte für das Nacktbaden freigegeben werden. Jetzt konnte man schon Tausende FKK-Fans an den Stränden unserer Halbinsel beobachten. Ich sage euch, daß eines Tages bei uns auf dem Darß derjenige auffällt, der mit Textil bekleidet ins Wasser steigt! Dieses wachsende Bedürfnis der Menschen, sich am Strand nackt zu bewegen, bringt niemand zum Stillstand. So wie wir uns darüber amüsieren, wenn wir alte Bilder betrachten, bei denen Männlein und Weiblein, durch einen Bretterzaun voneinander getrennt, in langen Beinkleidern ins Wasser stiegen, so wird man in vierzig bis fünfzig Jahren darüber lachen, wenn man das von der heutigen Beratung geschriebene Protokoll liest." Als ich mich wieder hinsetzte, wagte niemand mehr, etwas dagegen zu äußern und man ging zu einem anderen Thema über.

Sowjetische Gäste fragten mich grundsätzlich während des Essens, wie ich über das Nacktbaden dächte. Interessiert folgten sie dann meinen Ausführungen. Bei ihnen, so meinten sie, sei es streng verboten, was ich ihnen auch glaubte. Denn auf einer Flugreise, auf der wir in Moskau Zwischenstation machten, erlebten Marga und ich, wie die Miliz einen Mitreisenden aufforderten, seinen freien Oberkörper sofort wieder zu bedecken, da er gegen Sittenbestimmungen verstoße.

Vor Jahren erschien ein Belgier als Jagdgast. Als er sich nach einigen Tagen verabschiedete, sagte er zu mir: „Ich bedanke mich herzlich für die Jagderlebnisse. Ich habe wunderschöne Tage bei ihnen verlebt. Überhaupt ist die gesamte Gegend an der Küste herrlich. Nur mit einer Sache können wir uns nicht anfreunden." „Und die wäre?" fragte ich. „Gleich am ersten Tag wollten wir uns den Strand anschauen. Meine Frau ging vorweg, guckte über die Düne und schrie plötzlich auf. Ich rannte sofort zu ihr hin, weil ich glaubte, sie sei von einer Schlange gebissen worden. Aber nein: sie zeigte auf den Strand und rief: „Sieh mal, wie scheußlich, lauter nackte Menschen! So etwas kennen wir aus unserer belgischen Heimat nicht. Können Sie gegen solch eine Schweinerei nicht einschreiten?"

Nach einigen Tagen fuhr ich mit dem Auto auf dem m-Gestell, um mich auf den Hochsitz in der Abteilung 134 zu setzen. Auf dem Müllerweg sah ich zwei ältere Damen stehen, die mich wild gestikulierend anhielten und ausriefen: „Herr Förster, hier ist eben ein Auto in Richtung Strand gefahren. Es sind doch alle Wege für Autos gesperrt. Sie müssen hinterherfahren und diesen rücksichtslosen Fahrer bestrafen." Als ich ihnen sagte, daß ich im Moment wenig Zeit hätte, ließen sie nicht locker, bis ich, leicht vergrämt, meinen Kurs änderte und die Verfolgung aufnahm. Oben an der Düne angekommen, sah ich tatsächlich einen „Trabbi" parken. Da ich meinen Karabiner nicht im Wagen liegenlassen durfte, blieb mir nichts anderes übrig, als ihn mitzunehmen und die Suche nach dem illegalen Fahrer am Strand fortzusetzen. Unten am Wasser lagen Nackedeis zuhauf im Sand. Ich trat an die ersten zwei dort splitternackt hinter ihrem Windschutz liegenden jungen Frauen heran. Die eine lächelte mich spöttisch an und fragte: „Na Herr Förster, wollen Sie uns zur Jagd abholen?"

„Nein, nein", entschuldigte ich mich, „ich suche jemanden, der seinen Wagen oben auf der Düne geparkt hat." „Das sind wir nicht. Schade, daß Sie uns nicht mitnehmen wollen!" Nachdem ich nun mit geschulterter Waffe mehreren Nackten den Grund meines Auftritts erläutert hatte und jedesmal grienende Gesichter zu sehen bekam, war mir allmählich der Spaß über. Als ich gerade den Rückzug antreten wollte, entdeckte ich oben zwei junge Burschen, ging auf sie zu und forderte sie auf, sofort von der Düne herunterzukommen, da das Betreten der Uferschutzbauten streng verboten sei. Sie folgten mürrisch meiner Aufforderung und gaben auch zu, ihren Trabant am Müllerweg abgestellt zu haben. Ich verpaßte ihnen eine gebührenpflichtige Verwarnung und ließ sie sofort die Heimfahrt antreten.

Einige Wochen später kam ein Urlauber bei mir ins Büro gestürmt: es brenne im Dünengelände am Weststrand, er habe starke Rauchentwicklung beobachtet. Schon hörte ich markerschütternd die Feuersirene im Dorf heulen. Ich sprang ins Auto, ließ den herbeieilenden Bürgermeister Willi Eggers einsteigen und fuhr mit ihm in Richtung Weststrand. Wir rannten in den verqualmten Dünenabschnitt. So ernst die Situation auch war, ich mußte doch schmunzeln: Viele Urlauber versuchten splitternackt das brennende Dünengras zu löschen. Als wir hinzugeeilt kamen, hatten sie die Flammen schon erstickt. Ich bedankte mich für die tatkräftige Hilfe und bat sie, auch fernerhin darüber zu wachen, daß niemand hinter den Dünen koche oder Feuer mache.

Das hätte ins Auge gehen können

Es waren wieder einige Jahre ins Land gezogen. Unsere Tante Hedi hatten wir bereits zur ewigen Ruhe gebettet. Sie war 1984 im sechsundachtzigsten Lebensjahr an Speiseröhrenkrebs verstorben. Mit ihr war eine Frau aus dem Leben geschieden, die immer viel gearbeitet und große Entbehrungen auf sich genommen hatte. Harte Schicksalsschläge waren ihr nicht erspart geblieben; ihr Mann, ein Bäckermeister, war sehr früh verstorben, der einzige Sohn im Krieg gefallen. Wir verdankten ihr viel, sie hatte Marga über all die Jahre gern im Haushalt geholfen. Trotz ihres Gallenleidens verzagte sie nie und war immer wieder guten Mutes gewesen. Bis ins hohe Alter hinein las sie die Tageszeitungen und war am politischen Tagesgeschehen interessiert. Meine Schwiegermutter und Tante Hedi waren übrigens Nachkommen von Ernst Moritz Arndt, dem Dichter der Befreiungskriege in der napoleonischen Zeit.

Marga und ich waren nun alleine. Die Söhne hatten inzwischen selber Familien gegründet. Heino, Offizier in der Armee, wohnte in Burow bei Altentreptow und Klaus war Oberförster in der Nähe von Barth. Unser dritter Sohn, Uwe, hatte eine Anstellung als Lehrer an einer Oberschule in Neubrandenburg gefunden, während unser Nachkömmling, Jörg, inzwischen sein Hochschulstudium für Forstwirtschaft abgeschlossen und seine Arbeit als Abteilungsleiter in einem Forstbetrieb aufgenommen hatte. Wir schätzten uns glücklich, schon sieben Enkel in unserer Familie aufwachsen zu sehen. Mein sehnlichster Wunsch war immer gewesen, eine Tochter zu haben. Eine Generation später ging er in Erfüllung: fünf unserer Enkelkinder sind Mädchen. Eine weitere Enkeltochter sowie ein Enkelsohn, – beides Kinder von Jörg – sollten bald den Reigen vergrößern. So habe ich es heute einschließlich der Schwiegertöchter mit elf weiblichen Wesen zu tun.

Wieder hatten sich Gäste aus dem Ministerratsheim Dierhagen zur Exkursion angemeldet. Ich führte diese Wanderungen gerne durch, obgleich meine Freizeit dadurch geschmälert wurde und ich zwanzig Jahre lang nicht ein Pfennig dafür erhielt. Ich freute mich immer wieder, auf Menschen zu stoßen, die Interesse für unseren Wald und die forstlichen Aufgaben zeigten. Auch diese Exkursion endete im Jagdzimmer unseres Hauses. Der stellvertretende Chef des Gästeheimes flüsterte mir zu: „Ich bitte dich, mindestens vier Stunden über Wald,

Tiere und Jagd zu erzählen, vorher darf ich mit den Gästen nicht zurückkommen." „Wieso denn das nicht?" fragte ich verwundert. „Egon Krenz feiert heute seinen Geburtstag in unserem Hause. Dazu werden unsere Räumlichkeiten benötigt." „Nun gut", fügte ich mich, „das wird mir nicht schwer fallen. Zu erzählen gibt es genug."

Ich berichtete den Gästen – ungefähr dreißig an der Zahl – während des Kaffeetrinkens zunächst etwas über die an den Wänden hängenden Trophäen. Die Anwesenden interessierten sich für die über dem Kamin hängenden Geweihe der verkämpften Hirsche, die von einem Jäger auf einer Wiese gefunden worden waren. Ein Gast wies auf eine Präparation an der Wand: „Was ist das für ein schwarzer Vogel?" „Ein Kolkrabe. Er war noch vor kurzem vom Aussterben bedroht. Im Jahr 1959 konnte ich auf dem Darß nur wenige Brutpaare beobachten. Ende der sechziger Jahre zählte er noch zu den spärlichen Brutvögeln in Schleswig-Holstein, Niedersachsen und Mecklenburg. Dieser bei uns unter Schutz gestellte Vogel konnte sich aber dann so vermehren, daß sogar jetzt für ihn eine bestimmte Jagdzeit vorgesehen ist. So mancher Jäger erlebte schon, daß sein angeschossenes und erst nach Stunden gefundenes Stück Wild von den Kolkraben bereits halb aufgefressen war."

Jetzt waren die Augen einiger Gäste auf den präparierten Seeadler gerichtet. „Kommen noch Seeadler auf dem Darß vor?" fragte jemand. „Ja, wir Forstleute sind emsig bemüht, die Standorte der Horste nicht zu verraten, da dieser Vogel höchst menschenscheu ist und sein Gelege bei Störungen durch Filmen, Fotografieren oder dergleichen im Stich läßt. Meine Revierförster werden jährlich ermahnt, zu bestimmten Jahreszeiten keine forstlichen Arbeiten in der Nähe der Horste durchführen zu lassen, um jegliche Störung des Brutgeschehens zu vermeiden. Durch die strikte Einhaltung der geforderten Schutzmaßnahmen konnten wir fast in jedem Jahr zwei bis drei Jungadler auf dem Darß beobachten. Vor einigen Jahren entdeckten wir drei Junge in einem im Revier Wieck II vorhandenen Horst, was sehr selten vorkommt, da sonst allenfalls ein Junges aufgezogen wird."

„Gibt es auch Fischadler auf dem Darß?" wollte ein anderer wissen. „Nein, leider nicht mehr. Als ich 1959 zum Darß zurückkam, konnten wir uns noch an mehreren hier jährlich brütenden Paaren erfreuen. Der Fischadler stürzt sich im Sturzflug ins Wasser, um Fische zu erbeuten. Damit er seine Beute aus der Luft erkennen kann, benötigt er ganz klares Wasser, das er hier wegen der starken Verunreinigung des Boddens nicht mehr vorfindet."

„Gibt es bei Ihnen auch noch Kraniche?" wurde weitergefragt. „Seit einigen Jahren wieder. Wenn auch die Wegsperrungen unpopulär sind, so brachten sie doch den Vorteil, solche seltenen Vögel wie den Kranich wieder auf dem Darß heimisch werden zu lassen. Jahrelang hatte ich zwar Altvögel beobachten können, aber keinen Nachwuchs. Als ich im vergangenen Jahr mit einem Jagdgast auf dem Nordweg fuhr, lief plötzlich einer vor uns, der sich umfallen ließ und zu schlegeln begann, als sei er krank. Ich sagte zu meinem Gast: ‚der Vogel will uns ablenken, um uns aus dem Gefahrenbereich für seine Jungen zu locken.' Wir mußten aber abbiegen, da wir nach der Buchhorster Maase wollten. Da sahen wir auch schon den zweiten Kranich mit zwei Jungen auf dem Weg stolzieren. Meine Vermutung hatte sich bestätigt. Ich freute mich riesig, endlich den schon jahrelang gehegten Wunsch verwirklicht zu sehen, auf dem Darß geschlüpften Nachwuchs beobachten zu können."

„Wie ist es denn mit Damwild auf dem Darß?" fragte eine der anwesenden Damen. „Hermann Göring hatte vor 1945 unter anderem auch Damwild aussetzen lassen. Diese Wildart war aber durch die Kriegseinwirkungen ausgerottet worden. In den sechziger Jahren tauchten plötzlich einige Tiere des von Professor Stubbe ausgesetzten Damwildes in Zingst auf, die den zugefrorenen Prerower Strom überquert hatten und sich bei uns ansiedelten. Wir bauten dann Mitte der siebziger Jahre ein über sechzig Hektar großes Damwildgatter zwischen dem k- und l-Gestell und setzten zusätzlich aus Malchin und Serrahn angekauftes Damwild dorthinein. Im Darßer Wald finden wir allerdings verhältnismäßig wenige Stücke dieser Wildart vor, obgleich aufgrund des minimalen Abschusses viel mehr Damwild vorhanden sein müßte. Es ist anzunehmen, daß durch den hohen Rotwildbestand Abwanderungen in das Zingster Gebiet erfolgten."

„Kann man auf dem Darß auch starke Rehböcke sehen?" lautete die nächste Frage. „Das Rehwild wird durch das Rotwild immer mehr an die Peripherie des Darßer Waldes zurückgedrängt. Die Gehörnqualität läßt zu wünschen übrig. Trotzdem erlegte ein Jagdgast im Jahre 1984 einen Rehbock in der Wiecker Feldmark, der uns eine Goldmedaille einbrachte. Einige Bronzemedaillenböcke bildeten ebenfalls nur Ausnahmen."

„Stimmt es, daß scheinbar zahme Rehböcke gefährlich werden können?" wollte eine ältere Dame wissen. „Mir sind etliche Fälle bekannt, in denen immer wieder scheinbar zahme Rehböcke Menschen angriffen und verletzten; meistens waren es Frauen. Ich besuchte vor vielen Jahren meinen Schwager Hans Niemann in Prerow, dem kurz vorher folgendes passiert war: Er hatte den in seiner Nähe wohnenden Forstarbeiter Franz Mähl besucht und wollte nun den Heimweg antreten. Um den Weg abzukürzen, wollte er den Zaun auf der hinter dem Haus liegenden Wiese überklettern. Plötzlich bekam er einen Stoß von hinten, der ihn zu Boden warf. Schon griff der von Mähl in Gefangenschaft gehaltene Rehbock erneut an. Ein Zweikampf setzte ein. Mein Schwager versuchte den Bock am Gehörn zu packen, um ihn vom Körper fernzuhalten. Dieser aber stieß mit seiner spitzen Trophäe erbarmungslos auf ihn ein und traf ausgerechnet immer wieder die ‚edlen Teile' des Schwagers. Am Hinterteil und zwischen den Beinen zerschunden, schaffte er es mit letzter Kraft, über den Zaun zu klettern und das Weite zu suchen." „Das hätte aber böse ausgehen können", meinte die Fragerin verschreckt. Oder ist bei Ihrem Schwager aufgrund dieses Vorfalles noch etwas zurückgeblieben?" „Das weiß ich leider nicht", antwortete ich doppeldeutig, „aber er ist später wieder lustig und fidel gewesen."

Danach kamen wir auf forstliche Probleme zu sprechen. Ich erzählte von den durch die orkanartigen Stürme verursachten Schäden und deren Beseitigung. „Finden die forstlichen Leistungen auch ab und zu Anerkennung durch die vorgesetzte Dienststelle?" wollte jetzt ein Staatssekretär wissen. „Ja, in jedem Jahr findet eine von Berlin angeordnete Qualitätsüberprüfung der fünfjährigen Kulturen, der Jungwuchs- und der Bestandspflege statt. Der Prüfer interessiert sich auch für eventuell noch vorhandene Holzabfuhrrückstände, kurz auch um die Sauberkeit des Waldes. Meine Leistungen spiegeln sich dann in den jährlich vom Forstbetrieb zu zahlenden Jahresendprämien wieder. Bei der letzten Kontrolle erlebte ich eine köstliche Geschichte: da der Kontrolleur, ein Oberforstmeister, die Raesfeld-Grabstätte noch nicht kannte, ließ ich hier die Fahrzeuge halten, um über das Leben und Wirken des berühmten Waidmannes zu erzählen. Außer dem Inspekteur standen auch Darßer Revierförster mit am Grab und hörten meinen Ausführungen zu.

Ich hatte einige Tage vorher in einer Zeitschrift gelesen, daß Raesfeld es ungern sah, daß sich Förster, statt zu Fuß zu laufen, von einem Bauerngespann mitnehmen ließen. Eines Tages entdeckte er einen Förster auf einem Wagen und rief ihm zu: ‚Herr Förster, sind Sie fußlahm?'

Bei diesen Worten brachen alle Revierförster in ein herzhaftes Gelächter aus – außer einem, der kreidebläß wurde. Ich schaute in die Runde, um den Grund der Heiterkeit zu erfahren. Dann klärte sich der Sachverhalt auf: während ich über Raesfelds Leben sprach, hatte der Wiecker Förster die Zeit genutzt, um in seinem Auto anhand der Revierkarte die Fahrtroute zu studieren. Er hatte erst vor kurzem das Revier übernommen und kannte sich noch nicht so gut aus. Den Satz aus meiner Geschichte: ‚Herr Förster, sind Sie fußlahm?' hatte er prompt auf sich bezogen, mit ‚nein, nein', geantwortet und sich schnell wieder der Gruppe angeschlossen." Auch meine Gäste im Jagdzimmer lachten herzhaft über diese Geschichte.

„Muß man vor Wildschweinen im Walde Angst haben?" fragte wieder die ältere Dame. „Jedes freilebende Tier hat normalerweise Angst vor dem Menschen und läuft davon, wenn man sich ihm nähert, so auch Wildschweine. Wenn man allerdings versucht, der Bache einen Frischling zu stibitzen, wird sie natürlich den Dieb angreifen, um ihr Junges zu verteidigen. Auch angeschossene Keiler können sehr gefährlich werden. So passierte es vor Jahren, daß ein Postbote, der durch den Wald fuhr, austreten mußte. Er stieg vom Fahrrad und setzte sich ausgerechnet hinter einen Strauch, wo sich ein angebleiter Keiler eingeschoben hatte. Dieser von dem in der Hocke sitzenden Briefträger überrascht, sprang auf und riß mit seinen spitzen Gewehren die bloßgelegte Sitzfläche des ahnungslosen Briefträgers auf, rannte dann aber zu dessen Glück davon. Der laut um Hilfe schreiende Verletzte wurde bald gefunden und ins Krankenhaus geschafft. Briefträger scheinen überhaupt ein schweres Leben zu haben: bekanntlich werden sie oft von Hunden gebissen und neuerdings sogar von Wildschweinen attackiert!"

„Ich selber", so erzählte ich weiter, „habe folgendes erlebt: ich setzte mich morgens mit einem älteren Jagdgast – auch einem ‚hohen Tier' aus der Politik – und dessen Frau auf einen Hochsitz unmittelbar an der Buchhorster Maase. Eine kühle Morgenfrische umfing uns. Erwartungsvoll schauten wir mit unseren Gläsern auf die große vor uns liegende Wiese. Aber die Dunkelheit ließ uns hier und da nur dunkle Flecken erkennen, die sich nach längerem Hinstarren bloß als hohe Grasbülten entpuppten. Ein mehrmaliges ‚Räb, Räb' deutete auf im Graben sitzende Stockenten hin, die plötzlich mit einem lauten

‚Quäck, Quäck' aufstanden und abstrichen. Sofort schwenkten wir unsere Gläser in diese Richtung und erkannten schemenhaft eine Rotte Sauen, die die Enten hochgemacht hatte und jetzt munter am Grabenrand brach. Ich merkte bei einem Seitenblick auf meinen Jagdgast, daß er aufgeregt immer wieder zu den Sauen sah. Dann begannen seine Hände vor nervöser Erwartung zu zittern.

Während allmählich das Büchsenlicht besser wurde, überfielen alle Schwarzkittel den Graben, zogen flott quer über die Wiese und verschwanden im Wald. Nur ein Stück ließ sich Zeit und brach immer noch eifrig diesseits am Grabenrand. Nochmals durchs Glas geschaut, sprach ich ihn als einen Überläufer an. Als ich merkte, daß mein Nebenmann mich fragend ansah, erlaubte ich ihm zu schießen. Sofort kam er meiner Aufforderung nach, indem er den Lauf seiner Doppelbüchse auf die Hochsitzbrüstung legte und zu zielen begann. Erneut spürte ich seine innere Erregung, denn sein Brustkorb hob und senkte sich in kurzen Abständen. Nach längerem Zielen brach der Schuß. Ich hörte deutlich einen Kugelschlag. Blitzschnell beobachtete ich den Überläufer, der jetzt nach einer rasenden Flucht zusammenbrach. Angestrengt suchte ich mit dem Glas die Fläche ab, konnte ihn aber in den hohen Bülten nicht liegen sehen. Da sich nach zehn Minuten nichts rührte, hegten wir die Zuversicht, das Wildschwein verendet an Ort und Stelle zu finden. Ich bat die Gäste, vom Hochsitz herunterzuklettern, schon langsam vorzugehen und kurz vor dem verendeten Stück auf mich zu warten, da ich das Auto holen und bis an die Wiese fahren wollte. Ich entlud schnell meine Waffe und verließ den Hochsitz, um zu meinem Wagen zu eilen.

Nach fünf Minuten erschien ich mit dem allradgetriebenen ARO-Geländewagen auf der Wiese. Ich lud meinen Karabiner und ging auf die Bülten zu, wo wir das Wildschwein hatten zusammenbrechen sehen. Von weitem winkten mir die dort stehenden Gäste zu und zeigten auf eine fünfzig Meter von mir entfernte, mit Gras zugewachsene Stelle. Ihren Gebärden nach lebte das Schwein noch. Schritt für Schritt ging ich vorsichtig in die angegebene Richtung, die Waffe in Hüfthöhe haltend, um sofort schießen zu können. Immer wieder schaute ich zu den Gästen, die meinen Kurs durch Handzeichen dirigierten. Die hohen Bülten versperrten mir die Sicht. Meter für Meter näherte ich mich der Stelle, wo der Überläufer liegen sollte.

Plötzlich hörte ich ein lautes ‚Wuff, Wuff', und schon kam der Schwarze auf mich zugestürmt. Mir blieb keine Zeit mehr, die Waffe hochzureißen. Im Nu war er unmittelbar vor mir. Ich schoß aus der Hüfte, traf aber das Stück nicht. Im gleichen Moment wurde ich von ihm hochgeschleudert. Der Karabiner flog in hohem Bogen auf die Erde. Ich bekam einen Schlag gegen den Unterkiefer, sprang wieder auf, lief zur Waffe und sah nur noch, wie der Uberläufer im Wald verschwand.

Ich tastete meinen heftig schmerzenden Unterkiefer ab. Zum Glück war er nicht gebrochen. Noch taumelnd und kreidebläß kam ich bei den Gästen an. ‚Hoffentlich ist nichts passiert?‘, empfing mich der Jagdgast. ‚Mir tut nur das Gebrech weh‘, erwiderte ich mit Galgenhumor. ‚Wir haben vielleicht Ängste ausgestanden!‘, meinte seine Frau, ‚das sah ja gefährlich aus!‘ Ich war erleichtert, daß die Gäste stehen geblieben waren. Wäre der Unfall ihnen passiert, hätte das für mich böse ausgehen können, denn ich war schließlich für ihre Sicherheit verantwortlich. Übrigens hat auch die anschließend von mir eingeleitete Nachsuche keinen Erfolg gebracht. Es blieb rätselhaft, welche Schußverletzung das Wildschwein davongetragen hatte.“

„Das hätte ins Auge gehen können“, meinte der Stellvertreter des Gästeheimes am Ende meiner Erzählung, womit er natürlich nicht unrecht hatte. Jetzt wollte man wissen, ob es auch Elche auf dem Darß gäbe. Ich schloß nun meine Erlebnisse mit Elchen an, bis es Zeit wurde, ans Abendessen zu denken.

Erlebnisse mit Elchen

Anfang der sechziger Jahre erhielt ich einen Anruf vom 1. Sekretär der Bezirksleitung der SED Rostock, Karl Mewis: „Ich habe mich mit dem Staatlichen Forstwirtschaftsbetrieb geeinigt, daß wir auf dem Darß wieder Elche aussetzen wollen." „Um Himmels willen", warf ich gleich ein, „das könnt ihr mir nicht antun!" „Was hast du denn gegen Elche?", fragte er entrüstet. „Ich habe nur schlechte Erinnerungen daran. Der Darß ist viel zu klein für Elchwild. Abgesehen von den zu erwartenden forstlichen Schäden, sind die Elche mehr in den Dörfern als im Wald. Ich habe auf dem Darß gelernt und kann über sie ein Lied singen." Mewis wurde lauter: „Du hörst ja, was wir vorhaben. Was Göring konnte, können wir schon lange. Ich gehe davon nicht ab. Du bekommst hiermit den Auftrag, ein genügend großes Gatter bauen zu lassen. Darin werden sich die Elche eine Zeitlang aufhalten und dann in die freie Wildbahn ausgesetzt. Du hast für den Bau sechs Wochen Zeit. Im Rostocker Zoo befindet sich bereits ein in der Nähe von Moskau eingefangener Elch in Quarantäne. Wenn das Gatter fertig ist, rufst du den Zoodirektor Dr. Seiffert an, der wird dir einen Termin für das Aussetzen des Elches auf dem Darß nennen. An diesem Akt werden alle Zoodirektoren der DDR teilnehmen." Mein nochmaliger Widerspruch machte ihn wütend: „Ich erwarte, daß du den Termin einhältst, sonst müssen wir uns an anderer Stelle weiter unterhalten." Das war deutlich.

Meine Rückfrage beim Staatlichen Forstwirtschaftsbetrieb Rostock ergab, daß auch von hier die Zustimmung zu diesem Vorhaben vorlag. Ich suchte am nächsten Tag die Forstarbeiterbrigade Max Golz auf. Golz, ein untersetzter, fleißiger Forstarbeiter, Umsiedler aus Stettin, meinte: „Das Gatter haben wir in sechs Wochen fertig. Wir müssen nur wissen, wo es gebaut werden soll." Ich fuhr mit ihm zur Abteilung 121 und zeigte ihm die Fläche, die ich zur Eingatterung ausgewählt hatte. Diese Abteilung eignete sich für die Elche insofern, da die während meiner Lehrzeit angebauten Weiden bereits übermannshohen Wuchs aufwiesen und somit Äsung boten.

Kurz vor der Fertigstellung des Gatters sagte Max Golz zu mir: „Wenn der Elch ausgesetzt wird, kommt es bestimmt zu einer Namensgebung: Ich bitte dann, den Elch auf den Namen Max taufen zu lassen, denn ich habe ja maßgeblichen Anteil an diesem Vorhaben."

Ich schaute ihn verwundert an und erwiderte: „Der auszusetzende Elch stammt aus der Sowjetunion. Man wird darauf drängen, ihm einen echten russischen Namen zu geben." „Nein, nein", unterbrach er mich, „wenn die hören, daß ich das Gatter gebaut habe, dann werden sie für meinen Wunsch Verständnis aufbringen." „Ich werde es versuchen", beruhigte ich ihn, „aber wahrscheinlich werde ich damit Gelächter auf mich ziehen."

Der Tag der Ankunft des Elches war herangerückt. Dr. Seiffert hatte alle Zoodirektoren zu dieser feierlichen Zeremonie eingeladen. Mit ihnen kamen ihre Frauen, die teilweise mit ihren spitzen Schuhabsätzen im weichen Waldboden steckenblieben, denn es hatte tagelang geregnet. Jetzt kam der LKW heran, der die große Elchkiste transportierte. Das Tor des Gatters wurde geöffnet, die Kiste mit Hilfe der Forstarbeiter langsam heruntergelassen und das Schott vorsichtig geöffnet. Der Elch schob sich mißtrauisch aus seinem Gefängnis heraus, machte einen Sprung nach vorne, stand nun im Gatter und äugte neugierig um sich.

Professor Dathe, Zoodirektor in Berlin-Friedrichsfelde, bestaunte den Elch, als sehe er so eine Wildart zum erstenmal in seinem Leben. „Ist das ein stattlicher junger Elch!" meinte er. Die anderen Zoodirektoren nickten beifällig. Dr. Seiffert hielt bereits eine geöffnete Sektflasche in der Hand. Max Golz sah seine Stunde nun gekommen. Er stieß mich an und flüsterte mir zu: „An Max denken! Jetzt ist es Zeit!" Dr. Seiffert begann, eine Festrede zu halten, in der er zum Schluß all denen dankte, die zum Gelingen dieses denkwürdigen Ereignisses beigetragen hätten. Dann meinte er: „Jetzt werden wir, wie es sich gehört, dem Elch einen Namen geben." Schon erhielt ich einen neuen Stoß von Max. „Darf ich dazu einen Vorschlag machen?" warf ich ein. Alle Blicke richteten sich jetzt auf mich. „Ich schlage vor, den Elch zu Ehren des Leiters der Forstbrigade, der das Gatter gebaut hat, auf den Namen ‚Max' zu taufen." „Ick gäw uk einen ut!" (ich gebe auch einen aus) setzte Golz impulsiv hinzu. Es brach das erwartete Gelächter aus. „Nein, nein", stoppte Seiffert das Gelächter, „dieser Elch stammt aus der Sowjetunion und hat deshalb einen echten russischen Namen verdient. Ich schlage vor, ihm den Namen ‚Sascha' zu geben." Etliche nickten zustimmend, und Zoodirektor Seiffert deklamierte: „Hiermit heißt du ab heute: Sascha, indem er einige Sekttropfen in Richtung des schon zwanzig Meter von uns entfernten Elches spritzte. Max Golz schaute kopfschüttelnd dem sinnlos verschleuderten guten Tropfen nach und gab sich keine Mühe, seine Enttäuschung über den Namen zu verbergen.

Nachdem sich alle an dem Elch sattgesehen hatten – an die Forstarbeiter waren inzwischen zwei Kästen Bier und mehrere Flaschen Schnaps verteilt worden –, verabschiedeten sich unsere Gäste und wünschten mir und dem neu eingestellten Futtermeister, Karl Scharmberg aus Prerow, viel Glück und Erfolg mit diesem ersten nach 1945 ausgesetzten Elch.

Da standen wir nun allein und schauten den abfahrenden Gästen nach. Unser Sascha äste indes schon von den Weiden und war bald aus unseren Augen verschwunden. Ich überzeugte mich noch einmal von der Gebrauchstüchtigkeit der extra für den Elch angelegten Pumpe, warf einen prüfenden Blick in den reichlich mit Runkeln, Kohlrüben und Kraftfutter vollgelagerten Erdbunker und verabschiedete mich von Karl Scharmberg.

Es sprach sich sehr schnell herum, daß auf dem Darß wieder ein Elch sei. Schaulustige Darßer Bewohner kamen per Fahrrad oder zu Fuß angepilgert. Jeder wollte dem Elch etwas Gutes tun, indem er ihn mit allerlei Eßbarem fütterte, das für einen Elchmagen unbekömmlich war. Das Ende vom Lied war: nach einigen Wochen lag Sascha mausetot im Gatter. Einerseits tat er mir leid, aber andererseits hoffte ich nun, daß ich mit Elchen nicht mehr belästigt werden würde.

Nachdem ich den Staatlichen Forstwirtschaftsbetrieb verständigt hatte, rief ich Karl Mewis an und beichtete Saschas Tod. Mewis brüllte ins Telefon: „Du warst ja gleich gegen das Aussetzen von Elchen. Da scheint mir Sabotage dahinterzustecken!" Ich hielt den Hörer eine halbe Armlänge vom Ohr ab, um Mewis' Stimme auf erträgliche Lautstärke zu bringen. Er schrie weiter: „Hörst du mir überhaupt zu?" „Doch, doch, ich höre zu." „Du wirst den Elch sofort nach Rostock transportieren lassen. Die sollen in der Tierklinik die Todesursache feststellen. Ich möchte unverzüglich über das tierärztliche Gutachten in Kenntnis gesetzt werden. Hast du das verstanden?" „Laut und deutlich", antwortete ich pikiert. Schon knallte er den Hörer auf. Man hat nichts als Ärger mit diesen ‚Langbeinigen!' dachte ich bei mir.

Mir blieb also nicht erspart, den Elch nach Rostock zu schaffen. Nach einigen Tagen erhielt ich vom Institut das tierärztliche Guthaben: falsche Fütterung. Erneut rief ich Mewis an und meldete ihm das Urteil der Experten. Seine Antwort lautete: „Glaube bloß nicht, daß wir schon aufgeben. Es ist bereits mit Dr. Seiffert vereinbart, in Kürze den nächsten Elch bei dir auszusetzen. Bereite schon alles vor. Sorge dafür, daß er nicht wieder was Falsches zu fressen bekommt."

Das war gut gesagt, aber schwer getan. Wie sollte ich so etwas verhindern? Ich ließ es darauf ankommen. Nach einigen Wochen wurde ohne große Zeremonie ein Elchkalb im Gatter ausgesetzt. Auch dieses fand der Futtermeister eines Morgens verendet vor. Wieder setzte eine Untersuchung ein, da man erneut an Sabotage glaubte. Das veterinärmedizinische Gutachten wies eine Lungenentzündung mit tödlichem Ausgang aus. Auf die Antwort meines schriftlichen Berichtes an Mewis war ich gespannt. Ich mußte damit rechnen, strafversetzt zu werden, falls sich Mewis für weitere Versuche mit Elchen entscheiden würde. Aber still ruhte der See. Es sprach niemand mehr davon, Elche auf den Darß zu bringen.

Im Jahr 1973 wurde plötzlich ein Elch bei mir in der Oberförsterei gemeldet. Aber so schnell und unerwartet, wie er auftauchte, war er auch wieder verschwunden. Im nächsten Jahr wiederholte sich das Schauspiel: Von mehreren Forstarbeitern wurde behauptet, sie hätten einen Elch gesehen. Auch dieser verschwand nach kurzem Aufenthalt auf unserer Halbinsel spurlos. Im Jahr 1974 beobachteten sowohl mehrere Revierförster als auch Forstarbeiter zwei Elche. Auch hier handelte es sich, wie bei allen anderen, um junge Stangenelche, die wahrscheinlich aufgrund des Populationsdruckes von Polen zu uns gewandert waren. Auch diese beiden verschwanden nach einigen Tagen und wurden nie wieder gesehen. Im Jahr 1975 meldete mir ein Forstarbeiter wieder einen Elch. Jetzt kamen auch ähnliche Meldungen von Revierförstern. Dieser Neuling spielte sich als höchst unliebsamer Gast auf: er fing an, unsere Hochsitze zu demolieren und uns die Hirschbrunft durcheinanderzubringen. Er flüchtete wiederholt dorthin, wo er das Röhren der Hirsche vernahm, um sich als Platzhirsch aufzuspielen. „Was tun?" überlegte ich. Zur damaligen Zeit durfte niemand einen Elch schießen, da er nicht zum jagdbaren Wild in der DDR zählte.

Am 22. September 1975 quartierte sich der Vorsitzende der Zentralen Parteirevisionskommission der SED, Kurt Seibt, bei mir ein. Er durfte laut Mitteilung meiner Dienststelle in Berlin einen starken Hirsch schießen. Wir brachen am nächsten Morgen zeitig auf. Mein Gast, bereits siebenundsechzigjährig, mittelgroß, grauhaarig, machte einen ruhigen und bescheidenen Eindruck auf mich. Ihn hatten die Nazis sechs Jahre lang inhaftiert. Wir fuhren bis zum Großen Stern. Hier ließ ich das Auto stehen und pirschte mit Seibt in Richtung Kiepenbruch, in der Hoffnung, den dort am Vortag beobachteten Elch wieder anzutreffen und von meinem Gast erlegen zu lassen. Ich war davon überzeugt, keine Nackenschläge zu erhalten, wenn sich ein persönlicher Freund Honeckers auf der Jagd etwas Verbotenes leistete. Wir pirschten uns nun im Morgengrauen an die genannte Wiese heran. Ich schaute durch das Fernglas. Und dort stand auch mein Freund und Kupferstecher neben etlichen Rottieren. Ich flüsterte Kurt Seibt zu: „Wollen Sie einen Elch schießen?" Er nickte. Ich zeigte auf meine linke Schulter. Er verstand meinen Fingerzeig und legte seine Waffe auf. In solchem Falle muß man nur aufpassen, daß die Laufmündung genügend weit über die Schulter ragt und man selber den Mund weit aufsperrt, damit das Trommelfell nicht platzt.

Der Elch stand indes in achtzig Meter Entfernung breit auf der Wiese. Das Kahlwild hatte uns bereits eräugt. Jetzt wurde es höchste Zeit. Ich stellte mich breitbeinig hin, um einen sicheren Stand zu haben und jegliches Wackeln zu vermeiden. Seibt zielte ruhig. Endlich brach der Schuß. Ich hörte einen Kugelschlag. „Nachladen und noch mal schießen!" sagte ich schnell, denn ich hatte keinerlei Erfahrung mit der Schußfestigkeit eines Elches. Seibt repetierte sofort, legte erneut an und schoß. Nach drei, vier Fluchten brach der Getroffene zusammen. „Waidmannsheil", rief ich erleichtert. „Habe ich wirklich getroffen?" fragte der Schütze ungläubig. „Er liegt!" bestätigte ich ihm nochmals. Die nun einsetzende Morgendämmerung ließ schon von weitem den in der Wiese liegenden Wildkörper erkennen. Als wir nähertraten, sagte Seibt erstaunt: „Ich habe ja einen Elch geschossen! Nun wird's verrückt!" „Na, ich hatte doch vorhin gefragt: Wollen Sie einen Elch schießen? Freuen Sie sich denn nicht?" „Aber selbstverständlich. Andere müssen nach Skandinavien, in die Sowjetunion oder sonstwo hinfahren, und ich schieße einen Elch auf dem Darß. Doch, doch, ich freue mich."

Wir fuhren nach Hause und organisierten einige Helfer und einen LKW. Wieder zurückgekehrt, ging es an das Aufbrechen des bereits vorher von mir gelüfteten Elches. Ein Jäger hatte eigens dazu seinen Oberkörper entblößt, um seine Kleidung nicht zu verschmutzen. Er grinste: „Ich habe zwar in meinem Leben schon viele Hirsche aufgebrochen, aber dieser hier scheint bedeutend größer zu sein." Als er nun die „rote schwere Arbeit" hinter sich gebracht hatte, schickten sich die Männer an, den Elch mit Hilfe eines Flaschenzuges auf den Kipper zu ziehen. Als sie ihn fast oben hatten, riß das Seil der Talje. Der Elch kam heruntergeschlittert und schlug wie eine Bombe in den Aufbruch rein. Der daneben stehende LKW-Fahrer versuchte noch beiseitezuspringen, aber das gelang ihm nicht so schnell. Gesicht und Anzug waren vom grünen Inhalt des geplatzten Weidsacks besudelt. Er rannte zum Graben und übergab sich. Erst der reparierte Flaschenzug half uns, endlich den Koloß aufs Fahrzeug zu befördern.

Nach einer Stunde bekam ich einen Anruf des LKW-Fahrers, man wolle ihm den Elch auf dem Schlachthof in Barth nicht abnehmen, da man befürchte, das Wildbret nicht verkaufen zu können. So eine Tierart sei bisher noch nicht im Handel angeboten worden. Erst als ich dem Direktor des Schlachthofes bestätigte, Elchfleisch sei etwas Delikates, schenkte er mir Glauben und ließ das Wildbret abladen.

Im darauffolgenden Jahr saß ich mit Kurt Stoph, Staatssekretär und Bruder des Ministerpräsidenten Willi Stoph, hinter dem an einer Kirrung stehenden Schirm. Plötzlich schob sich ein großer grauer Wildkörper aus dem Erlenbruch hervor. Wir sprachen einen Stangenelch an. Er stand regungslos und äugte zum Gestellweg. „Ich schieße!" meinte Kurt Stoph mit gedämpfter Stimme. Ich schüttelte mit dem Kopf und antwortete leise: „Elche dürfen nicht geschossen werden."

Mir war das Risiko zu groß. Kurt Stoph hatte mir selbst erzählt, daß sein Bruder sehr jagdneidisch sei und auf keinen Fall erfahren dürfe, was er auf dem Darß schieße. Unser Sohn Klaus wurde aus der Oberförsterei des Staatlichen Forstwirtschaftsbetriebes Waren, in der Willi Stoph sein Jagdgebiet hatte, in die Verwaltung des Forstbetriebes versetzt. Warum? Weil der Ministerpräsident erfahren hatte, daß Klaus der Sohn des Mannes war, mit dem sein Bruder zur Jagd ging. Er hatte Angst, daß dadurch womöglich seine enorme Wildstrecke an die große Glocke käme.

Diese Erinnerungen spukten in meinem Kopf umher. Kurt Stoph fragte erneut: „Soll ich schießen? Er steht günstig!" Ich blieb bei meiner Meinung und schüttelte verneinend den Kopf. Jetzt griff der Staatssekretär in die Tasche, holte eine leere Patronenhülse hervor, warf sie in die Richtung des Elches und rief wütend aus: „Hau ab und laß dich nicht wieder blicken." Der Elch äugte zu uns und stand weiter wie angewurzelt. Erst als die zweite Patronenhülse angeflogen kam, drehte er sich um und verschwand behäbig im Erlenbruch. Ich habe später bedauert, der Bitte von Kurt Stoph nicht nachgegeben zu haben, denn er hatte nur noch kurze Zeit zu leben und siechte elend an Rückenmarkkrebs dahin.

Ende der siebziger Jahre saß ich mit einem Gast, Dozent an der Jagdschule Zollgrün, auf dem Hochsitz in der Abteilung 166. Schon nach kurzer Zeit knackte es verdächtig in der Birkendickung. Anstelle von Wildschweinen schob sich ein starker Elch mit einem breiten Schaufelgeweih heraus. Wir schauten wie gebannt hin. Ich hatte bisher nur Stangenelche beobachten können. Auch bei diesem Gast hätte ich ins Fettnäpfchen getreten, wenn ich die Zustimmung zum Schießen gegeben hätte. Er durfte nämlich nur einen kleinen Überläufer zur Strecke bringen. Der Elch stand jetzt regungslos und äugte zu den auf der Kirrung sitzenden Ringeltauben. Nach etlichen Minuten drehte er sich langsam um und zog wieder in die Dickung zurück. Außer uns hat niemand mehr diesen starken Elch gesehen.

Ein Jahr später saß ich während der Konferenzpause einer Tagung der „Nationalen Front" in Ribnitz-Damgarten mit Ernst Wulf an einem Tisch, dem damaligem Vorsitzenden der Vereinigung der gegenseitigen Bauernhilfe (VdGB). Da ich ihn als einen passionierten Jäger kannte, begann ich mit ihm ein jagdliches Gespräch. „Ernst", sagte ich, „weißt du schon das Neueste? Wir haben schon wieder einen Elch auf dem Darß gesichtet."

Ich hatte es kaum ausgesprochen, als bei Wulf die „Jalousie" herunterfiel. Er sah mich böse an. Da erinnerte ich mich siedendheiß an seine Jagdpanne, und ich lenkte schnell ein: „Ich wollte dich eben nicht auf den Arm nehmen. An deine Geschichte habe ich überhaupt nicht mehr gedacht." Er schaute mich mißtrauisch von der Seite an. Dann fing er an zu erzählen: „Nun gut, ich will es dir glauben. Ich werde kurz schildern, was mir damals auf der Jagd passiert ist. Wir hatten eine Treibjagd. Plötzlich kommt bei mir ein großer Hirsch angelaufen. Ich schieße und der bricht auch sofort zusammen. Mein Nachbarschütze droht mit dem Finger. Nanu, denke ich, anstatt sich mit mir zu freuen, droht er mir. Das verstehe ich nicht. Nach dem Treiben gehe ich schnurstracks auf meinen Hirsch zu. Ich bekomme einen Schreck: was hatte ich denn da nur erlegt? Eine Kau wierd nich, ein Ossen wierd nich, ein Pierd uk nich und uk kein Äsel. Ick wüßt würklich nich wat ick dor dot schoten har! (Eine Kuh war's nicht, ein Ochse war's nicht, ein Pferd auch nicht und auch kein Esel. Ich wußte wirklich nicht, was ich da totgeschossen hatte). Da kam auch schon mein Nachbarschütze und sagte vorwurfsvoll: ‚Du – Ernst, so etwas darf man nicht schießen. Du hast einen Elch erlegt!' Oh, dacht ick, dat gifft Arger. Wenn ick jetzt eine Schüffel finden wür', würd ick dat Biest inbuddeln. (Oh, dachte ich, das gibt Ärger. Wenn ich jetzt eine Schaufel fände, würde ich das Biest einbuddeln)."

Ich mußte herzhaft über seine halb in Hochdeutsch und halb in Platt erzählte Geschichte lachen. Sein Jagdpech machte seinerzeit in Mecklenburg schnell die Runde. Da er ein hochrangiger Funktionär und bekannter LPG-Bauer in der DDR war, wurde die Sache offiziell totgeschwiegen.

Anfang der achtziger Jahre fuhr ich mit einer Delegation nach Lettland. Hier hegte ich die Hoffnung, endlich selbst einen Elch erlegen zu dürfen. Anstatt mit uns zur Jagd zu gehen, lud man uns jedoch zum Angeln ein. Ich zog zum erstenmal in meinem Leben einen großen Hecht an Land. Dieses „Petri Heil" wurde ausgiebig in einer Fischerhütte gefeiert. Zwischendurch gingen wir sechsmal in die Sauna und sprangen anschließend immer wieder mit einem Kopfsprung in einen angrenzenden großen Teich, auf dem sowohl Haus- als auch Wildenten umherschwammen. Am nächsten Tag warteten wir immer noch vergeblich auf eine Einladung zur Elchjagd, obgleich wir während der Waldwanderung anfingen, Fährten zu fotografieren, um somit besonderes Interesse an Elchwild zu bekunden. Ich wagte schließlich die Frage zu stellen, ob nicht Aussicht bestünde, auf Elchjagd zu gehen. „Selbstverständlich", meinte der lettische Oberförster, „Sie müssen dann allerdings noch drei Wochen bis Anfang Oktober hierbleiben, da erst dann bei uns die Elchjagd beginnt."

Eines Tages kam der Chef der Inspektion Staatsjagd Berlin, Oberlandforstmeister Richter, zu mir nach Born, um einige jagdliche Probleme zu beraten. Als er sich wieder verabschiedete, sagte er überraschend zu mir: „In Anerkennung guter Leistungen darfst du und dein Mitarbeiter ausnahmsweise einen Elch schießen." Ich wäre am liebsten vor Freude in die Luft gesprungen. Endlich sollte mein Wunsch in Erfüllung gehen.

Ich ließ den Revierförstern sagen, mich sofort wissen zu lassen, falls ein Elch gesichtet würde. Schon nach einigen Tagen erhielt ich einen Anruf von einem Ahrenshooper Fischer, daß sich dort auf den Wiesen ein Elch herumtriebe und versuche, die dort weidenden Kühe zu beschlagen. Mein Mitarbeiter und ich ergriffen unsere Gewehre, sprangen in den Jeep und rasten nach Ahrenshoop. An der Straße empfing uns der Fischer: „Ihr kommt zu spät. Vor einigen Minuten versuchte er noch, eine Kuh zu decken. Ein Omnibus hielt auch noch an. Die Businsassen haben das Schauspiel mit angesehen." „Wo ist der Elch denn nun?" fragte ich enttäuscht. „Er ist zum Hafen hinunter gelaufen." Wir fuhren jetzt eiligst dorthin. „Wo ist der Elch?" riefen wir den umherstehenden Fischern zu. „Vor einigen Minuten ist er hier ins Wasser gesprungen und schwamm in Richtung Born davon."

Nun fuhren wir auf dem parallel zum Bodden verlaufenden Deich und spähten eifrig aufs Wasser, um den Elch zu entdecken. Plötzlich sahen wir eine große Fährte, die unseren Weg kreuzte. Wir stellten fest, daß unser Elch den Bodden verlassen hatte und in Richtung Ahrenshooper Gehölz gezogen war.

Wir ließen den Wagen stehen und folgten der Elchfährte. Nach dreihundert Metern führte sie zum Vordarß – in die Richtung, aus der wir gekommen waren. Es war die alte Fährte; wir waren im Kreis gelaufen. Enttäuscht drehten wir um und fuhren unverrichteter Dinge wieder nach Hause.

Im Jahr 1984 kam ein Anruf von Berlin: „Elche sind ab sofort frei. Sie gehören in der DDR zum jagdbaren Wild und haben keine Schonzeit."

Ich wunderte mich doch sehr. Meine damalige Warnung, daß der Darß für Elchwild zu klein und der von ihm zu verantwortende Wildschaden zu groß sei, war in den Wind geschlagen worden. Und nun hatte sich sogar die Meinung durchgesetzt, daß die ganze DDR eine zu kleine Fläche böte!

Gespannt warteten wir auf die nächsten Elche, denn nun müßte es endlich klappen. Aber die neue Verordnung hatte sich wohl in Elchkreisen herumgesprochen, denn wir warten bis heute vergeblich auf sie. Seit 1984 haben sich keine Elche mehr auf dem Darß blicken lassen. Vermutlich wurden sie bereits von Jägern im Bezirk Frankfurt/ Oder an der Grenze zu Polen erlegt.

Die mißlungene Kutschpartie

Mitte der achtziger Jahre rief mich der Leiter des Ministerrat-Heimes an: „Sei so gut und organisiere eine Kutschfahrt durch den Darßer Wald. Hauptgast ist Egon Krenz, mit ihm kommen einige Minister und deren Frauen, vielleicht auch Volkskammerpräsident Horst Sindermann. Du mußt mit fünfzehn bis zwanzig Personen rechnen. Ist es möglich, so etwas zu organisieren?"

„Ich bin gern bereit, die Fahrt mitzumachen und die Gäste zu unterhalten, aber Pferde oder Kutschen habe ich nicht. Die kannst du beim Gut Zingst anfordern." „Was muß denn sonst noch so bei einer Kutschfahrt bedacht werden?" „Man muß Autos haben", antwortete ich. „Nanu, die Gäste sollen doch mit Kutschen fahren?" „Ich habe mit Pferden schon einiges erlebt: mal gingen sie durch, mal brach das Rad an einer Kutsche, dann die Deichsel, ein anderes Mal war der Kutscher besoffen. Solche Geschichten könnte ich endlos fortsetzen." „Nun gut, wir können ja vorsichtshalber ein paar Wagen bereitstellen lassen. Wo sollen sie denn warten?" „Am Großen Stern. Sollten sie nicht nötig sein, schicke ich sie weg. Aber nichts davon verraten!"

Die Gäste trafen verabredungsgemäß beim Verwaltungsgebäude in Born ein. Die meisten kannte ich bereits, wie Egon Krenz, den ersten Stellvertreter von Honecker, Volkskammerpräsident Horst Sindermann und Bauminister Wolfgang Junker sowie deren Frauen. Anstatt mehrerer Kutschen hatte das Gut einen großen Pferdewagen hergerichtet. Wir nahmen auf den befestigten Bänken Platz und hüllten unsere Beine in Decken ein, denn wir hatten unglücklicherweise einen kühlen und nebligen Spätsommertag erwischt. Als der Kutscher Manfred Scheel, ein erfahrener und besonnener junger Borner, „hü" rief, zogen die beiden schönen Apfelschimmel mit ihrer Fuhre los.

Nach geraumer Zeit entdeckte Sindermann das Schild „Großmutter" an einer am Nordweg stehenden dicken Kiefer. Er wunderte sich: „Warum heißt der Baum Großmutter?" „Der verstorbene Revierförster Ernst Bladt aus Wieck hat mir vor vielen Jahren erzählt, daß an dieser Stelle vor hundert Jahren ein Kahlschlag angelegt worden sei. Eine Oma hätte jeden Mittag für ihren dort im Holzeinschlag arbeitenden Enkelsohn das Mittagsessen in den Wald gebracht. Zu Ehren dieser Oma hätte man dann diese Stelle Großmutter getauft. Als ich mal Anfang der sechziger Jahre abends an die Oberförsterkoppel pirschte, eine hier in der Nähe liegenden Wiese, wollte ich zunächst meinen Augen nicht trauen: ich sah an einer starken Fichte, die übrigens heute noch steht, ein Schild mit der Aufschrift: ‚Großvater'. Ein Schalk hatte sich diesen Streich erlaubt; er sagte sich wohl, wenn es schon eine Großmutter gebe, müßte auch ein Baum als Großvater herhalten."Die Gäste lachten. Einer von ihnen meinte: „Warum nicht? Es klingt doch recht glaubwürdig."

„Die Wege sind bei Ihnen gut ausgeschildert", bemerkte Frau Sindermann zu mir. „Ich habe an jeder Kreuzung Wegeschilder für Wanderer aufstellen lassen. Außerdem trägt jeder Wanderweg ein bestimmtes Symbol, das auf den Wanderkarten wiederzufinden ist.

Zudem können Sie sich vielleicht folgendes merken: Alle ‚Gestellwege', so nennt man heute die Begrenzungen der einzelnen Abteilungen, die früher ‚Jagen' hießen, verlaufen rechtwinklig zueinander. Der gesamte Darßer Wald ist nach preußischer Sitte in Rechtecke eingeteilt. Die lange Seite der jeweiligen Abteilung beträgt meistens siebenhundert Meter, die kurze dreihundert Meter, so daß fast jede Abteilung 21 Hektar umfaßt.

Man kann sich auf dem Darß selbst ohne Karte kaum verlaufen, wenn man sich folgendes merkt: an allen Gestellkreuzungen stehen Abteilungssteine mit den Gestellbezeichnungen. Die kurze Seite des Rechteckes trägt immer einen kleinen Buchstaben, mit a beginnend, und die lange Seite Großbuchstaben, ebenfalls mit A anfangend. Wenn man sich außerdem einprägt, daß die Gestelle mit den kleinen Buchstaben von Süden nach Norden oder umgekehrt und die mit den großen Lettern von Osten nach Westen oder entgegengesetzt verlaufen, weiß man zumindest, in welche Richtung man marschiert."

„Ja, aber", wurde ich nun unterbrochen, „woher soll ich denn wissen, ob ich nach Süden oder Norden wandere?" „Denken Sie doch bitte daran, daß die Sonne mittags im Süden steht." „Wenn aber keine Sonne scheint?" „Dann richten Sie sich nach der Wetterseite der Bäume; sie sind an der Westseite meistens bemoost. Außerdem erzähle ich den Urlaubern immer: man kann sich im Darßer Wald gar nicht verlaufen. Schließlich ist unsere Halbinsel ringsum vom Wasser umgeben. Will man zum Beispiel zurück ins Dorf wandern und man sieht Wasser, braucht man sich nur umzudrehen und entgegengesetzt zu gehen. Den kleinen Umweg von sechs bis acht Kilometern muß man allerdings verschmerzen", fügte ich scherzhaft hinzu.

Am m-Gestell sahen wir schon von weitem das an der Endstation vorbereitete Lagerfeuer, endlich hatten wir unser Ziel erreicht. Alle eilten hin, um die kaltgewordenen Füße aufzuwärmen. Der von einem Jäger gereichte Punsch erfüllte bald seinen Zweck, denn er wärmte gut durch. Schließlich wanderten wir die restlichen vierhundert Meter zu Fuß, um einen Blick auf die Ostsee zu werfen. Eine frische Brise wehte uns ins Gesicht. Die Wellen mit ihren Schaumköpfen schlugen bis an die Dünen heran. Ich machte die Gäste auf die imposanten Windflüchter aufmerksam und erzählte ihnen, daß das Meer in diesem Küstenbereich jährlich ein bis drei Meter von der Düne abträgt und den Sand an der Nordspitze der Halbinsel wieder anlagert.

„Werden hier auch Küstenschutzmaßnahmen am Weststrand durchgeführt?" fragte Egon Krenz. Das war für mich die Gelegenheit, eine alte Rechnung zu begleichen. „Der Küstenschutzbetrieb versuchte 1977 eigenmächtig die gesamte Westküste zu uniformieren. Vom Darßer Ort beginnend, fing eine große Raupe bereits an, das Dünengelände glattzuschieben, um ein gleichmäßiges Planum zu schaffen. Ich veranlaßte sofort, daß eine Expertengruppe, bestehend aus Vertretern des Naturschutzes, der Forstwirtschaft und der Wasserwirtschaftsdirektion, eine Überprüfung an Ort und Stelle vornahm und das unsinnige Vorhaben abbrechen ließ. Jeder Urlauber kann sich jetzt nach wie vor über diese einmalige, von der Natur gestaltete Westküste freuen."

Da besonders die Frauen jämmerlich froren, wurde es Zeit, den Rückweg anzutreten, und wir bestiegen wieder unsere „Kutsche". Schnell wickelten sich alle Decken um die Beine und rückten sich auf den Bänken zurecht. Der Kutscher rief: „Gut festhalten, hü!", aber seine Apfelschimmel reagierten nicht. Ein nochmaliges „Hü" und Peitschengeknalle versetzte die Pferde in Aufregung. Sie tänzelten hin und her, aber der Wagen kam nicht in Bewegung. Der Volkskammerpräsident bekam es nun mit der Angst: „Laßt uns absteigen. Der Wagen hält vor einem Berg." Alle kletterten herunter. Tatsächlich: die schlauen Pferde zogen klaglos den leeren Wagen den „Berg" hinauf, der höchstens anderthalb Meter hoch war.

Erneut nahmen wir zuversichtlich unsere Plätze auf dem Gefährt ein. Schon hörten wir wieder: „Hü, nun aber los!" Das gleiche Spiel wiederholte sich: die Pferde nahmen von der Aufforderung des Kutschers keinerlei Notiz. Dem mir schräg gegenüber sitzenden Direktor des Volkseigenen Gutes, Klaus Reichelt, stand der kalte Schweiß auf der Stirn: „Versteh' ich nicht, daß die Pferde nicht ziehen wollen", murmelte er kopfschüttelnd vor sich hin. Als es jetzt sogar Peitschenhiebe setzte und die Viecher trotzdem nicht anzogen, rief Krenz dem Kutscher zu: „Laß sein! Die Pferde scheuen vor dem frisch geschlagenen Holz", und zeigte auf einen am Wegesrand aufgeschichteten Holzstoß. „Wir steigen noch einmal ab, dann wird's funktionieren." Alle zeigten Verständnis für die mißliche Lage und räumten den Wagen. Siehe da: die Pferde zogen ihr Gefährt ohne Schwierigkeiten zwanzig Meter weiter und somit an dem Holzstoß vorbei. „Wird es nun endlich klappen?", fragte Frau Krenz leicht gereizt. „Ich nehme es an", antwortete Klaus Reichel wenig überzeugend. Es begann ein erneutes Zurechtrücken und Einpacken in die Decken. „Hü", rief der Kutscher mit überschnappender Stimme und knallte mit der Peitsche. Ein Pferd machte daraufhin Anstalten, sich ins Geschirr zu legen, fand aber leider keine Unterstützung von seinem Artgenossen. Der stand bockbeinig da, als ginge ihn die ganze Angelegenheit nichts an.

Jetzt hatte es Egon Krenz wohl auch satt, denn er entschied: „Wir gehen zu Fuß. Wie weit ist es bis Born?" „Acht Kilometer", antwortete ich. „Na, das werden wir wohl auch noch schaffen. Der Landforstmeister wird uns während des Fußmarsches Geschichten erzählen." An der Mimik der Frauen konnte ich allerdings etwas anderes ablesen. Trotzdem verschwieg ich wohlweislich, daß ich die Fahrzeuge am Großen Stern bereitgestellt hatte. Beim Wandern schaute ich mich ab und zu um: Der Abstand zwischen uns und dem Gespann vergrößerte sich immer mehr, als wollten die Pferde nichts mit uns zu tun haben.

Ich versuchte, die Gesellschaft mit Erzählungen über unseren Darßer Wald, die Tiere und die Jagd einigermaßen bei Laune zu halten, bis wir den Großen Stern erreichten. Plötzlich rief eine der Frauen voller Freude: „Oh, da stehen ja unsere Wagen. Das ist aber eine angenehme Überraschung! Ich habe mir schon eine Blase gelaufen." Ich schmunzelte in mich hinein. Als wir einstiegen, knurrte Klaus Reichelt: „Das Ganze ist mir aber verdammt peinlich." Eigenartig, dachte ich bei mir, daß zu einer Kutschfahrt immer Autos gehören müssen!

Halali nach der Wende

Ende der achtziger Jahre konnten wir besonders gute forstliche Ergebnisse auf dem Darß erzielen. Der Anteil der fertigen Kulturen betrug bereits über neunzig Prozent. Im Durchschnitt forsteten wir dreißig bis vierzig Hektar pro Jahr auf. Über hundert Hektar Jungbestandspflege reduzierten die durch Arbeitskräftemangel und ungenügenden Holzabsatz entstandenen Pflegerückstände. Trotz der zwanzigtausend Kubikmeter Holzeinschlag lag diese Nutzung noch unter dem Holzzuwachs. Es wurden durchschnittlich 3,8 Kubikmeter pro Hektar eingeschlagen, während 6,6 Kubikmeter Zuwachs nachgewiesen wurden.

Die stark angestiegenen Wildbestände erforderten einen verstärkten Abschuß. So wurden im Jahr 1988 zweihundertdreißig Stück Rotwild, fünfundsiebzig Stück Damwild, zweihundert Rehe und fünfhundertzehn Wildschweine in der Staatlichen Jagdwirtschaft, einschließlich der Reviere Zingst und Neuheide, erlegt.

Im Sommer 1989 besuchte uns Prof. Dr. Bernd Heydemann, Minister für Umwelt und Naturschutz in Schleswig-Holstein, in Begleitung des damaligen DDR-Ministers für Wasserwirtschaft und Umweltschutz, Dr. Reichelt. Heydemann war begeistert vom urwüchsigen Westdarß: „Sie können stolz darauf sein, daß Sie in dieser herrlichen Natur leben und arbeiten dürfen. Setzen Sie alles daran, daß dieses Kleinod nicht durch Menschenhand mutwillig zerstört wird!"

Draußen an der alten Jagdhütte ließen sich die Gäste Wildschwein am Spieß munden. Beim Abschied gab Heydemann zu verstehen, daß der Darß mit seiner einmaligen Schönheit es wert sei, zum Nationalpark erklärt zu werden. Er äußerte sich besorgt darüber, daß es leider schon viele Fälle gebe, in denen herrliche Landschaften sowohl im Westen als auch im Osten Deutschlands durch die Zivilisation zerstört seien. „Passen Sie auf", mahnte er nochmals, „daß so etwas nicht auch auf dem Darß passiert." Mir gab dieser Besuch Hoffnung, daß meinem Antrag, die Fläche des Naturschutzgebietes zu erweitern, endlich Rechnung getragen werden würde.

Doch zur Zeit gab es ganz andere Sorgen: Überall galt es, Schwierigkeiten in der Produktion zu meistern. Die Unzufriedenheit unter den Forstarbeitern nahm zu. Sie beklagten sich zu Recht über die unzurei-

chende Bereitstellung von Ersatzteilen für ihre Motorsägen, Rückemaschinen und Traktoren.

Die meisten Maschinen waren veraltet und schrottreif. Trotzdem verstanden es die Arbeiter immer wieder, sich einigermaßen zu behelfen,
was oftmals aber nur Flickschusterei bedeutete. Bei jeder Besprechung übten die Arbeiter heftige Kritik: man solle endlich genügend
Ersatzteile und neue Technik heranschaffen. Aber alle Berichte an die
vorgesetzten Dienststellen landeten offenbar im Papierkorb. Mißmut
und Ärger stiegen sowohl bei den Arbeitern als auch den Angestellten.
Hinzu kam, daß es auch an allen Dingen des täglichen Lebens mehr
und mehr mangelte. Wir verspürten es auf dem Dorf besonders. Es
fehlten Textilien, ja sogar Fleisch- und Wurstwaren in den Läden.
Obgleich die Urlauberzahl von Jahr zu Jahr stieg, war die Gastrono-
mie dürftig. Besonders verärgert waren die Bürger über die langen
Wartezeiten bestellter Autos sowie die beschränkten Reisemöglichkei-
ten in die Bundesrepublik und ins übrige „kapitalistische" Ausland.
Auch bei meinen Söhnen stieß ich des öfteren auf Unverständnis über
die Wirtschaftspolitik in der DDR.

Besonders mit Klaus, dem Oberförster, gab es häufig Auseinandersetzungen. Er brachte seinen Unmut auf den Oberförster-Dienstberatun-
gen öffentlich zum Ausdruck und kritisierte offen die Mißwirtschaft
der DDR. Ich sprang damals noch gutgläubig in die Bresche, um diesen Staat zu verteidigen. Klaus war bereits bei der Kreisleitung der
SED in Ungnade gefallen, weil er die Privilegien einiger führender
Genossen angeprangert hatte und außerdem keine politische Funktion
im Ort übernehmen wollte. Da die vorgeschriebene Berufung als
Oberförster durch den Staatlichen Forstwirtschaftsbetrieb auch von
der Zustimmung der Kreisleitung abhing, zögerte man monatelang, ob
das Risiko nicht zu groß sei, ihm die Leitung der Oberförsterei Barth
zu übertragen.

Auch zwischen dem ältesten Sohn Heino, inzwischen zum Korvetten-
kapitän befördert, und mir gab es in den letzten Jahren Meinungsverschiedenheiten. Er hatte sich ein Herzleiden durch die starken psychi-
schen Belastungen im Armeedienst zugezogen. Die Ärztekommission
riet ihm, entweder eine leichtere Funktion zu übernehmen oder ins
Zivilleben zurückzukehren. Er bat darum, ihm eine andere Planstelle
zu geben. Man ging auf seinen Wunsch nicht ein. Da drohte Heino,
aus der Partei auszutreten und nicht zur Wahl zu gehen. Das reichte
aus, um ihn postwendend aus der SED auszuschließen, ihn zu degra-

dieren und aus der Armee zu entlassen. Ich möchte vorwegnehmen: er wurde nach der Wende wieder rehabilitiert und erhielt seinen Dienstrang zurück.

Auch unser Sohn Uwe, Geschichts- und Sportlehrer in Neubrandenburg, wurde wegen seiner im Widerspruch zur Schulbehörde stehenden Ansichten an eine andere Schule versetzt. Er sagte zu mir wiederholt: „Solange Margot Honecker Bildungsministerin ist, wird es an unseren Schulen kaum einen Fortschritt geben."

Unser jüngster Sohn Jörg hatte inzwischen als Oberforstmeister eine leitende Funktion in der Bezirksverwaltung. Da seine Frau Ute, die aus Oberhof stammte und dort als Friseuse im Hotel „Panorama" tätig gewesen war, gern wieder in ihrem Beruf arbeiten wollte, bewarb sie sich in dem neugebauten Gewerkschaftsheim Graal-Müritz. Sie erhielt nach Einreichen des geforderten Fragebogens die Zusage, dort arbeiten zu dürfen. Eines Tages kam sie weinend zu mir und erzählte, man habe ihr entgegen der ursprünglichen Zustimmung eine Absage erteilt. Mir war klar, daß nur Harry Tisch dahinterstecken konnte. Er hatte dieses neue pompöse Heim, in erster Linie für Spitzenfunktionäre der Gewerkschaft gedacht, mit Gewerkschaftsgeldern bauen lassen und verbrachte hier oftmals mit seinem Politbüro-Genossen Günter Mittag seine Urlaubstage. Als er davon erfuhr, daß ausgerechnet die Schwiegertochter des Landforstmeisters Martens vom Darß als neue Friseuse eingestellt werden solle, wurde dieses Vorhaben sofort unterbunden. Seiner Meinung nach hätte dann die Gefahr bestanden, daß die auf dem Darß jagenden Politbüromitglieder von seinem Tun und Treiben im FDGB-Heim erfahren könnten.

Ute schrieb eine Staatsratsbeschwerde und setzte damit ihre Einstellung als Friseuse durch. Nach einigen Wochen kündigte sie allerdings wieder, da ihr das gesamte Klima nicht zusagte. Es drehte sich im Heim alles nur um das Wohl und Wehe der Herren Genossen Harry Tisch und Günter Mittag.

Das Jahr 1989 ließ keinen Zweifel mehr daran, daß sich die Mehrheit der Bevölkerung ein besseres Leben wünschte. Immer mehr Bürger, so auch in Born, stellten Ausreiseanträge. Besonders die jungen Menschen hatten es satt, immer nur gegängelt zu werden. Sie wollten endlich reisen dürfen, um auch Lebenserfahrung in der Bundesrepublik und in anderen Ländern sammeln zu können.

Einige Jagdgäste, so der Finanzminister Höfner und Außenhandelsminister Beil, hatten mehrmals durchblicken lassen, daß die Wirtschaftslage in der DDR sehr angespannt sei. Um ehrlich zu sein, ich erhoffte mir noch bis zur letzten Minute eine Wende zum Besseren. Unser Sohn Klaus prophezeite mir allerdings schon einen völligen Zusammenbruch der Wirtschaft. Mit Jörg stritt ich, weil er die blutigen Auseinandersetzungen mit den Studenten in China verurteilte.

Als in den Städten Hunderttausende von Menschen auf die Straße zogen und für Freiheit und Demokratie demonstrierten, fiel es endlich auch mir wie Schuppen von den Augen. Am 2. November 1989 fand eine Einwohnerversammlung in Born statt. Der Saal konnte die Menschen kaum fassen, die ihrem Zorn endlich freien Lauf lassen wollten. Es wurde die Forderung erhoben, der SED keine Überlebenschancen mehr einzuräumen. Einige kritisierten die unzureichende Versorgung der Borner mit Fleisch, Lebensmitteln und Textilien. Eine Bürgerin stand auf und rief: „Ist es denn nötig, daß die Staatliche Jagdwirtschaft ständig neue Autos erhält, während wir über zehn Jahre warten müssen?" Ein anderer schrie dazwischen: „Am besten eine Raupe nehmen und das Gebäude der Staatsjagd, diesen Mist, zusammenschieben!" Schon meldete sich eine andere Einwohnerin zu Wort: „Wieso kommen dauernd Minister auf den Darß, um die armen Rehe totzuschießen?" Sie erhielt tosenden Beifall.

Eine andere Frau stand auf und stellte mir die Frage: „Herr Martens, welche Konsequenzen ziehen Sie aus der politischen Lage in der DDR?" Ich erhob mich und brachte unter anderem zum Ausdruck, daß für mich eine Welt zusammengebrochen sei. Deshalb würde ich sofort alle gesellschaftlichen Funktionen, auch die des Abgeordneten, niederlegen. Ich hätte eingesehen, daß ich für eine falsche Politik eingetreten sei.

Ich war in der Tat über fünfundzwanzig Jahre Abgeordneter in Born und noch länger Vorsitzender des Ortausschusses der Nationalen Front gewesen. All die Jahre hatte ich mir immer wieder eingeredet, unsere „Wahlen" bewiesen wahre Demokratie, weil die Kandidaten der einzelnen Parteien in der Bevölkerung lange vorher schon zur Diskussion gestanden hätten. Sie konnten vor und sogar nach der Wahl von den Einwohnern abgelehnt oder abgewählt werden, wenn sie ihre Aufgaben nicht erfüllten. Aber im Nachhinein kam mir zum Bewußtsein, daß ich Opfer einer Lebenslüge geworden war. Die SED allein hatte den Verteilerschlüssel in der Hand, der die Zusammensetzung der Parlamente bestimmte; somit sicherte sie sich immer den führenden Platz in der Politik. Tief erschüttert mußte ich mir jetzt eingestehen, daß ich zum zweiten Mal falschen Propheten aufgesessen war. Hitler hatte mich als jungen Menschen für seine menschenverachtenden Ziele an die Front geschickt; danach hatte ich vierzig Jahre lang geglaubt, mich für einen demokratischen Staat einzusetzen: ein fundamentaler Irrtum, wie ich jetzt einsehen mußte.

Auch in den anderen Ortschaften des Darß führte man Einwohnerversammlungen durch, auf denen die Bürger Dampf abließen. Erneut stand die Staatliche Jagdwirtschaft am Pranger. Ein Prerower Einwohner rief in den Saal: „Laßt uns aus der Jagdhütte eine Bockwurstbude machen, dann haben die Wanderer wenigstens was davon!"

Wie in Born forderten auch hier die Versammelten unter anderem eine sofortige Öffnung der gesperrten Waldwege. Sie verlangten, da der Wald dem Volke gehöre, auch überall wandern zu dürfen. Die Borner Bürgermeisterin plädierte dafür, im Verwaltungsgebäude der Staatlichen Jagdwirtschaft eine Wildgaststätte einzurichten, was die Zustimmung des Gemeindeparlamentes fand.

Am 7. November 1989 schrieb ich an die Bürgermeisterin „...auf der Einwohnerversammlung am 2.11.89 habe ich öffentlich erklärt, daß ich die Konsequenzen aus meiner bisherigen gesellschaftlichen Arbeit ziehen werde. Ich habe immer im Glauben gehandelt, die Beschlüsse von Partei und Regierung mitverwirklicht zu haben. Auch in Born wurde im Rahmen der ‚Nationalen Front' dank des Fleißes unserer Bürger vieles geschaffen. Ich war stolz auf das in der DDR Erreichte. Der Lebensstandard stieg in meinen Augen von Jahr zu Jahr. Die SED und die Regierung berauschten sich an den Erfolgen. Alles Negative, alle Kritiken wurden von ihnen in den letzten Jahren immer weniger beachtet. Lobhudelei und Schönfärberei wurden gezüchtet. Überheblichkeit, Nichtbeachten der vielen Wünsche, Sorgen, Hinweise und Kritiken führten zu einer tiefen Kluft zwischen Partei und Volk. Das Vertrauen zur SED schwand immer mehr, so daß es zu einem machtvollen Volksaufstand kommen mußte, so wie wir ihn zur Zeit erleben. Es tut mir in der Seele weh, daß es einem erst jetzt wie Schuppen von den Augen fällt. Auch ich bekenne mich zu vielen Fehlern in meiner politischen Arbeit. Schlußfolgernd aus diesen gewonnenen Erkenntnissen gebe ich hiermit mein Mandat (seit 1962) als Gemeindevertreter zurück, in der Hoffnung, daß ein jüngerer an meine Stelle tritt, der sich für das Wohl und die Belange unserer Bürger in unserer Gemeinde besser einsetzt, so daß solche Fehler, wie ich u.a. aufzeigte, sich nie wiederholen können..."

Einige Einwohner aus Wieck forderten, die Gebäude der Staatlichen Jagdwirtschaft zur Besichtigung freizugeben. Dem stimmte ich sofort guten Gewissens zu. Die Delegation nahm alle Räume des Forsthauses in Augenschein und mußte zugeben, daß es hier keinerlei Prunk gab. Einer von ihnen rief: „Hier soll es irgendwo einen großen Weinkeller geben!" Ich zeigte ihnen unsere kleine Getränkekammer mit ein paar Flaschen Spirituosen und einigen Kästen Bier; im Keller selbst waren nur Kohlen und Holz zu besichtigen.

Ein anderer Wiecker öffnete die Tiefkühltruhe und rief aufgeregt: „Schaut her, wieviel Fleisch hier gehortet wird, alles fertig abgepackt!" „Möchten Sie etwas davon haben?", fragte ich ihn. „Mit Appetit werden Sie es allerdings kaum essen, denn es stammt von verworfenen Tieren und ist für die Hunde bestimmt." Schnell ließ er die Klappe der Truhe zufallen und zog kleinlaut davon.

Die Jagdhütte, aus der einige eine Gaststätte machen wollten, ließ ich gleichfalls besichtigen. Auch hier waren keine Kostbarkeiten zu entdecken. Die schrägen Wände in den Gästezimmern gaben den Ausschlag: die Jagdhütte eignete sich nicht für einen Hotelbetrieb, zumal sie auch viel zu weit von der nächsten Ortschaft entfernt lag.

Einige Tage später begann eine sechswöchige staatliche Finanzrevision durch fünf Revisoren. Jede Rechnung der letzten Jahre, alle Wildursprungsscheine, der Wildverkauf, der Belegdurchlauf, die Wareneingänge, Materialvorräte, Inventuren, Maschinen, Geräte, Fahrzeuge, die Benzin- und Dieselvorräte sowie deren Verbrauchsnachweise, die Gebäude, der Kostenverbrauch und dergleichen mehr wurden in Augenschein genommen. Die Revision ergab, daß auch nicht eine Mark in private Taschen geflossen oder irgendeine unreelle Sache vorgekommen war. Unsere jährlich exakt durchgeführte Inventur imponierte sogar den Revisoren.

Die Jäger wurden ebenfalls unruhig und brachten verstärkt ihren Unmut über die Staatsjagdgebiete zum Ausdruck. Jahrelang waren ihnen die besten Gebiete vorenthalten worden. Im Nachhinein vertrete ich den Standpunkt: Jagdgebiete für Privilegierte wird es immer geben, solange die Jagd ausgeübt wird. Es dürfen solche Gebiete nur nicht mit Staatszuschüssen finanziert werden, wie es in der DDR üblich war. Kein Jagdgast, weder aus dem In- noch aus dem Ausland, zahlte für Unterkunft, Verpflegung und Jagdausübung bei uns auch nur einen Pfennig, geschweige denn für die Trophäe. Alle Trophäen durften die Gäste kostenlos mit ins Ausland nehmen.

Die Staatsjagdgebiete entstanden seinerzeit auf gesetzlicher Grundlage. Nicht genug, daß so den Jagdgesellschaften wertvolle Jagdflächen entzogen wurden, nein, hinzu kam noch: in jedem Bezirk und fast in allen Kreisen nahmen sich bestimmte Parteifunktionäre das Recht heraus, illegale Gebiete zu schaffen, um ihrer Jagdleidenschaft zu frönen.

Zu Recht atmeten die Jäger in den Jagdgesellschaften auf, als diesem Spuk ein Ende bereitet wurde. Als ich die Nachricht von Berlin erhielt, daß im November 1989 alle Staatsjagdgebiete aufgelöst würden, nahm ich das mit gemischten Gefühlen auf. Auf der einen Seite war ich vom Alpdruck befreit, ständig für Staatsgäste bereitstehen zu müssen, Jagdeinsätze zu organisieren und möglichst hohe jagdliche Erfolge zu garantieren. Ich hatte ständig in der Angst gelebt, daß ein Jagdunfall mit Gästen passieren und ich womöglich deswegen unschuldig zur Rechenschaft gezogen werden könnte. Endlich brauchte ich nicht mehr jedes Wort auf die Goldwaage zu legen, um mir ja nicht bei einem Politbüromitglied, einem Minister oder einem anderen Prominenten die Zunge zu verbrennen. Auch der elende Jagdneid zwischen den hohen Funktionären brauchte mich nicht mehr zu kümmern. Wie oft hatte ich organisatorische Klimmzüge machen müssen, damit sich bestimmte Leute nur ja nicht begegneten! Erst recht durfte keiner vom jagdlichen Erfolg des anderen erfahren, weil sie sonst unweigerlich ihren Ärger an mir ausgelassen hätten.

Meine größte Freude aber war, endlich den Bann des Schweigens brechen und wieder Kontakt mit meiner Schwester in der Bundesrepublik aufnehmen zu können. Die Situation war jahrelang grotesk gewesen: Staatsgäste aus Westdeutschland mußte ich zur Jagd führen, meiner eigenen Schwester durfte ich nicht einmal schreiben.

Ich befürchtete allerdings, daß durch die Aufhebung der Wege- und Flächensperrungen ein wilder Tourismus einsetzen könnte, dem viele Schönheiten auf dem Darß zum Opfer fallen würden. Es ist sicher kein Zufall, daß im Frühjahr 1990 kein Jungadler mehr beobachtet wurde. In Schleswig-Holstein, so hatte mir Minister Heydemann erzählt, würden die Seeadlerhorste rund um die Uhr bewacht, um jegliche Störungen durch Menschen zu unterbinden. Ähnliche Maßnahmen bei uns einzuführen, wäre meines Erachtens notwendig. Das gilt sinngemäß auch für den Schutz einiger Flächen wie „Darßer Ort" und „Hohe Düne" in Zingst.

Unser Sohn Klaus hatte inzwischen das Rote Kreuz gebeten, Nachforschungen über meine Schwester Jenny anzustellen. Schon nach vierzehn Tagen erhielten wir ihre Anschrift aus Köln. Ich schrieb sofort an sie und bekam postwendend Antwort. Sie bat uns in dem Brief, sie sofort zu besuchen.

Wir freuten uns riesig über das erste Lebenszeichen nach so vielen Jahren. Heino, unser ältester Sohn, und Regina, seine Frau, boten sich an, Marga und mich nach Köln zu fahren. Nach einer aufregenden Fahrt in ihrem alten Mercedes einschließlich zweimaliger Reifenpanne kamen wir mit mehrstündiger Verspätung an. Mit Herzklopfen klingelte ich an der Tür des Hauses unweit des Kölner Doms. Endlich lagen wir uns in den Armen. Mir rannen vor Freude die Tränen über die Wangen. Nach zwanzigjähriger Trennung sahen wir uns endlich wieder! Immer wieder schauten wir uns an: die Jahre hatten uns verändert. Bei einer zufälligen Begegnung auf der Straße hätten wir uns wohl kaum wiedererkannt. In dieser Nacht kamen wir kaum zum Schlafen. Es gab zu viel zu erzählen, Freudiges und Schmerzliches.

Jenny verstand nicht, warum ich ihr nicht schreiben durfte. „Hast du denn damals meinen Brief mit der Todesanzeige meines Mannes nicht erhalten?" wollte sie wissen. „Tut mir leid, ich weiß von keinem Brief. Ich nehme an, daß er von der STASI unterschlagen wurde, um zu verhindern, daß ich mit dir Kontakt aufnahm."

Am nächsten Tag schauten wir uns die große Stadt an. Ich war überwältigt vom Kölner Dom und vom Rheinufer. Die unzähligen Gaststätten, Geschäfte und Kaufhäuser, der gewaltige Autoverkehr, die gepflegten Häuser und Straßen ließen den Reichtum der Bundesrepublik erahnen. Was ich hier sah, öffnete mir die Augen: man hatte uns jahrzehntelang belogen und betrogen und uns weisgemacht, mit unserem angeblich stetig steigenden Lebensstandard die westlichen Länder bald überholen zu können.

Ob es neben allem Negativen auch Vorbildliches und Bewahrenswertes in diesem Staat gegeben hat, wird heute noch niemand gültig beantworten können. Diese Bewertung mag deshalb einer späteren Geschichtsschreibung vorbehalten bleiben.

Ein Paradies am Meeresstrand

Ich schreibe nun die letzten Seiten meines Buches bereits im Ruhestand. In einer der letzten Amtshandlungen der damaligen DDR-Regierung wurde das Gebiet zwischen Fischland, Darß, Zingst, Hiddensee und Rügen zum „Nationalpark Vorpommersche Boddenlandschaft" erklärt.

Die Begründung dafür ist unter anderem darin zu suchen, daß sich hier in Europa einmalige Biotope finden. Wunderschöne Wattlandschaften, gespenstische Moore und Wälder, malerische Salzgraswiesen und sensible Wanderdünen. Abgeschiedene Brut- und Rastplätze erleichtern vielen Vogelarten die ungestörte Aufzucht ihrer Jungen. Immer wieder ziehen die skurril gewachsenen Windflüchter am Darßer Weststrand Maler, Fotografen und Wanderer in ihren Bann. Man kann sich vorstellen, daß die Urwüchsigkeit dieser Landschaft wie ein Magnet auf Touristen aus nah und fern wirkt. Dieses Fleckchen Erde ist ohne Zweifel eine der schönsten Landschaften unserer Heimat, für die es weltweit nichts Vergleichbares gibt. Aus diesem Grunde verdient dieser besondere Lebensraum auch besonderen Schutz.

Keine Frage, daß diese urwüchsige Landschaft nicht zersiedelt oder gar mit Hotelbunkern wie am Mittelmeer zubetoniert werden darf. Auch ein ungebremster Massentourismus würde die natürliche Entwicklung empfindlich stören. Die Nationalparkverwaltung muß darauf achten, daß Wirtschaft und Tourismus mit den Anforderungen des Naturschutzes in Einklang gebracht werden. Eine intakte Landschaft und sauberes Wasser sind wohl das wichtigste Erbe, das wir unseren Kindern schuldig sind. Der größte Reichtum eines Landes sind nun mal seine Natur und seine Umwelt, die es zu erhalten und da, wo sie bereits gestört sind, wiederherzustellen gilt. Dieses ideelle Kapital ist die wichtigste Existenzgrundlage für eine Landschaft und ihre Menschen.

Zunehmend beginnt sich die Erkenntnis durchzusetzen, daß wirkliche Lebensqualität in Zukunft nur noch mit und nicht gegen die Natur gewonnen werden kann. Eine große Aufgabe des Nationalparks wird also darin bestehen, Mißhandlung, Ausbeutung und Verödung unserer Landschaft zu verhindern. Dazu gehört auch die Verpflichtung, den Rückgang oder das Aussterben von Pflanzen und Tieren zu unterbinden. Noch kann man zum Glück nicht von einer Zersiedlung unserer

Halbinsel sprechen, denn große Bereiche haben noch ihren ursprünglichen Charakter behalten.

Trotz mancher Schattenseiten – etwa in den ehemaligen militärischen Sperrgebieten auf dem Darß – hat sich relativ ungestört eine vielfältige Natur entwickeln können. Zu ihrer Erhaltung ist es notwendig, die Wanderer auf gut hergerichteten Wegen an die Naturschönheiten heranzuführen, damit sie keine Trampelpfade in der Landschaft hinterlassen. Die Nationalparkverwaltung gibt sich redliche Mühe, den Besuchern die ganze Vielfalt von Flora und Fauna auf dem Darß nahezubringen. Wer Erläuterungen wünscht, kann sich einer organisierten Führung anschließen; wer die Einsamkeit liebt, kann auch allein zu Fuß oder mit dem Fahrrad den Nationalpark durchstreifen. Die Darßbahn, ein kleiner Bummelzug auf Rädern, erschließt von Prerow aus schöne Fleckchen bis hin zur Nordspitze der Halbinsel.

Um den Lebensraum für Tiere und Pflanzen nicht zu gefährden, legt die Nationalparkverwaltung systematisch solche Wege für Fußgänger und Radfahrer an und lenkt so den Touristenstrom in vernünftige Bahnen, ohne den Gästen das unmittelbare Erlebnis von Flora und Fauna zu nehmen. Der während meiner Amtszeit angelegte „Bibersteig" und die neuen Wege führen deshalb nicht schnurgerade durch den Wald. Alten Pfaden folgend, schlängeln sie sich durch die Bestände, so daß der Urlauber sich an der ganzen Schönheit des Darßer Waldes erfreuen kann. Er läßt sich faszinieren von vielfältigen und abwechslungsreichen Waldbildern, denn er durchstreift keine monotonen Nadelgehölze, sondern wandert an immer wieder anderen Holzarten vorüber: Kiefer, Erle, Buche, Birke oder Eichen. Typisch für den Darß sind auch der hohe Adlerfarn, der Wacholder, mit Efeu umrankte Bäume und Heide. Kann man sich einen schöneren Wald vorstellen?

Auch die zauberhafte Landschaft am Weststrand beeindruckt jeden Wanderer. Er entdeckt hier „Windflüchter-Bäume" mit landeinwärts zeigenden fahnenartigen Wipfeln. Sie lassen ahnen, welch gewaltigen Stürmen sie ausgesetzt sind. Am Strand finden sich vom Wasser abgeschliffene knorrige Baumreste. Alles liegt wild durcheinander; hier und da Äste und Stämme, halb schon vom Strandsand überweht. Wer hier wandert, dem erschließt sich diese urwüchsige Natur in ihrer ganzen Schönheit. Nur gut, daß hier zerstörerische "Küstenschutzmaßnahmen", wie sie in diesem Buch geschildert wurden, unterblieben sind – selbst wenn die Fluten immer wieder Bäume entwurzeln oder Landstreifen der Küste entreißen.

Wandert man weiter nach Norden, erreicht man die Nordspitze der Halbinsel: dort, wo das der Westküste entrissene Land wieder angespült wird. Wir befinden uns hier im größten Landwerdungsgebiet Europas, in dem die Natur immer wieder neue Dünen, Lagunen, kleine Seen und Sumpfniederungen gestaltet. Ein unablässiges Wachsen der Halbinselspitze ist das für diese Naturlandschaft typische Ergebnis. Am „Darßer Ort" bietet sich dem Wanderer ein besonders eindrucksvoller Blick auf dieses einzigartige Naturschauspiel.

Wenn man die Nordspitze der Halbinsel umwandert hat, lohnt es sich, den aus den Dünen hochragenden Leuchtturm anzusehen. Er hat die vielen Weststürme und die eisigen Ostwinde seit 1848 überstanden. Der 35 Meter hohe Backsteinbau weist mit seinem weithin sichtbaren Leuchtfeuer noch immer den sicheren Weg durch die Darßer Sandbänke, die ehemals bei schwerer See schon manchem orientierungslosen Schiff zum Verhängnis geworden waren.

Wer am Leuchtturm steht, sollte nicht versäumen, hineinzugehen. Die Nationalparkverwaltung und das Meereskundliche Museum Stralsund haben im Inneren mit viel Engagement eine sehenswerte Ausstellung eingerichtet. Die Schaukästen geben einen Überblick über die auf dem Darß und an der Küste lebenden Tiere; viele davon sind naturgetreu im Original präpariert.

Ist man vom Wandern und Schauen hungrig und durstig geworden, kann man in der gemütlichen kleinen Gaststätte am Fuße des Leuchtturms einkehren und sich die für unsere Küste typischen Gerichte und Getränke servieren lassen.

Auch unsere Dörfer auf dem Darß sind es wert, besucht zu werden oder vielleicht sogar dort den Urlaub zu verbringen. So ist Born ein idyllisch gelegener Ort, der sich zwischen Wald und Bodden erstreckt. Die reetgedeckten kleinen Häuser des einstigen Bauern-, Fischer- und Seefahrerdorfes mit ihren herrlichen geschnitzten Türen und verzierten Giebeln erinnern an vergangene Zeiten. Wer baden möchte, findet dazu Gelegenheit am Bodden und auch am sechs Kilometer entfernten Ostseestrand. Mit Kutschfahrten und Schiffstörns kann man die Umgebung erkunden. Kultur wird ebenfalls großgeschrieben. Im Sommertheater spielen bekannte Schauspieler heitere und anspruchsvolle Stücke; die sehenswerte reetgedeckte Fischerkirche ist Veranstaltungsort für Konzerte und Vorträge. Auch zum Surfen, Segeln, Reiten, Campen und Angeln ist Gelegenheit.

Ähnlich sieht es in dem kleinen Ort Wieck aus. Hier wird der Urlauber in die Ausstellung des Nationalparks eingeladen. Lichtbilder geben dem Besucher einen umfassenden Überblick über Fauna und Flora im „Nationalpark Vorpommersche Boddenlandschaft."

Eines der schönsten Fleckchen Erde an der Ostseeküste ist mein Geburtsort Prerow im Herzen der Darßlandschaft. Dieses ruhige, erholsame Seebad zeichnet sich durch sein einmaliges Ortsbild aus. Von Gräben durchzogene Wiesenflächen unterbrechen im gesamten Ort immer wieder die schmucken Häuserreihen – wo gäbe es Vergleichbares? Kleine verträumte Wege am „Alten Strom", geschwungene Holzbrücken über den Prerower Strom, auf dem sich Wildenten und Schwäne tummeln, und der romantische Dünenwald geben Prerow sein unverwechselbares idyllisches Gepräge. Wer über die Düne wandert, den überrascht ein herrlich breiter, steinfreier Strand. Der saubere weiße Sand lädt zum Baden ein. Lagen vor der Wende in der Urlaubszeit die Menschen dicht an dicht gedrängt am Wasser, macht das Baden heute wieder Spaß – so, wie ich es aus meiner Jugendzeit her kenne: genügend Platz zum Sonnenbaden, Ballspielen oder zum Strandlaufen.

Wer im Ort verweilen möchte, sollte die Gelegenheit nutzen, einen Blick ins Heimatmuseum zu werfen. Viele Schaukästen, Präparationen, Ausstellungsstücke und Bilder füllen die Räume. Die langjährige Leiterin des Museums, Frau Trauschieß, und ihre Mitarbeiter sorgen dafür, daß sich jeder Besucher einen Überblick über die Geschichte von Ort und Darß verschaffen kann. Ebenso sehenswert ist die 1728 erbaute Seemannskirche in Prerow. Den Innenraum schmücken ein Barockaltar und holzgeschnitzte Segelschiffe aus dem 19. Jahrhundert.

Auf dem Weg in Richtung Zingst sollte man nicht versäumen, die höchste Erhebung auf dem Darß, die „Hohe Düne" zu besteigen, um hier einen herrlichen Ausblick auf Ostsee und Dünen zu genießen. Bei gutem und klarem Wetter kann man sogar die Insel Hiddensee erkennen. Auf der der Ostsee gegenüberliegenden Seite schlängelt sich der Prerower Strom durch die malerische Wiesenlandschaft. Wer besonderes Glück hat, sieht den Seeadler majestätisch seine Kreise ziehen. In den Wiesen grasen die jüngsten Bewohner unserer Halbinsel, schottische Hochlandrinder. Die „Highlands" leben das ganze Jahr über im Freien, sind sehr genügsam und kommen mit geringwertigem Futter aus. Auch hier hat man den Ideen des Nationalparks entsprochen, auf umweltfreundliche, kostengünstige und optisch attraktive Art das Gras auf den Außendeichanlagen abweiden zu lassen.

Beliebt bei den Urlaubsgästen ist eine zwischen Prerow und Zingst gelegene Stelle, die heute noch von Gräben umzogene alte Burgwälle wendischen Ursprungs erkennen läßt. Hier stand einstmals die Burg, in der sich der Sage nach der Seeräuber Klaus Störtebeker zwischen seinen Beutezügen versteckt hielt.

Mit landschaftlichen Schönheiten kann auch das zwischen Meer und Bodden liegende Ostseebad Zingst aufwarten. Der steinfreie Badestrand, die Boddenküste und die Inseln, der „Osterwald" und vor allem die klare Luft machen den Urlaub zu allen Jahreszeiten erholsam. Der idyllisch gelegene Hafen am Bodden zieht die Wassersportler in seinen Bann. Fahrgastschiffe dienen den Gästen, um die nähere Umgebung kennenzulernen. Erstaunlich, wie sich Zingst in der kurzen Zeit nach der Wende bereits verändert hat. Emsig sind die Einwohner bemüht, ihren Häusern ein neues, freundlicheres Gesicht zu geben. Beim Spaziergang durch den Ort kann man viele neu entstandene Pensionen, Restaurants und Ladengeschäfte bewundern.

Wer Deutschlands größten, sich über achthundert Quadratkilometer ausdehnenden „Nationalpark Vorpommersche Boddenlandschaft" im Herbst besucht, sollte von Zingst aus in die östlichste Spitze der Halbinsel Darß fahren. Hier erwartet ihn eines der schönsten Naturschauspiele: tausende Kraniche finden sich hier am Wasser ein, bevor sie gen Süden nach Spanien oder Nordafrika in ihre Winterquartiere fliegen. Ornithologen haben bereits bis zu vierzigtausend dieser grazilen Vögel gezählt, die sich hier versammeln. Dieser Kranichschlafplatz an der Ostspitze von Zingst ist der mit Abstand größte an unserer Küste. Weithin vernimmt man das Trompeten dieser stolzen Vögel, wenn sie kurz vor Sonnenuntergang vom Land her einfliegen. Bis in den November hinein wiederholt sich allabendlich dieses grandiose Naturschauspiel. Nach und nach brechen dann die Kraniche gen Süden auf. Sie verabschieden sich für ein Jahr, um uns im nächsten wieder zu erfreuen.

So stellt diese von der Ostsee und dem Bodden umspülte kleine Halbinsel mit ihrer einmalig abwechslungsreichen Landschaft ein Fleckchen Erde dar, das für jeden, der einmal seinen Urlaub hier verbrachte, eine stille Liebe bleiben wird.

Der Darß liegt nicht am Amazonas

D er Darß gilt einerseits als ökologisches Kleinod, wurde aber andererseits als Touristenziel immer beliebter. In diese gegenläufigen Strukturen hinein wurde mit der Wiedervereinigung der Nationalpark „Vorpommersche Boddenlandschaft" proklamiert Dazu gibt es heute keine Alternative mehr. Nur strenge Schutzmaßnahmen ermöglichen, daß Industrie, Landwirtschaft und Tourismus in umweltverträglichen Grenzen gehalten werden. Alles, was Bürger oder Gemeindeparlamente falsch anpacken, wird sich später rächen, denn es ist oft kaum noch rückgangig zu machen. Auch die Bewohner haben ökonomisch keine andere Wahl: ihre Haupterwerbsquelle bildet der Fremdenverkehr, der nur dann eine Chance hat, wenn er naturverbunden bleibt.

Dennoch klingt nicht jedem das Wort „Nationalpark" wie Musik in den Ohren. Mancherlei Kontroversen wurden bisweilen recht emotional ausgetragen; auch die Ideen der Nationalparkverwaltung werden sich gewiß nicht von heute auf morgen verwirklichen lassen, sondern nur Schritt für Schritt Konturen annehmen können. Ohne des Försters hilfreiche Hand ist kein sinnvoller Naturschutz auf dem Darß denkbar, zumal man den verhältnismäßig kleinen Wald unserer Halbinsel nicht mit dem riesigen Naturpark „Bayrischer Wald" vergleichen kann.

Gemeinsames Ziel aller sollte sein, den Darßer Wald in seiner ganzen Ursprünglichkeit und Einmaligkeit zu erhalten. Ein folgenschwerer Irrweg wäre es, wenn der Nationalpark, wie ursprünglich angestrebt, sämtliche forstlichen Pflegemaßnahmen unterbindet. Blieben alle von einem Sturm – und den erleben wir hier immer wieder – gefällten Bäume unaufbereitet liegen, darf niemand glauben, die Natur schaffe einen neuen Wald. Vielmehr würden Forstschädlinge wie zum Beispiel der Waldgärtner binnen kurzem die gesunden Bäume vernichten.

Um die Jahrhundertwende, so schrieb der langjährige Bewirtschafter des Darßer Waldes, Ferdinand Freiherr v. Raesfeld, hatten sich infolge mangelnder Pflege über zweitausend Hektar Kahlflächen auf dem Darß gebildet! Man wanderte nur noch durch ein Farnkrautmeer links und rechts der Wege. Ein solches Bild würde uns in Kürze wieder drohen, wenn wir nicht mit forstlicher Hand die Natur unterstützen, denn alle über achtzigjährigen Bestände auf dem Darß stammen noch aus den Aufforstungen v. Raesfelds. Die schon einmal begangenen Fehler dürfen sich nicht wiederholen!

Einen in solch langer Tradition gepflegten Wald kann man nicht sich selbst überlassen. Selbstverständlich muß jede entstandene Lücke mit naturgemäßen Holzarten ausgefüllt werden – in erster Linie mit Laubhölzern. Auch kleine Kahlschläge in Fichten- und Sitkafichtenbeständen können so aufgeforstet werden, daß ein noch mehr mit Laubholz durchsetzter Wald entsteht. Die meisten Kiefernstangenhölzer lassen sich ebenfalls mit Buchen unterbauen. Das alles aber geschieht nicht im Selbstlauf. Forstliche Maßnahmen generell zu unterlassen, wäre nichts anderes als naive romantische Träumerei mit schlimmen Folgen. Sie würde unweigerlich zerstören, was sie zu schützen vorgibt.

Ein nicht minder gravierendes Problem stellt die Wasserführung auf dem Darß dar. Gewiß sind vor der Wiedervereinigung folgenschwere Fehler gemacht worden. Eine übertriebene Melioration zugunsten der landwirtschaftlichen Nutzung hat unsere Landschaft an einigen Stellen negativ beeinflußt – auch im Wald könnte man solche Beispiele anführen. Das darf jedoch nicht dazu verleiten, ins andere Extrem zu verfallen und die Entwässerung gänzlich einzustellen. Die Folge wäre, daß der Wasserspiegel erheblich stiege und viele Standorte unrettbar vernäßten – ein Rückfall in die mir während meiner Amtszeit aufgezwungenen Zustände. Sie waren vor allem verantwortlich für die gewaltigen Orkanschäden des Jahres 1967.

Als Ergebnis der Ursachenforschung mußte ich damals verstärkt Meliorationsmaßnahmen durchführen, um zukünftigen Sturmschäden in einem solchen Ausmaß vorzubeugen. Dadurch wurden die vorher unter Wasser stehenden Kahlflächen wieder aufforstbar gemacht. Hatten wir damals als Folge der Nässe zu beklagen, daß jedes zweite Reh von Leber-Egeln befallen war, so trat diese Krankheit so gut wie nicht mehr auf, als die Wiesen trocken waren. Auch hier ist der goldene Mittelweg der einzig richtige: das vorhandene Grabennetz sollte so in Ordnung gehalten werden, daß sich das Wasser in Trockenperioden stauen läßt und in nassen Jahreszeiten abfließen kann.

Seit dem 1. Januar 1996 ist das Forstamt Born mit der Nationalparkverwaltung zu einem Nationalparkamt vereinigt worden. Die vorherige Doppelgleisigkeit hat damit glücklicherweise ein Ende gefunden. Das Nationalparkamt setzt sich das Ziel, einen „natürlichen" Wald aufzubauen. Bis das erreicht ist, werden wohl mehr als hundert Jahre ins Land gehen; denn ein so lange gepflegter Wald läßt sich nicht in kurzer Zeit umwandeln. Immer wieder wird es der Forstmann sein, der mit geschickter fachlicher Hand der Natur hilft, einen mit einheimischen Holzarten aller Altersklassen durchsetzten Wald zu schaffen.

Ich selber hoffe darauf, daß nicht alles umsonst gewesen sein möge, was meine Revierförster, meine Waldarbeiter und ich in den drei Jahrzehnten meiner Amtszeit geschaffen haben. Vielleicht gelingt es mit Hilfe aller Einsichtigen, das Erhaltenswerte zu schützen und unnötige Fehler zu vermeiden. Wie einst mir, möge es auch dem Nationalparkamt vergönnt sein, viele Jahre die forstlichen und jagdlichen Geschicke zum Wohle der wunderschönen Darßlandschaft zu steuern und die verantwortungsvolle Erhaltung unserer Natur nie aus dem Auge zu verlieren.

Ein hohes Ziel zum Wohle aller Freunde des Darß, dem ich mich wie meine Vorgänger – vom Freiherrn v. Raesfeld bis zu Franz Mueller – mein Leben lang zutiefst verpflichtet fühlte.

351

Jagdliche Fachbegriffe

ableuchten	➥Mit dem Fernglas das Gelände absuchen
abnicken	dem Wild mit der blanken Waffe, z. B. mit dem Jagdmesser, den ➥Fangstoß geben
abschlagen	➥Trophäe vom Schädel des erlegten Wildes trennen, meistens mit einer Knochensäge
Abzug	Hebel an Feuerwaffen zum Auslösen eines Schusses
Alttier	Weibliches Tier der Hirscharten vom dritten Lebensjahr an
anschneiden	Anfressen des Wildes durch ➥Raubwild, ➥Schwarzwild oder ➥Raubzeug
ansprechen	Wild erkennen und beurteilen hinsichtlich Wildart, Geschlecht, Alter, Gesundheitszustand, Geweih oder Gehörnbildung
anstreichen	Eine bestimmte Haltung der Waffe beim Schießen, wobei z. B. ein Baum, Pfahl o. ä. als seitliche Stützung dient
äsen	Aufnahme von pflanzlicher Nahrung durch Wild
Äser	Maul des wiederkäuenden ➥Schalenwildes
aufbrechen	Öffnen der Bauchhöhle und Entfernen der Eingeweide bei ➥Schalenwild
ausschweißen lassen	Aufhängen oder Legen aufgebrochenen ➥Schalenwildes, damit der ➥Schweiß gut auslaufen kann
beschlagen	begatten (beim männlichen ➥Schalenwild), trächtig sein (beim weiblichem ➥Schalenwild)
Blattzeit	Brunftzeit des ➥Rehwildes (Juli/August)
Brenneke	Kurzbezeichnung für die von Wilhelm Brenneke konstruierten ➥Flintenlaufgeschosse
Bruch	Abgebrochene grüne Zweige der fünf „gerechten" Holzarten Eiche, Erle, Kiefer, Fichte

und Weißtanne; im Hochgebirge auch von Lärche, Zirbelkiefer, Latsche und Alpenrose. Je nach Art oder Verwendung hat ein Bruch spezielle, nur dem Eingeweihten verständliche Bedeutungen.

Brunft	Paarungszeit
Brunftfleck	Dunkel behaarter Fleck am Bauch von Hirschen vor der ➡Brunftrute
brunftig	paarungsbereit
Brunftkugeln	Hoden des männlichen ➡Schalenwildes
Brunftmähne	Lange Haare am ➡Träger des Rothirsches
Brunftplatz	Bevorzugter Platz des ➡Rotwildes zur Paarungszeit
Brunftrute	Penis des männlichen ➡Schalenwildes
Büchse	Gewehr mit innen gezogenem Lauf zur Erzielung eines Dralls für abgefeuerte Projektile
Büchsenlicht	Tageslicht, das ausreicht, einen sicheren Büchsenschuß anzubringen
Damwild	Kleine Hirschart, männlich mit schaufelartigem Geweih, weiblich ohne Geweih
Drossel	Luftröhre des Wildes
Druckpunkt	Herkömmlicher Auslösepunkt am Abzug einer Schußwaffe
Fangschuß	Tödlicher Schuß auf bereits angeschossenes Wild
Fangstoß	Todesstoß, Gnadentod
fliegen lassen	Abfeuern des Schusses
Flinte	Gewehr mit innen glattem Lauf für Schrot oder für ➡Flintenlaufgeschosse, die ihren Drall selbst erzeugen
Flintenlaufgeschoß	Bleigeschoß mit einem einmodellierten Leitwerk, z. B. „Brenneke"-Flintenlaufgeschoß
Gabelgeweih	Geweih mit insgesamt vier Enden

Gabler	Hirsch bzw. Rehbock mit ➡Gabelgeweih
Gebrech	Maul des Wildschweines
Geräusch	Leber, Milz, Nieren, Herz und Lunge
Gescheide	Eingeweide
Gewaff	Eckzähne im Unter- und Oberkiefer des ➡Schwarzwildes
Gewehre	Eckzähne im Unterkiefer des ➡Keilers
Grandeln	Eckzähne im Oberkiefer des ➡Rotwildes
Haarwild	Sammelbezeichnung für alle haartragenden Wildarten – im Gegensatz zu Federwild (Vögel)
Haderer	Eckzähne im Oberkiefer des ➡Keilers
Hexenring	Durch ➡Rehwild während der ➡Brunft beim ➡Treiben des weibliches Rehes durch den Bock kreis-oder schleifenförmig niedergetretener Bodenbewuchs.
Hinterhand	Der hintere Körperbereich beim Wild
Hinterlauf	Hinterbein
Inbesitznahmebruch	Abgebrochener grüner Zweig, ungefähr halbarmlang. Der Bruch wird dem erlegten ➡Schalenwild als Identifikationsnachweis auf die linke Körperseite gelegt
Kahlwild	Das „kahlköpfige", d. h. geweihlose weibliche ➡Rotwild und ➡Damwild
Keiler	Männliches Wildschwein
Kirrung	Verdeckt ausgelegte Futtermittel zum Anlocken von Wildschweinen
Knopfspießer	Rehbock oder Hirsch, dessen Kopfschmuck im Gegensatz zur regulären Entwicklung nur kurze, knopfförmige Gebilde von wenigen Zentimetern Höhe aufweist
Lauf, Läufe	Bein(e) des ➡Haarwildes
Letzter Bissen	Ein ➡Bruch, der als jagdlicher Brauch dem erlegten ➡Schalenwild in den ➡Äser

354

gesteckt wird

Lichter	Augen beim ➥Schalenwild
Lunte	Schwanz beim Fuchs
Meutejagd	Jagd mit einer Hundemeute
Pansen	Magen bei Wiederkäuern
Platzhirsch	Stärkerer Hirsch, der einen ➥Brunftplatz beherrscht
Posten	Schrot im Durchmesser von 5 bis 9 mm
Protzen	schlecht gewachsene Kiefern
Raubwild	Sammelbezeichnung für beutegreifende Landtiere
Raubzeug	Sammelbezeichnung für verwilderte Haustiere
Rehwild	Sammelbezeichnung für Rehbock, Ricke oder Rehkitz. Kleine ➥Schalenwildart, meist im Waldrandgebiet zu Hause.
rohrgedeckt	Mit Reet gedeckt
reetgedeckt	Mit Rohr gedeckt
Rote Arbeit	➥Aufbrechen von ➥Schalenwild, weil dabei die Hände vom ➥Schweiß rot werden.
Rotspießer	Männliches ➥Rotwild im zweiten Lebensjahr
Rotwild	Zoologisch: Rothirsch, der männliche mit Geweih, der weibliche ohne Geweih
Saufeder	Bis 30 cm lange zwei- oder vierkantige Klinge, die mit einer langen Tülle an einem eineinhalb Meter langen Eschenschaft befestigt ist. Die Saufeder wurde früher bei der ➥Meutejagd auf ➥Schwarzwild oder zum ➥Abfangen benutzt.
Schalenwild	Dem Jagdrecht unterliegende Paarhufer; dazu zählen ➥Rot-, Dam-, Reh- und Schwarzwild
schärfen	Schneiden mit dem Jagdmesser beim Bearbeiten und Verwerten von erlegtem Wild

schlagen	Schlagen mit dem ➡Gewaff als Kampfverhalten des Keilers
Schlund	Speiseröhre beim ➡Haarwild
Schmalspießer	Hirsch im zweiten Lebensjahr
Schmaltier	Weibliches ➡Rot- und Damwild im zweiten Lebensjahr
schnüren	Ruhige Fortbewegung beim Fuchs, wobei alle Tritte wie auf einer Schnur aufgereiht gesetzt werden
schonen	Nichtauftreten mit dem verletzten Lauf beim ➡Haarwild und Hund.
Schützenbruch	Abgebrochener grüner Zweig, den der Erleger sich an die rechte Seite des Hutes steckt
Schwarzwild	Wildschweine
Schweiß	Blut des Wildes
schweißen	Blut verlieren
sichern	1. Umherschauen des Wildes zum Schutz gegen Gefahren 2. Eine Schußwaffe vor unbeabsichtigtem Auslösen des Schusses absichern
Sprengruf	Lautäußerung des Rothirsches in der ➡Brunft, wenn er ein ➡brunftiges ➡Tier treibt oder einen Nebenbuhler vertreibt
stechen	Feineinstellung des ➡Abzuges am Gewehr, um einen Schuß ohne Überwindung des sonst üblichen ➡Druckpunktes auslösen zu können
Stich	Vorderteil der Brust bis zum Halsansatz beim ➡Schalenwild
tagaktiv	Man unterscheidet tagaktives (z. B. ➡Damwild) und nachtaktives (➡ z. B. Rot- oder Schwarzwild)
Tier	Bezeichnung für weibliches ➡Rot- und Damwild
Träger	Hals der Hirscharten

treiben	Verfolgen des ➡Tieres durch den Hirsch bei der ➡Brunft
Trophäe	Geweih, Gehörn o. ä. des erlegten Wildes, das als Wandschmuck aufgehängt wird
Überläufer	Wildschwein im zweiten Lebensjahr
unterschießen	Schuß, bei dem Kugel bzw. Schrote unter dem Ziel einschlagen
verblenden	Erlegtes Wild durch Auflegen von Papier, Taschentuch, Patronenhülsen o. ä. vor dem ➡Anschneiden durch ➡Raubwild oder ➡Schwarzwild schützen
versorgen	Aufbrechen von Wild
Wurf	Nasenscheibe („Rüssel") beim ➡Schwarzwild
zurücksetzen	Meist altersbedingte Rückentwicklung der Geweihe oder Gehörne bei Hirschen oder Rehböcken im Vergleich zum Vorjahr

➡ = Siehe weiteres Stichwort in dieser Tabelle

Nachwort zur vierten Auflage

Erfreulich vielen interessierten – und, wie wir aus zahlreichen Gesprächen und Zuschriften wissen, begeisterten – Lesern ist es zu danken, daß dieses Buch nunmehr bereits in der fünften Auflage herausgegeben werden kann. Seit dem ersten Erscheinen 1994 ist Waldemar Martens' „Wo Adler noch und Stürme jagen..." offenbar zu einer Art „Standardwerk" über den Darß geworden, aus dem die wachsende Besucherschar der deutschen Ostseeküste an Ort und Stelle Wissenswertes, Unterhaltendes und Erheiterndes über Natur, Landschaft und Geschichte dieses zauberhaften Fleckchens Erde erfährt.

Die in der letzten Auflage vorgenommene grundlegende Überarbeitung in Wort und Bild hat sicherlich zum besseren Verständnis des einzigartigen Naturbildes auf dem Darß beigetragen und wichtige Zusammenhänge einsichtig gemacht. Dem dient vor allem der Anhang mit ausführlicher Erläuterung der vielfältigen Spezialbegriffe aus Jagd und Forst. Sie bleiben sonst dem Laien ein Buch mit sieben Siegeln. Auch diesmal ist das Schlußkapitel, der neuesten Entwicklung der Dinge folgend, aktualisiert worden; denn die Zeit ist auch auf dem Darß nicht stehengeblieben.

So sind seit 1996 das Forstamt Born und die Nationalparkverwaltung zu einem „Nationalparkamt" vereinigt worden, womit die vorherige Zweigleisigkeit ein glückliches Ende gefunden hat. Die Jahrhundertaufgabe, einen natürlichen Wald aufzubauen, liegt nun in einer Hand – mit der Chance, den Interessen der Forstwirtschaft wie des Naturschutzes gleichermaßen gerecht zu werden.

Ein Beispiel dafür ist die Wasserführung auf dem Darß, die intensive Melioration zugunsten der Landwirtschaft ebenso zu vermeiden hat wie das andere Extrem, nämlich gar keine Entwässerungsmaßnahmen. Die dadurch verursachten gewaltigen Orkanschäden des Jahres 1967 sollten ein mahnendes Menetekel bleiben.

Nur der goldene Mittelweg ist richtig. Fachwissen, Erfahrung und Fingerspitzengefühl sind im verantwortungsvollen Umgang mit der Natur gleichermaßen gefordert, um kommenden Generationen einen gesunden, landschaftstypischen Darßwald zu hinterlassen. Von der Illusion eines wilden Amazonas-Urwaldes an der Ostseeküste sollte sich hoffentlich inzwischen auch der letzte Naturromantiker verabschiedet haben...

Dr. Franz Janssen

359

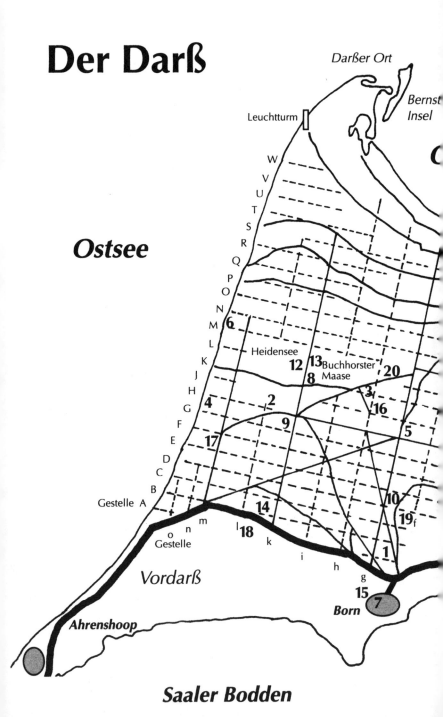

Der Darß

Darßer Ort

Bernst
Insel

Leuchtturm

Ostsee

W
V
U
T
S
R
Q
P
O
N
M **6**
L
K
Heidensee
12 **13** Buchhorster
J **8** Maase **20**
H
G **4** **2** **3**
F **16**
E **9**
D **17** **5**
C
B
Gestelle A
10
19 f
14
o n m
Gestelle **18**
k **1**
i h
g
Vordarß **15**
Born **7**
Ahrenshoop

Saaler Bodden